미 국방성의 우주인

STRANGER AT THE PENTAGON

프랭크 E. 스트랜지스 저

박찬호 編譯

도서출판 은하문명

국립중앙도서관 출판예정도서목록(CIP)

미 국방성의 우주인 / 지은이: 프랭크 E. 스트랜지스 ; 옮긴
이: 박찬호. -- 개정증보판. -- 서울 : 은하문명, 2018
  p. ; cm

원표제: Stranger at the Pentagon
원저자명: Frank E. Stranges
참고문헌 수록
영어 원작을 한국어로 번역
ISBN 978-89-94287-19-5 03000 : ₩19000

미확인 비행 물체[未確認飛行物體]
외계인[外界人]

001.442-KDC6
001.942-DDC23   CIP2018019900

미 국방성의 우주인

Stranger at the Pentagon

◇ 저자(著者) 약력

프랭크 E. 스트랜지스(Frank E. Stranges) 박사는 〈전미UFO조사위원회(NICUFO)〉의 창립자이자 회장이다. 이 단체는 1967년에 캘리포니아에서 창립된 비영리 사단법인이다. 그리고 그 창립목적은 UFO와 우주, 그리고 과학현상에 대해서 연구하고 회원들을 교육하기 위한 것이다. 또한 그는 국제복음운동본부 총재와 캘리포니아의 국제신학대학의 총장이기도 하다. 스트랜지스 박사는 뉴욕에서 태어나 부룩클린, 펜실바니아, 미네소타, 그리고 캘리포니아 등에서 교육을 받았으며, 신학과 심리학, 그리고 범죄학에 관한 학위를 소지하고 있다.

지난 50년 동안 그는 UFO 현상에 관한 다양한 측면을 연구했으며, 그러한 주제에 대한 많은 책들을 저술했다. 그의 UFO에 대한 관심은 신학교에 다닐 때 기숙사의 같은 방 동료로부터 2차 대전 중의 UFO 목격 경험에 대한 이야기를 들은 후부터 시작되었다. 스트랜지스 박사가 당시 동료에게 들은 바로는 그의 비행중대가 비행하는 도중에 몇 대의 UFO들에 의해 위에서 접근 비행을 당했다는 것이었다. 그리고 그들이 임무 완료 보고를 할 때, 상부로부터 어떠한 이상한 점에 대해서도 발설하지 말 것을 지시받았다는 것이다. 스트랜지스는 개인적으로 그 비행 팀의 다른 멤버들에게 그 이야기의 진실을 확인한 후에, 매혹적인 UFO 주제에 대한 진지한 탐구를 시작했다.

스트랜지스 박사는 캘리포니아 주 연방보좌관 협회의 부회장이고 미 경찰연합회의 군목(軍牧)이기도 하다. 그가 법률 집행 기관 및 과학적, 종교적인 공적 봉사 단체들에 대해 행하고 있는 수많은 협력은 지역사회에 대한 그의 헌신을 입증한다. 그의 대학 교육 과정은 오늘날의 UFO 현상에 대한 진실을 밝히는데 중요한 공헌을 하고 있다고 인정받고 있다.

■ 2018 - <개정증보판(改正增補版)>을 새로이 발행하며

이 책의 초판이 국내에서 처음 번역, 출판된 게 2007년이었으니, 어느 새 햇수로 11년이 되었다. 재판을 찍은 이후 책이 품절된 상태에서 그 동안 이 책을 찾는 독자들이 계속 있었으나, 여러 가지로 사정이 여의치 않아 다시 인쇄에 들어가지 못했었다.

10년이면 강산도 변한다는 말이 있는데, 이 말대로 그동안 이 지구촌과 우주에는 많은 변화들이 있었다. 그리고 이 책과 관련해서도 그동안 여러 가지 새로운 일들이 진행된 바 있다.

그중 가장 중요한 일은 이 책의 저자인 프랭크 스트랜지스 박사가 2008년 11월 17일에 82세의 나이로 세상을 떠났다는 사실이다. 돌아가시기 약 1년 전, 이 책의 국내 출간에 맞춰서 이분을 한국으로 초청하여 강연회를 개최하려고 계획한 바 있었다. 하지만 방한하기 약 2주일 전에 갑자기 심장병으로 쓰러져 병원에 입원했다는 연락을 받았고, 때문에 당시 초청계획은 무산될 수밖에 없었다. 그리고 그 후 스트랜지스 박사는 약 1년여 동안 병석에 누워계시다가 안타깝게도 세상을 하직하고 만 것이다.

이 책과 관련된 최근의 또 한 가지 주요 사실은 금성의 발 토오 사령관이 국방성과 백악관을 방문했던 사건이 담긴 이 책의 내용을 토대로 한 영화가 미국에서 제작되어 2014년에 개봉되었다는 것이다. 아쉽게도 이 영화가 국내에는 수입되지 않아 우리가 볼 수는 없었지만, 향후에라도 언젠가 볼 수 있는 기회가 있었으면 하는 개인적 바람이다. 이런 영화가 본격적으로 제작되어 공개되었다는 것은 바야흐로 인류와 지구문명의 새로운 전환기에 맞춰 그동안 은폐돼온 정보와 진실들이 보다 대중들에게 널리 확산되어야할 시점임을 암시하는 듯하다.

그리하여 이제 2018년을 맞아 11년 만에 일부 오자(誤字)들을 바로잡고 발 토오 사령관의 최근 활동에 관한 추가적인 자료들과 새로운 메시지들을 대폭 보완하여 〈개정증보판〉을 다시 내놓는다. 즉 초판에서는 총 3부로 구성되어 있던 전체 내용에 개정증보판에서는 1부가 더 추가되어 총 4부로 개편되었다. 또 새로운 출간에 맞춰서 표지 디자인도 좀 바꾸었다.

11년 만에 다시 출간하는 이 개정증보판이 이 분야에 관심을 가진 독자들의 기대에 부응하여 인식전환과 의식확장에 다소라도 도움이 된다면, 더 바랄 나위가 없겠다.

마지막으로 이 책의 출판과 은하문명을 위해 음으로 양으로 후원해주신 모든 분들께 진심으로 감사의 뜻을 전하고 싶다.

2018. 7. 3

- 편역자 겸 발행인, 朴 -

책을 내는 이즈음에 최근 우리 사회를 달구었던 두 가지 이슈(Issue)가 새삼 마음속에 떠오른다. 우선 첫 째는 아프가니스탄에 선교하러 갔던 기독교인들이 피랍되었다가 2명이 희생되고 나머지 인질들이 40여 일만에 간신히 풀려난 사건이다. 그리고 알다시피 두 번째는 우리 사회의 저명인사들과 연예인들의 허위학력 파문이었다.

그런데 이 두 사건은 우리에게 두 가지 교훈을 주고 있다고 생각된다. 그중 하나는 자타일여(自他一如)적인 조건 없는 사랑의 실천이 아니라 내 것만이 옳고 우월하다는 종교적 독선과 배타성에 기초한 행위는 아무리 그럴듯한 명분을 내세우더라도 결국 강한 저항과 보복으로 귀결될 수밖에 없다는 것이다. 물론 희생자들과 그 가족들에게는 매우 안 된 일이고 안타까운 일이다. 하지만 많은 언론매체들이 지적했듯이, 이슬람의 종교와 문화에 대한 동등한 존중이 아니라 그들을 가르쳐 자기네 종교로 개종시키겠다는 한국 기독교의 오만한 발상과 선교방식 자체에 대한 반성이 선행되어야 할 것이다. 왜냐하면 이는 너무나 어리석고 무모한 행위이며, 또한 무지의 소치라고 할 수 밖에 없는 까닭이다. 그리고 두 번째 허위 학력 사태가 암시하는 바는 이 세상의 어떠한 비밀이나 거짓도 영원히 유지될 수 없으며, 결국 어떤 형태로든 백일하에 드러나게 된다는 것이다.

새삼스럽게 서두에 이러한 사회적 문제들을 거론하는 것은 그러한 교훈들이 묘하게도 바로 이 책을 내는 시점과 맞물려 무엇인가를 암시하는 듯이 생각되기 때문이다.

이 책은 1967년에 처음 초판이 나온 책으로서 올해로 출판된 지 꼭 40년이 되었다. 그러나 아직도 외국에서는 소량이나마 독자들에게 꾸준히 읽히고 있는데, 그 이유는 아마도 이 책이 그동안 감추어져 있던 중요한 비밀과 진실을 폭로해주고 있기 때문일 것이다.

저자인 프랭크 스트랜지스 박사는 이 책에서 금성에서 온 발토오라는 우주인이 1950년대 말에 이미 백악관에 와서 미국 대통령을 만났던 사건을 소상히 밝혀주고 있다. 아울러 자신이 그 금성인과 국방성에서 접촉하게 된 스토리에서부터 그의 초청에 의해 우주선에까지 다녀왔던 경험들을 흥미롭게 소개하고 있다.

그리고 만약 이것이 정말 진실이라면 일반인들에게는 정말 대단히 놀라운 비밀이 공개되는 셈이다. 아직까지 UFO나 외계인의 실재 여부조차도 확실히 인지하지 못하는 사람들이 대다수인 우리나라 현실에서는 아마도 더욱 그러할 것이다.

그런데 과거 우주인이 지구에 와서 비밀리에 미국 대통령을 만났다는 매우 쇼킹한 이 사실을 대중들이 접했을 때, 과연 그들이 어떤 반응을 보일지가 자못 궁금하다. 역자가 추측컨대, 그 반응은 다양할 것이나 아마도 사람들은 다음과 같은 3가지 주요 유형으로 나눠질 것으로 생각된다.

1.첫 번째 유형 - 그러한 중대한 사실이 왜 아직까지 일반 대중이나 인류 전체에게 알려지지 않았을까 의아해하며 놀라움을 표한다. 더불어 일부는 이러한 정보들을 은폐하고 있는 세력들에게 일말의 분노를 나타낸다. (긍정적 사고의 소유자들)

2.두 번째 유형 - 너무나 어처구니가 없는 사실로 생각하고 이를 단호히 부정하거나 무시해 버린다. 이 유형에 속한 사람들은 의심과 불신이 많아 UFO나 외계인의 존재 자체에 대해 매우 회의적인 시각을 가진 사람들이다. 따라서 이들은 이런 사실을 말도 안 되는 소리라고 일축하며, 냉소적 태도를 취한다.(부정적 회의주의자들)

3.세 번째 유형 - 그럴지도 모른다, 하지만 만들어낸 가공의 이야기일수도 있다는 정도로 반신반의(半信半疑) 한다. (대다수 일반적, 보통 사고를 가진 대중들)

그러나 역자는 두 번째와 세 번째 유형의 사람들도 이 책을 읽고 나면 첫 번째 유형으로 바뀔 가능성이 많다고 확신한다. 그것은 이 책이 저자가 주장하는 진실을 뒷받침할 수 있는 몇 가지 확실한 증거들을 담고 있기 때문이다.

이 책의 저자인 프랭크 스트랜지스 박사는 신학과 심리학 등의 분야에서 박사학위를 소지한 분인데, 그와 동시에 그는 기독교 목회자이기도 하다. 따라서 아무래도 이 책에는 일부 그의 기독교적 신앙관이나 사고가 투영된 부분이 곳곳에 눈에 띄고 있다. 고로 이런 부분들은 다른 종교인들이나 무종교인들이 볼 때는 다소 눈에 거슬릴 수도 있겠다는 생각이 들었다. 하지만 그런 분들은 그와 같은 부분들을 미리 감안해서 읽거나 가급적 무시하고 오직 UFO와 우주인 접촉 부분에만 초점을 맞춰 읽는다면 큰 무리는 없을 거라고 생각한다.

이 책은 모두 3부로 구성되어 있다. 1부는 스트랜지스 박사의 저서인 "Stranger at the Pentagon"의 완역이다. 그리고 2부는 "Stranger at the Pentagon"의 초판본에는 실려 있었으나 그 후에 빠진 일부 내용과 또 다른 접촉자가 인터넷에 올려놓았던 우주인 발 토오의 메시지를 번역한 내용이다. 3부는 역자가 집필한 내용으로서 다른 여러 UFO 접촉자들의 사례를 통해 금성(金星)에 고등 지성체들에 의해 이룩된 문명이 실재할 가능성을 나름대로 탐색해보고자 하였다. (※개정증보판에서는 3부가 새로 추가된 발 토오 사령관에 관한 최근 자료와 메시지들로 이루어져 있고, 구판의 3부 내용은 4부로 옮겨졌다. -편집자 -) 아울러 이 책의 각 페이지 하단에 실린 모든 각주(脚註)는 역자가 독자의 이해를 돕기 위해 단 것임을 밝혀두는 바이다.

바라건대 이 책이 다가오는 인류 문명의 변혁기를 맞이하는 데 있어 독자들에게 하나의 자극제 내지는 작은 밑거름이 될 수 있다면 더 바랄 나위가 없겠다. 부디 이 책을 통해 보다 많은 이들이 고차원의 외계문명이 실재한다는 것을 인식하는 계기가 되었으면 한다. 동시에 선의(善意)의 우주인들이 과거뿐만이 아니라 현재도 부단히 인류를 돕기 위해 직, 간접으로 지구에 관여하고 있음을 모든 분들이 깨닫기를 진심으로 기원해 본다.

- 2007년 9월 편역자 朴燦鎬 -

● 저자(著者)의 머리말

내가 "비행접시"라고 불리는 것에 관해서 처음 이야기를 들은 것은 내가 신학교 수업에 출석할 때였다. 그리고 내 주변에 있는 다른 이들이 그것을 비웃고 있을 때, 나는 마음을 열고 진지하게 그 진실에 관해 알고 싶다고 느꼈다.

나중에 내가 깨닫게 된 것은 당국의 교활한 자들이 세상 속의 외계의 존재들에 대한 기록을 제거해버림으로써 세상은 그것을 〈미확인 비행물체〉라는 애매모호한 실체로서 인정하고 있다는 것이다.

해군대령(함장) 에디 릭켄베이커와 같은 사람은 UFO에 대해 이렇게 말했다.

"비행접시는 실제로 존재합니다. 환각증상이 없는 정상적인 수많은 사람들이 그것을 목격한 바가 있습니다."

헨리 J. 테일러는 비행접시가 정말로 있는 것인지, 또 만약 있다면 어디에서 오는 것인지를 규명하기 위한 조사 과정에서 다음과 같이 주장했다.

"상충되는 목격 보고들을 접하자 나는 정말 난감했습니다. 하늘에 두 가지 미스터리가 있다는 사실을 깨닫게 되기까진 말이죠."

그 두 가지 중에 하나는 비행접시가 발전된 지구상의 비밀 병기일 수도 있다는 가능성이다. 하지만 그렇다고 해서 나머지 다른 하나가 "지구적인 어떤 물체"라고 해석함을 의미하지는 않는다.

영국 공군 사령부의 최고 지휘관인 공군대장 로드 다우닝 (Rod Downing)은 이렇게 언급했다.

"나는 이 물체들이 실제로 존재한다고 확신합니다. 이것은 지구상의 어떤 국가에 의해 제작된 것이 아닙니다."

미(美) 공군은 비행접시의 존재를 부정했다. 이런 연유로 미확인 비행물체(Unidentified Flying Object), 즉 U.F.O 라는 용어가 도입되어 계속 사용되고 있는 것이다. 그들은 정말 그 현상의 원인과 의문에 관해 조금도 모르고 있는 것일까? 아니면 알면서도 부정하고 있는 것일까?

〈공중현상에 관한 전국조사위원회(NICAP)〉의 명망 있는 위원장이자 작고한 거물인사인 도날드 키호우는 UFO에 대해서 철저히 조사했다. 그 조사 결과로서 키호우는 많은 정보를 제공한 바가 있다. 그는 비행 원반체들이 공중에서 그 색채가 실제로 변화하며, 이것은 이미 사실로 판명되었다고 언급했었다. 이를 뒷받침하기 위해 그는 다음과 같이 말했다.

"금속성으로 보이는 원반들의 다수가 대낮에 비행할 때, 색채가 변화되는 것이 목격돼 왔다. 1950년의 한 전형적인 목격보고에는 버지니아 주 서부 루이즈버그 인근에서의 UFO와의 조우를 설명하고 있다. 두 대의 둥근 은백색의 원반들이 나타나 빠르게 원을 그리며 선회했다. 기동비행이 시작되었을 때 두 대 모두 은백색에서 오렌지 빛의 적황색으로 바뀌었다. 그런데 속도가 감속되어 비행형태가 일직선 모양으로 되었을 때 오렌지 빛이 희미해졌고, 보통 때의 그 은백색으로 변해 빛을 발했다."

아울러 TWA 항공사에서 10년간 근무한 땅딸막한 해군 조종사 로버트 아딕키즈가 경험한 다음과 같은 사건이 보고되었다. 그것은 인디아나 주 남부 벤드 인근에서 일어난 극적인 사건이다.

1950년 3월 27일 밤 오후 8시 25분, 조종사 아딕키즈는 TWA 항공 DC-3기의 왼쪽 조종석에 앉아 있었다. 건너편 우측의 조종석에는 4개의 줄무늬 견장을 찬 기장 로버트 F. 매닝이 있었다. 그는 시카고행 이번 비행이 기장으로서는 첫 번째 여정이었다. 비행회수 117회의 이 DC-3기가 2만 피트 상공에서 순항중일 때 기체 아래에 이상한 붉은 빛이 나타났고, 이 이상한 빛

덩어리는 이 정기여객기의 뒤쪽에서 로버트 E. 매닝의 눈에 포착되었다.

당황한 매닝은 그것을 면밀하게 주시했는데… 그 빛은 점차 크기가 커졌다. 그것은 오렌지 빛의 적황색이었으며, 밤하늘을 스쳐지나가는 뜨거운 금속성의 방울처럼 보였다. 매닝은 목을 길게 뺀 채로 꼭대기 부분은 밝게 작열하고 하부의 절반은 어두운 둥근 형태의 그 모습을 내려다보았다.

아딕키즈에게 그것은 도로 아래로 구르는 거대한 붉은 바퀴처럼 보였다. 그가 그 물체 쪽으로 기체(機體)를 기울여 접근을 시도했지만, 그 원반은 미끄러지듯이 멀어져 동일한 거리를 유지하였다. 다시 한 번 시도해 보았으나 결과는 역시 마찬가지였다. 아딕키즈는 여승무원인 글로리아 힌샤우를 호출하여 확실한 많은 목격자들이 확보될 수 있게끔 승객들에게 그 물체에 대한 경계태세를 취하도록 기내방송을 하라고 지시했다.

조종사 같은 사람들의 목격 보고는 TWA 항공사에서 나온 것인데, 그쪽 항공사의 태도는 그들에게 "입 다물어! 조심해! 위험하다고!" 식으로 말하며 주의를 주었다. 하지만 TWA 항공사의 어느 누구도 아딕키즈와 매닝이 언급한대로 그들이 분명히 UFO를 목격했다는 사실을 의심하지는 않았다.

스튜어디스인 글로리아 힌샤우는 그 원반을 여객실과 조종실의 창을 통해서 목격했다. 그녀는 기장 키호우에게 이렇게 말했다. "그것은 계속 회전하는 커다란 붉은 바퀴처럼 보였어요." 또 그녀는 말하기를 "그 원반의 꼭대기 부분은 타오르는 섬광 같았습니다."라고 했다.

〈공중현상 조사위원회〉 위원장 키호우는 장거리 전화통화를 통해 모두 11명의 승객들과 인터뷰를 가졌다. 그 첫 번째 사람이 성 파울에 소재한 보석세공회사 경영인인 S. N. 밀러氏이다. 그는 그 비행접시를 몇 분간 목격했다. 그는 그것에 대해 생각해보고 나서 이렇게 말했다. "그 물체의 색깔은 단지 커다란

머리말 및 목차

붉은색의 원반이 아니라 네온사인 같은 색채였습니다. 난 그 비행접시 이야기만 나오면 웃음이 나오곤 했지요. 더 이상 그렇지는 않지만요."

위원장 키호우는 말했다. "비행원반을 확실히 목격한 다른 승객들 가운데는 보잉 항공사의 엔지니어인 C. H. 젠킨스와 D. C. 보우랜드 및 시카고의 금속장비회사 부사장인 E. J. 피츠제랄드 등이 있습니다. 또한 국제영농기계사의 직원 몇 명은 나중에 그 작열하는 원반이 여객기 속도에 보조를 맞추어 비행했을 때 그것을 보았다고 인정했습니다."

적색의 불덩어리에 관해 캘리포니아 남부 그린빌에서 올라온 더 많은 목격 보고들이 있는데, 1952년 5월 13일 밤에 그곳에서 천문학자들이 4대의 비행접시들을 목격했다. 그 비행체들은 타오르는 불그스름한 빛의 황색이었다.

1952년 6월 19일에 구즈 베이 공군기지에서는 "불타는 듯한 붉은 원반이 밤에 주둔기지로 접근해왔다"는 첩보가 있었다. 이러한 비행접시가 실제적으로 존재한다는 것은 의문의 여지가 없다. 우리와 누군가 다른 이들의 머리 위 하늘에는 무엇인가 분명히 존재하고 있으며, 그들이 거기에 존재하는 것에는 이유가 있을 것이다.

이러한 물체들을 어떤 지성체가 조종하고 있음이 분명하다는 이야기는 사람들 사이에서 거듭 회자되어 왔다. 그리고 많은 성서학자들과 성직자들에게 있어서 "살 속에 박힌 가시"와 같은 것 중의 하나가 "다른 행성의 생명체"에 관한 것이다.

그런데 "유한한 존재"인 우리 인간이 인간적 판단과 추론만으로 신(神)이 창조해 놓은 영역에 우리 인간 외(外)의 다른 생명체가 존재해서는 안 된다고 계속 억지를 부리는 것은 이상한 짓이다. 우리는 결코 우리가 그 분의 피조물인 한은 "신(神)이 우주의 창조자"라는 가장 중요한 사실을 망각해서는 안 된다.

지난 몇 년 동안 나는 삶의 각 분야에 종사하는 다양한 신분과 직업을 가진 남성과 여성들을 만났다. 이 사람들 중의 다수는 나름대로 계속해서 진리를 추구하고 있었다. 삶 속에서 이처럼 진리를 계속 추구하는 행위는 그들로 하여금 다가오는 미래에 인생의 보다 나은 행로를 찾게 해줄 것이다.

이 책의 다음 내용에서 여러분이 외계로부터 온 친구에 의해서 나에게 제공된 질의와 답변을 주의 깊게 연구하는 만큼, 여러분은 이 내용이 다른 많은 "접촉 스토리"와는 다르다는 것을 알게 될 것이다. 발리언트는 예수 그리스도가 처음이자 마지막이고, 알파이고 오메가이며, 시작과 끝이라는 사실을 가벼이 하지 않았다.

종종 사건들은 그것이 실제로 일어난 일이든, 아니면 상상해 낸 가공의 일이든 인간이 거기에 의구심을 가짐으로써 그 원인이 밝혀진다. 그 다음에 인간은 실제의 체험을 일으킨 사실적 요소를 깊이 숙고하기 시작한다.

이 책을 집필한 것은 일종의 상당한 모험이자 도전을 의미한다. 이어지는 다음의 내용들은 다른 행성으로부터 지구를 방문한 존재인 발리언트 토오라는 우주인이 나에게 말해 준 것에 관한 하나의 보고서이다. 그 스토리 자체는 대단히 독특하다. 이 특이한 외계 존재의 국방성 방문 사건을 눈치 챈 많은 이들이 이 사건의 실체적 전모에 대한 직접적인 정보를 원했다. 이와 동시에 이런 일은 있을 수 없다고 단정해 버린 사람들이 있는데, 왜냐하면 국방성의 보안 경비가 대단히 삼엄하기 때문이다. 반면에 또한 펜타곤(Pentagon)은 이런 일이 일어날 수 있었던 유일한 장소라고 반박할 사람들이 있다.

이 보고서가 세상에 공개된 후 그 추이(推移)를 계속 지켜보는 것은 가장 흥미로운 일이 될 것이다. 비록 이 사건의 발단이 1957년에 시작되긴 했지만, 들리는 소문에 의하면 외계인들은 이 세상의 각 분야에 속한 많은 사람들에 의해서 목격되어 왔다. 이런 목격자들 중의 어떤 이들은 먼저 경험한 다른 사람들

15   머리말 및 목차

이 비웃음에 대한 두려움 때문에 침묵하기로 선택하고 있는 동안에 이와 같은 사건들을 경험하고 있다. 그리고 그들은 결코 외계에서 왔다고 주장하는 존재들과 접촉한 자기들의 경험을 내놓고 되풀이해서 말하려고 하지 않는다.

발리언트는 국제연합(UN)의 한 비공개 회의에서 한 특수한 대표자 집단에게 연설한 바가 있다. 하지만 정부당국은 이와 같은 집회에 대한 대중매체의 접근이나 보도를 사전에 차단하지 않을 수 없었다.

그는 자기 마음대로 원하는 곳이면 (공간이동 능력에 의해) 어디든 나타났다. 이런 그의 능력에 대해 그 모임에 참석했던 대표자들은 어느 정도의 노여움과 두려움을 느낄 정도로 놀라고 어리벙벙해졌다.

발리언트는 우리 태양계 내의 3번째 행성인 지구에 대해 특수한 임무를 가지고 있고, 현재 자신이 지휘하는 수만 명 이상의 승무원들과 함께 지구상의 많은 이들과 협력하며 활동하고 있다.

다음의 내용들은 적어도 지식과 지혜, 그리고 무엇보다도 사리를 분별할 능력이 있는 사람들에게는 많은 것을 인식시켜 줄 것이다. 그리고 이 책을 모두 읽었을 때, 여러분은 이 이야기에 매료돼 있는 자기 자신을 발견할 것이다. 여러분 중에 어떤 이들은 커다란 기쁨과 희망을 가지고 이 책을 읽을 것이다. 반면에 다른 어떤 사람들은 비웃고 조롱하는 시각으로 이것을 읽을 것이다. 하지만 여러분이 이 책을 읽었을 때, 여러분은 다음과 같은 사실에 동의해야만 한다. 즉 우리 인류가 지난 60년 동안 관련 과학 및 기술 분야에서 많은 진전을 이루어냈다는 것이다. 여러분이 계속해서 이 책을 읽어나갔을 때, 부디 여러분이 선택하는 어떤 마음의 결정도 전적으로 여러분 자신에게 달려 있음을 기억하기 바란다. 그러니 열린 마음을 유지하기 위해 노력하도록 하라. 우리가 안다고 생각하는 것들과 전혀 모른다고 생각

하는 것들은 종종 우리를 에워싼 순수한 황금빛과 우리의 믿음
의 능력을 확장함으로써 그 실상이 우리에게 드러난다.

일단 UFO라는 것의 실재가 증명된다면, 이것은 이 광활한 우
주 속에서 우리가 홀로 있지 않다는 것을 모든 이들에게 인식
시켜 줄 것이다. 그리고 우리 인류 각자는 생각하건대 우리 인
간 가족의 인연줄이 이 행성 지구에만 한정돼 있지 않다는 사
실을 배우게 될 것이다. 기억하라. 여러분은 결코 외롭지 않다
는 것을.

볼 눈과 들을 귀를 가진 모든 사람들에게 신(神)의 은총이 있
기를 기원하는 바이다! 그리고 역시 다른 모든 이들에게도 …

- 프랭크 E. 스트랜지스 박사 (1991년) -

■[증언]: 발 토오 착륙하다
002741-57실 4D-717 프로젝트 블루북(Blue Book)

- 할리 앤드류 버드(Harley Andrew Byrd) -
(작고한 미 해군소장 리차드 E. 버드 제독의 조카)

1956년~1957년 사이에 미국의 수도 워싱턴 D.C 지역은 대단히 추웠다. 하지만 이런 날씨는 미 국방성 내부의 고도의 보안 직책에서 일하기에는 아주 안성맞춤이었다.

당시 나는 수도 워싱턴의 오래된 구역이자 고급 주택가인 조지타운에서 거리상 얼마 되지 않는 곳에 살고 있

할리 A. 버드

었다. 그때 상원의원이었던 존. F. 케네디(Kennedy)는 우리 집에서 불과 한 불럭(Block) 떨어진 거리에 거주했다. 우리는 미 해군의장대와 함께 했었던 성공적인 순회 기간 동안에 최초의 우주 여행자들이었던 우주비행사 글렌(Glenn), 쿠퍼(Cooper), 왈리 쉐라(Wally Sherrar) 등과 함께 만났었다. 또한 우리는 무명(無名) 용사들의 묘지를 수도 없이 함께 참배한 바가 있다. 워싱턴에는 늘 고위(高位) 인사들의 방문이 있는 것 같았고, 그들은 그 묘비 앞에 화환을 놓곤 하였다. 또 내가 해군에 있을 때 젊은 장교로서 직무상 외국을 방문해야 했을 때, 우리는 공항에서 영국 여왕을 여러 번 조우했었다.

나는 작고하신 나의 삼촌인 해군소장 리차드 E. 버드 제독의 장례식에서 별 두 개가 그려진 깃발을 게양한 이후에 기밀문서 취급 직책에서 일하도록 천거 받았으며, 이 일은 6개월 동안의 예비적인 견습 기간을 거친 후에야 승인되었다. 해군정보국(HINFO)으로 옮긴 뒤에는 군(軍) 기밀문서 취급 부서에서 일했

18

는데, 이때는 이 부서가 **프로젝트 불루북**(Project Bluebook)라고 일컫는 공군의 부서로 대중에게 세뇌되기 이전이었다. 하지만 그곳은 정보를 다루는 일종의 연합부서였다. 즉 육군과 해군, 해병대에서 각각 2명, 그리고 공군에서 3명의 장교가 파견되어 함께 근무하였다. 우리가 하는 작업은 아주 판에 박힌 것으로서 들어오는 우편물을 개봉하고, 조작된 수많은 UFO 사진들 가운데서 실제의 목격사진이라고 불리는 것들을 분류해내는 일이었다. 또한 우리는 일종의 공적인 정보부서처럼 행동했는데, 사실 공식적인 관련부서와 매우 흡사했었다.

당시 모든 출판업자들의 꿈은 지상에 낮게 내려온 실제적인 UFO를 포착하는 것이었다. 하지만 이러한 상황은 UFO 문제에 관한 국가정책을 결정하는 집단에 의해서 철저히 억압되었다.

1957년 3월 중순, 우리는 알렉산드리아의 경찰국으로부터 긴급한 메시지를 타전 받았다. 그 메시지의 내용은 2명의 경찰이 펜타곤(Pentagon:미 국방성 건물)의 남쪽 약 14마일 지점에 착륙한 한 외계인을 체포했다는 것이었다. 그리고 그 외계인 승무원은 국방장관과 만나기 위해서 펜타곤으로 호송되었고, 그 다음에는 대통령 아이젠하워와 부통령 닉슨과 만나려고 백악관으로 보내졌다는 것이었다.

그 만남은 거의 1시간 정도 지속되었고, 그리고 나서 그 외계인은 VIP(귀빈) 신분으로 취급되었다. 그리고 그는 (백악관과 펜타곤 사이를 왕래하는) 지하 왕복 비밀 지하철을 타고 국방성 건물로 되돌아와 중앙광장 인근에 있는 1층의 군(軍) 영접소에서 그날 밤을 보냈다. 이 외계인의 이름은 발리언트 토오(Valiant Thor)였다.

사령관 제임스는 당시 불루북 프로젝트 지국에서 비밀정보 취급인가 및 검열에 관한 책무를 맡고 있었다. 그는 공식적인 채널을 통해서 그 만남을 훤히 알고 있었고, 그 우주로부터 온 "밀사(密使)"의 착륙과 만남에 관해 국방장관 D. F 포어스톨

(Forestall)을 포함하여 다른 과학자들로 구성된 12명의 군 고위 관계자들에게 보고하였다. 이 12명의 군 고위 관계자들은 차례로 대통령과 각료들, CIA, FBI, NSA(국가안보국) 등등에게 전하는 충고와 권고안을 작성했다. 그런데 발리언트 토오의 착륙은 아마도 군 당국자에 의해서 인간형 외계인의 착륙이라고 문서에 기록된 최초의 사례일 것이다.

발 토오는 국방성 내의 사람들 가운데 UFO나 외계인의 존재에 대해 옹호하는 일부 사람들과 접촉했다. 나중에 발 토오의 임시 비서 역할을 했던 "낸시 와렌(Nancy Warren)"은 한 성직자와 만났는데, 이 사람이 바로 개인적으로 UFO에 깊은 관심을 가진 신학자였던 프랭크 E. 스트랜지스 박사였다. 나중에 그는 낸시 와렌을 통해 발 토오와 만났다. 스트랜지스 박사는 당시 2주 일정으로 국립 복음전도센타의 초빙강사를 해오고 있었다.

발 토오는 앞서 언급한대로 알렉산드리아에 착륙했고, 이윽고 대통령과 만나 세계적인 현안들을 논의하였다. 그리고 이러한 문제들을 어떻게 다루고 해결할 것인지에 관해 상담하고 그에게 조언하였다. 그는 아이젠하워에게 세계가 위험한 상황에 처해 있고, 만약 전쟁을 향한 행보를 계속한다면 - 당시 발 토오는 인류문명이 자기 파괴의 양상으로 발전하리라고 느꼈다 - 이로 인해 전세계가 경제적 혼란에 빠질 것이라고 언급했다. 발 토오는 1960년 4월 16일까지 지구에 머물러 있다가 자기의 고향인 금성으로 돌아갔다.

그는 말하기를 자기네 금성의 주민들은 지저세계(地底世界)에서 거주하고 있고, 우주 도처의 수많은 행성들 역시 이와 같은 방식으로 생명체들이 살고 있다고 하였다. 또한 그는 외견상 극복이 불가능한 문제들로 보이는 지구의 난제(難題)들을 돕기 위해 세계 전역에 착륙하고자 하는 외계인들의 조류에 대해 언급했다

덧붙여 그는 지구의 발전에 도움이 될 수 있는 정보와 원조를 제공하기 위해 장차 도래하게 될 먼 행성계로부터 오는 한 그룹에 관해 설명하였다. 발 토오는 우주 안에서 그리스도의 존재에 관해서 이야기했는데, 그를 통해 그리스도의 진보된 가르침이 지금도 계속되고 있음을 알게 된 것은 가슴이 따뜻해지는 경험이었다.

한 외계인이 국방성을 방문했던 이 일은 아마도 우리 행성의 지식과 지혜, 그리고 깨달음의 신기원(新紀元)을 여는 중대한 사건일 것이다.

저자의 머리말
편역자 서문
[증언] - 발 토오 착륙하다

♣제1부 - 미 국방성의 우주인

♣제2부 - 인류에게 전하는 우주인 발 토오의 메시지들

의식, 잠재의식, 무의식의 조화와 우주의식 / 목성에서의 충돌로 인한 상황과 그 여파 / 도래하는 지구의 차원상승 과정 /빛으로 인간을 우주선에 끌어올리는 원리 /초의식과 초감각적 지각 /

3.우주인 발 토오의 메시지(Ⅲ) - 214

인류의식의 변화와 지구변동 / 끝나가고 있는 인류의 아동기와 다가오는 새 시대 / 실천과 실행이 없는 지식은 무의미하다 /

♣제3부 - 발 토오 사령관의 최근 활동과 새로운 메시지들

♣제4부 - 역자 해제(解題): 인류 문명과 금성, 그리고 또 다른 접촉자들에 관해

-제1부-

미 국방성의 우주인

Stranger at the Pentagon

1장

TOP SECRET

착 륙

1장 착륙

"안녕하세요? 프랭크!" 그가 나에게 건넨 이 첫 인사는 아마도 내 기억 속에 영원히 새겨져 있을 것이다. 그것은 항상 나로 하여금 내 인생을 영원히 변화시켰던 1959년 12월의 그 추운 날을 떠올리게 한다. 그리고 나는 그날을 내 인생의 나머지 동안 마치 어제였던 것처럼 늘 회상할 것이다. 바로 그날 계속되는 하나의 여정(旅程)이 시작되었고, 그 여정은 이 글을 쓰고 있는 지금까지도 지속되고 있다.

이 이야기는 오래전에 태양으로부터 3번째 위치에 놓인 이 행성 지구 위에 생명체가 존재함을 확인하기 위한 금성인들의 최초의 정찰 탐사 여행과 함께 시작되었다. 당시 그곳에서는 "관찰자" 뿐만이 아니라 "피관찰 대상자" 양측의 딜레마(Dilemma)를 나타내는 특별한 사건들이 있어 왔다. 이런 예기치 못한 사건들에는 조종사 몇 명의 생명을 구하기 위해 그들을 우주선 안으로 "광선(Beam)"에 의해 끌어올렸던 일이 포함돼 있다. 이것은 당시 인간들이 우주선을 쫓아버리기 위해 우주선에다 돌을 던졌던 초기의 사건 훨씬 이후의 일이다.

지구 자체를 둥글게 싸고 있는 대기(大氣)를 보호하기 위해 100대의 우주선들이 행성 지구를 에워싸고 있었던 것은 1945년이었다. 히로시마 원폭투하에 의한 연쇄적인 원자의 반작용은 대기 속에 그 성분들이 분리돼 퍼져있었기 때문에 쉽게 결과로서 나타날 수가 있었다. 그리고 지구는 수많은 문제들을 양산하여 우주 전역에다 이른바 그 "파급효과"를 미침으로써 쉽게 파괴될 수 있었다.

금성인들의 다양한 우주여행에 의한 지구 관측보고 이후에 몇 가지 계획이 만들어 졌다. 그 첫 계획은 인류에게 태양계 내 지구 외(外)의 다른 행성들 안에 물리적 생명이 존재한다는 증거를 알려주는 것이었다. 그리고 그것을 보여주기 위해 공중에서 UFO의 시범 비행을 보이는 작전이 실행되었다.

이 계획은 미(美) 트루먼 행정부 시절에 워싱턴 D.C의 시청 상공에서 이루어졌다. 당시 신문들은 공군기들이 비행접시를 추적했던 이 사건의 전모에 대한 세부적인 기사를 게재하여 보도했다.[1] 대중매체들이 보도하지 않았던 것은 UFO를 추적하기 위해 지상에서 발진했던 아래쪽의 공군기들에게는 UFO가 보이지 않았다는 사실인데, UFO들은 오직 지상에 있던 사람들에게만 보였던 것이다.

두 번째 계획은 우주인들이 미합중국의 지도자들을 필두로 세계적 지도자들과 직접 접촉하는 것이었다.

첫 만남

1957년 3월 16일, 버지니아주 알렉산드리아에서는 금성의 가장 훌륭한 지도자들 중의 한 사람이 금성중앙통제센타의 지시 하에 작전을 수행하고 있었다. 그는 이 프로젝트를 지휘할 뿐만

---

[1] 1952년 7월 19일에 발생했던 〈UFO 워싱턴 상공 난무 사건〉을 뜻한다. 2부 186 페이지의 각주 (5)를 참고할 것. (역자 주)

아니라 미국 지도자와 직접 접촉하기 위한 사절로 선출되어 우주선으로 지상에 착륙했다.

이윽고 그는 총을 뽑아든 두 명의 경찰관과 조우하였다. 경찰들은 그가 전혀 해를 끼칠 사람이 아니라는 것을 즉각 알아차렸고, 그를 자기들의 순찰차 뒷좌석으로 인도했다. 그들의 차는 워싱턴 D.C로 진입해 시내를 가로질렀으며, 펜타곤에 도착하여 먼저 국방장관과 그의 6명의 참모진들과 함께 만났다. 오래지 않아서 관할구역으로부터 달려온 경찰과 정보기관이 거기에 합류했고, 그들은 모두 서로 그 외계인을 대통령 아이젠하워에게 호송할 권한이 자기들에게 있다고 주장했다. 하지만 그 외계의 존재는 자신의 특이한 초능력을 이용해 그들을 모두 해산시킬 수 있었다. 그리고 곧 경비 초소를 통과해 한 공군대위의 뒤를 따라 안내되었다.

그러는 사이에 그의 존재는 그 지역 안의 모든 이들에게 일종의 수수께끼적인 난감한 인물로 소문이 퍼져 있었다. (대통령의 만나기에 앞서) 〈고위위원회〉에서 대면한 첫 접촉모임에서 그는 위원회 인사들을 놀라게 했는데, 왜냐하면 그가 어떤 지구상의 언어로도 적절하게 의사소통을 할 수 있는 능력을 가지고 있었기 때문이었다. 고위 지휘관인 고울드(※실명이 아님)가 그에게 잠시 기다려 달라고 요청했고, 사태가 좀 진정된 후 두 명의 극단적 보수인사들은 이렇게 투덜거렸다.

"맙소사! 왜 하필 내가 쉬는 휴일에 이런 일이 발생한다는 말인가?"

이윽고 갑자기 문이 열렸고, 무장한 6명의 경호원들이 들어와 그를 엘리베이터 쪽으로 인도하였다. 엘리베이터는 곧 맨 아래층에 도착했다. 이미 그 장소의 보안이 최대한 강화되어 있었다. 그들 일행은 신속히 지하에 대기 중이던 비밀 지하철을 갈아탄 후, 백악관을 향해 속도를 높였다. 6명의 고위 관계자와 6명의 무장 경호원, 그리고 3명의 군(軍) 비밀요원이 그와 동행하여 그를 대통령 아이젠하워의 집무실로 호송해 갔다.

군 비밀 요원들이 긴장해 신경을 곤두세운 채 뭔가 편치 않은 상태로 서 있는 가운데 대통령은 자신의 책상 앞에 앉아 있었다. 그가 손을 내밀어 대통령과 악수하면서 잡은 손을 흔들었을 때 그 군 비밀 요원들은 리벌버(Revolver) 권총을 뽑아들었고, 그것을 그를 향해 겨누었다. 대통령이 머리를 끄덕여 그들을 제지하자 비로소 그들은 마지못해 총을 내렸다. 아이젠하워[2]는 자신의 책상에 앉으면서 처음 입을 열었다.

"물론 당신은 우리가 모든 법률상의 외교 관례나 협정을 일시 정지시켰다는 것을 아실 겁니다. 난 당신에게 호감이 갑니다. 선생! 실례지만 귀하의 이름이 뭡니까?"

그가 대답했다.

"발리언트라고 합니다."

"그럼 어디서 오셨습니까?"

"저는 여러분의 성서(聖書)에서 '샛별' 또는 '저녁별'이라고 부르는 행성에서 왔습니다."

---

2) [Dwight David Eisenhower 1890~1969] 미국 제34대 대통령(1953~61). 텍사스 출생. 신앙심이 깊은 부모 아래 애빌린에서 자랐으며, 1915년 육군사관학교 졸업 후 육군대학을 거쳐 육군본부에서 보급병참의 입안(立案)에 종사했다. 그리고 1932년 육군참모총장 D. 맥아더 장군의 부관이 되었다. 1935~1939년 필리핀 군사고문이 된 맥아더 아래에서 현지군의 육성을 담당했다. 제2차 세계대전에서 북아프리카 방면 군사령관으로서 훈공을 세웠고 1943년말 유럽연합군 총사령관에 임명되었다. 1944년 6월 노르망디상륙작전을 지휘하여 프랑스를 탈환하고 독일의 무조건 항복을 가져왔다. 그해 12월 원수로 승진했으며 1945년 11월 육군참모총장이 되었다. 1948년에 퇴역하여 컬럼비아 대학학장에 취임하였다. 1950년 북대서양군 최고사령관이 되었으나 1952년 대통령선거에 공화당의 추천을 받아 사임하고 보수파의 R. A. 태프트를 제치고 공화당 후보가 되어 대통령에 당선되었다. 내정을 S. 애덤스 보좌관, 외교를 J.F. 덜레스 국무장관에게 맡기고 R. M. 닉슨 부대통령을 중용하여 신중하게 정무를 수행하여 전후 가장 인기 있는 대통령으로 일컬어졌다. 제1기는 경제 호황을 누렸는데 외교 면에서는 I. V. 스탈린 사후의 헝가리 폭동에 관여하지 않았고, 인도차이나 전쟁에서 고전하는 프랑스군 원조를 거부했으며, 수에즈전쟁에서는 영국·프랑스의 출병에 반대하는 정책을 취하였다. 1956년 재선되었으나 경제의 정체, 인종문제, 앞지른 소련의 인공위성 발사, U2형기사건에 의한 파리수뇌회담의 유산, 1960년 안보투쟁에 의한 일본 방문중지 등의 문제로 타격을 받았다. 성격은 밝고, 포용력이 있으며 아이크(Ike)라는 애칭으로 불렸다. 대통령 당선 직후인 1952년 12월과 대통령 재임 중인 1960년 6월에도 한국을 방문한 친한파(親韓派) 인물이기도 했다. (역자 주)

미국 대통령 아이젠하워

"금성(金星) 말입니까?"

"그렇습니다."

아이젠하워가 물었다.

"그 사실을 증명할 수 있나요?"

그는 재빨리 응답했다.

"어떤 식으로 증명하길 원하십니까?"

"글쎄요? 그건 잘 모르겠네요."

"그럼 제 우주선으로 저와 함께 가주시겠습니까?"

대통령은 미심쩍은 표정으로 말했다. "선생, 미안하지만 난 그렇게 할 수는 없습니다. 고려해야할 다른 사람들이 있습니다. 우리에게는 자문을 먼저 구해야 할 위원회가 있고, 또 넘어서는 안 될 법률적이고 보안상의 한도가 있습니다. 어느 정도 시간 여유를 갖고 함께 생각해 봅시다. 어때요. 여기에 머물면서 기회를 만들어서 더 나은 대안을 모색해 보는 게 어떻습니까? 아마 머지않아 … 아주 가까운 시간 내에 다시 볼 수 있을 겁니다."

리처드 닉슨

바로 그 순간에 다른 신사 한 명이 그 방에 갑자기 나타났다. 그는 다름 아닌 당시 부통령이었던 리처드 닉슨(Richard Nixon)이었다. 그는 발 토오에게 시선이 매우 날카롭고 눈치가 빠른 사람으로 비쳐졌고, 아울러 사람을 응시하는 눈과 신속함과 능숙함에 있어서 놀라운 습성을 지닌 사람처럼 생각되었다.

"저는 발리언트라고 합니다."

부통령 닉슨이 주저 없이 손을 내밀었을 때, 그가 말했다.

"당신은 분명히 큰 소동을 일으켰군요 … 외계인을 대표해서 말이죠."

부통령은 말을 꺼내며 싱긋 미소를 지었다.

"물론 우리는 지금 당장으로서는 그 어떤 것도 완전히 확신하지는 않습니다. 하지만 지금은 당신의 언행(言行)에 관한 모든 것을 조사하고 재점검할 것이라고만 해두지요. 알렉산드리아의 경찰로부터 무선연락이 와서 당신이 비행접시로 막 착륙했다고 보고했을 때, 우리는 그 경사가 흥분했다고 생각했습니다."

그는 계속해서 말했다.

"말해보십시오. 당신은 (1952년에) 워싱턴 상공에 떠있던 UFO 위에 있었습니까? 만약 그렇다면 분명 당신은 우리 모두를 혼란으로 몰아넣은 겁니다."

닉슨의 말이 끝난 후, 발리언트는 1945년의 히로시마 핵폭발 이전의 수백 년 동안 이 행성은 면밀한 감시 상태하에 있었다는 것을 그들에게 확실히 납득시켰다. 그리고 특별 메시지를 담은 편지가 약간 떨고 있는 대통령의 손에 전달되었다.

그는 대통령으로부터 그들 일행이 왔던 길을 되돌아가서 펜타곤의 비밀접대에 따라줄 것을 요청받았는데, 즉 발 토오는 쾌적하게 설비된 아파트에 기숙하며 향후 3년간 머물게 될 예정이었다. 다행히도 그는 장기간의 방문체류와 같은 상황에 미리 준비돼 있었고, 우주선과의 지속적인 교신상태를 유지하고 있었다.

그는 자신의 원격순간이동(Telepotation) 능력을 통해서 그 지역을 들락날락했던 많은 기회가 있었다. 그것은 실재하지 않는 신분증명 배지(Badge) 위에 자신의 얼굴을 나타나게 하여 보안요원들의 눈에 인식되게끔 만드는 "초월적 심상화" 작업을 종종 연습하기 위한 것이었다.

우주인들 - 사진에 찍히다

그가 지상에 착륙한 후 얼마 되지 않은 1957년 4월, 그는 자신의 동료 승무원 3명과 함께 뉴저지(New Jersey)의 하이 브리지에 있는 하워드 멘저(Howard Menger)의 자택 뒷마당에서 열린 한 집회에 참석했다.[3] 그날의 모임은 UFO에 대해 관심을 가지고 있던 확실한 개인들로 이루어진 한 무리의 사람들이 만나는 날이었다. 발 토오와 그의 승무원 멤버들인 돈(Donn), 질(Jill), 타니아(Tanyia)는 그의 지구 친구들의 도움으로 우주복 대신 인간과 똑같은 의상으로 바꿔 입었다.

그 모임은 매우 흥미로웠고, 참석자들은 모두 올바른 방향과 목표를 지향하고 있었다. 그러나 발 토오는 이 사람들이 당국의 압력에 의해서 푸대접을 받거나 불순한 사람들 마냥 취급을 받고 있다는 사실을 알고 나서는 낙담했다. 그럼에도 불구하고 이들은 자기들 나름대로의 신념을 추구하고 있었고, 이점은 훌륭한 일이었다. 당시 호기심 많은 한 젊은 사진가인 오거스트 C. 로버츠(August C. Roberts)는 그 모임의 스냅 사진을 몇 장

하워드 멘저

찍었는데, 그는 발 토오가 이를 눈치 채지 못하고 있다고 생각하고 있었다. 그 사진사는 발 토오에게 말을 건네는 데 크게 불

---

3)하워드 멘저는 미국의 유명한 UFO 접촉자이다. 그는 조지 아담스키나 조지 반 테슬, 등과 더불어 가장 널리 알려진 컨택티 중의 한 사람인데, 사실 이들 중에서도 그 최초의 접촉시기가 가장 빨랐다. 이 사람 역시 금성인 및 화성인 등의 외계인들과 접촉했던 인물로 그 시기가 프랭크 스트랜지스 박사 보다 훨씬 앞섰다는 점을 감안할 때, 발 토오 일행이 이 사람 집에서 열린 회합에 참석했다는 것은 결코 우연이라고 볼 수가 없을 것이다. 즉 사전에 발 토오와 하워드 멘저 사이에도 모종의 의미심장한 교신이 있었을 것으로 추정된다. 이 모임에 참석한 사람들은 당시 하워드 멘저의 UFO 접촉 사건에 깊은 흥미를 갖고 멘저를 추종하던 동호인들이었다. (※4부(323페이지)에 하워드 멘저에 관한 자세한 소개 내용이 있으니 참고하기 바람) (역자 주)

안을 느꼈던 모양이었다. 그렇다. 발 토오와 처음 만났던 그 추운 12월의 겨울날 이 진귀한 외계의 존재과 더불어 나에게 다가왔던 것은 바로 그가 그때 찍은 사진이었다.

사진 속의 그의 손에는 미 〈고위위원회〉에서 온 메시지가 담긴 문서가 들려있었는데, 그 당시 대통령은 인류를 도우려는 발 토오의 제의가 미국 경제를 뒤엎을 것이고, 혼돈의 나락으로 빠뜨릴 수 있다고 언급했다. 요컨대 아이젠하워는 발 토오에게 말하기를, 이 행성의 주민들은 외계의 방문자들이 제의한 권고안을 실행에 옮겼을 때 벌어질 상황에 대처할 만한 준비가 돼있지 않다고 했던 것이다. 그럼에도 불구하고 발 토오는 (NASA의) 우주과학에 직접 연관된 의학적 프로젝트를 연구하다 현직에서 물러난 다수의 과학자들을 돕기 위한 일에 초대를 받았다.

발 토오가 권고안을 가지고 미합중국의 지도자들과 교섭을 할 수 있게 허용된 시간은 3년으로 제한되어 있었다. 그리고 그는 이 기간 동안 오늘날 우리가 "스타워즈(Star Wars)" 시스템으로 알고 있는 어떤 〈우주병기〉 개발에 관해서 조언해 달라는 미국 군부(軍部)의 요청을 거절한 바가 있다.

기적의 우주복

국방성에서 배정해준 아파트에서 발 토오는 자신의 우주선과 통신을 계속 유지할 수 있었고, 점증하는 세계적 긴장 상황에 대해 그쪽에다 보고했다. 그런데 당시 그의 우주복은 군당국에 의해 엄격한 테스트를 받았다. 그것을 시험하기 전에 사람들은 오늘날과 같은 표준 테스트에 의해서 그 옷은 쓸모없는 폐물이 될 것이라고 모두들 예상했었다.

먼저 다이아몬드 드릴(Drill)로 옷을 관통시켜 구멍을 내려고 시도해 보았다. 하지만 구멍을 내기는커녕 드릴 자체가 부러지고 말았다. 그 다음에는 염산을 우주복에다 부어 부식시켜 보려

금성인들! 최초로 인간들 앞에 모습을 나타내다!

Val with Friends

뉴저지 하이브리지에 있는 하워드 멘저의 자택 마당에서 세계 최초로 찍힌 인간형 외계인들의 모습. 문서를 들고 대화중인 사람이 금성인 사령관 발리언트 토오 (우측)이다. 가운데는 부사령관 돈(Donn)이고 맨 왼쪽 여성은 금성 여인 질 (Jill). 이 사진은 오거스트 C. 로버츠라는 사진사가 몰래 촬영한 것이다.

고 했었고, 그 결과는 바닥에 흘러내린 염산에 의해 옷이 아닌 밑바닥에 구멍이 생겼다. 또한 그들은 라이플총을 거기다 발사했으나 역시 관통하는데 실패했다. 그리하여 대통령에게 올라간 최종 보고는 다음과 같았다.

---

*외형 - 부드러운 은백색과 번쩍이는 금빛 광택
*직물구조 - 알 수 없음
*무게 - 부츠를 포함한 총중량 6온스(170g)
*재단 -고대 그리스 의복 같은 마감 가봉; 소매 커버,
 호주머니, 단추, 지퍼, 클립, 훅 없음
*파괴실험 - 파괴불능

결국 최종적으로 빛나는 눈을 가진 콜로넬 대령이 그를 한 장소로 호송했고, 거기서 마지막 테스트가 실행되었다. 마지막 테스트는 레이저 기기를 이용한 것이었다. 명령에 따라 방사선 자극에 의해 증폭된 강열한 빛으로 이루어진 레이저 기기의 광선이 옷에 겨누어졌다.

콜로넬 대령은 이 장치에는 원자 속에 수정이 합성된 루비가 내장되어 있다는 것과 빛의 파장에 의해 자극받을 때 이러한 파동이 증폭되고 집중되며, 그 다음에 발사된다고 설명하기 시작했다. 콜로넬이 말하기를 계속했을 때, 그의 여유 있던 입가의 미소는 점차 철저한 실망감으로 사라져 버렸다. 왜냐하면 그 레이저 광선은 우주복에 대해 아무런 쓸모가 없었던 것이다.

그는 레이저가 꺼진 이후에도 오랫동안 더듬거리며 말을 지속했다. 그는 미합중국이 원자분열을 이용한 이래 얼마나 강력한 국가가 되었는지를 되풀이해서 언급했다. 콜로넬 대령은 지껄이기를 계속했는데, 원자들 내에서의 중성자 충격이나 방사성 원소인 풀루토늄 충전, 원자량 235(U-235)의 우라늄 동위원소에 의해 핵분열의 연쇄반응이 시작되었을 때 엄청난 양의 에너지가 갑자기 방출된다는 것이었다. 훌륭한 콜로넬은 결국 제풀에 지쳐 말하기를 그쳤고, 발 토오는 자신의 우주복을 가지고 원래

다른 각도에서 잡은 우주인들의 모습. 좌측부터 여성인 질(Jill). 가운데가 부사령관 돈(Donn), 맨 우측이 사령관 발 토오.

의 숙소로 안내되었다.

1959년은 빠르게 저물어가고 있었다. 국가의 수뇌부들은 계속해서 동요와 혼란 속에 빠져 있을 수밖에 없었다. 그리고 그들의 우유부단함이 계속해서 정책 결정의 거듭된 연기를 불러왔다. 경제학자들과 산업계의 거물들은 연일 정치인들 및 군부 지도자들과 만나 논의를 했다.

그러나 정부의 지도자들은 발 토오의 존재를 자기들의 손으로 공식적인 입장에다 내세울 수가 없었다. 그리고 몇몇 과학자들은 그에게 성간(星間) 여행의 비밀에 대해 배우고자 했으나 성공하지 못했다.

크리스마스 주간(週間)이 성큼 다가와 있었다. 나는 바쁘게 일련의 과학 강연에 출강하고 있었고, 워싱턴에 있는 여러 교회에서 설교 중에 있었다. 그달 초, 나는 쿠바(Cuba)에서 미국으로 돌아왔는데, 거기서 나는 개인적으로 피델 카스트로와 만났었다.

당시 나에게는 미지의 존재였던 발 토오는 "낸시 와렌"과 일하고 있었고, 그들은 나를 만나게 될 하나의 계획에 공식적으로 착수했다.(※낸시 와렌은 발 토오가 국방성에 도착한 후, 펜타곤 내에서 알아본 정직하고 가슴이 열린 몇 명 안 되는 극소수의 사람들 중의 한 사람이었다. 그녀는 전능하신 신(神)과 자신의 나라와 동포를 사랑했다.)

국방성의 내부

지구상의 많은 사람들이 솔직하게 마음을 터놓고 살지만 가슴과 마음의 문을 열지 않고 아주 다르게 사는 사람들이 있다. 두 마음을 가진 이중인인 상태는 우리나라의 중추신경 기관인 국방성 건물 내에서 근무하는 사람들의 보편적 삶의 방식이 돼 버린 것으로 보인다. 발 토오는 언젠가 나에게 펜타곤 안에서는

앞 페이지의 사진 중의 발 토오의 모습을 클로즈 업(Close-up)한 장면

결코 인간적인 자연스러움을 목격한 적이 없다고 나에게 말한 적이 있다. 그런데 너무나 이상하게도 내가 그녀를 만나기 전 그 뉴저지의 사진사가 나에게 발 토오의 사진을 건네주었고, 나는 내 강연회에서 언젠가부터 늘 그 사진들을 입구에 전시하고

있었다. 그런데 나는 그 사진사한테 들은 것 외에는 그들에 관한 사적인 지식이 전혀 없었다.

내가 나의 저서(著書)인 "소서라마(Saucerama)"에 사인해 주느라 그녀의 존재를 눈치채지 못할 때, 그녀는 내게 다가와 국방성 출입 신분증명 배지를 보여주었다. 그리고 솔직히 말해서 그것은 단 번에 나의 주의를 사로잡아 그녀와 이야기를 나누게 되었다.

우리는 목회자 연구 자료를 서로 교환했는데, 그녀는 나에게 혹시 내가 그 사진 속의 주인공을 개인적으로 만나보고 싶지 않느냐고 물었다. 물론 나는 그를 만나고 싶다고 흔쾌히 대답했다. 그리고 나서 그녀는 내가 응답한 대로 자기의 지시에 따를 수 있는지를 물었고, 내가 그렇게 하겠다고 하자 다음날 아침 8:00시에 내가 묵고 있던 호텔 앞에서 만나자고 하였다.

낸시는 다음날 정확히 제 시간에 도착했고, 이렇게 해서 때때로 환상적이라고 생각되는 여정이 시작되었다. 하지만 이 환상적 여정은 모든 의심을 넘어서 신(神)이 창조한 우주 안에는 참으로 인간 외(外)에도 생명이 존재한다는 사실을 입증할 것이었다.

여러분 중에 국방성 출입에 익숙한 사람들은 일반적인 출입자의 경우 우측의 입구로 줄지어서 들어간다는 것을 잘 알고 있을 것이다. 하지만 우리는 좌측 출입구로 차를 몰았다. 나는 당시 무엇인가 기묘하게 일이 진행되고 있음을 알고 있었다. 우리는 경비요원의 인도에 따라 방문객들이 죽 늘어선 줄에 서야 했다. 그런데 신기하게도 검문과정에서 1차로 양복 상의(上衣) 깃 위에 신분증명 출입 배지가 물질화되어 나타났고, 그 다음에 2차로 한 번 더 나타났다. 이것은 나를 완전히 놀라게 만들었다. 그리고 나는 내가 잠시 후에 체포되어 감옥 속에 갇히게 될 것이라고 느꼈다. 하지만 물론 이러한 느낌은 단지 앞으로 벌어질지도 모를 일에 대한 나의 상상이고 추측이었을 뿐이었다.[4]

---

4) 이때의 상황에 관해서 스트랜지스 박사는 1995년에 있었던 미국의 한 라디오 프로그램 (Art Bell 라디오 쇼)과의 인터뷰에서 다음과 같이 자세히 설명했다.
"우리는 차를 담 옆에 주차시키고 국방성 출입자들이 죽 늘어선 줄에 같이 섰습니다. 낸시 와렌양은 자기 지갑 속에서 사진이 붙은 출입증을 꺼내더니 자신의 블라우스 오른쪽에다 고정시키더군요. 그리고는 그 블라우스 위에다 겉옷인 자켓과 코트를 덮어서 걸쳤습니다. 나는 줄 서 있는 다른 사람들을 내 앞 뒤로 살펴보았습니다. 그들은 모두 출입증을 달고 있었지만 나만 없었습니다. 나는 당황할 수밖에 없었지요.
줄이 점점 줄어들어 검색하는 보안요원 앞에 자꾸 가까워지자 다급해진 나는 낸시양에서 말했습니다. '오! 이거 참! 낸시! 난 출입증이 없어요.' 그러자 그녀는 이렇게 말했습니다. '내가 하는 대로 따라 하세요.' '어쩌려고요?' '날 보세요. 내가 하는 대로만 정확히 따라 하시라고요.' 줄이 자꾸 줄어들어 드디어 내가 줄의 3번째가 되었고 … 또 2번째가 되었습니다. 바로 내 앞의 그녀는 보안요원 앞에 서게 되자 자신의 코트와 자켓을 열어서 보여주고는 그 보안요원의 오른 쪽으로 걸어갔습니다. 하는 수 없이 나도 그녀가 하는 대로 똑같이 했습니다. 즉 무작정 내 코트를 열어서 보여주고 … 오른쪽으로 걸어갔지요. 그런데 놀랍게도 그는 나를 잡지 않더군요. 나는 놀라서 말했습니다. '아! 정말 그냥 무사통과 했네요!' 낸시는 태연히 내게 대답했습니다. '잘했어요. 우린 2차로 보안요원을 한 번 더 통과해야 합니다.' '또 해야 한단 말이에요?' '그래요. 한 번 더 보안요원한테 그대로 하세요.' '두 번씩이나요? 이번에도 잘될지 모르겠네요.' '다시 줄에 서세요. 그리고 입 다물고 아까 하던 대로 다시 한 번 하세요.' 우리는 2차 검문소에서도 똑같이 그대로 했고, 이렇게 해서 거기도 무사히 통과하게 됐지요." (역자 주)

44

　낸시는 아무런 표시가 없는 문 앞에서 그 안에 그가 있을 거라고 일러주고는 나를 남겨두고 떠났다. 문이 열렸을 때, 나는 걸어 들어가서 입구 쪽에 잠시 멈추었다. 그리고 남의 주의를 끌기 위한 헛기침을 하며 나는 한발 한발 나의 육중한 몸을 안으로 옮겼다. 그 사무실 안에는 3명의 남성이 있었는데, 그럼에도 그들은 나의 존재를 전혀 의식하지도 않았고, 완전히 무시하는 듯 했다.

　나는 아무래도 당황하지 않을 수 없었다. 나중에야 알았지만, 그것은 발리언트가 그들의 마음 상태를 조종하여 나와 만나는 전 과정을 그들이 전혀 인식하지 못하도록 만들어 놓은 것이었다. 그들은 여전히 자기들의 일에만 열중하고 있었다.

외계인 나타나다

나는 오랫동안 성경을 공부하는 한 학생이었을 뿐만이 아니라 예수 그리스도의 복음을 전파하는 현직 목사이자 특수한 연구가로서의 나의 경험을 한데 결합해 왔다. 그러한 나는 내 정신이나 사리분별이 정상이고 내가 하려고 하는 것이 무엇인지를 정확하고 알고 있었다.

나는 거짓이나 속임수를 판단할 수 있는 능력이 있는 사람이었다. 이윽고 한 남자가 안에서 걸어왔는데, 그는 대략 6피트 (183cm)의 키와 185 파운드 정도의 체중, 갈색의 물결치는 머리칼, 그리고 갈색 눈동자를 갖고 있었다. 그의 외모는 지극히 자연스러웠고, 햇볕에 약간 그을린 듯한 피부 색깔로 보여 졌다. 내가 그에게 다가갔을 때 그가 나를 쳐다보았고, *그것은 마치 그의 시선이 나의 내면을 곧바로 꿰뚫어 보는 듯이 생각되었다.* 부드러운 미소와 함께 그가 손을 내밀었고, 내 이름을 부르며 내게 인사를 건넸다.

"안녕하세요, 프랭크!"

그의 진심어린 정중한 태도가 나를 놀라게 했으나 나는 금방 그 사람의 순수함을 알아차릴 수 있었다. 내가 그의 손을 잡았을 때, 나는 마치 아기와도 같은 그의 피부 감촉에 깜짝 놀랐지만 부드러우면서도 강인한 남성의 힘이 내재해 있다는 것이 느껴졌다.

그의 목소리는 강렬하면서도 감미로웠다. 그것은 목적과 성격이 명확한 스타일이었다. 나는 혹시 누군가 다른 이가 말을 하거나 다른 행동을 하는가 싶어 다시 한 번 방 주위를 둘러보았다. 그러나 그들은 마치 내가 거기에 없기라도 한 것처럼 아직도 자기들 일에만 몰두해 있었다.

그제야 나는 그가 내가 입고 있는 것과 똑같은 형태의 의복을 입고 있음을 알아차렸다. 내가 그에게 혹시 다른 옷을 가지고 있느냐고 질문했을 때, 그는 말하기를 몇 벌의 근무복(우주복)을 가지고 있어서 당국자들에게 그것을 테스트해보라고 내주었다고 하였다. 그는 벽장 같은 곳으로 다가가더니 원피스 형태의 옷 한 벌을 꺼내 보였는데, 그 옷은 창문을 통해 들어와 그 옷을 비추고 있던 태양처럼 번쩍거렸다. 나는 그것이 마치 흐르는 햇빛 같다고 생각했다. 나는 그에게 그 옷이 어떤 재질로 만들어졌느냐고 물었다. 그가 이렇게 응답했다.

"그 옷은 지구상의 어떤 물질로 만들어진 것이 아닙니다."

그 의복의 일반적인 외형은 전체가 하나로 이어진 형태였으며 … 심지어는 발을 감싸는 아래의 부츠까지도 연결된 상태였다. 거기에는 어떤 단추나 지퍼, 또는 찰칵 채워지는 스냅 훅 같은 것도 달려있지 않았다. 나는 그것을 어떻게 입느냐고 물어보았다. 그는 내 앞에서 입는 것을 시범 보였는데, 옷의 앞쪽을 두 손으로 잡자 팔이 마치 저절로 들어가듯이 옷 안으로 들어갔다. 나는 손이 들어가는 트인 구멍이 어디 있는지 조차 알 수가 없었다. 그 우주복은 보이지 않는 미지의 힘에 의해 형성되어 유지되는 옷이었던 것이다.

인류를 돕기 위해

그는 내게 말하기를, 자기가 지구에 온 목적은 인류가 신(神)에게로 돌아갈 수 있도록 돕기 위해서라고 하였다. 그는 적극적인 어조로 … 그리고 항상 미소 띤 얼굴로 말을 했다. 발 토오는 인간은 이전의 그 어느 때보다도 현재 신(神)으로부터 멀어져 있지만 우리가 올바른 길을 찾기만 한다면 아직도 좋은 기회가 있다고 했다. 그리고 그는 자신이 이곳에 거의 3년 동안 머물러왔고, 이제 불과 몇 달 안에 떠날 예정이라고 언급했다.

그는 미국의 당국자들을 힘으로 설복시키지는 않을 것이며, 그들이 초청해 준다면 미국을 돕기 위해 대화 형식을 통해 기쁘게 상담에 응할 것이라고 말했다. 덧붙여 그는 워싱턴에서 국방성에 있는 자신의 존재에 대해 알고 있는 인사는 단지 극소수에 불과하다고 하였다.

그리고 3년 동안 일부 몇몇 지도급 인사들만 그의 말에 귀를 기울여 그들에게 충고와 조언의 도움을 주었다고 했다. 그는 아직도 해야 할 일들이 너무 많이 남아 있다고 느끼고 있었지만 떠나야 할 시간은 가까이 다가와 있었다. 그러나 강제적인 힘에 의해 어떤 목적을 이루려 하지는 않을 거라고 했다. 예수 그리스도 역시 인간들을 죄악으로부터 구하기 위해 인간에게 무엇인가를 강요하지는 않을 것이라고 그는 내게 말했다.

내가 그에게 어디에서 왔느냐고 묻자 그는 대답했다.

"나는 금성이라고 부르는 행성에서 왔습니다."

나는 다시 현재 금성에서 온 방문자들이 지구상에 얼마나 있느냐고 물어보았다.

"미국 내에는 우리를 포함해 77명이 인간 속에 섞여 살고 있고, 우리는 계속 지구를 왕래하고 있습니다."

그 후 30분 동안 그는 내 자신조차도 모르고 있는 나에 관한 사실에 대해 내게 말을 했다. 나중에 나는 나의 양친이나 조부모를 통해서 그가 언급한 사실들이 진실임을 확신할 수가 있었다.

그는 금성과 지구와 비교해서 금성의 중력의 크기에 대한 정보를 나에게 제공해 주었다. 나는 그에게 복부의 근육이 중력의 인력(引力)에 대해 신체를 유지시켜주며, 금성의 중력은 지구의 85% 정도라고 들었다. 그리고 당시 그는 장차 세월이 감에 따라 사람들에게 밝혀질 여러 정보들을 나에게 알려준 바가 있다.

지문이 없는 손

그가 나에게 말한 것 가운데 유일하게 내 마음을 심란하게 한 것은 언제 다시 그를 볼 수 있느냐는 나의 질문에 그가 "적절한 시기가 왔을 때"라고 막연하게 표현한 답변이었다.

그런데 그의 손에 지문(指紋)이 없다는 것은 나의 흥미를 끌었다. 왜냐하면 나는 상당한 기간 동안 개인적인 조사연구가로 활동해 왔고, 더욱이 한 때는 모종의 정부기관에서 수사관으로 임시로 근무한 적도 있기 때문이다. 당시 나는 지문에 관한 과학을 공부했는데 … 사람의 각 손가락 마지막 마디 위에 새겨져 있는 선들의 문양과 나선에 대해 배웠었다.

그를 말했다. "에덴동산에서 아담이 타락한 이래 모든 지구인들은 오늘날의 문명을 일구기까지 일종의 표식을 지니게 되었습니다. 그것이 바로 지문인 것이죠." 나는 그에게 당신은 왜 지문이 없느냐고 물어 보았다.

"지문은 타락한 인간들의 표시입니다. 지문은 그 사람의 삶 전체를 나타내줍니다." 또한 그는 말했다. "프랭크! 당신은 알 것입니다. 당신이 이전에 수사관이었을 때, 범죄의 현장에서 맨 먼저 찾는 것이 범인의 지문이지요."

그는 앞으로 내가 걸어가야 할 앞길에 대해 나를 준비시키기 시작했다. 그 길은 쉽지 않은 길이고 … 거기에는 고난의 역경과 조직적인 방해공작과 나를 망신시키는 책동들이 있을 것이었다. 하지만 그것에 대한 보상은 오늘날까지도 지속되고 있는 고난의 자취를 메우고도 남음을 입증했다.

우리는 예수 그리스도에 대해서도 의견을 나누었는데, 어떻게 그가 자신의 생명을 다하여 인류를 일깨워 주려했는지를 … 그럼으로써 우리 인류가 영원한 생명의 길을 향유할 수 있다는 점을 이야기했다.

나는 그에게 금성에도 성경이 있는지를 질문했다. 그는 창조주의 섭리와 〈공존공영(共存共榮)〉의 우주법칙을 어기지 않은 존재들에게는 그러한 인쇄된 책자 따위가 필요치 않다는 점을 나에게 확신시켜 주었다.

예수 그리스도에 관해 어떻게 생각하느냐는 나의 질문에 그는 이렇게 답했다.

"나는 예수가 당신과 다른 이들이 가진 신앙의 알파요 오메가임을 압니다. 그는 오늘날 우주의 지도자로서의 그의 신분에 적절한 책무와 역할을 맡고 있습니다. 또한 그는 그리스도의 길을 통해서 영적상승을 이루어 만법(萬法)의 근원인 창조주의 품으로 귀환하려는 모든 이들을 위해 특정한 장소와 시간을 마련하고 있습니다. 나는 예수 그리스도가 경이로움 중의 경이로움이며, 영원히 퇴색하지 않으리라는 것을 믿고 있습니다."

그가 이러한 말을 했을 때, 나의 가슴 속은 타올랐으며 내 눈에는 눈물이 고였다. 그는 창문 쪽으로 몸을 돌려 시선을 밖으로 향하며 말했다.

"프랭크! 시간은 멀지 않았습니다. 당신의 신념을 지키기 위해 싸우십시오. 당신은 결코 자신의 목표를 저버리지 않을 것입니다."

나는 우주의 다른 행성들에도 생명이 있는지를 물었다.

다른 행성들의 생명체들

그는 이렇게 답변했다. "지구상의 인간들이 전혀 알지 못하는 우주 도처의 수많은 행성들에 생명체들이 존재하고 있습니다. 신(神)이 만들어 놓은 태양계의 수는 인간의 추산하는 것보다 훨씬 많습니다. 또한 우주 전역에는 창조주의 완전한 법(法)을 결코 거스른 적이 없는 수많은 진화된 존재들이 거주하고 있지요. 인간은 신의 창조물 전체에 대해 이러저러한 말을 할 자격이나 권한이 없는데, 왜냐하면 인간만이 스스로 불순종한 행위를 통해 신의 완전한 우주 법칙을 거역해 왔기 때문입니다."

나는 그에게 만약 미국의 군대(軍隊)가 그가 지구를 떠나려는 날짜에 떠나지 못하도록 방해를 한다면 어떻게 할 거냐고 물어

보았다. 그는 간단히 대답했다.

"프랭크! 당신은 예수가 십자가상의 죽음을 딛고 일어나 자기의 제자들 앞에 나타났던 것을 기억합니까? 제자들은 안에서 문을 걸어 잠근 방안에 몸을 숨기고 있었지만, 예수가 그 한가운데에 갑자기 나타난 것을 목격했지요."

그러고 나서 그는 나를 쳐다보며 웃음을 지어보였는데, 그것은 마치 '더 이상 내가 말할 필요가 있을까요?'라고 암시하는 듯한 표정이었다.(역자 註※우주인들은 몸의 진동을 높여 잠긴 문이나 벽을 마음대로 통과해 드나들 수 있는 능력이 있다. 고로 유치장 안에 가두어 놓아도 소용이 없다.)

내가 그 방을 떠날 즈음에 그는 간략하게 다음과 같이 내게 말했다.

"프랭크! 부디 당신 자신의 신념을 계속 지키고, 당신이 걸어 온 길을 계속 가십시오. 먼저 하느님의 나라와 의(義)를 구하는 일을 계속하세요. 그리하여 때가 되면 다른 모든 것들이 더해져 당신에게 은총으로 임할 것입니다. 안녕히 가십시오. 항상 신이 당신을 보살펴 주시기를 기원하겠습니다."

나는 미래에 무슨 일들이 나에게 펼쳐질는지도 모른 채 그 놀라운 만남에서 크게 용기를 얻었고, 또 무거운 책임감을 느꼈다. 그런데 나는 만약 내가 다른 별에서 온 사람과 이런 진귀한 만남을 가졌다고 남에게 이야기할 경우, 누가 과연 내 말을 믿어줄 것인가 하고 걱정되기 시작했다. 우선 나는 이런 평범하지 않은 이야기를 섣불리 남에게 떠벌이지 않고 그것에 관해 좀 더 깊게 생각하고 더 많이 기도해 보았다. 그 결과 나는 발 토오와의 만남에 관한 이야기가 나중에 그것을 직접 듣거나 책으로 읽게 될 사람들에게 커다란 은총을 가져다 줄 것이라고 느꼈다.

행성 간을 여행하는 이 방문자는 과학과 신(神)에 관해서 뿐만이 아니라 나에 관해서도 풍부한 지식을 갖고 있었다. 그는 내가 집필한 저서(著書)인 "소서라마(Saucerama)"에 대해 논평하기를, 천상의 인도가 없이는 집필될 수 없었던 책이라고 말해 주었다.

발 토오가 받은 지시는 1960년 3월 16일까지 워싱턴 D.C에서 떠나라는 것이었다. 이것은 그가 미국의 과학자나 정치인들, 군 관계자, 또 이 밖의 사람들과 만나 협의할 수 있는 시간이 삼 개월이 채 안 남았다는 것을 의미했다. 그가 만났던 사람들은 모두 자기만의 야심에 사로잡혀 있었고, 인류 전체의 빈곤이나 억압 문제에는 별 관심이 없었다.

결국 이 지구라는 행성의 병폐와 불행을 종식시키는 해결방안을 만들어내고자 했던 그의 노력은 미 수뇌부의 감상적인 거절에 부딪쳐 수포로 돌아가고 말았다. 즉 그의 존재와 인류문제 해결에 관한 아이디어는 미국의 정치 및 경제구조에 대한 일종의 위협이 될 것이라는 말만 거듭해서 들었던 것이다. 어떤 종교 지도자는 만약 외계인인 그를 공식적으로 인정할 경우, 신도들을 지배하고 있던 자기들의 통제력이 약화되거나 상실될 것을 우려했다.

인류의 운명 행로를 바꿀 수 있었던 이러한 기회를 미국 정부가 경제적 이유를 비롯한 갖가지 핑계 때문에 놓쳐버린 것은 너무나 실망스러운 일이다. 보안규정은 엄격했지만 그럼에도 불구하고 사람들은 그가 마음대로 오고 갈 수 있다는 것을 알고 있었고, 그들은 자기들만의 비밀을 즐기면서 기뻐했다.

발 토오는 자신의 제안을 관철시키기 위해 강제적인 무력을 사용하지는 않겠다고 맹세했었다. 따라서 그가 언급했던 정보들이 세상에 널리 퍼지도록 하기 위해서는 모종의 다른 조치가 필요했다. 이것이 바로 그가 신(神)의 뜻에 순종하고 세계 곳곳을 다니며 진실을 알릴 수 있는 독실한 성격의 인물과 접촉했었던 이유이다. 그리고 현재도 많은 이들이 발 토오와 그의 승무원들 중의 다른 멤버들과 밀접하게 접촉하며 활동하고 있다.

대통령과의 만남

그와 대통령 아이젠하워와의 마지막 만남은 어떤 항구적인 성과도 얻어내지 못했다. 대통령은 발 토오가 제안한 계획을 전 세계에 공표하기를 원했으나 국방장관과 CIA(중앙정보국) 국장, 군(軍) 수뇌부들은 그의 제안에 전적으로 반대했다.

대통령은 마지막으로 국제연합(UN) 총회에 앞서서 그와 UN과의 합동 회합을 만들어 내고자 시도했다.5) 그러나 이 역시도 (배후세력에게는) 받아들여지지 않았다. 결국 그는 나중에 발 토오로부터 UN이 1961년 2월 7일 이전까지는 UN 사무총장에게 보낸 비망록 형태로 된 특별한 "보도자료"를 접수하게 될 것이라고만 통고받았을 뿐이었다.

미국 정부의 수뇌부들은 자국의 국민들이 발 토오가 제안한 계획들을 알게 될 경우 자기들 대신에 그를 따르기로 선택할 것이라는 불안과 우려감 속에서 밤늦도록 긴 논의를 거듭했다. 예컨대 한 보통 인간이 자신의 사적인 평화와 안정이 위협받을 수 있다고 느낄 때, 그의 반응은 언제나 즉각적인 자기방어 태세를 취하는 것이다.

한 번은 부통령이 아이젠하워에게 압력을 넣는 자들에게 대통령이 결정을 할 수 있게끔 허용해야 한다고 주장한 적이 있었다. 하지만 그는 자신의 말을 끝마치기도 전에 위원회의 거부권 행사에 의해 거부되었다.

CIA의 비밀 문서들

---

5)아이젠하워 대통령은 1961년 1월 <군산복합체(軍産複合體)>의 위험을 경고하는 퇴임 연설을 한 후 사임했는데, 아마도 당시 발 토오의 제안을 군부세력의 저항과 반대로 관철시키지 못한 것에 관련이 있는 듯하다. 그 때나 지금이나 미국 정부와 대통령까지 좌지우지하는 것은 미국의 군부와 금융, 석유, 무기산업, 정보기관 등을 장악하고 있는 막강한 유대인 세력들이다. (역자 주)

세계의 여건은 조금도 나아질 기미가 보이지 않았다. 많은 국제적인 압력이 미 행정부에 가해졌다. 그러나 그들은 내부자들이 발 토오의 존재에 대한 정보를 외부에 누설할 경우 무거운 처벌이나 벌금을 가한다는 엄격한 규정을 집행함으로써 거기에 맞섰다.

자신의 정보소식통을 통해 우연히 발 토오의 방문에 관해서 알게 된 모 방송국의 한 뉴스 진행자조차도 다름 아닌 CIA의 협박에 의해서 침묵할 수밖에 없었다. 이 정보기관은 UFO에 관계된 모든 정보를 지금까지 계속해서 부인해 왔다. 동시에 그들은 모든 의심을 넘어서 외계의 지성체들이 실존한다는 것을 실제로 뒷받침해 줄 수 있는 비밀 문서들을 보유하고 있다.

1960년 3월 15일 발 토오와 낸시 와렌이 만나는 것이 목격되었다. 그녀는 계속해서 국방성에서 근무할 것이었고, 워싱턴 지역에서 발 토오가 만난 접촉자들 중의 한 사람이었다. 그녀는 또한 발 토오가 만난 다른 이들과 계속해서 서로 연락을 취할 예정이었다.

오늘날 이 세상에는 아직도 인간의 자유를 억압하는 적들이 존재한다. 이런 기생충 같은 자들은 인간 사회의 각계각층 속에 끼어서 서식하고 있으며, 아마도 외계의 개입에 의하지 않고는 결코 겉으로 노출되지 않을 것이다.

이 지구 안에는 비행접시 형태의 비행기기를 개발한 혼란스러운 집단이 있다. 이러한 것 중의 일부는 우월한 종족을 만들어 내려는 어떤 자들의 시도와 노력에 의한 결과물이다. 이런 집단의 잔여 생존자들이 아직도 지구상에 존재한다. 그들이 설계해서 제작한 비행물체들은 여전히 때때로 남미(南美)지역에서 목격되는데, 그곳은 그들 집단의 일부가 거주하면서 원래의 계획을 추진하고 있는 장소이다.6)

이런 비행물체들과 지구 밖의 외계에서 오는 우주선 및 지구

---

6) 나치 잔당들이 제작한 UFO 형태의 비행물체를 의미한다.

내부세계(지저세계)에서 오는 비행체와 혼동해서는 안된다. 아울러 외계에서 온 우주선 탑승자들과 지구가 아니긴 하지만 일찍이 기록된 천상의 전쟁 이후에 다른 별로 수용된 "사악한 메신저들" 과도 혼동되어서는 안 되는 것이다. 그 어둠의 무리들은 스스로 선택해서 악의 길을 가고 있는 지구상의 저급한 세력과 동맹을 맺은 바가 있다.

우주인 떠나다

1960년 3월 16일, 발 토오는 지구에서의 자신의 임무를 끝내고 스스로의 몸을 비물질화시켜 떠났다. 그가 잠시 다시 모습을 나타낸 곳은 버지니아 알렉산드리아의 외곽 지역이었고, 거기서 그의 우주선과 승무원들이 숲이 울창한 곳에 우주선을 은익한 채 그가 도착하기를 기다리고 있었다. 그리고 그가 우주선 안에 도착하여 자기 몸의 원자를 재결합해서 물질화시키는 것은 그리 어려운 일이 아니었다.

그의 우주선이 서서히 이륙하기 시작했을 때, 수많은 사람들이 길에 멈춰 서서 흥분한 상태로 그 UFO의 방향을 손으로 가리켰다. 다른 이들은 정지한 채로 자신들이 목격하고 있는 물체에 시선을 고정시켰다.

발 토오는 그들 모두에게 크나큰 연민과 사랑의 감정을 느꼈다. 그들에게는 어떤 두려움은 없었으며 … 단지 일종의 호기심과 그것에 대해 좀 더 알고 싶다는 욕구뿐이었다.

그 때 미 공군의 제트기가 긴급 출격했고, 그 공군기는 자체의 역장(力場)을 완전히 가동함으로써 이제는 보이지 않게 된 UFO를 향해 화살처럼 돌진해 갔다. 하지만 지상의 레이다조차 그 물체를 놓쳐버렸고, 결국 레이다의 스크린에서도 그것은 사라져 버렸다. 혼란은 다시 한 번 가중되었다.

우주선 "빅터 1(Victor One)"으로 돌아가는 도중에 발 토오는 자신의 고향 행성에 대해 잠시 묵상에 잠겼다. 그는 그곳의 낮고 무겁게 드리워진 다채로운 색상의 구름들, 온화한 기후, 엷은 그림자를 만들어 내는 햇빛, 집을 에워싸고 있는 무성한 녹색 잔디를 생각했다.

그는 장차 미래에 그와 접촉을 오래 동안 유지하게 될 몇 명의 지구인들에 관해 들어서 알고 있었다. 그런데 이상하리만큼 그의 존재를 알고 있던 국방성 주변의 사람들은 그럼에도 불구하고 그 사실을 믿지 못한다고 주장했고, 그 모든 것을 두려워했던 이들이었다.

금성으로 귀환하는 도중에 발 토오는 지구 방문의 결과에 대해 〈중앙통제위원회〉에다 보고 했다. 그 보고에는 지구 인류를 지원하기 위한 그의 조언과 제안이 미합중국 수뇌부들에게 받아들여지지 않아 계획이 실패했다는 내용이 포함돼 있었다.

지구에 파견되는 금성의 요원들이 보편적으로 지시받은 내용은 다음과 같았다.

1. 지구인들과 섞여 지구인처럼 되어 행동한다.
2. 지구상의 기업체에 들어가 근무하면서 활동한다.
3. 지구 평화의 구현을 위해 노력하는 가운데 협박과 위험에 처해 있는 사람들을 돕는다.
4. 그들에게 조언해주고 도움의 손길을 제공한다.
5. 검증된 사람들에게는 고급 정보를 위탁한다.
6. 지구상의 집단적인 국가 지도자들에게 자기 임무의 핵심을 알려준다. 단 적절한 시기일 때만 그러한 조치를 취한다.

내가 이 책을 집필하고 있을 때도 그는 자신의 임무를 계속하고 있고, 동시에 행성 지구의 파멸에 의해 공전 궤도가 이탈되는 사건을 예방하고자 우리의 문명을 지속적으로 돕고 있는 중이다.

2장

TOP SECRET

만남이 시작되다

제2장 만남이 시작되다

발 토오가 에너지체의 상태로 국방성을 떠나고 난 후에 그에 대한 나의 관심과 의문은 증폭되었고, 나는 다른 행성에서 온 이 비범한 방문자와 다시 만나기를 고대했다. 그리고 내가 그를 다시 상면하기까지는 대략 1년 정도의 시간이 소요되었다.

이 기간 동안 나는 FBI(미 연방수사국)에 의해 내가 국방성에 들어가서 경험했던 사건에 대해 조사를 받았다. 사실 그들은 내가 그 동안 계속해온 워싱턴에서의 집회를 마치고 뉴욕으로 돌아오던 비행기 안에서 나를 만났다. 나는 곧 FBI 사무실로 연행되었고, 거기서 대략 3시간 동안 심문을 받았다. 나는 내 스스로도 내가 국방성에서 경험한 일에 대해 거의 믿을 수가 없었고, 따라서 국가정보기관의 사무실에서도 내가 당시 느낀 그대로를 그들에게 설명하고자 했다. 최종적으로 그들은 나에게 "거짓말 탐지기"를 이용한 검사를 시도했고, 나는 남아서 검사를 받아야 했다.

그날 오후 나는 나의 부모님 댁으로 지하철을 타고 오면서

Group Picture - High Bridge, New Jersey 1957

사진 중앙에 손에 문서 들고 고개 숙이고 있는 사람이 발 토오이다.

과거의 그 사건에 대해서 곰곰이 생각해 보았다. 나는 발 토오가 나에게 말했던 "시기가 적절할 때" 라고 한 말이 무슨 의미일까 하고 계속 숙고했다. 나는 그때까지 그 시기가 언제인지, 또 내가 과연 그를 다시 만날 수 있을 것인지 조차 알 수가 없었다.

두 번째 만남

내가 그를 다시 만난 것은 거의 1년이 조금 못되어서였다. 그때는 내가 캘리포니아의 비버리 힐즈에서 차를 운전 중이었는데, 놀랍게도 발 토오는 내 차의 뒷좌석에 갑자기 나타났다. 그당시 내 심정을 묘사하자면, 내가 펄쩍 뛸 정도로 놀랐다는 말도 완화된 표현이 될 것이다.

나는 차를 세웠고, 그는 앞좌석의 내 옆자리로 옮겨 앉았다. 이렇게 해서 우리의 두 번째 만남이 시작되었던 것이다.

"안녕하세요, 프랭크! 그동안 잘 지냈어요?"

그는 처음 만났을 때처럼 다시 나에게 인사말을 건넸다. 나는 1년 전에 국방성에서 앞으로 무슨 일이 일어날까하고 호기심과 경탄에 빠져 어안이 벙벙했던 시절로 돌아간 듯 했다. 그의 따뜻한 미소와 친절한 태도는 금방 나의 긴장을 누그러뜨려 나를 편하게 해주었다. 그는 내가 하는 일과 나의 가족 등등에 대해 나에게 질문을 건넴으로써 계속해서 대화를 이어갔다. 그리고 이와 같은 그와의 만남은 앞으로도 몇 년 동안 계속될 예정이었다.

아마도 나는 도로를 따라 차를 몰고 있을 것이고, 발 토오는 내가 모는 차의 전방 4거리 모퉁이에 서있을 것이었다. 의외로 이러한 접촉은 서로를 보다 잘 알 수 있는 형태의 만남이었다. 그 후 물론 나는 그에 대해 정통하게 되었다.

석양의 아름다운 노을을 배경으로 찍힌 UFO (2000. 3.15. 미 테네시 주)

미 뉴멕시코 주의 앨버쿼키에서 폴 빌라에 의해 촬영된 원반의 모습

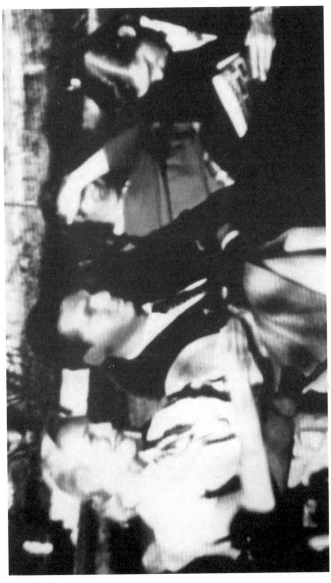

앞 페이지 사진 확대 모습 - 발 토오 좌측의 얼굴 가린 여성 역시
외계인이며 이름은 타니야(Tanyia)라고 한다.

발 토오 - 정면에서 잡은 사진

맨 위의 사진은 샌프란시스코의 칼리프, 트윈 피크 지역에서 찍힌 UFO. 아래(下)는 1952년 워싱턴 D.C 상공에 나타났던 UFO 편대들이 다.

발 토오 손에 든 문서 (Close-Up 사진)

Tattler Pulls the Wraps Off Exclusive NASA Photos of UFOs

1952년 미 워싱턴 상공에 대량으로 UFO 편대가 나타나 소동을 벌었던 사
건을 보도한 당시의 신문기사

그 해가 거의 지나갈 즈음, 그는 자기들이 이 지구상에서 펼치고 있는 활동들에 관계된 모종의 정보들을 나에게 털어놓기 시작했다. 그는 현재 자기들이 개인적인 거처에다 "교신 기지"라고 부르는 것을 구축하는 과정에 있다고 나에게 알려주었다.

지구 곳곳의 주요 지역에 있는 도시에서 도시로 고위 신분의 개인들과 위임자들이 연결되어 있고, 그들의 지원은 이런 목표를 성취하기 위해 이루어지고 있었다. 현재 이런 지역들로는 네바다의 레노(Reno), 캘리포니아의 샌 디에고(San Diego), 스위스의 제네바(Geneva), 그리고 캘리포니아의 로스엔젤레스 등이 포함돼 있다.

교신기지로 구축된 이런 개인 주택들에서는 여러분이 상상하는 것과는 전혀 다른 통신 장비들을 볼 수 있을 것이다. 즉 그곳의 방 한가운데는 일종의 홀로그램Hologram) 교신 장치가 놓여 있다. 그 장치 앞에 놓인 의자에 앉게 되면, 갑자기 여러분이 대화하게 될 상대의 물리적 영상이 보이기 시작한다. 아마도 이것은 개인 간의 접촉 수단인 것으로 생각이 된다. 내가 이 장치를 사용해 보고자 로스엔젤레스에 있는 한 가정 주택에서 처음 보았을 때, 나는 내 눈을 의심하지 않을 수가 없었다. 실제로 나는 그 입체적 영상에 가까이 다가가 내 손을 그 영상 속으로 집어넣어 보기까지 해 보았다. 그것은 분명 하나의 이미지임에도 불구하고 너무나 살아있는 생명처럼 보였고, 마치 그 상대방이 실제 내 앞에 서 있는 듯이 느껴졌던 것이다. 그리고 상대방 인물은 나의 대담하고도 유별난 행동에 크게 웃음을 터뜨리고 말았다.

그곳에는 이런 홀로그램 장치 외에도 우주의 방문자들이 지상이나 지구 주변에 배치된 그들의 우주선과 통신할 수 있는 다른 장비가 있었다. 그리고 사실상 이러한 우주선들은 그들의

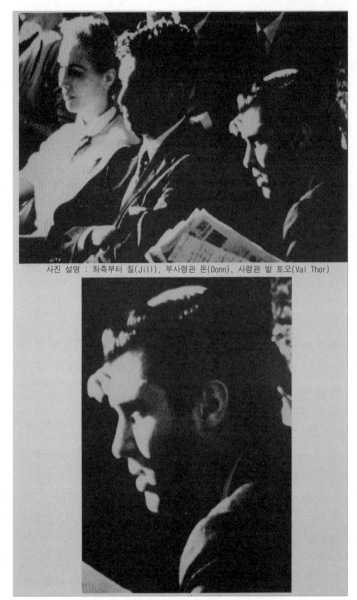

사진 설명 : 좌측부터 질(Jill), 부사령관 돈(Donn), 사령관 발 토오(Val Thor)

발 토오 - 위의 사진을 클로즈-업한 모습

본거지로서 지구 궤도상에 위치해 있었다.

인간들 속에서

그들은 이 행성 위의 보통 인간들과 섞이기 위해 한 도시에서 다른 도시로 이동할 때는 대중교통 수단들을 이용한다. 그 대부분의 경우는 민간항공사의 여객기가 이용된다.

이런 천사와 같은 존재들이 지구인들 속에 들어와서 인간의 모습과 반응을 살펴보는 것은 놀라운 일이다. 아마도 이런 존재들 중의 일부는 자신들의 온몸을 통해 인간세상의 낯선 감각을 느낄 것이다. 또 어떤 이들은 이유도 모른 채 킥킥 웃기도 하고, 또 다른 이들은 매우 감정에 사로잡혀 눈에 눈물을 글썽이기도 할 것이다.

그런데도 많은 인간들이 아직도 이 세상에 속하지 않은 누군가가 인간 속에 섞여 있다는 사실을 전혀 알지 못하고 있다. 그들이 특정 어느 도시에서 활동하고 있을 때, 그 도시에 있는 그들의 지인(知人)이 차 한대를 그들을 위해서 제공한 적이 있었다. 지구인들 가운데는 이처럼 발 토오와 그의 동료들을 경제적으로 돕는 이들이 있다. 즉 그들은 금성인들이 지구상에서 가능한 한 보통 인간들처럼 위장해서 임무를 수행하고 활동해야 하는 과정에서 필요한 모든 것을 뒷받침하기 위해 상당한 재산을 내놓는 것이다. 물론 우주인들은 자기들이 원하는 것은 무엇이든지 물질화하여 만들어 낼 수 있는 능력이 있다. 하지만 반면에 이런 행위는 불필요하게 인간의 주의를 끌게 될 것이고, 그로 인해 그들의 목표수행에 차질을 빚을 수 있는 것이다.

자주 있는 일은 아니지만, 그들이 지구를 떠나 이륙해야 할 일이 있을 때는 발 토오가 버지니아 알렉산드리아에 착륙할 때 사용한 소형의 UFO 왕복선을 이용한다. 그리고 이런 경우 그 대부분이 가장 적당한 밤 시간을 이용하기 마련이다.

세월이 흘러 내가 발 토오와 더욱 친해지고 서로를 잘 알게 되었을 때, 그는 나를 또 다른 환상적인 경험을 위해 준비시켰다. 그리고 내가 잠시 경험하게 된 그 일들은 내가 살아 있는 한 결코 잊지 못할 것이다.

3장

TOP SECRET

생명을 구하다

3장 생명을 구하다

어느 날 우편배달부가 내 집의 문을 노크하는 소리가 들렸는데 … 그가 배달한 것은 독일에서 개최되는 UFO 집회 행사에 나를 초빙 강사로 초대한다는 내용이 담겨진 특별한 편지였다.

그런데 이것은 어떤 "어둠의 세력"이 나를 영구히 제거해 버리기 위해 계획했던 내 인생의 위기의 한 막(幕)이 열리기 시작한 것이었다. 우리 일행은 1967년 11월에 뉴욕의 케네디 공항으로 가서 유럽행 노선으로 출발하기로 했다. 우리의 비행기가 L.A로부터 도착한 후 독일의 프랑크푸르트로 출발하기 전에 몇 시간 정도의 여유시간이 있었다. 나는 당시 뉴욕에 살고 계시던 부모님께 잠시 안부 전화를 드렸다.

처음으로 유럽의 여러 나라를 돌게 된 이번 여행일정에 관해 우리가 논의하는 동안 내 마음 속에는 많은 생각들이 스쳐지나 갔다. 이번 여행에서 우리에게 참석해달라고 초대한 곳은 서독을 비롯해 핀란드, 스웨덴, 그리고 영국까지 포함돼 있었다.

그런데 이상하게도 우리가 비행기에 탑승했을 때 우리의 좌석에는 3명의 아이들을 데리고 여행하는 한 여성이 앉아 있었다. 따라서 우리는 우리에게 배정된 별도의 좌석을 항공사측에 요구하게 되었다. 우리는 기내 승객담당자의 안내를 따라 그가 정해준 1등석으로 자리를 옮겨 앉았다. 웃음 띤 얼굴로 그가 우리에게 말했다.

"즐거운 여행이 되시기 바랍니다."

독일에 도착

말을 마친 그는 찡긋하고 윙크를 던진 후, 자신의 업무를 계속하고자 돌아갔다. 케네디 공항을 이륙하는데 어느 정도의 지체는 있었지만 독일행 비행기는 순조롭게 출발했다. 그리고 비행기 여행은 매우 흡족했고 즐거웠다. 이윽고 비행기는 쌀쌀하고도 흐린 날씨 속에서 프랑크푸르트 공항에 착륙했다.

그런데 우리 비행기의 연착으로 인해 우리를 마중 나오기로 했던 사람이 눈에 띠질 않았다. 그 사람에게 연락을 취해야 했으므로 나는 공중전화를 찾았다. 독일에서 공중전화로 누군가에게 전화를 거는 것은 정말 당황스러웠는데, 왜냐하면 동전을 넣고 통화도중에 최소한 3번씩이나 경고 벨소리가 울려댔기 때문이었다. 이런 와중에 정신을 차려보니 이미 끊긴 전화통을 붙잡고 나는 계속 이야기를 하고 있었다.

하지만 다행스럽게도 그 사람과 연락이 되어 마인즈(Mainz)로 가는 택시를 잡아타라는 지시를 받았다. 우리가 탄 택시 운전사는 영어가 아주 서툴렀고, 그가 아는 말이라고는 "예", "아니오" "요금이 40 마르크입니다." 라는 단 3가지 표현 밖에는 할 줄 몰랐다.

우여곡절 끝에 마침내 우리는 마인즈에 도착했고, 택시는 대부분의 전형적인 유럽인들이 사는 곳의 도로가 그렇듯이 몇 개의 좁고도 재미있는 길을 통해서 요리조리 나아갔다. 그리하여 운전사는 우리의 도착지인 〈마인쩌호프〉 호텔 앞에 차를 세웠

파리 에펠탑 상공에 나타난 UFO의 광경

다. 그는 우리의 여행 가방을 들어다 호텔 로비 안의 프론트 앞
에까지 배달해 주었다. 그리고 거기서 우리는 우리의 등록 절차
를 도와준 독일의 주최측 대표자들 몇 명과 인사를 나누었다.
당시 나는 개인적으로 이번 행사가 매우 멋진 UFO 집회일 것
이라고 기대에 부풀어 있었으나 이번 여행에서 내 목숨이 위태
로울 수도 있다는 점은 미처 깨닫지 못하고 있었다.

호텔의 맨 위층에 위치한 식당으로 들어섰을 때 우리는 이번
UFO 행사의 주최자인 헤르 칼 베이트(Herr Karl Veit)씨의 따뜻
한 환대를 받았다. 그곳의 창문을 통해 아름다운 라인 강의 모
습이 내려다 보였다. 강에는 다수의 배들이 떠 있었고, 수면에
반사되는 햇빛은 아름다웠지만 쌀쌀한 오후였다.

헤르만 오베르트(Herman Oberth) 박사(※로켓의 아버지로 알려져 있다.)와 콜맨 본 케빅즈키(※UFO에 관계된 많은 사건에 관해 국방성에다 공식적으로 문제 제기를 했었다.) 교수 등을 포함한 여러 인사들이 테이블에 둘러 앉아 우리를 환영해 주었다. 베이트씨는 우리 모두의 식사를 주문했고, 우리는 흥겨운 환담을 즐겼다.

유럽 여행 중 곤혹스러웠던 것은 어느 나라에서나 이름을 대고 그 식사를 주문하지 않는 한 식사와 더불어 단 한 잔의 물조차 달라는 것이 정말 힘들었다는 사실이다. 그것은 우리가 방문했던 각 나라에서 너무나 빈번하게 경험해 처음 알게 되었던 일이었다. 그러한 일을 겪지 않았던 유일한 나라는 영국뿐이었다. 비록 몇 가지 다른 언어를 쓰는 국가들을 거친 후에 영어를 사용하는 나라에 왔긴 하지만, 그들은 최소한 우리가 주문하는 바를 알아들었다. 말이 통하지 않는 경험은 내게 정말 낯설었다.

우리가 당시 이런 나라들을 방문하고 다녔던 것은 어떤 정치적인 논의를 하려고 했던 것은 아니다. 그것은 다만 미확인 비행물체(UFO)에 관해 우리가 알고 있는 정보를 함께 공유하려는 것이었고, 또한 우주 안의 생명체의 존재 가능성 등에 대해 서로 토의를 하자는 것이었다.

UFO 행사가 열리는 회의장은 호텔에서 걸어서 갈 수 있는 거리에 있었다. 따라서 우리는 추운 날씨에 대비해 두꺼운 옷을 걸치고 호텔을 나섰고, 차갑고도 상쾌한 공기를 느끼며 거기까지 걸어갔다. 이것이 독일에서 우리가 맞은 첫 아침이었다.

독일의 거리는 매우 청결했으며 사람들 역시 매우 따뜻하고 친절했다. 집회장에서 만난 보도진과 간단한 인터뷰 및 사진촬영이 있었고, 다수의 UFO 동호인들 외에도 베이트씨측의 다른 인사들과도 만나 대화를 나누었다. 집회장은 흥분의 열기와 기대감으로 한참 달아올랐다. 그리고 행사장 내부는 게양된 만국기와 더불어 꽃으로 장식돼 있었다. 많은 강사진들이 이미 도착해 있었고, 그들은 모여든 호기심 많은 청중들의 질문에 답변하기 바빴다.

베이트씨의 공식적인 개회선언이 있자, 국제적인 강사진이 한 명씩 청중들에게 소개되었다. 그들의 명단은 다음과 같았다. 콜맨 본 케빅즈키(Coleman Von Keviczky), 헤르만 오베르트(Herman Obert) 교수, 윌크 마틴(Wilk Martin) 박사, J. V. 야코비(Jacobi), 알프레드 나혼(Alfred Nahon), 칼 L. 베이트(Veit), 에르파인더 프리드리히 함멜(Erfinder Friedrich Hummel), D. 그라소(Grasso), W. 로젠스키 필렛(Losensky Philet), 로베르토 피노티(Roberto Pinotti), 에리히 할리드(Erich Halid), 쿠트 카우프만(Kurt Kauffmann) 박사, 월터 오르(Walter Ohr), 푸라우 루이즈 에쉬크(Frau Luise Eschig), D. F 로스(Ross), G. 마칼루스(Macalus) 박사, 에왈드 노르(Ewald Norr), 에릭 본 데니켄(Eric Von Daniken), 그리고 나 자신이었다.

죽음의 위기를 경험하다

나는 청중들 앞에 두 번 나설 예정이었다. 한 번은 UFO에 관한 강연이었고, 또 한 번은 〈페노메나 7.7〉이라는 UFO 다큐멘타리를 해설하기 위해서였다. 그 UFO 기록영화는 11월 5일 오후 4:00시에 관객들에게 선보이기로 일정이 잡혀 있었다. 그리고 그에 앞서서 이탈리아에서 발간되는 신문형태의 잡지사에서 온 두 명의 남자로부터 인터뷰 요청을 받아놓고 있었다. 그중 한 사람은 보도기자였고, 다른 한 명은 사진사였다

우리는 식당의 작은 테이블에 앉아 점심 식사를 하면서 이야기를 진행했다. 그들의 질문은 내가 발 토오와 만났던 사실에 대해서 거의 집중되어 있었다. 그들은 나의 저서인 "지구 너머 먼 곳에서 온 나의 친구(My Friend beyond from the Earth)" "날으는 비행접시" "펜타곤의 이방인" 등을 읽었다고 말했다. 내가 하는 말이 그들이 가져온 녹음기에 녹음되는 가운데,

그들은 발 토오에 관해서 내가 아는 아주 세부적인 내용까지 질문 공세를 해왔다. 나는 내가 발 토오와 만났던 전반적인 내용을 그들에게 상세히 설명해 주었다. 그럼에도 그들은 "발 토오는 지금 어디 있는가?" 라는 질문을 나에게 거듭 반복해서 했는데, 나는 매번 같은 대답을 하면서 내가 주문한 토마토 스프 그릇에 때때로 스푼을 가져가곤 했다.

그 때 한 젊은이가 내 어깨를 가볍게 치면서 핀란드에서 내게 장거리 전화가 걸려왔다고 알려주었다. 나는 잠시 실례하겠다며 자리에서 일어나 전화를 받으러 갔다. 그 전화는 내가 헬싱키 대학에서 강연을 할 수 있게 연결해준 〈사업가 복음전도협회〉의 후원자 중의 한 명인 감리교 소속의 리오 멜로 목사였다. 그 전화 내용은 헬싱키에 내가 언제쯤 도착할 것이냐고 묻는 것이었다.

통화를 끝내고 내 자리로 돌아오자 의아하게도 인터뷰하던 두 사람은 가버리고 없었다. 테이블은 깨끗이 치워져 있었고, 다만 내가 먹던 토마토 스프 그릇만 덜렁 남아 있었다. 나는 당혹스러운 혼란을 느끼면서도 무심코 스프를 한 스푼 가득 떠서 입안에 넣어 삼켰다. 그 순간 나는 "아차!" 하는 생각이 들었고, 무엇인가 잘못 돼가고 있음을 … 그것도 아주 크게 잘못돼가고 있음을 깨달았다. 내 목구멍 속으로 타는 불덩이가 내려가는 듯한 통증이 느껴지기 시작했던 것이다. 나는 급히 근처 카운터 위에 있던 물 한 컵을 들이켰다. 그리고 즉시 나의 통역자인 안토니 로우씨를 찾아서 숙소인 호텔로 차를 몰았다. 오는 동안에도 내 목구멍에서는 피가 계속 올라왔고, 피는 내 셔츠 앞으로 뚝뚝 떨어졌다. 통역자는 시간이 갈 수록 내가 위태롭다는 것을 잘 알고 있었다.

신기한 혼합음료

호텔방에 도착하자마자 그는 재빨리 물 한잔에다 분말로 된

약을 타서 나에게 마시라고 했다. 그는 말하기를, UFO 집회에 참석하기 위해 자신이 다니던 대학을 떠나기 전에 그 약을 제조해 두었다고 하였다. 마침 의과 대학생이었던 안토니 로우는 위기의 순간에 적절한 응급처치를 나에게 해주었던 것이다. 그런데 그는 그 가루약이 무엇인지를 내게 말하지는 않았다. **왜냐 하면 그도 그것이 무엇인지를 알지 못했기 때문이다.** 안토니는 다만 자신이 누군가로부터 그 물질을 섞어서 마인쯔로 갈 때 가져가라고 지시를 받았다고만 이야기했다.

나는 그가 마시라고 건네준 혼합음료를 마시고 나서 깊은 잠 속으로 빠져들었다. 이와 같은 위기의 경험을 통해서 나는 아직까지는 내가 결코 홀로 있지 않다는 것을 절실하게 깨달았다. 잠에서 깨어나자 목의 통증과 불편함은 씻은 듯이 사라져 있었다. 나는 나의 침대 옆의 작은 탁자 위에 놓인 그 혼합음료에 손을 뻗어 서서히 조금씩 삼켜보았다. 그것이 내 목구멍 너머로 부드럽고 시원하게 넘어감이 느껴졌다.

바로 그 순간에 전화벨이 울렸다. 그 전화는 스위스에서 발 토오로부터 걸려온 전화였다. 그의 말소리는 다정다감하면서도 엄격한 질책처럼 들렸다.

"프랭크! 당신이 사람들을 만날 때는 항상 조심해야 한다고 내가 얼마나 여러 번 주의를 주었습니까?"

그는 계속해서 말했다.

"종종 많은 난관이 도사리고 있음을 배워야 할 것입니다. 하지만 당신은 이번 경험을 통해서 뭔가 얻은 게 있겠죠. 부디 앞으로는 정말 조심하기 바랍니다."

발 토오는 실제로 "어둠의 일당(Men in Black)"들이 존재하고 있으며, 그들은 단순히 검은 옷을 입은 것이 아니라 그들의 동기와 가슴 자체가 그렇다고 언급했다.[7] 아울러 그는 우리가

---

7)UFO를 직접 목격한 사람들이나 접촉자들을 찾아와서 협박을 일삼고 침묵할 것을 강요하는 무리들이다. 이들은 항상 검은 정장에 검은 선글라스를 끼고 나타나기 때문에 "맨 인 블랙"이라고 불린다. 정부 기관원으로 추정되나 아직까지 확실한 정체는 밝혀져 있지

미국에서 개인적으로 만나게 되면 상세히 이야기해 주겠다고 하였다. 그는 또한 자기의 친구들이 우리 일행의 유럽여행 기간 내내 우리를 보살펴 줄 것이라고 덧붙였다.

어둠의 세력

내 몸이 신비로운 음료를 통해 "청소 과정"을 경험한 이후에 나는 마치 새로 태어난 아기처럼 느껴졌다. 그리고 과거에 내가 발 토오와 함께 나눴던 대화들이 주마등처럼 내 마음속에서 스쳐갔다.

그는 언젠가 이렇게 말했다. 우주의 모든 존재들이 다 하느님에게 속해있지는 않으며, 어둠의 힘에 의해서 움직이는 일부 세력들이 존재하고 있고, 추가적인 정보들은 나중에 내게 주어질 것이라고 했었다. 그때야 나는 그가 한 말의 의미를 이해할 수 있었다.

하늘에서 전쟁이 있었던 초기에 루시퍼(Lucifer)와 그의 하수인들이 지구로 내려왔다. 그들이 상실해 버린 유일한 힘은 신성한 창조주의 섭리 안에서 사는 삶이었다. 그리고 루시퍼는 아직도 신(神)의 품으로 돌아갈 수 있는 일부 기회를 허용 받고 있다. 발 토오는 많은 존재들이 이러한 타락한 천사들로 간주되고 있다고 알려주었다. 그는 나에게 참된 빛의 자녀들인 모든 남성과 여성들은 정신적으로 뿐만 아니라 영적으로도 자기방어의 기술을 배우는 것이 중요하다고 말했다.

내가 UFO 집회 행사장으로 돌아갔을 때, 모든 사람들이 내가 나타나기를 기다리고 있었다. 청중들은 깊은 관심을 가지고 우주과학과 진정한 종교에 관해 배우기를 열망하는 사람들인 만큼 그들의 반응은 매우 따뜻하고 호의적이었다.

않다. 일부는 이들이 부정적 외계인들이나 기계적 안드로이드(인조인간)라는 설(說)도 있다. (역자 주)

그 다음날 이탈리아 잡지사에 문의해 본 결과, UFO 집회장에 나타났던 그 두 사람은 자기들이 아는 바도 없고 파견한 적도 없다는 답변이었다. 하지만 우리는 그런 사실을 알고 나서도 크게 놀라지는 않았다.

아주 오래 해 전에 나는 나의 삶을 예수 그리스도에게 의탁했고, 향후 미래에 다른 이들에게 길을 예시하기 위한 목적으로 내게 많은 계시들이 주어질 것임을 알고 있었다. 하지만 그 길은 쉽지 않은 길이 될 것이었다. 그러나 한편으로 그것은 유익한 결실을 맺는 일이 될 것이다. 왜냐하면 세상 사람들이 세속적인 부귀와 향락에 눈이 팔려 있을 때 거기서 과감하게 **빠져**나와 참 진리의 길을 걷는 사람들에게는 많은 은총이 있기 때문이다.

신(神)이 항상 우리와 함께 계신다는 것을 증명하는 또 다른 경험이나 경고, 기회들은 어려움을 무릅 쓰고 신앙의 길을 가는 이들에게 도움이 될 것이다. 하지만 다가올 더 커다란 사건이 아직 남아 있었다.

4장

TOP SECRET

우주선으로의 초대

4장 우주선으로의 초대

　1968년 6월 5일은 역사 속에 길이 남을 것이다. 물론 사람에 따라서 그날은 자신이 태어난 날이라거나 사업상 성공적인 큰 계약을 체결했다든지, 아니면 큰 손해를 봤다든지 해서 그러할 것이다. 또는 그날은 멋진 결혼식을 했다든가, 뜻 깊은 축하연이 있던 날이었든가, 이혼을 했다든가 해서 그 당사자들에게 오래 기억될 것이다.

　그런데 심지어 어느 한 가족에게 있어서는 사랑하는 사람을 잃음으로써 어두운 오점이 찍힌 날일 수도 있다. 그리고 그 희생된 사람이 그 가족의 한 아버지이거나 형제, 어머니, 자매, 아들, 딸, 혹은 정부 관리일 수도 있는 것이다. 다시 말하자면 6월 5일, 이날은 바로 로버트 케네디(Robert Kennedy)가 총격으로 사망한 날인 것이다. 이 사건은 경호의 미비와 부주의함, 그리고 진지한 경고를 등한시하고 무시한 데서 발생한 비극적 암살 사건의 한 실례(實例)였다.

　나는 여기서 그 운명의 날에 로스엔젤리스의 앰버서더 호텔에서 일어난 이 사건의 실체에 대해 세부적인 내용을 말할 수는 없다. 하지만 사건 조사의 책임이 있는 당국자들은 허용된 보도 내용들보다는 훨씬 더 많은 것을 알고 있다고 말하는 것 만으로도 충분할 것이다. 사건 현장의 입구와 창틀에 남아 있던 어떤 단서들이 제거되었다는 사실에 관계된 보고들이 최근에 표면화됐다. 즉 결정적인 증거의 단서들은 모두 사라져 버린 것이다.

이제 나의 그날 아침으로 돌아가 보자. 그 날 나는 걸려온 한 통의 전화를 받고 급히 캘리포니아 샌 디에고(San Diego))행 비행기에 몸을 실었다. 그 전화는 발 토오로부터 온 전화로서 샌 디에고 공항에서 만나자는 연락이었다.

공항에 도착한 나는 곧 발 토오와 반갑게 조우했다. 이어서 그는 나를 자신의 차가 주차돼 있던 공항 주차장으로 안내했고, 멕시코 국경 쪽으로 차를 몰기 시작했다. 당시 나는 이번의 특별한 여행이 발 토오라고 불리는 이 우주인과 그의 지구에서의 임무에 대해 많은 것을 깨닫게 해 줄 것이라는 점을 거의 알아 차리지 못하고 있었다.

멕시코 국경으로 차를 타고 가는 도중에 우리는 몇 가지 관심사에 대해 서로 의견을 나눴다. 그는 내가 진실을 전파하는 데 도움을 준 나의 가까운 동료 몇몇의 이름을 거명하기도 했다. 우리는 국경 횡단 지점에 잠시 멈추어 섰고, 차의 양쪽에 서 있던 국경 경비원들과 의례적인 인사를 주고받았다. 그런 다음 우리는 계속해서 멕시코 소노라에 위치한 〈샌 펠리페〉라는 작은 마을에 이르기까지 남쪽으로 수백 마일을 달렸다. 그 마을에 들어서자 소수의 사람들이 먼지 나는 거리를 걷고 있었다. 그리고 일부 미국 관광객들은 해산물 요리 전문 레스토랑을 향해 몰려가고 있었다.

〈샌 펠리페〉는 거의 바다에 둘러싸인 해변 마을이었다. 이곳은 휴양을 목적으로 오거나 혹은 낚시를 즐기려는 일부 사람들이나 오는 아주 조용한 곳이었다. 하지만 우리가 어떤 그런 목적으로 거기에 간 것은 아니었다. 발 토오는 레스토랑 바로 뒤쪽에 위치한 주차장에다 차를 주차시켰다. 그리고 나서 우리는 해변의 몇 개의 바위 위를 기어 올라가기 시작했고, 이어서 레스토랑에서는 보이지 않는 바닷가를 따라 한 참 걷고 있었다. 마을 사람들이 살고 있던 작은 집들도 우리가 걷고 있던 곳에서는 더 이상 볼 수가 없었다. 거기서 우리는 작은 모터보트에 올라탔고 엔진의 시동을 걸기 시작했다. 나는 아직도 우리가 어디로 가고 있는지 알지 못했다.

수면위에 떠 있는 UFO

바로 그때 나는 그것을 보았다. 접시형태의 물체가 저 멀리 바다 위에 떠 있었던 것이다. 그리고 나는 거기서 이상한 현상을 알아 차렸다. 밀려오며 출렁거리는 파도에 의해 묶어둔 모터보트는 위 아래로 계속 흔들리고 있었다. 하지만 수면 위에 떠 있던 우주선은 미동조차 하지 않는 것이었다.

나중에 들은 이야기로는 그 우주선에는 연필 굵기의 가는 축이 장착되어 있는데, 그것은 어떤 견고한 물체에 일단 고정시키게 되면 그 고정된 위치로부터 단 1도 이상은 움직이질 않는다고 한다. 우리가 모터보트로 그 우주선 가까이 갔을 때, 그것은 아름답게 지던 석양(夕陽) 빛 속에서 번쩍이고 있었다.

모터보트를 우주선 가까이 대자 보트의 동력이 꺼졌다. 그 때 우주선의 입구가 열렸고, 두 명의 웃음 띤 얼굴이 나타났다. 한 사람은 남성이었고 또 한 사람은 여성이었는데, 그들은 내 이름을 부르며 인사를 건넸고 내 손을 잡아 우주선 안으로 끌어올려 주었다. 내 다음에는 발 토오가 끌어올려졌다. 잠시 후 우리가 타고 온 작은 모터보트 역시 끌어올려져 칸막이가 된 방에다 넣어졌고, 그곳에서는 훨씬 더 큰 보트가 눈에 띠었다.

우주선에 탑승한 내 기분은 기쁨과 흥분으로 달아올랐고, 감격이 최고조에 달해 이루 말로 표현할 수가 없었다. 나는 때때로 다른 UFO 연구가들이나 조사자들이 UFO에 대해 알고 나서 인생이 바뀌었다는 내용들을 읽은 바가 있었다. 또한 나는 실제

로 UFO와 접촉한 사람들이 경험한 내용을 담은 많은 책들을 밑줄까지 쳐가며 주의 깊게 읽었다. 그러나 지금은 달랐다. 책에서만 보던 그 일이 실제로 나에게 일어나고 있는 상황인 것이다!

나는 기독교 성직자로 일하고 있는 나의 동료들이 얼마나 "우주인"이나 "우주선" 같은 사건들에 관해 언급하는 이들을 멸시하고 경멸하는가를 기억해 냈다. 그러나 나는 이것은 내 자신이 겪는 직접적인 경험이기 때문에 누군가 나의 체험에 대해 부정적으로 생각할까봐 크게 우려되지는 않았다. 나는 거기에 정말 있었던 것이다!

공기샤워장치

나는 이 멋진 사람들에 의해서 한 방으로 안내되었고, 거기서 내가 입고 있던 옷을 모두 벗으라는 권유를 받았다. 나는 별다른 의심 없이 그들이 시키는 대로 했다. 그리고 샤워시설과 유사한 어떤 장치로 걸어들어 갔는데, 단지 지구상의 샤워시설과 다른 점은 물이 없다는 것이었다. 거기서 나는 내 온 몸이 깨끗이 씻겨나가는 듯한 감각을 느꼈다.

한 가지 이상한 것은 눈이 나빠 안경을 써야했던 내가 거기서는 더 이상 안경 없이도 잘 보였다는 사실이다. 이것은 내가 우주선에서 경험했던 또 하나의 매우 불가사의하고도 과학적으로 설명이 안 되는 현상이다.

어쨌든 공기샤워를 마친 나는 육체적으로 정신적으로 영적으로 더할 나위 없이 상쾌해져서 날아갈 듯하였다. 샤워시설에서 걸어 나온 후에 나는 긴 겉옷처럼 생긴 하얀 가운 한 벌을 지급받았다. 그 옷은 과거 발 토오가 국방성에서 나에게 보여주었던 우주복처럼 가벼웠다. 그러나 그 옷감 자체는 그 때 보았던 옷과는 다른 것이었다. 그들은 부츠를 신고 있었는데, 나에게 지급된 것은 좀 느슨한 반면에 그들이 신은 것은 꼭 맞게 다리에 부착되는 것이었다.

나는 입구로 나오라는 지시를 받았고, "틸(Teel)"이라고 부르는 아름다운 여성의 안내로 발 토오의 집무실로 인도되었다. 내가 우주선 안에 있었던 몇 시간 동안 나는 과학적으로 매우 단순하면서도 경이로운 일들을 경험했는데, 그것은 거의 믿을 수가 없는 일들이었다. 예컨대, 발 토오의 집무실 벽에는 일련의 버튼(Button)들이 붙어 있었고, 그는 그것들 중의 하나를 눌러 보였다. 그러자 갑자기 그 벽의 한 부분이 투명한 스크린처럼 바뀌었고 외부의 모습이 그대로 내다 보였다. 그리고 이런 일은 내가 그의 작은 우주선을 타고 여행 다닐 때 수도 없이 반복해서 경험하게 될 것이었다. 그런데 이와 같은 형태의 경험들은 처음에는 사람을 아주 정신 나가게 만드는데, 우리의 마음이 거기에 전혀 준비돼 있지 않기 때문이다. 그리고 솔직히 아직도 나는 내가 예상치 못한 그런 경험들이 놀랍기만 하다.

로버트 케네디 암살되다

발 토오의 집무실은 아주 넓고 쾌적했으며, 눈 높이 되는 곳에 대형 컬러 스크린 장치 같은 것이 설치돼 있었다. 그는 내게

편안하게 있으라고 하면서 내가 결코 개인적으로 알고 있지 못
하던 UFO 관련 정보들을 말해주기 시작했다. 이런 정보들은 예
를 들자면, 지구공동설(地球空洞說)[8]이라든가, 블랙홀(Black
Hole)의 신비, 버뮤다 삼각해역의 비밀 등등에 대한 것이었고,
그것은 나중에 내가 집필이나 녹음을 통해 밝히게 될 것이다.

또한 그는 내가 케네디의 편지를 발 토오에게 전달해준 이후
에 바비 케네디(Bobby Kennedy)[9]와 로스엔젤레스에서 잠시 만
났던 것을 이야기해 주었다. 케네디의 첫인상은 매우 신경과민
적이고 의심 많은 사람 같았지만, 정치적으로 희생되어서는 안
되는 사람이라고 그는 언급했다. 발 토오는 그와의 만남에 대한
간단한 이야기를 계속 이어갔다. 하지만 그는 지적하기를, 케네
디가 신변안전에 조심하라는 자신의 충고를 마음에 새길 거라
고는 믿지 않는다고 말했다. 이 때 그의 표정은 매우 서글퍼 보
였다. 나는 이런 그의 모습을 전에는 전혀 본 적이 없었다.

저녁때가 다가오자 우리 모두는 커다란 방에 소집되었고, 그
곳에 있는 대형의 영상장치가 켜졌다. 화면에 나타난 장면은 지
구상의 어떤 호텔에 맞춰져 있었는데, 그곳은 바로 캘리포니아
의 L.A에 있는 앰버서더 호텔이었다. 화면 속에 비치는 그곳의
모습은 커다란 동요와 흥분, 그리고 혼란의 도가니였다. 당시
대략 우주인 승무원 55명 정도가 스크린을 지켜보고 있었다. 나
는 나중에야 이해하게 되었지만, 당시 곧 일어나게 될 그 비극
적인 사건을 모든 이들이 보고 들을 수 있도록 그 우주선에서
지상의 장면을 원격수신하고 있었던 것이다.

발 토오는 언급하기를, 로버트 케네디와 만났을 때 그가 자신
이 대통령이 될 수 있겠느냐고 물어와 이렇게 답변했다고 한다.

---

8)지구의 중심부분이 텅 빈 공동(空洞)이라고 주장하는 학설을 말한다. 실제로 지구는 공
동인데, 그 내부에는 지상과는 또 다른 문명이 존재한다. 이곳에는 과거 레무리아와 아틀
란티스 문명의 멸망 이전에 이동해간 고대인들이 거주하고 있다. 이들의 과학문명은 지상
의 문명과는 비교할 수 없을 정도로 고도로 발전된 5차원 문명이며, 외계문명과 교류하고
있는 상태이다. (역자 주)
9)바비(Bobby)는 로버트 케네디의 애칭(愛稱)이다.

로버트 케네디는 형
이었던 F. 케네디
대통령에 이어서 케
네디 가문의 두번째
대통령을 꿈꾸었으
나 애석하게도 형과
마찬가지로 미국을
배후에서 조종하는
세력들에 의해서 암
살되고 말았다.

"케네디! 당신은 4년 후에는 선거에서 승리하여 대통령 자리
에 오를 수 있을 것입니다. 하지만 올 해는 선거전(選擧戰)의
정치유세 현장에서 멀리 벗어나 조용한 곳에 머물러 있는 게
좋습니다. 부디 그렇게 하시기 바랍니다."

그는 이렇게 거듭 반복해서 케네디에게 충고했다고 한다. 발
토오는 자신의 경고를 무시한 케네디의 신변에 대해 대단히 우
려했고, 또한 그것은 거기에 모인 다른 승무원들도 마찬가지였
다. 화면 속에서 케네디가 군중들을 헤치고 앞으로 나오는 광경
이 보이자 우리의 긴장은 높아만 갔다. 그때 발 토오가 외쳤다.

"오! 하느님(God)! 그를 도와주십시오."

동시에 몇 발의 총성이 울렸고, 그것은 마치 모든 악마들이
달려드는 것처럼 생각되었다. 발 토오는 자기의 의자에서 꼼짝
도 하지 않았다. 나를 안내했던 여성인 틸(Teel)은 놀라 자리에
서 벌떡 일어서며, "그가 충고에 귀를 기울였더라면…" 이라고

선거 유세할 때의 로버
트 케네디 상원의원

탄식하며 말을 잇지 못했다.

케네디의 많은 수행원들 가운데는 로지 그리어(Rosey Grier)
라는 사람이 있었는데, 그가 몸을 던져 케네디의 몸을 가림으로
써 더 이상의 피해를 막으려고 했으나 때는 이미 늦어있었다.
혼란의 와중 속에서 다시 총성이 울려 퍼졌고, 총탄은 케네디에
게 명중되었다. 군중들의 비명과 고함소리가 뒤섞인 아수라장
속에서 케네디는 길바닥에 쓰러졌고, 다른 이들은 범인인 시란
(Sirhan)을 체포하려 덤벼들기 시작했다.

나중에 이 사건의 조사는 과거 존 F. 케네디 대통령의 암살
사건 때처럼 미적거렸고, 결국 비슷한 방식으로 은폐되고 말았
다.10) 향후 언젠가는 이 사건 전모에 대한 진실이 밝혀질 것이

---

10)로버트 케네디 [1925.11.20~1968.6.6]는 암살된 J. F. 케네디 대통령의 동생이었다.
형이 대통령에 출마했을 때 선거운동 본부의 사무장으로 활약했고, 형이 대통령에 당선된
후에는 법무장관과 대통령 고문을 지냈다. 매사추세츠 주(州) 브룩라인 출생. 1948년 하
버드대학을 졸업하고, 1951년 버지니아대학에서 법학학위를 받았다. 그 후 법조계에 들어
가 상원위원회의 변호사를 지냈다.
J.F.케네디가 암살된 후에도 L.B.존슨 행정부에서 법무장관으로 있었고, 1964년 뉴욕주에
서 상원의원에 당선되었다. 1968년 3월 민주당의 유력한 대통령후보가 되어 출마성명을
하고, 6월 5일 캘리포니아주(州) 예비선거에서 승리를 거둔 직후 요르단계(系)의 이민자
에게 저격당하여 다음날 아침에 사망했다. 그의 죽음에는 형이었던 케네디 대통령 암살과
마찬가지로 미스터리 투성이 인데, 사건 조사는 서둘러 종결되었다. 그의 암살한 배후로

암살된 케네디 시신의 운구행렬의 모습

다. 발 토오와 그의 동료들은 비통한 심정으로 그 슬픈 광경을 지켜보았다.

케네디의 시신이 그 호텔에서 들려나가는 장면이 보인 후에 화면은 꺼졌다. 발 토오는 나를 똑바로 쳐다보며 입을 열었다.

"프랭크! 전능하신 신(神)의 지속적인 가호가 없이는 자기 생명을 제대로 다할 수가 없습니다. 당신은 그분의 아들인 예수 그리스도의 도움과 가호에 의지해야 하지만, 우리는 그분의 신성한 힘에 의해 직접 보호받고 있습니다. 프랭크! 당신은 자신의 영적인 안녕(Well-being)을 위해서는 날마다 이러한 가호를 받는 것이 중요할 뿐만 아니라 반드시 필요하다는 것을 압니다. 그리고 당신은 이 지구라는 행성위에서 수행해야할 커다란 사명을 가지고 있으며, 당신이 루시퍼의 세계에 직접적인 위협이 되므로 장차 그의 어두운 힘에 맞닥뜨리게 될 것입니다.

그리스도가 몸으로 보여준 그의 가르침을 실천하십시오. 그리

지목되는 대상으로는 CIA, 마피아, 군산복합체 등등 여러 설(說)이 존재한다. 저서로 《내부의 적 The Enemy Within》(1960), 《정의의 추구 Pursuit of Justice》(1964) 등이 있다. (역자 주)

고 그의 신성한 삶 속으로 걸어 들어가 그처럼 되십시오. 우리는 힘닿는 데까지 당신을 도울 것이지만 결정은 당신이 해야만 합니다. 만약 당신이 잘못된 결정을 하거나 실수를 하더라도 그러한 시행착오를 통해서 배우십시오. 그런 다음에 당신의 주님인 예수 그리스도가 어둠의 행위에 열중해 있는 자들과는 별도로 여러분을 위해 예정해 놓은 영적완성의 계단으로 계속 올라가십시오."

우주인들과의 식사

발 토오가 말을 마치고 난후, 우리는 여러 승무원들이 식사를 하고 있는 장소로 이동했다. 나는 그들과 어울려 갖가지 음식을 즐겼고, 그 음식들은 지구상에는 존재하지 않는 것이었다. 식사는 고단백질을 함유한 것이었으며, 음료수는 녹색이었는데 파파야((papaya)의 맛과 비슷했다. 모두 신선한 것들이었다.

발 토오는 내 몸을 정화시키고 또 세계정세에 관한 자기들의 논의 모임에 나를 참석시키기 위해 때때로 나를 이 우주선에 초대할 거라고 알려주었다. 간단한 식사에 이어서 발 토오와 틸(Teel)양은 나를 데리고 그 우주선 내부를 구경시켜 주었다. 내 눈을 끈 한 가지 흥미로운 것은 그 우주선 안에는 어디에도 직각으로 된 구석이 없다는 점이었다. 그리고 나를 가장 매혹시킨 장소는 강당이었다. 모든 승무원들이 아침에 모여 창조주에 대한 신성한 경배의식을 가진 후에 그날의 임무지시를 받는 곳이 바로 여기였다. 그들은 내가 섬기는 하느님과 똑같은 신을 숭배하고 있었다. 아울러 그들은 예수 그리스도가 집나온 탕자(蕩子)인 우리 인류 가족을 아버지에게로 다시 귀환시키려는 목적을 위해 이 행성에 신의 아들로서 왔었다는 것을 인정했다. 발 토오는 이야기 중에 말하기를, 신(神)은 그저 만인의 숭배를 받는 존재가 아니며, 겸허히 귀담아 듣고자 하는 이들에게는 스스로의 영원한 진실을 드러내 보이신다고 하였다.

진보된 기술들

나중에 나는 내게 배정된 객실로 안내되었는데, 그곳은 매우 독특한 곳이었다. 그런데 그곳도 역시 사각으로 구석진 곳은 없었다. 방 안의 색채는 엷은 푸른색이었고, 천장에서 방사되는 간접적인 빛에 의해 더욱 은은하였다. 그리고 그 바닥을 걷는 것은 마치 여러분이 상상할 수 있는 가장 두텁고 크게 부푼 구름 속을 걷는 것과 같았다. 그것은 걸음을 걸을 때 방바닥이 여러분의 발 형태에다 꼭 맞추어주는 것처럼 생각되었다.

만약 누군가 그 방에 처음 들어선다면, 아마도 전혀 꾸밈이 없는 텅 빈 방처럼 보일 것이다. 하지만 필요한 모든 것은 버튼만 누르면 즉시 벽속에서 나타나게 되어 있다. 침대나 책상 등 모든 것은 손가락 하나의 조작에 달려있는 것이다. 편안한 의자에 앉게 되면 눈높이 정도에 영상장치 같은 스크린이 보인다.

한 가지 재미있는 사건이 있었는데, 그것은 생리현상을 해결해야만 했을 때였다. 나는 용변을 봐야 했기에 화장실에 가서 일을 보았다. 그런데 일을 마친 후 화장지를 찾았으나 아무리 둘러보아도 없었다. 당연히 나는 크게 당황할 수밖에 없었다. 바로 그때 내 마음 속에서는 누군가의 목소리가 들려왔고, 나는 즉시 그것이 발 토오의 목소리임을 알아차렸다.

"프랭크! 오른쪽을 한 번 보아요. 거기 버튼이 3개 있을 겁니다. 먼저 첫 번째 것을 누르고, 순서대로 두 번째, 세 번째 것을 누르세요."

내가 첫 번째 버튼을 눌렀을 때 나는 틸양의 웃음소리를 들을 수 있었다. 버튼을 누르자 그 느낌은 내가 앉은 변기 밑에서 공기가 분출되어 따스한 바람이 불면서 빠르게 지나가는 것 같았다. 그 과정은 변 덩어리를 결정화시켜 내 몸에서 떨어져 나가게 만드는 것이었다. 두 번째 버튼을 눌렀더니 또 다른 압력과 온도를 지닌 한 줄기 바람이 분출되어 스쳐 지나갔다. 마지막으로 세 번째 버튼을 누르자 이번에는 쾌감 좋고 향기로운 물질이 방사되어 마치 내 몸을 청결하게 씻겨주고 화장시켜 향수까지 뿌려주는 것처럼 느껴졌다.

나는 화장실에서 내가 겪은 당혹스러움을 모두 알고 있겠지 하는 심정으로 밖으로 나왔다. 그러나 아무도 나에게 관심을 두지 않았다. 그런데 갑자기 틸양이 침묵을 깨며 입을 열었다.

"어때요? 프랭크! 그런 장치 하나 집에 가져가고 싶지 않나요?"

그녀의 농담에 거기 있던 몇 사람이 웃음을 터뜨렸고, 나도 따라서 멋쩍은 웃음을 지을 수밖에 없었다. 그 후 그들은 각자의 자기 임무를 계속하기 위해 돌아갔다.

발 토오와 잠시 개인적으로 이야기를 나눈 후 나는 몇 시간 정도 수면을 취했다. 다음날 아침 그는 차로 나를 샌 디에고 (San Diego)까지 데려다 주었고, 거기서 다시 나는 로스엔젤레스행 비행기를 탔다. 비행기 안에서 나는 지난 며칠 동안 일어났던 일들에 대해 곰곰이 생각해 보았다. 나의 가슴은 내가 선택되어 그들의 일원으로 받아들여졌다는 기쁨의 흥분 때문에 가볍게 두근거렸다. 그리고 로버트 케네디의 생명이 한 순간에 꺼져버리는 암살 장면이 회상되자 한 동안 내 마음은 우울한 슬픔에 젖어들었다.

나는 이제 우리 인류가 이 우주 속에서 홀로 있지 않다는 사실을 전 세계에 알려야 할 때임을 분명하게 깨달았다. 아울러 태양에서 3번 째 떨어진 행성인 이곳 지구에서 우리가 알고 있는 것처럼 신(神)은 결코 자신의 생명창조 행위를 이 작은 지구에만 국한하지 않았다는 사실도 말이다.

5장

TOP SECRET

사령관직에 취임한 발 토오

5장 사령관직에 취임한 발 토오

  아주 오랜 옛적에 사령관 발 토오는 금성에서 일종의 교관 신분이었다.(※지구로 치면 대학교 수준의 교육기관 교수에 해당된다.) 하지만 그는 전능하신 창조주 자신의 손에 의해 직접 창조된 그런 존재들 중의 한 사람임을 명심하기 바란다.

  발 토오와 같은 존재가 스스로 다른 행성의 종족들을 가르치고자 자원하는 시기들이 있는데, 이것은 보통 우주 도처에는 서로 함께 전능하신 주님의 영광을 빛나게 할 수 있는 생각과 이상의 유사성을 갖고 있기 때문이다. 그러므로 발 토오는 아버지 하느님에 의해 창조된 존재로 여겨지는 것이다. 하지만 그는 아직 예수 그리스도 만큼의 높은 위치에 있지는 않다.

  발 토오는 특별한 위치에 있다. 그러나 그는 금성인으로 구성된 한 특수한 가족의 일원이 되고자 희망했고, 또한 이른바 돈(Donn), 쏜(Thonn) 그리고 덕(Doc)이라는 기존의 가족을 책임지고 있다. 이들은 모두 발 토오 가족의 동료 멤버들이다.

처음에 발 토오는 "발리언트(Valiant)"라고 불렸다. 스스로 그 가족의 일원이 된 후에 그는 자신의 이름을 발 토오로 정했다.

퀠로(Quello)의 땅

창조주께서 지구를 창조한 다음에 다른 여러 생명체들을 생성시키는 과정 중에 지구에서 전개된 일정한 시대가 있었다. 가장 대중적으로 퍼져 있는 그런 이야기 중의 하나가 퀠로라는 땅과 사람들을 창조했다는 것이다.

이것은 인간의 창조성과 상상력을 토대로 한 수많은 발전들에 의해서 이룩된 경탄할 만한 창조였다. 하지만 세월이 흘러감에 따라 이러한 인간의 경이로운 능력은 가슴이 아닌 머리에만 집중되었고, 결국 루시퍼의 간계로 인해 인간은 자기 파괴의 길로 치닫게 되었다.

그들은 하느님의 완전한 모든 법(法)을 무시하였고, 자기들 사회를 지탱했던 법뿐만이 아니라 신(神)의 뜻마저 저버리고 말았다. 그 결과로서 그들은 지상으로부터 추방되었다. 그 때 전능하신 창조주께서는 이 행성 위에다 또 다른 인간을 계속해서 창조하셨다.

사령관 발 토오는 당시 이런 놀라운 사건들을 목격했고, 지구상에서 일어나는 일들을 좀 더 면밀하게 관찰하기 위해 지구 정찰 임무를 자원했다. 하지만 발 토오의 개인적인 지구 방문 허가가 내려지기까지는 많은 시간이 소요되었다.

그는 계속해서 발전해 나갔고, 머지않아 교관이 되었다. 젊은 이들에게 우주의 신비에 대해 가르치는 것은 그에게 큰 즐거움을 주었으나, 그럼에도 그는 아직 무엇인가 그 이상의 것을 갈망하고 있었다. 발 토오가 보다 나이가 젊었을 때는 크게 중요하지 않다고 여겨지는 단순한 과업을 수행하고 있었다. 그는 중단 없이 오랜 세월에 걸쳐 기도하고 명상하기를 계속하였다. 내면에서 자신이 언젠가 훗날에 스타쉽(Starship)의 사령관이 될 것이라고 느껴졌지만 그는 계속해서 성장해 나갔다.

어느 날 그가 금성에서 가장 아름다운 호숫가를 걷고 있을 때 놀랍고도 경이로운 사건이 일어났는데, 그것은 그의 삶을 영원히 변화시키고 그가 품고 있던 꿈을 실현시켜 주는 것이었다.

불의 고리(Ring of Fire)

어떠한 예고도 없이 갑작스럽게 수정빛 호수에서 불(火)로 이루어진 손가락 같은 것이 물 속으로부터 서서히 솟아올랐고, 이어서 손과 팔의 온전한 모습이 나타났다. 그리고 그것은 곧바로 발 토오를 향해 다가왔다. 그는 번쩍이며 빛을 내는 손가락이 자신의 입술을 어루만질 때, 움직이지 않고 가만히 서 있었다.

이윽고 그가 장엄한 음성이었다고 묘사한 말씀이 그에게 들려오기 시작했다.

"발리언트는 들을지어다. 그대는 신성한 목적을 위해서 창조되었도다. 그대의 입술은 장차 머나먼 행성의 주민들에게 지혜와 깨달음, 그리고 지식을 전해주게 될 것이다. 이제 그대가 준비해온 가장 중요한 임무를 수행하기 위해 파견될 것이니, 그대는 자신의 가슴을 부푼 기대감으로 충만케 하도록 하라."

사령관 발 토오는 나에게 말하기를, 그는 당시 자신의 영혼에 흘러넘치는 전능한 신(神)의 힘뿐만이 아니라 자신을 완전히 압도하는 아버지로부터 발원한 초자연적인 파워도 느꼈다고 하였다.

이런 사건을 경험한 후 며칠 내에 그는 예수 그리스도와 정면으로 마주하고 만났다. 이 일은 금성의 주민들의 의식(意識)을 보다 높은 수준으로 고양시켰던 신(神)에 대한 신성한 의식(儀式)을 거행하던 시기 동안에 발생했다. 화염의 불길이 그 신전(神殿)을 가득 채웠고, 작은 불의 혀가 참석한 모든 이들에게 강림했다. 신전의 의식을 주관하던 마스터(大師)가 발 토오에게 무대로 오를 것을 명했다. 특수한 법복(法服)의 힘과 권위가 그의 어깨 주위를 둘러싸고 있었다.

화염의 불길이 그의 머리 위에 계속 머물렀다. 마스터는 자신의 손을 발 토오의 머리 위에 얹고 축복의 말을 내렸다. 절대적인 그 불의 힘은 너무나 위대해서 그것을 보고 있던 많은 참석자들은 시선을 바닥으로 떨구었다. 수천 명의 목격자들 면전에서 발 토오의 사명이 자세히 설명되었고, 그 때 그는 행성 지구에 빛을 전파해야할 과업이 불가피함을 알았다.

마스터(Master)가 의식행사를 마무리 짓는 동안 발 토오는 무대에 그대로 남아 있으라는 지시를 받았다. 마스터는 자신의 신성한 팔을 발 토오 가까이로 향한 채 그에게 내려진 임무를 공식선언했다.

잠시 후에 그는 특별한 불의 고리(Ring of Fire) 의식(儀式)을 거행할 것이라고 공표했는데, 그 의식은 그들이 지구로 파견되기 이전에 발 토오와 다른 그의 동료들에 의해 거행될 것이었다. 그리고 이 불의 고리는 장차 발 토오와 그와 함께 봉사하도록 허락받은 모든 다른 이들을 보호할 것이다. 그들의 임무수행은 예수 그리스도의 직접적인 인도하에 놓여 있었고, 이것은 오늘까지도 그러하다.

사령관 임명

이러한 경험들에 이어서 발 토오는 사령관직 임명을 받아들였고, 신성한 지시에 따라 지구로 가서 자신의 권한 하에 모든 임무를 수행하기로 했다. 그리고 자신의 목표를 이루기 위해 지구에다 기지를 설립하였다.

그 때 이후 오늘날까지 그는 지구와 금성을 왕래하고 있으며, 지구에 배속되어 활동하고 있는 금성인들의 사령부 내에 아직도 건재하고 있다. 그런데 그가 우리 〈UFO 조사위원회〉의 멤버

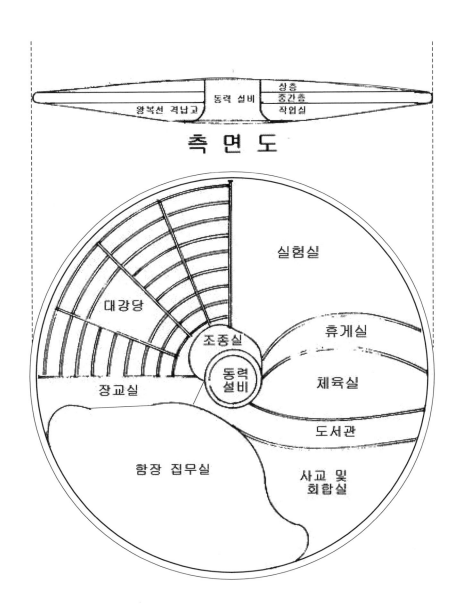

측 면 도

상층
동력 설비 / 중간층
왕복선 격납고 / 작업실

실험실

대강당

조종실

동력
설비

휴게실

체육실

장교실

도서관

함장 집무실

사교 및
회합실

사령관 발 토오 우주선의 상층 구조도

들과 이러한 '불의 고리' 의식과 영적교감을 위한 기도 행사를 함께 할 적절한 시기가 되었다고 느낀 것은 그리 얼마 되지 않았다.

6장

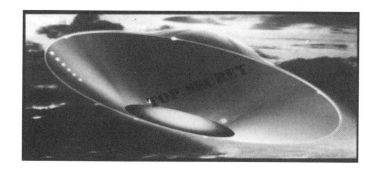

TOP SECRET

공항에서의 피납

6장 공항에서의 피납

나는 UFO 연구가이자 조사자로서 그동안 많은 이들이 회피해온 전 세계의 다양한 분야로부터 입수되는 UFO 연구에 관련된 한 가지 측면의 정보에 몰두해 왔다. 그 정보들에는 이른바 "맨 인 블랙(Men in Black)"이라고 하는 어떤 집단에 관한 내용이 포함돼 있다. 수많은 UFO 연구자들이 지난 여러 해에 걸쳐서 UFO 사건들을 조사하는 과정에서 이상한 사건과 맞닥뜨리곤 하였다. 즉 여러 사람들이 수수께끼적인 상황 속에서 심지어는 죽음을 당하기까지 했던 것이다. 따라서 우리는 이 지구를 에워싸고 있는 어둠의 세력이 존재한다는 사실을 간과할 수가 없다.

이와 같이 나는 UFO 연구 과정 중에 나를 고무하기 보다는 낙담시키는 수많은 장애물들을 만났다. 이것이 발 토오가 나에게 가르쳐 주었던 UFO 연구에 관계된 어두운 측면들 중의 하나이다.

어둠의 무리들

1974년 1월의 어느 날 오후, 나는 발 토오와 그의 동료 몇 명으로부터 네바다의 라스베가스 교외에서 만나자는 요청을 받았다. 내가 탄 비행기가 공항 활주로에 바퀴를 내리는 순간 해는 산 뒤로 뉘엿뉘엿 저물어가고 있었다. 공항청사에 들어서자 침울한 표정의 사람들이 서성거리고 있었는데, 그들은 모두 라스베가스 도박장에서 돈을 잃은 사람들임을 한 눈에 알아 볼 수 있었다.

그때 꼭 끼는 검은 정장을 한 두 명의 남자가 나에게 손을 흔들며 다가왔다. 그들이 내 이름을 부르기에 나는 그들을 발 토오의 동료들로 생각했다. 그들 중 한 사람이 내 서류가방을 받아들었고, 자기들을 따라오라는 지시에 나는 도로변에 주차돼 있던 그들의 검은 캐딜락 차로 따라갔다. 차 안의 운전석에 앉아있던 사람도 역시 검은 옷을 입고 있었다. 거기서 나는 별로 이상한 점을 알아채지 못했는데, 왜냐하면 수많은 리무진 운전사들이 그런 유사한 유니폼을 입고 있기 때문이다.

차 뒷좌석에 먼저 올라탄 두 사람 중 한 사람이 내게 옆에 앉으라고 권했다. 나는 그 옆에 앉았고, 나머지 한 명도 내 오른쪽에 앉았다. 그들이 꺼내 피워대는 담배 냄새가 나에게 묵시적으로 위기를 알려주고 있었으나, 나는 발 토오를 다시 볼 수 있다는 흥분감에 들떠서 그러한 경고를 묵살한 채 눈치 채지 못하고 있었다.

그러나 우주인들은 담배를 피우지 않으며, 더군다나 다른 사람들 가까이에서는 더욱 그러한 행위를 하지 않는다. 그때서야 나는 거기에 생각이 미쳤고, 무엇인가 근본적으로 잘못돼가고 있음을 알았다. 차가 달리기 시작했을 때 불안하고도 무거운 감정이 나를 엄습해 왔다. 내 머릿속에서는 붉은 신호등이 켜졌고, 경고의 벨소리가 들렸다. 공항에서 출발한 차가 몇 블록의 거리를 지나 어느 도로변에 차를 댈 때까지 그들과 나 사이에

는 더 이상의 아무런 대화가 없었다. 차가 서자 내 오른쪽 앉았던 자가 입을 열었다.

"내려!"

그가 차에서 내렸고, 내 가슴은 터질 것처럼 빠르게 두근거리기 시작했다. 내가 차에서 내리지 않고 버티고 있자, 내 뒤쪽에 서 있던 남자가 차 문짝을 붙잡고 단단한 구둣발을 그대로 뻗어 내 옆구리를 가격했다. 그러자 나는 사막의 땅바닥에 얼굴을 처박을 정도로 나뒹굴었다. 그리고 즉시 두 명이 나에게 덤벼들었다.

주님을 부르다

그 순간 나는 과거에 익혔던 무술(武術)을 기억해 냈고, 재빨리 몇 바퀴 구른 뒤 벌떡 일어섰다. 나는 주 예수 그리스도의 이름을 부르며 도와달라고 하는 동시에 그들에게 주먹을 날리며 반격을 시도했다.

아마도 이 내용을 읽을 많은 "순종적인" 기독교인들은 내가 스스로를 보호하기 위해 주먹을 휘둘렀다는 사실을 알았을 때 충격받기 십상일 것이다. 하지만 나는 내 능력껏 최선을 다해 내 자신을 방어했다. 다시 나는 그 자들에 의해 땅바닥으로 내던져졌고, 그들의 발길질에 연속해서 걷어차였다.

내 안경은 박살이 났으나, 다시 일어나 발차기로 반격하는 데는 큰 지장은 없었다. 나도 상대방 중의 한 놈 얼굴에다 스트레이트로 한 방 먹였다. 그 때 뼈의 연골이 "우두둑!" 하며 부서지는 소리가 들리는 동시에 내 손은 피투성이였다. 그러는 사이 그 운전사 놈까지 가세해서 나에게 덤벼들었다. 나는 그 놈을 붙잡고 오른 발로 아랫배를 걷어찼고, 다시 다른 두 놈과 맞섰다.

그 때 갑자기 흰 색의 캐딜락 한 대가 나타나 우리가 타고 온 검은 캐딜락 앞에 와서 멈추었다. 차에서 내린 두 남자가 나를 돕기 위해 달려왔는데, 나는 직감적으로 이들이 바로 내가 공항에서 만나기로 했던 사람들임을 알았다.

그 와중에 도로를 왕래하는 차들은 무심하게 계속 지나갔다. 일부는 우리가 벌이고 있는 격투 장면을 보기 위해 차의 속도를 늦추기도 했으나 그러다가는 자기네 갈 길로 휑하니 달려가곤 했다. 은백색 옷을 입은 그 두 사람은 내가 혼자 상대하던 그 세 놈을 공격하기 시작했고, 전세는 역전되어 즉각 진압되었다.

검은 캐딜락의 운전사는 허겁지겁 달아나 자신의 차 안으로 뛰어들었다. 그런데 발 토오의 우주선에서 온 사람들 중의 한 명인 돈(Donn)이 팔을 앞으로 쭉 뻗자 그 캐딜락의 뒷바퀴가 그대로 녹아버리고 말았다. 그 차는 이제 무용지물(無用之物)이 돼버려 어디로든 도망칠 수가 없었다. 이어서 돈은 신비하게도 유리창을 깨지도 않고 손을 그대로 차의 창문으로 쑥 집어넣더니, 그 운전사 놈을 끄집어내어 땅바닥 위에 나자빠져 있던 두 놈 위로 던져버렸다.

나는 그들로부터 흰 캐딜락에 타라는 지시를 받고 재빨리 차에 탑승했다. 이윽고 나를 구해주었던 두 명의 우주인들도 차 앞 뒤 좌석에 올라탔다. 그리고 그 검은 캐딜락 차의 짐칸에 실려 있던 내 손 가방을 뒷트렁크 문을 열지도 않고 꺼내어 원격 이동으로 가져다주었다,

차가 출발해서 일정한 짧은 거리를 나갔을 때, 돈이 차를 세웠다. 차 밖으로 나가더니 그는 뒤쪽으로 천천히 걸어갔다. 그리고 멀리 떨어져 있는 그 검은 캐딜락과 사막에 엎어져 있는 세 놈을 향해 두 손을 들고 모종의 동작을 취했다. 그러자 놀랍게도 불과 몇 초 만에 그것들이 모두 사라져 버렸다. 조금 전까지만 해도 처절한 격투가 벌어졌던 그 현장에는 어지럽혀진 모래 자국과 물처럼 녹아버린 고무 타이어 외(外)에는 아무런 흔적도 남아있지 않았다. 게다가 돌아오는 차 안에서 돈(Donn)은 내가 그들이 어디로 사라져버렸느냐고 질문할 것을 미리 알고

<맨 인 블랙>을 소재로 한 영화. 제목도 그대로 "맨 인 블랙" 이다. 하지만 이 영화에서는 그들을 마치 정의의 사도처럼 묘사했다.

있었다.

악당들 증발되다

내가 묻자 그는 이렇게 대답했다. "프랭크! 그들은 현재 단지 다른 장소로 옮겨졌다고만 말해야겠군요." 차는 다시 출발했고, 우리는 네바다의 헨더슨을 향해 계속 달렸다. 차 안의 분위기는 매우 화기애애했고, 정겨운 대화가 이어졌다. 뒷좌석의 내 옆에 앉은 사람은 나중에 알기로는 이름이 쏜(Thon)이라고 들었고, 돈(Donn)과는 형제간이며, 바꿔 말하면 또한 발 토오의 동생이라고 했다.

나의 오른손은 아직도 피가 흘러나오고 있었다. 게다가 내 몸은 큰 트럭에 들이받힌 것 마냥 통증으로 괴로웠으나 그럼에도 우리는 즐겁게 대화를 나누었다. 쏜은 자기 호주머니에 손을 넣더니 아까의 격투 도중에 땅에 떨어뜨린 손상된 나의 지갑을 꺼내 보여주었다. 또한 그는 우그러진 내 안경테도 가지고 있었는데, 우리가 우주선에 도착할 때쯤이면 두 가지 모두 원상태로 수리될 것이라고 말했다.

고맙게도 그는 자기의 손을 내 머리위에 얹고 하느님의 치유 에너지가 내 신경계에 작용하여 신속히 회복될 수 있도록 기도를 해주었다.

역장(Force Field)

오래되지 않아 이윽고 우리는 우주선의 입구에 도착했다. 그런데 대략 3층 높이에다 직경이 약 300피트(91m) 정도로 추정되는 이 UFO는 오로지 입구만이 눈에 보였다. 왜냐하면 우주선 주위에는 역장(力場)이 펼쳐져 있어 입구 외(外)에 나머지 선체(船體) 부분은 인간의 눈에 안보이게 만들었기 때문이었다.

우리가 6대의 차가 주차돼 있던 우주선 주변의 경사로 지역에 도착했을 때, 마침 차 한 대가 들어와 멈추었다. 바로 그 차에 발 토오가 타고 있었고. 그는 손을 들어 나를 환영해 주었다. 그는 두 팔로 나를 감싸 포옹하였고, 나는 마치 고향 사람을 만난 듯한 기분이 들었다. 그리고 그의 표정에는 격투 때 내가 입은 상처에 대한 깊은 우려와 관심이 나타나 있었다.

그들과 우주선에 탑승한 나는 의복을 갈아입고 샤워를 한 후에 응급치료를 받기 위해 의료실로 안내 되었다. 그곳의 광경은 그리 낯설지가 않았는데, 이미 전에 육체의 독성을 정화하는 조치를 받기 위해 와 봤기 때문이었다.

치료준비를 하는 동안에 나는 다시 한 번 그곳의 남,여 승무원들에게 따뜻한 환대를 받았다. 이 아름다운 사람들은 정말 우주의 창조자이신 하느님의 영광을 그대로 구현하고 누리면서 사는 종족들이었다.

의료센터

이 의료센터는 발 토오의 우주선을 방문하는 지구인들이 주로 유익하게 이용하는 곳이다. 우주인들은 병에 걸리거나 일하다 다치지도 않을뿐더러 그 어떤 식의 형상적이거나 방법론적인 측면에서도 물리적인 한계가 없다. 의료센터 내의 시설은 다음과 같이 이루어져 있었다.

진찰대는 따뜻하고 부드러운 플라스틱 같은 재질로 만들어져 있다. (※이것은 때로는 수술대로도 이용된다. 그리고 소위 유괴 및 납치 희생자들이 증언하는 차가운 금속성의 진찰대와는 다르다.) 천장에는 매우 강력한 레이저 형태의 광선 발사기가 부착돼 있다. 그리고 정신적 평온을 되찾는 데 도움을 줄 수 있는 부드러운 파스텔 색채의 침실이 마련돼 있다. 또한 거기에는 예민한 신경을 확실하게 가라앉힐 수 있는 부드러운 음악재생 장치가 있다. 그곳의 테이블, 보급품, 외과 수술도구, 등등의 모든 장비들은 벽에서 나타난다. 만약 당신이 그 침실에 들어선다면, 당신에게 보이는 것은 탁자가 전부이다. 그 방의 간접적인 조명은 또한 평화로운 분위기를 조성하고 있다.

그리고 예컨대 피를 뽑아야 할 필요가 있을 때는 사나운 주사 바늘을 혈관에 꽂을 필요도 없이 채혈이 이루어진다. 채혈에 사용되는 작은 장치는 투명한 짧은 튜브(管)처럼 보인다. 그것을 여러분 팔에 부착하게 되면 아무런 통증없이 미세한 바람소리가 들린다. 그 때 그 장치는 여러분 팔에서 떼어지고 **아무런 후유증이나 흔적 없이** 피부에 나있던 채혈구멍은 치료가 된다.

이 치료센터는 참으로 놀랄만한 일들이 목격되는 곳이다. 물론 그곳에서 사용되는 의약품들은 모두 자연적인 원천에서 추출된 것들이다. 지구에서와 같은 인공적인 화학 약품들은 어떤 종류도 사용된 적이 없다. 진찰대는 그 의료실의 중앙에 위치해 있으며, 진찰을 받을 준비가 되어 거기에 눕게 되면 그것은 당신의 신체치수에 꼭 맞게 조절이 된다. 또 당신이 혹시라도 움직일 때는 언제나 거기에 따라서 진찰대 윗부분이 조정된다. 만약 예를 들어 진찰대 근처에 있던 누군가가 자신의 손을 누워 있던 당신 옆에다 갖다 댄다면, 진찰대는 저절로 그 손의 압력과 사이즈에 맞춰 조절될 것이다.

"인체 스캔" 장치는 경이롭기만 하다. 그것은 벽에서 나타나서 당신의 몸을 머리에서 발끝까지 훑고 지나간 뒤 다시 한 번 훑어 올라간다. 이 "인체 스캔" 장치가 벽에서 나와 작동될 때는 그 전체 상황이 액정화면 속에서 일련의 빛과 그래프로 나타난다. 이 장치는 당신 몸의 모든 것을 한 순간에 읽어내며, 또 몸에 있는 모든 질환들을 액정화면을 통해 그대로 나타내 보여주는 것이다. 이것을 의사가 재빨리 읽고 진단을 내린다. 그리고 나서 치료방법을 신속히 논의 한 후 즉각 의료조치가 시행되는 것이다.

치료

내가 부드럽고 흰 진찰대 위에 몸을 눕히자, 원뿔 형태의 기기(機器)에서 방사되는 청색빛의 광선이 나의 멍들고 난타당한 상처투성이의 몸을 비추기 시작했다. 나는 즉시 깊은 잠 속으로 빠져들었고 치료과정이 끝날 때까지 깨어나지 않았다.

나중에 잠에서 깨어나자 나는 내 온 몸에 활력이 솟고 가벼워졌음을 느꼈다. 내가 흰 가운 모양의 옷을 입는 동안 발 토오는 내 옆에 서 있었다. 그런데 슬리퍼까지 달린 그 옷은 우주선 내의 컴퓨터 시스템에 의해서 나를 위해 특별히 설계해 만든 옷이었다. 이어서 나는 발 토오의 집무실로 그를 따라갔고, 거기서 당시 세계정세와 더불어 지구상의 주요 국가 수뇌부들의 동향에 관한 간단한 설명을 들었다.

우리는 몇 가지 문제를 논의했는데, 그것은 예컨대 세계적 현안에 있어서의 국제연합(UN)의 역할, 다가오는 석유파동으로 인한 위기(※사실상 이것은 일부 세력들이 석유 가격을 효과적으로 인상하기 위한 조작된 음모였다), 닉슨 대통령이 계속적인 그들의 경고를 귀담아듣지 않았을 경우 장차 당면할 수밖에 없는 일들과 같은 주제들이었다. 닉슨은 당시 우주로부터 온 나의 친구들로

UFO 연구가들에게 나타나 위협하는 어둠의 존재들은 때때로 생체로봇 같다는 보고가 있다.

부터 지속적으로 주의하라는 경고를 받고 있었다. 그리고 이 밖에도 나의 개인적인 활동에 직접 관련된 다른 여러 화제들에 대해 의견을 나눴다.

발 토오는 스크린에 비치는 충실한 우리 조직 멤버들의 활동 모습을 살펴보았다. 그들의 가슴은 우리 인류가 진실을 알 수 있도록 도우려는 목적과 열정으로 가득 차 있었다. 그리고 나는 내 자신의 개인적인 안전과 우리 〈UFO 조사위원회〉의 다른 회원들의 신변보호의 필요성에 관한 강의를 받았다. 발 토오는 나에게 "어둠의 세력들 (Men in Black)"은 결코 가볍게 웃고 넘어갈 문제가 아님을 강조했다. 즉 모든 진실한 UFO 연구가들과 조사자들은 당연히 이 어둠의 일당들이 그들의 연구 활동을 방해하고자 파괴와 불신을 조장하는 공작을 벌이고 있음을 경계해야만 한다는 것이었다. 그리고 나는 이번 기회를 통해 그자들의 위협이 정말 실제적인 것임을 뼈저리게 실감했다.

7장

TOP SECRET

불의 고리

7장 불의 고리

1985년 4월 11일, 나는 나의 아내인 줄리(Julie)와 함께 후버댐 (Hoover Dam)을 방문했다가 보울더 고속도로를 통해 돌아가고 있었다. 중앙 분리 지역으로 상,하행 도로가 나눠져 있는 초저녁의 도로는 대단히 혼잡했는데, 바로 그때 그 사건이 일어났다.

"위험해요!"

갑자기 어디선가 돌연히 나타난 것으로 생각되는 차 한 대가 우리를 가로막았을 때, 아내가 소리쳤다. 나는 즉시 급하게 브레이크를 밟았고, 그 푸른색 차와 충돌을 피하기 위해 핸들을 꺾었다. 그리고 그 순간 우리는 우리 차 뒤에서 따라오던 승용차에 의해서 그대로 들이박혔다. 이렇게 되자 우리 차는 그 충격으로 인해 비포장의 중앙 분리 지역으로 급격히 밀려나갔고, 몇 바퀴 회전한 뒤에야 겨우 멈춰 섰다. 차가 팽이처럼 급회전하는 동안 매우 두터운 먼지가 일어나 우리는 창밖의 광경을 내다볼 수가 없었다. 충돌의 충격이 얼마나 컸던지 줄리가 썼던

색안경은 뒷좌석으로 날아가 있었고, 나는 몸을 움직일 수가 없었다.

그녀는 자신의 안전벨트를 재빨리 풀더니 내 쪽을 살펴보았다. 나는 아직도 움직일 수가 없었다. 그녀가 나의 안전벨트를 벗겨냈지만, 내가 할 수 있었던 것은 단지 좌석의 머리받침대에다 머리를 젖히고 손을 핸들 위에다 올려놓는 것뿐이었다. 그녀는 걱정하지 말라고 나를 안심시켰고 모든 게 곧 수습될 거라고 위로하였다.

심각한 부상을 입다

오래되지 않아 구급차가 달려왔는데, 줄리는 자신에 대한 어떠한 도움도 거절한 채 그들에게 나를 먼저 돌봐달라고 요청했다. 그녀는 구급요원들이 내 바지혁대를 잡고 나를 끌어내어 척추교정판에다 눕히고 머리를 고정시켜 묶을 때 겁먹은 얼굴로 나를 쳐다보고 있었다. 그들이 먼저 나를 구급차에 태운 후, 그녀도 함께 앞에 타도 좋다는 허락을 받았다. 하지만 그녀가 차안에서 할 수 있었던 것은 구급요원들이 내 다리와 발을 예리한 도구를 쿡쿡 찌르며 느낄 수 있냐고 질문할 때 그저 지켜보는 것뿐이었다.

불행하게도 나는 내 몸의 목 이하로는 아무런 감각도 느낄 수가 없었고, 신경이 회복되지 않고 있었다. 병원에 도착한 후 나는 응급실로 긴급 호송되었다. 문이 잠긴 응급실에서 거의 두 시간 동안 정밀검사가 진행되었는데, 대기실에 앉아있던 줄리는 내가 응급실에 있는 동안 아무것도 볼 수도 없었고 알 수도 없었다. 얼마 되지 않아 고속도로 순찰대의 경찰이 줄리의 증언을 듣기위해 병원 문을 열고 들어섰다. 경찰이 그녀에게 물었다.

"그 푸른색의 차는 어떻게 된 겁니까?"

"아! 갑자기 섰던 그 차 말입니까?"

"음 … 글쎄 현재로서는 그것이 사고의 원인이라고 짐작됨니다만 … ”

그는 자신의 기록서류철을 만지작거리며 말했다.

여러분이 알다시피 그녀는 그 푸른색 차가 우리 앞에 나타나 멈추었던 것을 보았고, 또한 그 차의 외부 주변에 몇 사람이 있었던 것을 목격했다. 그리고 그녀는 그들이 바람 빠진 타이어를 달고 있었다고 기억을 되살려 추측했다. 하지만 나중에야 그녀가 깨달은 것이지만, 아무도 차들이 질주하는 고속도로 한 복판에서 바람 빠진 타이어를 차에 끼우고 다닐 사람은 없다는 사실이었다. 그러자 경찰은 그녀가 사고 시에 충격을 받아 분명히 제정신이 아닌 모양이라고 생각했다. 그는 푸른색 차에 대한 그녀의 답변이 횡설수설이라고 판단되었는지 한 두 마디 더 묻고는 갑자기 질문을 끝냈다.

그런데 우리가 언급했던 그 푸른색 차, 또 고속도로 순찰대가 유령(幽靈) 자동차라고 불렀던 그 차량에 대한 한 목격자의 목격 보고가 있었음이 나중에 확인되었다. 그 내용인즉, 우리가 비포장 중앙 분리 지역으로 밀려나가 처박히기 전에 그 차가 우리 앞에 선행했었고, 우리 차가 급정지 하자마자 그 차가 도로 밖으로 돌진하더니 고속도로 아래쪽을 향해 횡하니 시야에서 사라져 버렸다는 것이다. 하지만 독자 여러분은 이 고속도로는 길게 직선으로 뻗은 도로이고, 전방의 시야는 아주 멀리까지 볼 수 있음을 인식하기 바란다.

목격보고를 했던 젊은 남자는 우리에게 왜 그 푸른색 차가 우리보다 앞서서 비포장 지역으로 들어갔는지, 즉 왜 우리가 정지하자마자 밖으로 돌진했는지를 이해할 수 없다고 말했다. 그러나 우리는 그 이유를 알고 있었다.

맨 인 블랙(Men in Black), 다시 돌아오다

다시 한 번 “어둠의 일당들” 이 나의 임무를 방해하고 나를 제거하기 위한 시도를 했었던 것이다. 그리고 역시 그들은 또한 번 실패하고만 것이었다.

병원관계자들이 최종적으로 아내가 나를 면회할 수 있도록 병실로 들여보내 주었을 때, 그녀는 매우 심란해 있었다. 이때는 우리가 병원에 도착한지 거의 5시간이나 지난 후였다. 그 긴 시간 동안 내내 그녀는 낯선 병원의 문이 잠긴 병실 뒤쪽에서 홀로 앉아 있었고, 아무도 알지 못하는 낯선 사람들 속에 둘러싸여 있었던 것이다. 그녀가 거기서 생각할 수 있었던 것은 자신의 남편이 죽어가고 있을지도 모른다는 것과 아무도 나오지 않는 병실 앞에서 남편을 위해 기도하는 것뿐이었다.

"차가 부서져서 미안하게 됐소!"

그녀가 내가 누워있던 침대로 다가왔을 때 내가 입을 열었다. 그 때 나는 누워서 X-레이 촬영 부서로 갈 순서를 기다리고 있었다.

"누가 그까짓 차 부서진 것을 걱정한댔어요?"

이렇게 말하며 줄리는 내 곁으로 걸어와 내 입술에 가볍게 키스했다. 고속도로 순찰대의 경찰은 아직도 거기서 서성이고 있었고, 그녀가 내 몸에 손대는 것을 조심하라고 주의를 주었다. 줄리는 내가 몸져 누워있음에도 자신이 아무것도 할 수 없다는 사실에 눈물이 글썽한 눈으로 나를 쳐다보았다. 병원측은 추가적인 검사를 위해 나를 2층으로 옮기기 전에 그녀가 나를 만나볼 수 있도록 잠시 동안의 시간을 허락해 준 것이었다. 나는 그녀에게 다시 키스했다. 그녀는 언제 나를 다시 볼 수 있을지, 또 내 상태가 어떻게 될 것인지도 모른 채 다시 대기실로 돌아가기 위해 돌아섰다.

그런데 우리가 검사를 위해 방사선과 앞에 이르렀을 때 나는 내게 다가오는 친숙한 얼굴을 보았다. 바로 발 토오였다. 그는 내 침대로 다가와 내 머리에다 손을 얹으며 입을 열었다.

"프랭크! 걱정 마세요. 아무 말도 하지 마십시오. 모든 게 다 잘될 겁니다."

그의 음성은 마치 천사의 노래 소리처럼 들렸다. 나는 눈을 감은 채 그가 나를 위해 기도하는 소리를 들었는데, 하느님께서 자신의 한 자녀를 위해 치유의 기적을 내리실 것이라는 내용이었다.

그러고는 금방 나타난 만큼이나 또 순식간에 내 주위에서 사라져 버렸다. 그런데 그가 사라지고 난후, 나는 무감각했던 내 몸 전체에서 욱신욱신 쑤시는 감각이 느껴지기 시작했다. 방사선 기사가 다시 들어왔고, 내 머리에서부터 발끝까지 X-선 촬영이 이루어졌다. 그리고 내가 다시 응급실로 돌아오기까지는 또 몇 시간이 걸렸을 것이다. 바로 그때 기적이 일어났다. 나는 몸을 일으켜 일어날 수가 있었고, 옷을 입을 수가 있었던 것이다.

순간 나는 나를 돌보던 의사의 얼굴에서 놀라 아연실색한 표정을 볼 수가 있었다. 나는 그로부터 내가 병원에 처음 실려 왔을 때 심각한 환자로 취급되었던 나에 대한 치료비 논의가 있었다는 말을 무심코 들었다. 하지만 그냥 여기서는 당시 그가 머리를 절레절레 흔들 정도의 치료비가 산정됐다고만 말해두도록 하자. 몇 분 후 줄리와 나는 다시 만날 수 있었고, 함께 접수계로 걸어가서 퇴원절차를 밟았다.

놀라운 회복

우리가 병원 밖으로 나와 구급차의 열려진 문 옆을 지나칠 때 안에는 우리를 병원으로 호송해온 바로 그 구급요원들이 있는 것이 보였다. 그들이 우리를 보기에는 자기들이 실어온 사람이 아닌 다른 사람인가 싶은 모양이었다.

그들은 우리와 눈이 마주쳐서 내가 똑바로 서서 걷는 것을 보자 깜짝 놀라며 나를 다시 쳐다보았다. 그들 중 한 사람이 나에게 말했다.

"아니 당신 목뼈에 손상이 있지 않았습니까?"

다른 한 사람도 놀란 표정으로 입을 열었다.

"아! 그리고 엉덩이 뼈 쪽도 좀 부서져 있지 않았었나요?"

그들의 눈에는 중상을 당했던 내가 그렇게 짧은 시간 안에 스스로의 힘으로 아내와 팔짱을 끼고 병원 문을 걸어 나오는 모습이 믿어지지가 않았던 것이다.

줄리는 나중에 병원에서 나를 돌봤던 의료보조원들과 의사들에게 더 이상 도움 받는 것을 모두 거절했다. 이것은 그녀 자신이 받은 부당한 처우를 다시 겪지 않으려는 부득이한 결심이었는데, 왜냐하면 그녀는 아무런 설명도 듣지 못한 채 문이 잠긴 병실 앞에서 그 오랜 시간을 발만 동동 굴렀기 때문이었다.

우리는 너무나 우리들에게 친절했던 그 두 명의 구급요원들에게 웃음 지으며 내가 현재 정말 괜찮다는 것을 확신시켜 주었다. 그럼에도 그들은 여전히 머리를 갸우뚱하며 아직도 자기들이 눈앞에서 보고 있는 모습이 믿어지지 않는다는 표정이었다.

우리는 택시를 불러 묵고 있던 호텔로 돌아왔다. 사고당한 우리 차는 운전이 불가능했고, 차량 견인업체에서 와서 끌고 갔다. 그날 밤 나는 추가적인 보완치료를 받기 위해 우주선 "빅 터 원"호에 탑승할 수 있었고, 그날 일어난 사건의 진상과 전모에 대해 보다 상세한 설명을 들을 수가 있었다.

독자 여러분은 우리가 그 사고를 당하기 얼마 전에 줄리와 나는 결혼을 기념해서 신혼여행을 즐기던 지역에 있었다는 사실을 부디 인식해주기 바란다. 이 사건이 발생했을 때, 우리는 거기서 불과 이틀을 보내고 있을 시기였다.

그 다음날 아침이 밝아 올 때까지 줄리는 어제 입은 사고 후유증으로 인해 적잖이 고통을 겪고 있었고, 그 정신적 충격에서 아직 헤어나지 못하고 있었다. 그리고 아마도 그로부터 3일 정도 지난 후일 것이다. 나는 줄리의 울음소리에 한 밤중에 잠이 깨고 말았는데, 그녀는 누군가가 실제로 우리를 이 세상에서 영구히 없애버리고자 했다는 생각에 혼자 흐느끼고 있었다. 그녀는 오래 전부터 "맨 인 블랙" 일당에 대한 이야기를 들어 왔지만 이런 일을 당해보기는 생전 처음이었던 것이다. 하지만 불행하게도 그 사건이 그녀에게 반드시 마지막 일이 되지는 않을 것이었다.

특별한 보호

우리 삶에 미친 이번 사건의 여파로 인해 나는 나에게 주어진 모종의 지식을 다른 이들과 함께 공유할 적절한 때가 왔다는 사실을 사령관 발 토오로부터 통보받았다. 그 모종의 정보란 그가 나에게 말해주었던 "불의 고리"라는 영적교감의 기도와 의식(儀式)이었다. 그리고 이러한 의식은 발 토오와 그의 승무원들이 일찍이 이 지구에 발을 들여놓기 전에 거행한 것이었다.

나는 지구가 형성되기 전에 확립된 신성한 종교적 의식의 일부를 여러분에게 알려줄 것이다. 그 낱말들은 여러분이 모든 면에서 "절대적"이라고 지금 막 눈치 챈 바로 그것이다. 신비로운 "불의 고리"는 여러분의 삶에 있어서 없어서는 안 될 중요한 부분이 될 것이다. 그것은 한 인간이 진실한 빛을 향한 인생행로를 걸어가는 데 있어서 핵심적인 부분이며, 결코 이전에는 누릴 수 없었던 안전한 보호의 망토를 여러분에게 제공해줄 것이다.

전능하신 신(神)께서는 우리의 가슴과 마음을 변화시키기 위한 대책을 만들어 놓으셨다. 그리고 우리의 삶 속에서 이러한 변화를 택하여 받아들일 것이냐의 여부는 여러분 각자의 결정에 달린 것이다.

하늘의 어둠의 군주

천상(天上)에서 전쟁이 있은 이래, 루시퍼(Lucifer)와 그를 따르는 타락한 천사 무리들은 지구로 쫓겨나게 되었다.(이들은 전체 천상의 무리들 가운데 ⅓이다.) 동서고금(東西古今)을 막론하고 모든 신성한 문서들은 이 지구라는 행성이 루시퍼에 의해 장악되어 있다는 것을 뒷받침하고 있고, 또 그가 하늘의 권세를 잡은 군주임을 증거하고 있다.

당신이 지금 숨 쉬고 있는 지구상의 공기가 건강을 위협하는 오염물질로 탁해진 것도 루시퍼의 배후 영향 때문이다. 오늘날 지구에서 자행되고 있는 모든 악(惡)의 근원은 결국 루시퍼와 그의 무리들에게로 거슬러 올라간다. 범죄, 불화, 분열, 전쟁, 반목 등등 … 그리고 같은 인간에게 가해지는 비인간적인 잔혹한 행위들 … 이 모든 것들은 그의 사악한 영향력 하에 놓여 있는 것이다. 이러한 이유 때문에 다른 행성들로부터 온 우주인들은 "불의 고리"라고 부르는 의식을 실행하라는 지시를 받았다. 비록 성서시대에 소수에 의해 이 의식이 거행되긴 했지만, 초기 교회는 이 의식의 힘을 알고 있는 자가 극소수만이 남을 때까지 이 정보를 대중들에게 숨겨 왔다.

신성한 가호(加護)

여러분 모두는 이 '불의 고리' 의식을 통해서 신성한 보호의 도움을 받을 수가 있는데, 거기에는 일종의 기본공식이 있다. 여러분 중의 어떤 이들은 어쩌면 이 신성한 힘을 이끌어 내는 그 방법에 대해 이의를 제기할지도 모른다. 하지만 그것은 비물질적인 것이며 영적인 것이다. 사람에 따라 그 기도문 속에 있는 이름을 낭독하는 것이 마찰을 일으킬 수도 있을 것이다. 하지만 나는 아무런 조건 없이 이 위대한 진실을 여러분에게 알려줄 것이다. 이 방법의 진위에 대한 증명은 말하자면 그 실효(實效)의 여부에 달려있는 것이다.

이 의식(儀式)의 기본공식은 시간의 시험을 견뎌내야 하는 절차를 가지고 있다. 만약 우주로부터 온 친구들이 이 지구에 발을 들여놓기 전에 이 신성한 가호의 힘을 기원하여 발동시켰다면, 왜 우리라고 그들과 같이 그 힘을 활용할 수 없겠는가? 여러분은 악(惡)의 세력이 이 지구상에서 활개 치면서 아무것도 안남을 때까지 삶의 모든 것을 계속 파괴하는 행위를 방관할 것인가? 아니면 여러분은 열린 마음으로 지금 여러분에게 제공된 자유와 신성한 보호의 힘을 받아들이겠는가?

불(火)은 언제나 성스러운 가호와 정화(淨化), 그리고 정신적 육체적 청정(淸淨)을 상징한다. 다른 이들이 불필요한 질병에 시달리고 타락해 가는 동안 너무나 많은 사람들이 제명대로 살지도 못하고 죽어가고 있다. 게다가 UFO 연구가들은 더욱 더 우리들 세계로 침투한 사악한 세력들의 공격목표가 돼가고 있다. 심지어는 정부조차도 교묘하고도 그럴듯한 거짓말로 대중들을 기만하고 있다.

이런 혼란스러운 상황 속에서 여러분은 과연 "불의 고리"에 의한 신성한 가호의 힘을 받아들일 것인가? 아니면 말 것인가? 그것은 여러분의 선택에 맡겨져 있는 것이다.

<불의 고리 의식> 실행 방법

부디 다음과 같은 지시에 따라 조심스럽게 거행하기 바란다.

　1.당신 앞에 놓인 탁자나 혹은 다른 평평한 표면 위에다 불이 켜진 흰 양초를 놓는다. 그리고 촛농이 떨어지는 것을 받을 수 있게끔 양초 밑에다 접시 같은 것을 받혀놓는 것이 좋다.

　2.당신이 이 의식을 거행하는 동안 다른 누군가나 애완동물 같은 다른 어떤 것에 의해 방해받지 않도록 미리 철저하게 방비를 해둔다.

　3.<신(神)의 기도문>을 낭독한다.(※아래에 있음)

　4.가슴으로 추호의 의심도 품지 말고 아래의 기도문을 암송하며 간절히 기원한다. 창조주 하느님께서 당신이 지금 이 순간 기원하는 소리를 듣고 계심을 믿도록 하라. 기도하는 동안은 눈

을 뜬 채로 있으며, 양손을 올려 하늘을 향해 뻗친다. 완전히 깨인 정신으로 양초를 주시하라. 의식을 행하는 내내 자신이 하고 있는 행위를 인식하라. 큰소리로 다음의 기도문을 반복한다.

"우주의 창조주이신 영원한 아버지시여! 오늘 제가 드리는 기원을 들어주십시오. 당신의 성스러운 〈불의 고리〉로 … 당신의 보호의 불(火)로 … 당신의 충만한 불길로 … 완전한 치유의 불로 … 신성한 풍요의 불로 지금 저를 에워싸 주십시오. 나는 이제 내편에 계신 전능하신 하느님의 힘으로 명합니다. … 그리 될지어다! … 바로 이 순간에! … 주 예수 그리스도의 이름으로 기도드리옵나이다. 아멘" 11)

이제 양초의 불길을 바라보면서 당신이 가진 문제들뿐만이 아니라 마음 깊이 원하는 것들을 그 불꽃 속에다 마음으로 의탁한다. 그런 다음 양초를 끄고 그분이 당신의 기원을 들어주는 동안 하느님이 계신 저편으로 피어오르는 양초의 연기를 조용히 바라보라. 최소한 3분 동안은 그 방에서 움직이지 말고 있도록 하라. 이제 꺼진 양초 앞에 서서 눈을 뜬 채로 〈불의 고리〉가 현존함을 느껴보라.

여러분은 이 기도와 의식을 어디에서나, 또 언제나 할 수가 있다. 설사 운전 중일 때라도 당신은 그 기원문을 암송할 수가 있고, 그 〈불의 고리〉가 당신을 보호해 준다는 것을 느낄 수가 있는 것이다. 그리고 이제 여러분은 결코 두 번 다시 과거와 같은 불행한 일을 겪지는 않을 것이다.

---

11) 다른 종교를 믿는 사람들은 여기서 예수 그리스도가 아닌 자기가 믿는 종교의 성인의 이름으로 기도해도 무방하다. 예컨대 불교 신앙을 가진 사람은 석가모니 부처님을, 이슬람교 신앙인은 마호메트를 부르며 기도하면 되는 것이다. 다만 여기서 스트랜지스 박사는 복음주의 기독교인이기 때문에 예수 그리스도의 이름만을 언급하고 있는 것이다. 하지만 마스터(大師)급의 높은 영적존재들의 세계에 인간세상과 같은 종교적 분열과 분리는 존재하지 않는다. 즉 지구상의 주요 종교들의 교조들인 예수, 석가, 공자, 마호메트 등은 모두 창조주 하느님의 섭리 안에서 인류 교화 및 계도 작업을 대행하러 이 지구 땅에 내려왔던 다 같은 빛의 교사들이다. 따라서 반드시 어떤 특정 성인의 이름으로 기도해야만 보호 효과가 있다고 볼 수는 없는 것이며, 마스터급의 영격을 가진 높은 존재들은 누구나 신성한 보호와 가피의 능력을 행사할 수 있다. (역자 주)

8장

TOP SECRET

지구 상공의 우주선

8장 지구 상공의 우주선

(※이 장(章)을 집필하는 데 도움을 준 로버트 후버(Robert Hover)씨에게 특별히 감사를 드린다.) - 저자 -

네바다 주(州)의 라스베가스 동쪽, 미드(Mead) 호(湖)에서 가장 가까운 서부 지역 근처 상공에 배치돼 있는 우주선이 **〈빅터 원(VICTOR ONE)〉**인데, 외계문명으로부터 온 이 UFO의 지휘자는 발 토오라는 이름의 탁월한 사령관이다. 이 UFO는 그가 전체 승무원을 통솔하면서 지구상의 자기 집처럼 사용하는 우주선이기도 하다. 현재 〈빅터 원〉이 위치한 곳은 후버 댐의 북서쪽, 헨더슨시의 북동쪽, 그리고 지프섬 설비단지의 남쪽 지점이다.

1988년 12월 초에 그것은 라스베가스 남부인 147번과 166번 고속도로의 교차점에서 북동쪽으로 약 1마일 지점에 위치해 있었다. 이 우주선은 때때로 그 주변에서 위치를 변경할 수가 있다. 〈빅터 원〉은 최근 11년 동안 배치되어 활동해 왔다. 그리고 수천 년 동안 지구를 계속 관찰해 온 빅터급의 다른 우주선들이 존재한다. 현재 몇 천 명에 달하는 지구의 주민들이 〈빅터 원〉을 알고 있는데, 또한 대략 200명 정도의 현직에 있는 미국 정부의 관리들이 〈빅터 원〉을 알고 있다. 제한된 일정한 숫자의 지구인들이 〈빅터 원〉을 방문한 바가 있으며, 여기에는 여러 과학자들이 포함돼 있었다. 그러나 정부 고위 당국자들 중에 이곳을 방문한 자는 아무도 없다.

빅터급 우주선의 구조와 작전지역

빅터급 우주선은 직경이 300피트(91.4m) 정도의 원반이고 가장자리의 높이가 22피트(6.7m)이며, 점점 가운데 쪽이 두꺼워져서 중심축 부위의 높이는 97피트(29.6m)에 달한다. 상시 근무 중인 승무원의 숫자는 약 200명이다.

빅터 우주선에 장착된 음성-영상-레이저형의 카메라는 지구상의 그 어떤 사람도 선택하여 그의 행동과 말을 포착해서 볼 수 있을 뿐만 아니라 그대로 녹화할 수도 있다. 이 모든 것은 우주선에서 1,200 마일이나 떨어진 거리까지도 가능하다.

현재 〈빅터 원〉에 의해서 감시받고 있는 지구상의 인물들은 약 450명이다. 그리고 그 가운데 단지 20% 정도만이 긍정적인 성향의 인물들이다. 나머지 인간들은 현재 행성 지구에 해를 끼칠 수 있는 위험한 존재들이다.

대략 103대 가량의 빅터급 우주선들이 지상과 지표면 인근의 287 군데의 장소에 걸쳐 분포 배치되어 활동하고 있다. 빅터급 우주선들이 최초로 지구를 방문한 것은 거의 6,000년 전의 일이다. 지구에서 앨버트 아인슈타인(Albert Einstein)의 물리학의 기술적 발전에 관한 4장의 문서가 등장한 것이 1905년이었고,[12]

---

12)아인슈타인은 스위스 국립공과대학 물리학과를 졸업하고, 초기에 베른 특허국의 관리 자리를 얻어 5년간 근무하였다. 이때 광양자설, 브라운운동의 이론, 특수상대성이론을 연구, 이를 1905년에 발표했다. 〈특수상대성이론〉은 당시까지 지배적이었던 갈릴레이나 뉴턴의 역학을 송두리째 흔들어 놓았고, 종래의 시간·공간 개념을 근본적으로 변혁시켰으며, 철학사상에도 영향을 주었다. 게다가 몇 가지 뜻밖의 이론, 특히 질량과 에너지의 등가성

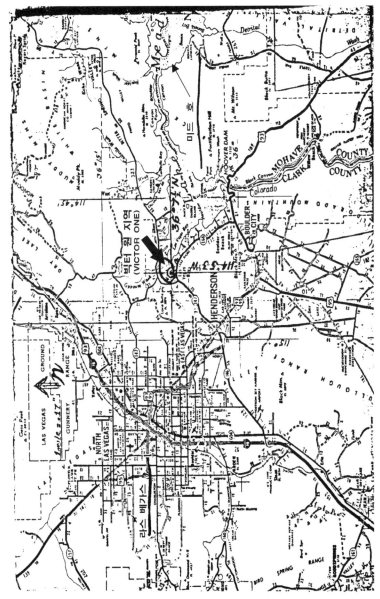

〈빅터 원(VICTOR ONE)〉 우주선이 배치돼 있는 지역을 표시한 지도. 그러나 인간의 육안에는 보이지 않게 주변에 역장(力場)에 쳐져 있다

(等價性)의 발견은 원자폭탄의 가능성을 예언한 것이었다.

이때 지구를 면밀 하게 관찰해야할 필요성이 증가되었다. 그리고 핵전쟁의 위협이 최고조에 달했던 기간인 1981년에 현재의 수준인 103대의 우주선을 지구에 배치하기에 이르렀다.

모든 빅터급 우주선들은 스타쉽(Starship)[13] 안에서 정밀하게 건조되었다. 이러한 우주선들이 건조된 스타쉽의 가장 하부에는 UFO를 제작하는 구획된 설비지역이 있고, 그것들을 파견하게 될 때까지 그곳에 저장돼 있는 것이다. 승무원들은 뛰어난 장교들과 함께 주의 깊게 선발되며, 장교들은 장차 소형 우주선을 지휘하는 예비 함장들로 간주되어 철저한 훈련을 받는다. 빅터급 우주선들의 설계제작은 계속되고 있고 현재 달라진 것은 없다.

빅터급 우주선보다 좀 더 작은 다른 종류의 정찰선들이 있는데, 예컨대 이 기종은 발 토오가 펜타곤을 방문하기 위해 버지니아 알렉산드리아에 착륙했을 때 이용했던 소형 우주선과 같은 것이다. 이 소형 정찰선은 수용인원이 1인용, 2인용, 3인용, 4인용, 6인용, 8인용, 그리고 10인용이 있다. 이 모든 우주선들 역시도 빅터급 우주선들과 동일한 기본 재질로 건조된다. 그리고 그 형태는 매우 다양하다. 사실상 그들은 인간들에게 알려진 모든 형태의 우주선들을 건조해 왔다.

길쭉한 모양을 한 어뢰 형태의 미니급 우주선은 군수품을 수송하는데 이용되었다. 이런 UFO는 캘리포니아와 네바다, 애리조나 등의 산기슭에 출현했던 기종이다. 이런 산들의 내부에 있는 기지에도 역시 이런 우주선들이 배치되어 있다. 여러분은 혹시 인디언들이 이런 기지들에 관해 언급한 이야기들을 들었는지도 모른다.

모든 빅터급 우주선들은 필요할 때는 언제든지 행성간 여행이 가능하다. 하지만 이 우주선들은 대부분의 경우 지구와 지구

---

13)UFO 모선(母船)을 말한다. 모선은 하나의 소행성 내지는 행성만한 크기를 지니고 있기에 스타쉽(Starship)이라고 부른다. 직경이 수십 Km~수백 Km 크기가 주종을 이루며, 가장 큰 것은 수천 Km 달하는 것도 존재한다고 한다. (역자 주)

주변, 그리고 달에서만 이용될 때가 많다. 더 작은 우주선들은 장기간의 우주여행을 할 수 있게 설계돼 있지가 않다. 발 토오는 빅터급 우주선들을 처음 설계 작업 할 때 관여하여 기여한 바가 있다.

UFO 추진력의 비밀

빅터 원 우주선 추진력의 비밀은 진동을 적절히 이용하는 데 숨어 있다. 모든 빅터 시리즈 우주선들에는 추진력을 지배하는 "동력 봉(Power Rod)"이 장착돼 있다. 전자기(電磁氣)의 힘을 이용함으로써 우주선은 이러한 동력을 이끌어 낼 수가 있는데, 그 때 이 동력은 소모될 우려가 없이 항행 시스템을 통해서 계속 그 안에서 순환된다. 왜냐하면 그 힘은 소멸되지 않고 계속해서 자체적으로 재생성 되기 때문이다.

모든 힘들은 그 주파수가 높거나 낮은 하나의 진동인데, 높은 진동은 저항하는 낮은 진동을 무효화시키거나 물리쳐 버린다. 대부분의 경우 높은 진동은 낮은 진동을 지배하는 우성적인 힘인 것이다. 파동의 길이와 속도는 그 힘의 최초의 진동에 의해서 좌우된다. 이 힘은 또한 우주선의 항행과정에서 있을 수 있는 어떤 저항 요소들을 튕겨내 버리는 일종의 견고한 보호막을 우주선 주위에다 형성한다. 게다가 만약 비행하는 동안에 어떤 우주 공간의 쓰레기 물질이나 운석(隕石)과 부딪칠 경우, 그 우주선 주위의 "역장(力場)"은 그런 것들을 분쇄시킬 것이고 즉시 가루로 변화시키게 될 것이다.

그 전체의 역장은 너무나 단순해서 지구상의 정상급 과학자들이나 우주공학자들은 별로 복잡하지 않은 그 구조에 놀라게 될 것이다. "역장(力場)"은 자기(磁氣)와 전기(電氣)의 결합에 의해서 생성되는데, 이것은 자화(磁化)되거나 자성(磁性)의 소멸에 저항하려는 힘이 발생하는 과정에서 전환된 것이다. 우주선 안의 컴퓨터가 이러한 동력을 제어하고, 그 힘을 우주선 외부로

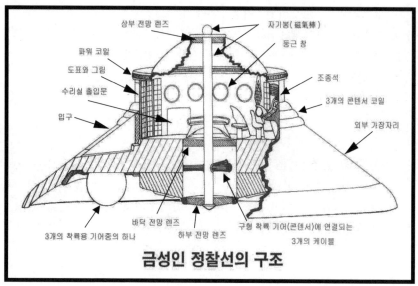

상부 전망 렌즈 자기봉(磁氣棒)
파워 코일 둥근 창
도표와 그림 조종석
수리실 출입문 3개의 콘덴서 코일
입구 외부 가장자리
3개의 착륙용 기어중의 하나 바닥 전망 렌즈 하부 전망 렌즈 구형 착륙 기어(콘덴서)에 연결되는 3개의 케이블

금성인 정찰선의 구조

조지 아담스키의 저서 <Inside the spaceship>에 소개된 그림을 참고로 작성

치환시킴으로써 순간적인 소멸과 같은 현상이라든가 자유자재의 우주비행이 가능케 되는 것이다.

에너지 라인들(力線)

우주는 에너지가 흐르는 자력선(磁力線)들이 서로 영향을 미치며 작용함으로써 살아 있다. 우주선 표면의 기본적인 구조는 매우 얇은데, 그럼에도 거기에 탑승해서 아무런 저항 없이 우주 공간을 운행하는 것이 가능한 구조이다.

UFO의 재질은 일종의 플라스틱-수정(水晶)과 유사한 물질로 만들어져 있다. 재질의 어떤 층은 양극(陽極)으로 이온화되어 있고, 또 어떤 층은 음극화(陰極化)되어 있다. 이 두 가지 층 사이에는 중성(中性)을 띤 층이 삽입돼 있어 서로 절연되어 있다. 그렇기 때문에 우주공간 내의 우주선(宇宙線)[14]들이 분해되기가 쉽고 UFO가 우주공간을 통해 운행하는데 영향을 미치지 못하는 것이다.

사실상 우리가 UFO의 비행원리에서 목격하는 것은 자연의 힘과 어우러지는 경탄할만한 조화이고, 그 자연력을 적절히 융합하여 이용하는 것이다. 그리고 우주 속에는 끊임없는 자기장(磁氣場)의 변화와 흐름이 계속되고 있다. 우주선(宇宙線)들은 자체의 경로 속에서 고유한 자기적(磁氣的) 흔적을 생성한다. 따라서 "에테르(Ether)"는 우주에서 항상 계속적인 운동 속에 있다. 빅터 시리즈 UFO의 표면을 이루고 있는 수정질(水晶質)의 속성은 모든 전자기와 입자 에너지들을 다양한 주파수와 파장들로 순화시킨다.

우주선(宇宙線)들은 실제로 강하게 투과하는 힘을 지닌 다양한 형태의 방사선을 의미하는데, 이것은 외계로부터 행성의 지표면에 부딪치면서 거의 대부분이 양(陽)의 하전(荷電) 입자들로 구성된 높은 에너지인 "1차 광선"으로 다시 나누어진다. 또한 2차 광선은 다양한 형태의 소립자들인 양전하(陽電荷)와 음전하(陰電荷)에서 형성된다. 이러한 전하들은 그 특성으로 인해 규칙적이지가 않고 매우 불안정하다. 이런 상태는 지구 주변에서 뿐만이 아니라 모든 물질 우주가 그러하다.

수정의 속성은 전자기 에너지에 의해서 파워가 증대되는 성질이 있기 때문에 그 결정격자 구조는 어떤 변화를 겪게 되는데, 이것이 우주선(宇宙船)에서 발산되는 다양한 색채의 빛을 유발한다. 이와 같은 힘이 통상적인 상황 하에서 방출되었을 때, 우주선 주변 전체에서는 일종의 불꽃이나 날카롭게 번쩍이는 빛이 보인다. 이런 식으로 우리는 UFO에서 화염 같은 광선이 발하는 것을 볼 수 있는 것이다. 어떤 경우에는 심지어 우주선이 오는 방향에서 증기와 비슷한 기체가 방출될 때가 있다.

---

14) 우주선(cosmic ray)이란 우주에서 지구로 쏟아지는 높은 에너지의 미립자와 방사선 등을 총칭한다. 대기 분자와 충돌 전의 미립자와 방사선을 1차 우주선, 충돌 후 발생하는 미립자와 방사선을 2차 우주선이라고 한다. 대기와 지표에서 관측되는 우주선은 1차 우주선에 의한 복잡한 2차 우주선에 의한 효과이다. (역자 주)

에너지 추진을 통한 우주선 자체의 갑작스러운 발진이나 급제동과 같은 비행이 이루어질 때 섬광의 번뜩임이나 불꽃의 방전이 일어날 수 있으며 … 이것은 단지 제어된 상황에서 그러하다.

급회전하는 UFO 편대의 모습이 포착된 독특한 사진

마스터 빔(Master Beam)

빅터시리즈 우주선들은 모선으로부터 단순하게 유도를 받는 것이 아니라 언제나 완전하게 통제를 받는다. 스타쉽(Starship)으로부터 방사되는 마스터 빔(※방향제어 장치 기능을 가진 광선)이 일종의 바이스(Vise)가 물체를 죄듯이 우주선들을 철저히 통제하고 제어한다. 이 빔에 의해 우주선의 모든 분자와 원자는 동시에 동일한 방향을 향해 정렬된다. 그러므로 어떤 관성에 의한 인력작용도 그로 인해 상쇄되어 중화되거나 무력화되어 버린다.

세계 각국의 과학자들과 공군도 이런 우주선들이 어떻게 기존의 공기역학상의 물리법칙을 벗어나 자유자재로 비행할 수 있는지를 설명하기에 난감해하고 있다. 빈번하게 서로 교차하고 있는 공간 내의 자력선(磁力線)들 때문에 우주선들은 용이하게 그 선들을 타고 이동할 수가 있고, 그럼으로써 불가능한 것처럼 보이는 직각 및 예각 방향전환과 같은 비행이 **감속 없이도** 가능한 것이다.

우리의 둔한 상상력을 가지고 현재 우리가 보고 있는 발전된 지식과 기기(器機)를 가진 고도로 진보된 존재들의 실체를 파악하는 데 실패했을 때는 우리 스스로 초기 역사 시대에 혹시 어떤 개인들이 그러한 존재들의 정체를 알고 있었는지를 되돌아볼 때가 있으리라.

우주선들의 활동 장소

빅터 시리즈 우주선들이 착륙하거나 가까이 활동하는 287 군데의 장소들이 소재한 육지와 해양, 그리고 국가들은 다음과 같다.

앞서 언급한 바와 같이, 빅터 원 우주선에 탑승하는 승무원 총 숫자는 200명이다. 거기에는 사령관 발 토오와 더불어 부사령관 자격으로 근무하는 4명의 승무원들이 있다. 이들이 바로 돈(Donn), 쏜(Thonn), 틸(Teel), 그리고 "덕(Doc)"이라는 이름으로 알려진 군의관(軍醫官)이다.

부사령관들은 다음 (전속) 명령이 있을 때까지 근무하는 조건으로 선발되었다. 그리고 치하를 받아야 하는 나머지 대상은 승무원들인데, 그들은 발 토오 사령관의 직접적인 지휘하에 봉사하기로 결정하고 고향인 금성에서 온 사람들이다. 하지만 빅터 원 우주선에는 때때로 다른 태양계로부터 잠시 봉사하고자 자원해온 존재들이 있으며, 이들이 머무르는 기간은 지구의 시간으로 약 3개월 정도이다. 이런 일이 있음으로 해서 향수병으로 고향으로 돌아가고 싶어 했던 승무원들이 당분간 다시 마음을 다잡아 우주선에서 맡은 자신의 중요한 업무에 충실할 수 있는 것이다.

다른 행성의 생명체들은 이곳 지구와는 모든 면에서 다르다는 것을 기억하기 바란다. 다른 별에서는 사람이든, 직업이든, 그 누구도 다른 이보다 더 중요하다거나 덜 중요한 것으로 생

1996년 1월 1일 미 아리조나에서 촬영된 UFO

각하지 않는다. 창조주에게 봉사하고 스스로 선택한 자기의 직분에 충실한 가운데 모든 이들이 기쁘고 행복한 것이다. 하지만 물론 승무원들은 누구나 발 토오라든가 다른 부사령관같은 이들을 존경의 눈으로 바라본다. 그 이유는 발 토오와 그의 부사령관들은 마스터(Master)에 의해 직접 그 직책에 임명되었고, 또 그 직책에 지명될 만큼 높은 지식과 지혜를 갖추고 있는 까닭이다.

우주선에서의 가르침들

3~4명 정도의 승무원들은 부사령관인 틸(Teel)이 빅터 원 우주선상에서 운영하는 다양한 학습반에서 가르치는 일과 수업준비 작업 등을 돕고 있다. 이러한 학습반은 대부분 틸에 의해 진행되며, 다음과 같은 과목들에 관해 공부한다.

A.지구 과학

B.지구 주민들과 그들의 습성

C.인류의 타락과 대사 그리스도의 역할
D.인류에 관한 심리학
E.인간에 대한 상식
F.우주 내에서 인간의 근본적인 위치
G.인류의 역사

틸은 종종 강의 도중에 일부 지구인들을 실례(實例)로 들어 이용한다. 예컨대 나의 부인인 줄리는 그녀의 학습반에서 인기 있는 주제이다. 이 학습반은 우주인들과 빅터 원을 방문한 지구인들, 양쪽을 위해서 운영되며 1주일에 5일 정도 수업을 진행한다.

우주인들이 매일 아침 모여 창조주 하느님을 경배하는 의식을 거행한다는 사실은 흥미로울 것이다. 발 토오 사령관은 모임에서 참석자 전원에게 먼저 간략한 인사말을 한 후에 우주선 방문자들의 노고에 대한 치사와 더불어 새로 온 사람들을 환영한다는 인사를 한다. 우주선을 방문한 사람들은 우주인들의 일을 돕는 과정에서 빅터 원에서 날마다 어떤 과업들이 진행되는지를 배우게 된다.

발 토오나 승무원들 가운데 누군가가 어떤 임무로 인해 빅터 원을 떠나 있을 때는 항상 계속해서 우주선과 통신을 지속하며, 만약 비상사태가 일어날 때는 선내로 복귀하라고 호출될 수가 있다. 긴급 상황을 살필 수 있는 영상장치를 이용함으로써 그들은 자신들의 소형 우주선을 통해 귀환하든가, 아니면 빅터 원에서 발사된 광선에 의해 우주선 안으로 끌어올려지게 될 것이다.

우주선의 꼭대기에서 밑바닥으로 흐르며 작동되는 "동력봉(Power Rod)"은 바로 빅터 원의 중심에 위치해 있다. 이 동력봉(動力棒)은 또한 진보된 레이저형 장비로 이루어져 있는 우주선 방어 장치에 동력을 공급한다. 그리고 연구소와 치료실 역시도 이 동력봉으로부터 에너지를 공급받고 있다.

통신 시스템

모든 빅터 우주선들의 안에는 세 가지 중요 통신체계가 있다. 그것은 다음과 같다.

1.텔레파시에 의한 방법: 우주선내의 통신 담당 장교는 개인적으로 진보된 수준의 텔레파시 능력을 보유하고 있다. 그의 능력은 사실상 이 지구권에서는 어떤 한계가 없다. 우주선들 사이나 지상 요원들 사이의 대부분의 통신은 이 방법에 의해서 송, 수신된다.

"텍스토(TEXTO)"라고 하는 특수한 장비가 있는데, 이것은 우주선이 항상 올바른 진로를 유지하게끔 제어하는 "빔 록(Beam Lock)"을 통제한다. 텔레파시 능력자(조종사)가 통신과 병행하여 또한 "텍스토" 장비를 콘트롤하는 것은 모든 외계인들에게 있어서 중요한 부분이다.

이런 형태의 통신은 때로는 빅터 우주선 외부에 있는 승무원들뿐만이 아니라 지구상에 있는 요원들과 교신할 때도 이용된다. 우주인들과 지구상의 그들과의 모든 통신은 인간이 만든 복잡한 전자회로나 부피가 큰 장비와 같은 송,수신기에 의해 이루어지지 않는다. 이처럼 어떤 전자장비의 도움 없이 교신이 이루어지는 상태를 일러 일반적으로 "정신적 텔레파시"라고 말한다.

그들이 어떤 부정적인 장애에 대한 우려 없이 송신하는 한은 한 개인이 전하고자 하는 내용이 뇌파로서 발신된다. 그러면 이와 같은 진동들은 상념의 속도만큼 빠르게 이 행성 전체에 한 순간에 전해지는 것이다. 이런 염파(念波)의 패턴이 그 염파와 동일한 진동율로 조정돼 있는 다른 사람의 뇌에 전달되어 자극을 가할 때, 즉 서로 주파수가 동조되면 수신자의 뇌는 메시지를 보낸 사람으로부터 송신된 염파를 완벽하게 이해하게 된다. 그러므로 양쪽이 동일한 진동주파수로 조정돼 있는 상태에서 한쪽이 염파를 다른 한 개인에게 보내거나, 아니면 어떤 수신 장치로 전송하는 것은 더할 나위 없이 쉬운 것이다.

2.홀로그램(Hologram)에 의한 방법: 시각적으로 상대방을 볼 수 있는 "영상 접촉"이 필요해 졌을 때는 홀로그램이 가장 효과적임이 증명된 바 있다. 이런 방법으로 메시지를 보내고 있는 상대방을 실제로 볼 수가 있는 것이다.

이것은 내가 앞쪽의 장(章)에서 이미 설명했던 개인 주택에 구축돼 있다는 우주인들의 소규모 거점(기지)들 안에 설치된 장비와 똑같은 시스템이다. 홀로그램은 렌즈를 이용할 필요성도 없이 선명한 감광판을 만들기 위해서 레이저 빛의 분해 광선을 활용하는 극히 사실적인 영상을 형성해 내는 과정이다. 달리 말하면, 이것의 원리는 빛의 파장 패턴에 간섭하는 데 있다. 3차원적인 영상으로 된 이 결과는 수신 장치에 의해 포착돼 담겨질 수가 있고, 그런 다음에 화면이 재구성되어 볼 수가 있는 것이다.

가장 발달된 형태의 홀로그램 장비는 송,수신을 동시에 하는 양방향 대화 시스템이고, 우리 행성 위의 어떤 장소를 보는 것도 흔히 있는 일이다. 이 장치에 의한 의사소통은 실제로 그 장소에 현재 있는 것처럼 생생한 인상을 주며, 영상은 완전 천연색(天然色)이다.

3.직접적인 의사소통 방법: 이것은 단지 외계인들이 지구상의 인간들과 라디오나 TV, 그리고 전화로 통신하기 위해서 자신들의 음성/영상 수신 능력을 바꾸는 것을 의미한다. 이 방법이 바로 발 토오 사령관과 그의 동료들이 때때로 나와 연락하기 위해 이용하는 통신방법이다.

어떤 사람이 우주의 존재들과 계속해서 통신을 한다고 할 때, 흔히 거기에는 그들과 꾸준히 연락하기 위한 특별한 시설이나 장비 같은 것이 필요 없다. 우주인들은 우리가 집에 가지고 있는 것, 예컨대 사무실, 자동차, TV, 등등 그 무엇이든 활용할 수가 있기 때문이다.

나는 개인적으로 어디선가 공중전화 부스(Booth)까지 걸어간적이 있었는데, 그 전화 벨소리의 주인공은 나와 통화하기를 바랐던 발 토오였다.(※역주:미국의 공중전화는 걸기만 하는 것이 아니라 받을 수도 있게 돼 있다.) 나는 또한 내 자동차에 장착된 카 라디오를 통해서 그의 목소리가 흘러나오는 것을 목격한 적이 있으며, 심지어는 라디오가 고장 났을 때조차도 그것이 가능했다. 이처럼 하느님의 천사들이라고 부르는 우주인들과 의사소통하는 것은 쉽게 이루어질 수가 있는 것이다.

로스앤젤레스 지역을 가장 빈번하게 방문한 인물은 돈(Donn)인데, 그것은 자신의 오랜 친구인 리(Lee) 박사의 저택에 들르기 위해서였다. 그들은 만나서 돌아가는 세계정세와 현안들을 논의하고 일본과 홍콩에 있는 리박사의 친구들에 관한 새로운 소식을 화제로 삼았다. 또한 서로의 친교를 즐기는 것뿐만 아니라 다른 방문자들과도 만나곤 했다. 이것은 또한 내가 개인적으로 그와 만나서 내 아내와 내 일에 관한 문제들에 대해 그의 조언을 들을 수 있는 기회를 주었다.

돈은 내가 세계 전역을 여행할 때뿐만이 아니라 미국 내에서 어디를 여행할 때도 동행했다. 이것은 내가 그와 긴 시간 동안 소상히 이야기를 나눌 수 있는 좋은 기회가 되었다. 왜냐하면 제트 비행기가 비행하는 35,000 피트의 고도는 사람을 나른하게 하는 기압과 더불어 기내에 유폐된 듯한 관중과 장시간 함께 있어야 하는 환경을 제공하기 때문이다.

만약 우리가 볼 눈과 들을 귀, 그리고 신앙만 갖추고 있다면, 참으로 위대한 일들이 현재 우리 앞에서 이루어지고 있음을 알 수 있을 것이다.

에필로그

신성한 경전들을 연구하는 학도들은 인간이 신(神)의 말씀 속에 담겨진 진리를 외면함으로써 스스로의 운명을 자초했다는 사실을 기꺼이 인정해야만 한다. 성전(聖典)들의 방대한 조항들은 이 행성 지구 인류의 은총과 영적성장을 위해서 만들어졌다.

치유와 보다 깊은 영적경험은 인간이 성장해 나가는데 즉시 유용하다. 신앙에 의해 신(神)을 믿기로 선택한 사람들에게는 기적과 경이로운 일들이 그들을 뒤따를 것이다. 신은 인간 나름의 계획과 예측에도 불구하고 아직 자신의 질서와 법칙을 고수하고 있다. 이것은 언제나 그래왔던 것처럼 오늘날에도 여전히 진실인 것이다.

빛 속으로 걸어가길 계속해서 거부하는 사람들, 또 그 빛에 관한 지식을 배우길 거부한 자들은 아직도 사악한 생각과 행동을 계속하고 있으며, 결코 장차 낙원의 영광을 보지 못할 것이다. 세상은 이미 나타나고 있는 강력한 신의 능력을 목격하고 있다.

의심하는 자들과 비웃는 자들은 당신으로 하여금 이러한 장엄한 과업들을 부정하게 할 것이다. 하지만 다가오는 미래에 인내하는 사람들과 겸허한 이들, 그리고 진리를 추구하는 정직한 사람들은 신(神)과 함께하는 삶이 참으로 크고도 가치 있는 보상을 가져온다는 사실을 알게 될 것이다.

여태까지는 탐사되지 않은 전인미답(前人未踏)의 높고 깊은 영역이 존재한다. 신의 손길은 우리의 빈약한 마음이 이해할 수 있는 범위를 훨씬 넘어선 곳까지 뻗쳐져 있는 것이다. 또한 인간의 두려움과 미신으로 인해 탐구되지 않은 영적인 과학 분야와 연구 영역이 있다. 그럼에도 불구하고 주님께서는 자신의 영(靈)에 의해 우리를 일체의 진리로 이끌어 안내해 주리라고 약속하셨다.

우리는 천사(天使)와 같은 지구 방문자들에 대해 자각할 수 있는 시대에 태어나 살고 있다는 특권을 부여받았다. 이것은 바로 그분이 우리를 사랑한다는 것을 나타내는 신호인 것이다. 평화의 창조자인 그분이 여러분의 떨리는 가슴을 진정시켜줄 조화로운 현(絃)을 튕길 수 있도록 하자.

세상의 전쟁과 폭탄, 미사일, 그리고 국제적이고 국내적인 난제들에 대해 너무 근심하지 말기 바란다. 순수한 마음으로 사고(思考)하고 그분과 함께 동행하라. 그분이 우리들 각자와 모두를 위해 예비해 놓은 마음의 양식은 일찍이 현현했던 그의 영(靈)을 통해서 뿐만이 아니라 그분의 말씀을 통해서도 손에 넣을 수가 있다. 아울러 그분의 진리를 배우고 똑같은 우주적 리듬을 가슴으로 공명(共鳴)한 이들이 써놓은 저술(著述)들을 통해서도 이용이 가능한 것이다.

아주 오래 전에 발 토오가 지구상의 주민들을 여러 번 방문했던 시기에 모든 이들에게 유익한 어떤 정보가 우리에게 주어졌었다. 그 정보는 사람들이 열린 마음과 가슴으로 그것을 읽거나 자신의 삶에 적용했을 때 도움이 되는 진리였다. 이 교훈적인 진리는 내가 여러분에게 읽으라고 권고했던 **"아웃위팅 투모로우(OUTWITTING TOMORROW)"** 라는 책 속에 담겨져 있다. 이 선물은 시기적절하게 오늘날까지 남아 있고, 또 지구가 변하여 새롭게 바뀔 때까지 보존될 것이다.

나의 간절한 기도는 여러분 각자가 하느님이 오늘날 여러분에게 전하는 메시지를 받기를 바라는 것이다. 친애하는 독자들이여! 여러분에게 항상 신(神)의 은총이 있기를!

[발 토오의 말] - 인류의 불공평에 관해

나는 우선 언급하건대, 여러분의 행성에는 타인에 대한 이해심이나 자비심이 너무 결여돼 있다는 점을 쉽게 알 수가 있습니다.

인류는 에덴동산에서 타락한 이래, 거의 동물처럼 반응하는 습성을 지니게 되었습니다. 지구를 오랫동안 관찰해 온 우리들은 이와 같은 야만에 가까운 모습들을 줄곧 목격해 왔던 것입니다.

때늦은 지금의 위기 시대에 우리가 이런 문제에 대해 여러분에게 어떤 조언이나 충고를 할 수도 있겠지만 이미 그런 것은 모두 여러분의 성경에 언급되어 있습니다.대사(Master)인 예수 그리스도가 일찍이 이웃에 대해 사랑을 실천하라고 가르쳤을 때, 그는 바로 그 점을 인류에게 일깨우려 했던 것입니다. 남아 있는 시간은 그리 많지가 않습니다. 신(神)은 너무 오래 기다리시지는 않을 것입니다. 그리고 여러분이 선택할 수 있는 길은 얼마 되지 않습니다.

이 책을 읽고 있는 여러분은 참다운 진실을 알 것입니다. 여러분이 진실에 대해 열려 있다는 그 사실은 이 책에 대한 여러분의 진지한 관심이 그것을 충분히 나타내고 있습니다.

여러분이 프랭크 스트랜지스 박사와 만나게 된 것은 우연이 아닙니다. 진리를 추구하는 한 학도로서 여러분이 온전한 진실을 받아들일 준비가 돼 있다면, 그는 여러분을 가르칠 것입니다.

이제 전에는 경험한 적이 없는, 그리고 여러분의 높은 의식(意識)을 불러일으킬 미지의 연구와 탐구영역으로 항해를 시작할 준비를 하십시오.

여러분의 개인적 목표를 재점검하고 그 목표를 좀 더 낮게 개선하려고 노력해 보십시오. 여러분은 성공과 부(富)를 이루려면 (성경에 나와 있듯이) 그것이 먼저 마음속에서 경험되어야 하고, 그 다음에야 그것이 세상에서 현실화된다는 것을 일깨움 받아 왔습니다. 저는 또한 사랑에 대한 여러분의 전체적 기여와 봉사와 헌신의 중요성을 언급하고자 합니다. 만약 당신이 기독교인이라면, 사리사욕이 없는 물질적 베풂과 함께 여러분의 감독자인 그리스도에 대한 성실만이 오직 천상의 보답을 받을 수가 있는 것입니다. 한번 대사(大師)인 예수께 여러분의 마음을 위탁하여 "네 이웃을 네 몸처럼 사랑하라."는 그분의 가르침대로 살겠다고 공약했다면, 그 공약을 지키십시오. 그리고 만약 죄나 과실로 인해 스스로의 자격을 상실하는 것은 이러한 언약을 깨뜨리는 것입니다. 성실하게 언약을 지키는 것, 그것을 신(神)께 드리는 십일조라고 부릅니다.

내가 이런 말을 하는 것에 대해 놀라지 마십시오. 이웃 사랑에 대한 이러한 공약을 이행하는 과정에서 하느님이 여러분을 보시기에 당신이 특별한 과업을 위해 선택된 사람으로 간주될 것입니다. 또한 여러분 스스로 이것을 부정하는 것은 여러분의 영적성장을 저해할 것입니다. 추종자가 되기보다는 스스로 지도자의 위치에 있으려는 노력을 시작하십시오. 이러한 결정은 전

시가형 모선 - 보통 직경이 수십Km ~ 수천km에 달한다

적으로 여러분 자신에게 달린 것입니다.

많은 이들이 왜 신(神)이 자신의 뜻을 영속시키기 위해 여러 분 인류를 활용하는지를 의아하게 생각합니다. 이러한 생각은 처음부터 있어 왔습니다. 하지만 만약 당신의 영혼이 그렇게 하 기로 선택했다면, 당신은 신(神)의 그 계획의 한 부분인 것입니 다. 여러분의 마음을 그분의 신성한 우주심(宇宙心)으로 충만케 하십시오. 그러면 여러분은 그분의 이름으로 커다란 위업을 쌓 게 될 것입니다.

하늘을 나는 도시(City)라고 할 수 있는 모선(母船)에서는 승 무원 누구나 모선을 운용하는 전체 계획의 한 부분으로서의 자 기의 역할과 몫을 다하고 있습니다. 우리의 모선은 사실상 모든 면에서 우주공간에 떠있는 도시입니다. 지구상의 거리 수치로 말하자면, 길이가 약 22.6 Km이고, 폭이 11.3Km, 그리고 높이가 5.7 Km입니다. 이 모선은 금성에서 그리 멀리 떨어지지 않은 우주공간에서 건조되었습니다.

여러분은 이미 금성의 내부세계(지저세계)에 주민들이 살고 있음을 알고 있습니다. 멀지 않은 미래에 여러분 중의 일부가 우리 금성을 방문하게 될 것입니다. 여러분이 준비가 되었을 때 … 다시 말하면, 전체계획의 한 부분으로서의 여러분의 맡은 바 역할을 다 했을 때 우리는 모선에서 여러분을 환영하며 맞이할 것입니다.

많은 이들이 저에게 요청하기를, 지구에 와서 내가 아는 바를 강연이나 수업을 통해 가르쳐 달라고 했습니다. 이것은 매우 중 요합니다. 하지만 이런 요청은 스트랜지스 박사를 통해서 대신 응하기로 계획돼 있습니다. 이 시기에 내가 와서 여러분을 개인 적으로 집단적으로 가르치는 것은 현실적으로 가능하지 않습니 다. 왜냐하면 나는 직책상 내가 수행해야만 하는 다음과 같은 임무들이 있기 때문입니다.

1.〈빅터 원〉 우주선뿐만이 아니라 우주모선(Starship)을 지휘하는 것.

2.〈금성 12인 위원회〉의 의장 역할
3.지구상의 도시들 주변의 방사선 억제 임무를 수행하는 특수부대의 감독
4.업무협의상 여러 행성들 사이를 수시로 여행해야 함.
5.다른 태양계로부터 모선을 방문하는 우주인들을 위한 교육 세미나
6.세계 지도자들에 대한 감시 및 대책논의, 계획수립
7.어떤 지역이나 기관에 대해 압력을 행사함으로써 핵(核) 재앙 예방하기
8.우주 창조주와의 완전한 융화 작업

이 시대에 이 지구상에는 다양한 배경과 경험을 가진 7명의 사람들이 있음을 부디 기억하기 바랍니다. 그들은 이 행성의 미래에 연관된 문제들에 대해 예리한 식견과 통찰을 보여준 인물들입니다. 4명의 남성과 3명의 여성으로 구성된 이들의 말은 여러분에게 도움이 될 것이며, 그중의 한 사람이 스트랜지스 박사입니다. 나머지 다른 이들도 장차 지구촌의 각 분야와 집단에서 두각을 나타내게 될 것입니다.

끝으로, 신(神)의 말씀을 기억하고 선(善)을 추구하십시오. 그리고 순수하고 신성한 생각에만 마음을 쏟으십시오. 여러분은 스스로 선(善)을 지향하는 인간이 됨으로써 이 세상이 바뀔 것입니다. 완전한 신(神)의 뜻에 무지하거나 그것을 회피하는 죄를 범하지는 마십시오. 여러분에게 나의 사랑을 전하며 이만 마치겠습니다. 항상 여러분에게 신의 은총과 가호가 있기를!

[후기(後記)]

캘리포니아 밴 누이즈에 소재한 나의 본부에는 수많은 편지들이 답지했는데, 그 내용들은 내가 발 토오와 나눈 대화를 토대로 미래에 대한 예언을 해주기를 원하고 있었다. 물론 발 토오가 예언자라고 주장하지는 않는다. 하지만 현 세계정세에 대한 그의 예측과 내 나름의 성서해석에 입각하여 멀지 않은 미래에 있음직한 사건들에 대해서 말하는 것은 가능하다.

미래에 지구상의 갈등과 충돌은 중동(中東)에서 촉발될 것으로 나는 믿는데, 우리는 이미 그곳에서 수많은 충돌과 죽음, 그리고 재앙을 목격한 바가 있다. 이 미래의 충돌은 이스라엘과 아랍 국가들, 그리고 서구 유럽의 나라들, 러시아 및 미국이 연관되기 십상일 것이다.

다음의 내용들이 그 마지막 시기에 일어나게 되리라고 예측되는 사건들의 순서이다.

1. 지구상에서 수백만의 사람들이 사라진다.
2. 수많은 아이들의 실종이 보고될 것이다.(※우주 형제들이 먼저 우리의 가장 나이가 어린 아이들을 데려갈 것이라는 예언을 기억하라.)
3. 이 지구상에서 이전에 결코 발생한 적이 없는 국가적 재앙의 발생
4. 이러한 재앙으로 인해 물류 수송이나 교통수단이 주요 문제가 될 것이다.
5. 이 시점에 일련의 대통령 명령이 이 행성의 주민들에게 공표될 것이고, 완전한 독재체제 하의 미합중국에서는 모든 살아있는 사람들의 거주지를 다시 배치한다.
6. 일단 "지목된" 사람들은 다른 장소로 옮겨질 것이다.

대통령은 다음과 같은 조치를 단행할 것이다.

a.모든 통신 매체를 접수한다.

b.모든 석유, 가스, 발전소 원자력 등의 에너지원, 식량, 전력 등을 인수한다.

c.모든 식량 공급원, 농장(農場) 등을 접수한다.

d.모든 운송 수단, 고속도로, 공항을 접수한다.

e.정부의 감독하에 모든 시민들의 노동력을 동원할수 있는 체제로 편성한다.

f. 국민의 모든 건강, 복지, 교육 문제를 국가가 인수한다.

g.권한을 부여받은 관리자가 국가전반에 걸쳐 모든 사람들의 인적사항을 등록하도록 실시한다.

h. 개인 전용기를 포함하여 모든 항공기, 비행체들을 징발한다.

I.어떤 지정된 지역 내에 있는 공적 자금으로 건설된 모든 주택과 융자금을 사람들을 재배치하기 위해 회수한다.

게다가 과학자들은 극심한 기상변화가 있을 것이라는 점에 동의하고 있다. 격렬하게 변해가는 바람, 외부 쪽에서 끌어당기는 인력(引力)과 연결된 태양활동의 급격한 가속화로 인해 몇 일만에 지구가 매우 가열될 수가 있다. 결과적으로 양극의 얼음이 녹게 되고, 지구 전역에 걸쳐 대지진이 발생한다. 만약 과학자들이 예측한 26%의 예상치가 들어맞는다면, 지구가 폐허화되는 환란의 시기가 올 것이다.

성서의 [누가복음] 21장:25~28절에 기록돼 있듯이, 예수님은 자기가 다시 올 때에 관해 다음과 같이 말씀하셨다.

"그 때가 되면 해와 달과 별에 징조가 나타날 것이다. 지상에서는 사납게 날뛰는 바다 물결에 놀라 모든 민족들이 불안에 떨 것이며, 사람들은 세상에 닥쳐 올 무서운 일을 내다보며 공포에 떨다가 기절하고 말 것이다. 모든 천체가 흔들릴 것이기 때문이다. 그러나 그 때에 사람들은 인자(人子)가 구름을 타고 권능을 떨치며 영광에 싸여 오는 것을 볼 것이다. 이러한 일들이 일어나기 시작하거든 몸을 일으켜 머리를 들어라. 너희가 구원받을 때가 가까이 온 것이다."

1945년의 원폭투하 이래, 세계는 핵폭탄의 폭발 실험에 의해 발생하는 불기둥과 버섯구름이 솟아오르는 광경을 목격해 왔다. 성서에 나오는 히브리의 예언자 요엘(Joel)은 이러한 모든 것들이 세상의 마지막 날에 대한 징조들이라고 말했다.

우리가 이미 명백히 보아왔듯이 지진은 단지 과학자들이 장차 발생할 것으로 믿고 있는 격렬한 환경변화의 한 부분이 될 것이다. 하지만 지진들은 성서적인 관점에서 보자면 아마도 가장 중요한 의미를 갖는다고 할 수 있는데, 왜냐하면 지진은 언제나 하느님이 인류와의 관계에 있어서 자신의 섭리와 결정을 인간에게 나타내는 전조이기 때문이다.

대홍수에는 반드시 거대한 지진들이 같이 결부되어 있다. 〈창세기〉 7:11에도 "노아가 육백 살이 되던 해의 둘째 달, 그 달 열이렛날, 바로 그날에 땅 속 깊은 곳에서 샘들이 터지고…"라는 구절이 있다. 하느님께서 바벨탑이 세워졌던 시대에 나라들을 뿔뿔이 갈라놓았던 그 당시에는 또 다른 대지진들이 있었음이 틀림없다. 하느님은 종족과 언어, 그리고 문화에 의해 국가들을 분할했고, 또한 산맥과 강, 바다, 사막들에 의해서도 인간들을 분리시켜 놓았다.

과학자들은 오늘날 지구상의 모든 대륙들이 원래는 하나로 연결된 거대한 땅덩어리 형태였으나 모종의 변동이 일어나 그것이 부분들로 쪼개졌고 따로따로 이리저리 표류하게 되었음을 밝혀냈다. 예를 들자면, 남미의 동쪽 해안지대의 지형은 하나의 퍼즐 조각 맞추는 것처럼 아프리카 서쪽 해안지대에 꼭 들어맞는다. 그리고 만약 여러분이 세계전역에 분포돼 있는 단층선에 관계된 지진 발생 지점을 표기한 지도를 살펴본다면, 그 지점들이 대개 각 대륙들의 해안선을 따라 분포돼 있음을 알 수 있다. 아울러 그 지도는 대지진이 대륙들과 섬들을 쉽게 분리시킬 수 있다는 것을 보여주고 있다.

- 제2부 -

인류에게 전하는 발 토오
사령관의 메시지

1.우주인 발 토오의 메시지(Ⅰ)

- UN의 비공개 회의에서 행한 연설 -

※다음의 내용은 다른 행성으로부터 지구를 방문한 존재인 발리언트 토오(Valiant Thor)가 언급한 보고내용이다. 그리고 이 증언은 지구인 전체의 공익을 위해 말해진 것이다.[15)

만약 당신이 이 이야기가 실제로 일어난 사건이라고 순수하게 믿는다면, 그때 이것은 진실이다. 하지만 혹시라도 이것이 실제의 일이 아니라고 생각된다면, 그때는 그냥 하나의 소설처럼 여겨도 무방하다. 발리언트는 UN(국제연합)의 비공개 회의에서 한 특별한 그룹을 상대로 이 연설을 했다.

그의 지구방문에 대한 비상 보안조치로 인해서 이 모임에는 국내 및 국제적인 보도매체들의 관여가 일체 배제될 수밖에 없었다. 그는 자신의 뜻에 의해서 자발적으로 나타났으며, 사실 그가 이 회의의 개최를 요청했던 것이다.

제 이름은 발리언트 토오라고 합니다. 저는 여러분이 금성이라고 부르는 행성의 주민입니다. 그곳은 여러분이 살고 있는 이 지구와 크게 다르지 않으며, 우리는 대홍수 이전에 지구에 있었던 것과 같은 순수한 대기를 그대로 향유하고 있습니다.

저는 이 지구 행성에 대한 특수한 임무를 가지고 있습니다. 지구에서 활동하고 있는 우리들의 숫자는 70명이 좀 넘으며, 우리와 함께 일하고 있는 얼마간의 지구의 친구들도 존재하고 있습니다. 그리고 그들의 신변보호를 위해 그 사람들의 이름과 기타 모든 것은 모두 가명(假名)으로 하거나 바꾸었습니다. 또한

---

15)사실 이 내용들은 1967년도에 처음 출판된 이 책(Stranger at The Pentagon)의 초판본에 실려 있던 부분이다. 1972년도의 3판까지도 그대로 실려 있었는데 그 이후 출판된 책 내용에서는 빠져 있었다. 아마도 그 이후 스트랜지스 박사가 이 부분의 내용을 토대로 좀 더 추가 보완하여 앞의 1부 내용을 집필했던 것으로 보인다. 전체 내용을 이해하는 데 도움이 되는 자료이기에 그대로 소개한다. 하지만 아무래도 1부 내용과 중복되는 부분들이 좀 있는데, 발 토오가 아이젠하워 대통령을 만나는 부분을 비롯 몇 가지 내용이 중복되고 있다. 그러나 이 내용은 스트랜지스의 객관적 서술이 아닌 발 토오 자신의 직접적인 구술 메시지라는 점이 독특하며, 금성인들의 지구에 대한 전반적인 활동을 파악하는 데 유용한 자료이다. (역자 주)

나는 여러분이 UFO 또는 비행접시(Flying Saucer)라고 부르는 것과 직접 연관된 지구에서 일어났던 몇 가지 사건과 관련이 있습니다. 그 각각의 사건들에 관계했던 사람들 역시 신변보호를 위해서 이름을 가명으로 했는데, 그것은 아무 죄도 없는 사람들을 예사로 비참한 희생자로 만드는 것을 즐기는 사악한 인간들에 대비하기 위해서였습니다.

(이때 회의에 참석했던 UN의 대의원들은 두려움이 섞인 순수한 분노로 어리벙벙해 있었다.)

하지만 계속 하겠습니다. 여러분의 개인적인 반응을 관찰하는 것은 우리에게 흥미로운 일입니다. 계속 이어지는 다음의 내용들은 최소한 지식과 지혜, 그리고 무엇보다도 사리를 분별할 수 있는 이들에게는 보다 많은 것을 드러내 줄 것입니다. 이런 친구들에게 신(神)의 은총이 있기를 기원합니다. 그리고 다른 모든 이들에게도 신의 도움이 있기를 빕니다.

1.최초의 지구 방문 - 문명이 싹트기 이전의 고대 원시 시대

우리는 기대감을 안고 지구를 정찰하려는 목적으로 지구에 접근했습니다. 비록 우리의 효능 높은 탐지장치가 지구에 생명이 존속할 가능성이 낮다고 나타내 주긴 했지만, 우리는 이 행성에 뭔가 뜻밖의 것이 있을 거라는 말을 들었기 때문이었습니다.

우리가 두터운 구름으로 뒤덮인 대기권을 뚫고 들어갔을 때, 아니나 다를까 기대한대로 여기저기로 뛰어다니며 위로 손가락질 하는 살아 있는 생물체들을 볼 수가 있었습니다. 우리가 탄 우주선이 좀 더 낮게 하강하자, 이 벌거벗은 털투성이의 존재들로부터 우리를 향해 돌덩이가 날라 왔습니다. 따라서 우리는 불의의 사고를 예방하고자 재빨리 그곳을 벗어났습니다.

당시 우리의 지구 정찰탐사 여행은 성공적이었습니다. 우리의 우주선 빅터-1호는 서서히 겉보기에는 밑이 보이지 않는 관목들로 뒤덮인 푸른 녹색지역과 파랗고 초록빛을 띤 바다, 높은 산맥들, 그리고 수마일의 초원(草原)으로 보이는 곳 등의 주변을 비행했습니다. 그 결과 한 군데 지역(※우리의 지도에는 〈H-1〉이라고 표시돼 있음)에만 우리가 인간이라고 알고 있는 생물체들이 거주하고 있음이 확인되었습니다.

우리와 동일한 태양으로부터 따뜻하고 빛나는 햇볕을 받고 있는 이 3번째 행성은 장차 우리가 빈번하게 방문하기로 돼있었습니다. 그리고 우리가 고향으로 귀환하자, 우리는 상부로부터 우리가 "트리오스(Trios)" 라고 부르는 이 지구를 계속 "관찰" 하라는 임무를 부여받았습니다.

2.두 번째 지구방문

우리가 두 번째로 지구를 방문할 때 우리는 인간과 접촉하지 말고 단지 관찰만 하라는 지시를 받았습니다. 우리는 트리오스의 〈H-1〉이라고 표시해둔 지역을 잘 알고 있었으므로 먼저 그곳으로 곧바로 가기로 했고, 우리가 그 개간지 지역을 찾아냈을 때 어떤 변화가 있었음이 금방 드러났습니다. 나의 1등 자기(磁氣) 조종 승무원은 당시 내게 말했습니다. "발리언트! 인간들이 이제는 동굴에서 나와 진흙과 나뭇잎, 나뭇가지들을 가지고 오두막집을 지었군요."

우리는 좀 더 가까이 내려가서 관찰했습니다. 우리가 지상 가까이 내려가자 여성들은 서둘러 아이들의 손을 꼭 움켜쥐고 있었고 동물들은 뿔뿔이 흩어지고 있었지만 남성들은 활과 화살, 창을 들고 단호히 서 있었습니다. 그들은 그런 무기들을 가지고 계속해서 우리에게 공격을 해왔습니다. 하지만 물론 그런 것들은 우리에게까지 미칠 수가 없었고, 우리 우주선은 아무런 영향도 받지 않았습니다.

우리의 탐색 조종 승무원인 필로(Filo)는 인간들의 모습이 우리와 거의 비슷하다는 사실을 지적했습니다. 그들은 또한 이번에는 벌거숭이가 아니라 동물의 가죽을 벗겨 몸에 두르고 있었습니다. 우리의 '텍스토(TAXTO)' 장치를 다루고 있는 영상담당자는 저항하는 듯한 뜻 모를 말처럼 들리는 그들의 소리와 장면을 우리에게 보여주었습니다.

금성으로 돌아가는 여행 도중에(※지구시간으로 당시 12시간이 소요되었음) 우리는 인간이 어떤 외부세력에 대항해 스스로를 보호하기 위해 나타내는 태도와 반응에 관해 토의했습니다. 우리는 또한 우리가 지난번에 방문한 이후로 그들이 이룩한 발전에 대해 경탄하지 않을 수 없었습니다. 금성에 도착한 후 금성의 중앙통제본부는 우리의 보고를 호기심어린 기대감으로 받아들였습니다.

3.세 번째 방문

이제 우리는 탐지장치를 통해서 우리가 목표지점에 도착하기 훨씬 전에 그 위치를 정확하게 나타낼 수가 있었습니다. 계속해서 인류가 발전해 가는 뚜렷한 움직임과 징후들이 보였고, 문명의 증거까지도 목격할 수가 있었습니다. 이것은 우리에게 대단히 고무적이었습니다.

우리는 〈H-1〉 지역을 낮게 선회해 보았는데, 뜻밖에도 전쟁이 일어난 상황을 보고 크게 놀라고 말았습니다. 언덕의 한편에는 검은 피부색을 한 남자들이 머리띠에 깃털을 꽂고 있었고, 반대편의 상대방은 완벽하게 의복을 입고 있는 상태였습니다.

우리의 출현은 대치하고 있던 양측의 군대를 깜짝 놀라게 했음이 분명합니다. 갑자기 양쪽의 군사들은 하늘을 향해 창을 던지고 무엇인가를 쏘면서 달아나기 시작했습니다.

그 때 검은 구름이 몰려왔습니다. 그런데 우리의 감지기(Sensor)는 우리를 향해 발사된 것이 금속의 탄환이었음을 탐지해 냈습니다. 이것은 전혀 새로운 것이었지요. 우리의 해석 장치인 텍스토(TAXTO)는 그들이 이제는 "총"이라고 부르는 무기를 가지고 있음을 알려주었는데, 그것은 또한 인디언들이 "천둥 막대기"라고 부르는 것이었습니다.

우리는 그 전쟁이 땅의 소유권 때문에 일어난 것임을 파악할 수 있었습니다. 그들은 양쪽이 서로 갖고자 바라는 것들이 너무 많았습니다. 〈H-1〉 지역을 떠난 후에 지구 주변을 면밀하게 살펴본 결과, 그 이후의 방문 때와 마찬가지로 많은 변화들이 있음이 드러났습니다.

모든 정황 증거로 미루어 볼 때, 지구인은 시초부터 매우 호전적(好戰的)인 종족이라는 사실이 명백했습니다. 우리의 공중 관측 임무가 완수되자, 우리는 고향으로 돌아 왔습니다.

4. 네 번째 방문

우리의 컴퓨터는 나중에 대포발사로 밝혀진 보고들을 기록했습니다. 우리는 믿어지지 않는 눈으로 군인들이 서로 대치하여 도열해 있는 광경을 보았는데, 나중에 알게 된 바로는 일종의 내전(內戰) 상황이었습니다.

고독해 보이는 턱수염을 기른 남성이 고개를 숙인 채 혼자 앉아 있었습니다. 그 모습이 이상해 보였지만 … 우리의 탐지장치는 그가 혼자 중얼거리고 있는 말들을 포착하여 해석해 냈는데, 그것은 "경애하는 신(神)이시여! 이 피비린내 나는 전투에서 우리를 구해주시옵소서!"라는 내용이었습니다. 그의 독백의 나머지 부분과 상황이 우리의 기계장치로 입력되고 중앙관제실로 전송되는 동안, 우리는 이 시기가 지구의 역사상 하나의 중요한 시점임을 알게 되었습니다.

그런데 갑자기 울리는 요란한 경보음(警報音)이 우리의 신경을 곤두 세웠습니다. 이것은 우리 우주선 주위의 역장(力場)이 대포로부터 발사된 포탄에 명중된 것이었습니다. 이런 일이 발생했을 때 우리는 지상에 매우 가까이 근접해 있었는데, 하지만

우주선 주위에 둘러쳐진 역장은 그런 발포에 의한 충격을 간단히 무효화시킬 수 있도록 설정돼 있었습니다.

우리가 출현함으로 인해 그들의 두려움 섞인 분노가 촉발되었음을 우리는 금방 알아차렸습니다. 이런 상황은 텍스토(TAXTO) 장치로 입력되어 해석됨으로써 우리의 담당 승무원이 중앙통제본부에 제출하는 보고서의 일부로 작성되었습니다.

우리는 금성으로 돌아와 환영받았고, 중앙통제본부의 사무실로 안내되었습니다. 그리고 우리의 보고가 받아들여졌으며 즉시 중앙통제위원회의 특별 회의가 소집되었습니다. 우리는 위원들로부터 우리가 목격했던 지구의 존재들에 관해 상세한 질문을 받았습니다. 중앙통제본부의 권고에 의해 다음과 같은 사항이 결정되었습니다. 즉 우리 승무원들은 전보조치 없이 그대로 남게 되었고, 또 우리가 다시 지구로 돌아가는 것이 지구 문명의 여러 다른 측면들을 탐사하는데 도움이 될 거라는 거였습니다.

그리고 다음번의 탐사여행 계획은 우리 모두가 지구상에 결정적인 여건이 조성되었음을 충분히 깨달았을 때 중앙통제본부에 의해서 정해질 것이었습니다.

5.다섯 번째 지구방문

우리의 항로 도표는 우리가 지구의 대기권에 진입했고, 지구의 지도상에 〈워싱턴(Washington)〉이라 부르는 지역을 향하고 있음을 나타내 주었습니다. 그때 우주선 내의 텍스토(TAXTO) 뿐만이 아니라 탐지기도 가동되어 대기중의 소리들을 포착해 번역해내기 시작했습니다. 그런데 당황스럽게도 우리는 미합중국의 대통령인 아브라함 링컨이 사망했다는 사실을 알게 되었습니다. 아울러 우리는 어떤 연극배우가 사악한 세력들의 사주를 받아 (정치-종교적 시스템에 의해) 링컨 대통령을 암살하라는 명령을 받았다는 것도 깨닫게 되었습니다. 우리의 컴퓨터는 장차 미래에도 또 다른 유사한 음모가 일어나 수많은 혼란을 유발하리라는 것을 예측해 주었습니다. 그리고 그 양상은 다르게 전개되리라는 것이었습니다.

우리의 우주선은 내전(內戰)으로 인해 생명과 재산상의 큰 손실을 입고 있는 지역 주위를 선회하였습니다. 이 시기 동안에 우리의 비행모습은 수많은 지구인들에 의해서 목격되었습니다. 그리고 이런 사람들 가운데 많은 이들이 자신들이 목격한 것을 남에게 말할 경우 혹시 비웃음을 당하지 않을까하는 두려움 때문에 침묵한다는 사실을 알아차리게 된 것은 흥미로웠습니다.

군부(軍部)에서는 많은 목격자들이 닫힌 문 뒤에서는 UFO에 대해 진지하게 토론하고 있음에도 불구하고 우리의 존재를 부정했습니다. 그때 우리는 지구라는 행성이 아직은 심각한 어둠과 불확실한 시대의 한가운데 있다고 결론지었고, 우리의 우주선을 돌려 금성으로 향했습니다.

6.여섯 번째 지구 방문

지구상의 역(歷)으로 서기 1945년, 우리는 유성이 포탄처럼 쏟아지는 구역을 통과하고 있었습니다. 그런데 우리의 우주선이 지구 대기권의 외곽 주변에 접근했을 때, 우리는 멀리 지상에서 버섯모양의 구름이 솟아오르는 광경을 보고는 아연실색하지 않을 수 없었습니다. 비록 우리들은 그 구름이 발생한 곳으로부터 약 반 마일 정도밖에 떨어지지 않은 가까운 거리에 있었지만, 그 폭발의 열이나 방사선에 의해 영향 받지는 않았습니다.

우리가 지표면을 탐색한 결과 원자폭탄의 폭발로 인해 약 8만 명 이상의 희생자들이 죽음을 당했다는 사실에 소름이 끼쳤으며, 방사능 후유증 때문에 가난한 사람들의 고통스런 삶이 결코 다시 원상회복 되지는 못할 거라는 사실을 알았습니다.

그 결과 금성중앙통제본부에 즉각적인 보고가 올라갔고, 신속히 100대의 우주선 함대가 파견되어 지구를 완전히 에워싼 채로 지속적으로 경계해야할 필요성이 제기 되었습니다.

그해에 우리 우주선은 새로운 제트 전투기 뿐만이 아니라 프로펠러 추진 비행기들에 의해 피격당하는 일이 계속 이어졌습니다. 또한 우리는 여러 국가들에 의해 발사된 유인 로켓들에 의해 목격되고, 보고되었습니다.

당시 미국의 중서부 주(州) 지역에서는 어떤 용감하지만 어리석은 한 비행기 조종사가 우리 모선 중의 한 대를 향해 거의 충돌할 정도로 무모하게 돌진해 온 사건이 있었습니다. 우주선

UFO를 추적하고 있는 헬리콥터

의 그들은 그가 생명을 잃게 되는 상황을 원치 않았기 때문에, 그의 비행기가 날아온 방향의 모선 옆쪽 문을 비물질화시켜 그가 우주선 안으로 똑바로 비행할 수 있도록 허용해 주었습니다. 물론 그들은 갑작스럽게 모선 안으로 들어와 정지하게 된 그 비행기를 콘트롤하여 인계 받았습니다. 그런데 비행기 조종사는 그만 기절해 있었습니다. 그는 나중에 의식을 회복한 후에 우리에 관해 여러 가지 진실을 알게 되었고, 그 결과 그는 지구로 다시 돌아가는 것을 완전히 거부하게 되었습니다. 결국 오늘날 그는 모선에서 지구인과 지구인의 삶의 방식에 관해 강의하는 가장 훌륭한 교관중의 한 사람이 돼 있습니다.

이 때 케이프 커내버럴(Cape Canaveral)16)이라고 표기된 지역으로부터 강력한 미사일(로켓) 한 대가 발사되었습니다. 우주탐사가 면밀하게 실행되었고, 지구에서 쏘아올린 위성들이 실험되었습니다.

어떤 경우에는 한 국가의 우주정거장 캡슐 안에 수많은 죽은 시체들이 들어있는 채 지구 주위를 공전하고 있었는데, 이것은 그들의 전적인 인명 경시 풍조를 여지없이 드러내 보여주고 있었습니다.

그 후 우리는 금성의 고위 사령부 앞으로 출두하라는 명령을 받게 되었습니다. 그 모임의 성격만큼 나는 약간 긴장한 채로 지구에서의 상황과 지구인들에 대해 관찰한 바를 보고했습니다.

전쟁의 역사, 불행, 힘든 노역, 적은 보수, 지켜지지 않는 약속, 질병과 고통, 죽음 등으로 인해 지구의 주민들은 도움을 필요로 하였습니다. 이러한 도움이 전능하신 창조주에 의해서 인류에게 베풀어져 왔는데, 그분은 지구에 왔던 많은 빛의 스승들과 자신의 아들인 예수 그리스도를 통해서 그것을 드러내셨고,

---

16) 미국 플로리다 반도 동쪽 연안에 튀어나와 있는 곳. 미 항공 우주국 기지이며, 미사일 실험장, 우주선과 인공위성 로켓 발사장으로 유명하다. 1986년에는 여기서 발사된 우주왕복선 챌린저호 등이 공중에서 폭발하기도 했다.

예수는 자신의 생명을 주었습니다. 그럼에도 그는 인류에게 거부당했고, 조롱 속에서 잘못 죄를 뒤집어썼으며, 불법적인 재판을 받아 불확실한 죄명으로 유죄판결을 받았습니다. 그리고 온갖 욕설을 당하며 십자가에 못 박혔습니다. 하지만 3일 후 그는 죽음으로부터 딛고 일어나 자신의 부활을 입증했습니다.

그렇습니다. 그는 대다수의 인간들로부터 거부당했습니다. 그의 말씀인 성서는 대중적인 서적이긴 하지만 주목받지 못했습니다.

나는 금성의 고위위원회에다 먼저 미합중국의 지도자들과 물리적으로 접촉하는 해결방법을 건의했고, 그 다음에 다른 나라의 지도자들과 만나는 것이 어떻겠냐고 보고했습니다. 우리는 우리의 뜻을 지구상의 그들에게 강요할 수는 없었지만 권고할 수는 있었습니다.

더 나아가 나는 우리의 물리적 실존에 대한 인간들의 어떤 의심을 불식시키기 위해 미국의 수도 상공에서 전시(展示) 비행을 실행하는 것이 효과적일 거라고 상부에다 건의했습니다.(※이것은 나중에 미(美) 연방 정부가 당황할 정도의 규모로 실제 단행되었다)

고위위원회에서는 나의 이러한 건의 사항들을 승인했고, 그 계획에 관한 일체의 문제를 나의 직접적인 지휘 하에 일임하였습니다. 워싱턴 상공에서의 전시 비행 직후, 내가 해야 할 첫 번째 작업은 향후 내 임무를 도와줄 70명의 금성인 남,녀를 지명하는 것이었습니다.

7.지구로 파견되는 요원들의 임무

지구로 파견되는 우리의 특별한 임무를 축하하는 기념 환송 행사가 거행되는 동안 모선(母船)은 이착륙 구역에 대기하고 있었습니다. 나는 종종 인류가 우리가 행하는 임무에 관해 어떻게 평가할까하고 생각해 보고는 합니다. 금성의 〈고위위원회〉에서 울려 퍼지던 기도의 말씀들이 가끔 내 귀에서 마치 실제처럼 들려오곤 했는데, 이런 일은 내가 미국의 수도에 있는 국방성에서 보낸 3년 6개월 동안에 여러 번 있었습니다. 그것은 다음과 같은 내용이었습니다.

"오! 존엄하신 우주의 성스러운 창조주시여! 우리가 당신에게 기원하고 간청하오니, 우리가 빗나간 당신의 자녀들이 다시 당신의 섭리에 대한 온전한 지식과 깨달음으로 돌아 서도록 돕고자 노력할 때, 부디 우리의 행위를 인도해 주옵시고 우리의 생각을 이끌어 주시옵소서!

또한 우리의 형제인 발리언트가 장차 태양계 제3행성인 지구에 가서 접촉하게 될 이들을 현명하게 선택할 수 있도록 그를 인도해 주시옵소서. 우리는 궁극적으로 지상에서 신(神)의 뜻이 실현되고 당신의 왕국이 건설될 것임을 믿어 의심치 않나이다. 감사합니다. 신성한 창조주시여! 아멘"

8.일곱 번째 지구 방문

우리는 우주선의 보호 역장(力場) 덕분에 아무런 영향도 받지 않고 지구를 둘러싼 방사능대를 미끄러지듯이 통과해 지구의 대기권으로 진입했습니다. 우리가 미 켄터키 주(州)의 고드맨 (Godman)라고 부르는 지역 상공에 정지해 있을 때, 우리는 인간들이 그처럼 짧은 기간 동안에 이룩해 놓은 발전상을 목격하고 나서 놀라지 않을 수 없었습니다. 그때는 지구의 날짜로 1948년, 1월 7일이었습니다.

비행기는 군사적 목적으로 뿐만이 아니라 민간용으로도 활용되고 있었습니다. 그리고 자동차와 기차, 증기선, 전기의 개발은 인류의 연구와 발전을 위한 새로운 기회들을 열어주었습니다. 라디오는 자유롭게 사용되었고, TV는 그때 실험단계에 있었습니다.

우리가 지구의 라디오 전파를 잡아 수신했을 때, 우리는 미국의 군당국자들이 하늘에 뭔가 이상한 물체가 떠 있다는 경찰로부터의 보고가 있었다고 방송을 하고 있음을 알았습니다.

1948년 <만텔 대위 사건> 발생하다

포트 녹스(Fort Knox)로부터 90마일 거리인 매디슨빌
(Madisonville)이라고 부르는 마을에서는 수백 명의 지구 주민들
이 흥분해서 우리의 우주선을 목격했다고 신고하고 군(軍)에다
조사를 요청했습니다. 그러자 갑자기 프로펠러에 의해 추진되는
3대의 전투기가 우리를 향해 날아오는 것을 목격하게 되었습니
다. 그런데 그 비행기들 중에 2대는 얼마 되지 않아 연료부족으
로 우리를 추적하는 일을 포기하지 않을 수가 없었습니다. 하지
만 나머지 1대는 용감하게도 우리를 따라잡기 위한 시도를 계
속했습니다.

우리가 우주선 창문의 차단막을 없애자 그는 우리를 직접 볼
수가 있었고 우리는 그의 무선통신 내용을 들을 수가 있었는데,
그는 우리 우주선의 모습을 묘사해서 보고하려고 애쓰고 있었
습니다. 그런데 우리는 그의 비행기내의 산소공급이 거의 고갈
돼가고 있음을 알아차렸습니다. 그는 커다란 위험에 처해 있었
고, 우리는 그 결과가 어떻게 되리라는 것을 잘 알고 있었습니
다.

따라서 나는 우주선 사령관으로서 그
의 생명을 구하기 위한 즉각적인 조치에
들어갔습니다. 나는 그의 비행기를 즉시
생명의 빛으로 감싸라는 명령을 내렸습
니다. 우리 우주선의 반발력은 그의 비행
기를 위에서 바로 고정시킬 수 있도록
다른 상태로 전환되었습니다. 우리는 그
의 무선통신 주파수를 잡아 그의 통신내
용을 들어 보았는데, 그것은 다음과 같았
습니다.

우주인들에 의해 구조된
만텔 대위(편대장)

"그 물체는 엄청나게 큰 규모이고 금속으로 이루어진 것처럼 보인다. 그것은 이제 나와 비슷한 시간당 360마일의 속도로 상승해 전방을 향하고 있다. 나는 고도를 2만 피트로 높일 것이다. 아! 우주선의 창문이 보인다 …"

그러고 나서 바로 그는 의식을 잃고 말았습니다. 우리는 순식간에 그의 몸을 우리 우주선으로 이동시켜 탑승시켰습니다. 이것은 우리가 지구인들의 문제에 직접 관여하게 된 최초의 일이었습니다. 이윽고 우리 우주선의 반발력이 해제되자, 그의 비행기는 곧바로 지상을 향해 수직으로 떨어지더니 공터에 추락해 산산조각 나고 말았습니다. 비행기가 완전히 파괴됨과 동시에 폭발이 일어나 불길이 하늘을 향해 치솟았습니다.

그런데 미 공군 당국에서 나온 이 사건에 대한 논평은 아주 재미있었습니다. 그들은 발표하기를, 이 용감한 조종사가 금성(金星)을 비행체로 오인해 추적하다가 죽음을 당했다고 하였습니다. 그리고 그들은 결코 그 조종사의 시신을 발견하지 못했다는 사실을 솔직하게 인정하지 않았습니다.[17]

---

17)이 사건은 미국의 UFO 사건 연대기에 있어서 〈만텔 대위 사건〉으로 기록돼 있는 아주 유명한 사건이다. 사건의 발단은 1948년 1월 7일 오후 1시 30분 경 켄터키 주(州)의 루이즈빌에서 시작되었다. 많은 주민들에 의해 UFO가 목격되어 주 경찰서에 신고가 들어갔고, 켄터키 주 경찰은 이 사실을 인근의 포트 녹스 헌병대에다 보고했다. 여기서 다시 포트 녹스에 있던 〈고드맨(Godman) 공군기지〉의 책임자에게로 보고가 올라갔는데, 그는 기지 관제탑 근무자로 하여금 그 지역 상공에 비행 중인 항공기가 없는지 확인해 보라고 지시했다. 따라서 마침 인근을 비행 중이던 4대의 F-51기로 하여금 보고된 이상한 물체를 조사해 달라는 교신이 이루어지게 되었다. 그리고 이 비행편대의 편대장이 바로 토마스 F. 만텔(Thomas Mantell) 대위였다.

당시 4대의 비행기 가운데 1대는 연료부족으로 대기를 요청한 관계로 3대의 비행기만이 고드맨 공군기지 관제탑의 지시대로 기수를 남으로 돌려 UFO를 추적하기 시작했다. 곧 만텔 대위의 다음과 같은 목격 보고 목소리가 무선을 통해 관제탑에 전달되었다. "물체가 전방 상공에 비행하고 있는 것이 보인다. 우리의 항속의 절반 속도로 날고 있다. 자세히 확인하기 위해 좀 더 접근해 보겠다." 그리고 그 모양을 설명해 달라는 관제탑의 질문에 만텔은 이렇게 답했다. "그것은 엄청난 크기의 금속성 물체로 보인다. 바로 전방 상공에 있다." 나머지 2대의 비행기 조종사 들은 15,000피트까지 상승한 후 자기들이 산소공급 장치를 지니고 있지 않음을 인식하고 기지로 귀환하기로 결정했다. 하지만 만텔 대위는 오후 3시 10분경 산소장비도 없이 혼자 계속 UFO를 추적하기로 결정하고 "그 물체는 내 위에 있다. 나는 계속해서 2만 피트로 상승중이다."라고 마지막 보고를 했고, 그 후 약 몇 분 만에 교신은 끊겨 버렸다. 3시 15분쯤에는 UFO도 비행기도 아무 것도 보이

만텔 대위가 당시 UFO를 추적하던 기종과 같은 F-51기

하버드 대학 교수인 D. H 멘젤(Menzel) 박사는 그 F-51기가 사실상 태양과 유사한 커다란 발광체를 추적했다고 보고했습니다. 하지만 군당국자들 뿐만이 아니라 그 마을 사람들도 지상에서 우리 우주선을 목격한 사람들을 억지로 납득시키느라 진땀을 빼고 있었습니다.

미 공군의 제리 보그스(Jerry Boggs) 소령(※그가 금성이라는 논평을 발표했다.)은 금성이 밤하늘에 하찮은 작은 빛처럼 나타난다는 사실을 무시했습니다. 게다가 그것은 우리 모선만큼 크지가 않으며, 그 사건이 발생한 시간은 대낮인 오후 3시 35분경이었던 것입니다.

우리는 오하이오 주 컬럼버스에 있는 록 보운(Lock boune) 공군기지에서 호출하는 다른 무선통신을 엿들었는데, 그 내용에 의하면 그들은 시간당 550마일의 속도로 우리를 추적했었다는

지가 않았다. 나중에 알려진 바에 의하면 그는 약 23,000피트까지 상승한 것으로 기록되어 있다.

곧 실종자 수색과 사건 조사가 시작되었고, 얼마 후인 3시 50분경 켄터키 주 프랭클린의 한 농장 인근에 추락한 비행기 잔해가 발견되었다. 그곳에서 그의 시신이 발견되었는지는 불확실한데, 사건 조사를 담당했던 조사관이 현장에 당도했을 때는 시신이 이미 옮겨졌는지 보이지 않았다고 보고했다. 나중에 공군당국은 어처구니가 없게도 만텔 대위가 금성을 오인하여 쫓아가다가 추락했다고 결론지어 발표했다. 그러나 당시에는 사건 현장 사진도 공개하지 않았으며, 계속 궁색한 변명으로 일관했다. (역주)

추락한 사고 비행기의 잔해

사실입니다.

이름이 필립(Phillip)인 이 비행기 조종사는 우리 우주선에 탑승하게 된 것에 관해 매우 당혹스러워 했습니다. 하지만 그는 자기의 생명을 구해 준 것에 대해 우리에게 어떻게 감사해야할지 모르겠다고 말했습니다. 우리의 고향 행성으로 귀환하는 여행은 필립 덕분에 아주 흥미롭게 보낼 수 있었습니다. 그는 분명히 천재일우의 기회를 잡은 행운아였습니다. 그는 또한 자기의 외모가 우리들과 비슷하다는 데에 기운을 얻고 고무되었습니다.(반대로 표현하면, 우리가 그와 흡사한 것이지요.)

그는 마침 고아였고 아무런 가족도 없었기 때문에 자기 스스로 "미지의 모험"이라고 부른 이런 다른 별로 여행하는 기회를 잡았던 것입니다. 금성에 도착하자 우리는 그를 중앙통제본부에 데려가 소개하였고, 거기서 그는 그가 이곳에 머물러 있기를 바라는 한은 있어도 좋다는 허락을 받았습니다. 물론 그는 금성의 대기가 기본적으로 지구와 같았기 때문에 금성에 적응하는데 별 어려움이 없었습니다.[18]

18)이 내용이 사실이라면 만텔 대위는 미 공군당국이 당시 발표한 바와는 달리 사망한 것

우리의 임무

지구에서 내가 수행해야 할 임무의 일부는 다음과 같았습니다.

(1)지구인들이 다시 창조주에게 돌아 갈 수 있도록 돕는다.

(2)그들의 모든 핵무기 비축을 무력화시키고, 핵에 의한 더 이상의 어떠한 살상도 있을 수 없게 예방한다.

(3)지상에 하느님의 왕국을 건설하기에 앞서, 신(神)에 대한 신앙심과 사랑이 깊은 과학자들과 비전문적인 정치인들로 구성된 단일의 세계정부하의 지구 통치를 촉진하고 격려한다.

여러분이 알다시피 연쇄적인 핵반응은 공기의 요소들을 분리시킴으로써 쉽게 일어날 수가 있습니다. 그렇게 될 때 지구는 파괴될 수가 있고, 따라서 많은 문제들을 일으킬 수가 있는데, 가장 중요한 문제는 우리의 태양계에 현존하는 다른 행성들과의 직접적인 관계에 있어서 불균형을 초래할 수 있다는 것입니다. 지구를 구성하고 있는 4가지 기본적인 요소는 물, 불, 공기, 흙이라는 사실을 숙고해 보시기 바랍니다. 그리고 분명치 않은 5번째 요소는 "에테르(Ether)"인데, 이것의 압력은 해발고도를 기준으로 1평방 인치당 14.69 파운드에 달합니다.

여러분이 사는 지구는 적도반경이 7,927마일에다 극지반경이 7,900마일에 이르는 회전 타원체입니다. 또한 그것은 우리 태양으로부터 3번째 행성입니다. 태양으로부터의 평균거리는 약 9,300만 마일이고, 태양 주위를 한 바퀴 도는 공전주기(또는 1태양년)는 365일 5시간 48분 46초입니다. 그리고 지구는 지축을 중심으로 회전하여 낮과 밤을 만듭니다. 유일하게 알려진 지구의 위성은 달이고, 달의 인력(引力)은 태양과 더불어 조수(潮水)의 밀물과 썰물에 영향을 미칩니다. 지구는 또한 우리 태양계에

이 아니라 현재 금성에 살아 있다는 이야기이다. 그리고 여기서 그의 이름을 필립이라고 한 것은 앞서 발 토오가 미리 언급한 대로 이 메시지 내용에 나오는 인물들의 실명(實名)을 가명(假名)으로 모두 바꾸었기 때문이다. (역자 주)

서 5번째로 큰 행성입니다.

인공위성에 대해 말하건대, 우리는 1953년 8월 14일에 여러분의 행성 주변 궤도에다 우주정거장 내지는 전지기지를 배치시켰습니다. 물론 지구상의 과학자들은 우리의 존재에 관해 인식하고 있었지만, 침묵을 지키고 있을 수밖에 없었습니다. 그러나 캘리포니아에서 발행되는 여러분의 신문중의 하나인 〈샌프란시스코 크래니컬〉지(紙)는 1966년 11월 1일자로 문명화된 세계를 향해 우리의 존재를 보도하여 폭로한 바가 있습니다.

여러분은 이것을 '위성상황보고서' 목록에다 미합중국의 레이다나 다른 탐지장치에 의해 추적된 로켓발사체, 인공위성, 우주 쓰레기들 가운데서 "미지의 물체"라고 기록된 "첫 번째"였다고 덧붙이길 원할지도 모르겠습니다. 하지만 군당국자들은 그 위성보고서에다 그 물체에 대해 올리는 것을 반대해 격렬한 논쟁을 벌였습니다. 왜냐하면 그들이 말하는 소위 비행접시 광신자들이 "미지의 물체"라는 표현을 보고 몰려와 이 물체가 바로 외계의 존재들에 의해 지구가 현재 감시받고 있다는 증거라고 주장하는 것이 두려웠기 때문입니다.

워싱턴 상공의 UFO 시위 사건의 내막

그런데 나는 여러분에게 우리의 존재를 알리기 위해서 1952년 7월 19일에 7대의 우주선으로 하여금 미국의 수도인 워싱턴의 비행금지 구역을 통과하도록 명령했습니다. 이 우주선들은 원래 1952년 5월에 인도 캘커타 부근에서 발생한 다른 행성에서 온 UFO들에 의해 BOAC사(社)의 코밋 제트기가 산산조각으로 추락된 사건 조사를 위해서 파견되었던 것이었습니다. 이 여객기 추락사건에서 43명의 사람이 사망했습니다. 그리고 영국 민간 항공성의 한 조사관은 UP 텔레타이프 통신문에서 비행기의 구조적 결함이 이와 같은 비극을 야기했다고 언급했습니다. 하지만 같은 통신문에서 그는 그 제트 여객기가 "아주 무거운

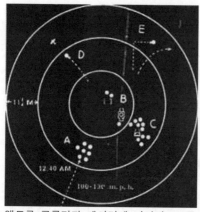

앤드루 공군기지 레이더에 나타난 UFO들

물체와 공중에서 부딪쳤다"고 말했습니다. 한편 이 사건은 또한 세상의 보도기관들이 우리 UFO의 존재에 관해 보도할 기회를 준다는 측면에서는 도움이 되었습니다.

워싱턴 상공에 우리 우주선들이 출현했을 때, 경험이 많은 3명의 레이더 조종자들은 자기들이 관찰한 바를 점검하고 또 다시 점검해 보았는데, 그것은 그들이 레이다의 스크린 위에서 몇 개의 물체를 포착했기 때문이었습니다. 그들은 보고하기를, 불과 4초 미만 사이에 우리의 우주선들의 속도가 시간당 130마일에서 500마일로 가속되었다고 언급했습니다.19)

19) 워싱턴 상공에 UFO가 나타나 시위 비행을 했던 이 사건은 1952년 7월 19일 밤에 발생했던 놀라운 사건이다. 당시 미국 전체를 떠들썩하게 만들었고 투르먼 대통령도 주목했던 중대한 이 사건은 심야에 워싱턴 공항 관제탑 레이더에 7~8개 정도의 미확인 발광체가 나타남으로써 서막이 올랐다. 이때 이 물체들은 인근의 앤드루 공군기지와 보링 공군기지 레이다에도 즉시 포착되었고, 비상이 걸린 상태에서 즉시 상부로 보고가 올라갔다.
그 당시 레이다를 주시하던 관계자들이 놀랄 수밖에 없었던 것은 이 비행체들이 시속 200km 정도의 낮은 속도로 움직이다 갑자기 12,000km로 가속하는 등 종횡무진으로 움직이며 최고의 보안구역이자 미국의 심장인 수도 워싱턴 상공을 자유로이 날아 다녔다는 사실 때문이었다. 뿐만 아니라 이들은 비행금지구역인 백악관과 국회의사당 상공까지 침범하여 시위하듯 했는데, 당연히 정부기관과 공군당국에는 시민들과 언론의 문의가 빗발치듯 했다. 곧 공군제트기 2대가 이륙하여 이 UFO들을 요격하기 위해 출격하자 이 물체들은 순식간에 사라져 버렸다. 그런데 공군기들이 허무하게 공중을 몇 바퀴 선회한 후 기지로 귀환하자마자 도깨비처럼 다시 하늘에 나타났고, 공군기가 또 다시 발진하면 사라지는 식의 숨바꼭질 같은 현상이 몇 번 반복되었다.
그리고 그로부터 1주일 지난 7월 26일 밤에도 다시 한 번 여러 대의 UFO가 워싱턴 상공을 휘저으며 워싱턴을 발칵 뒤집어 놓았다. 이번에는 공군기가 출격해도 사라지지 않았고, 그 주위를 에워싸는 등의 무력시위를 보여주는 듯하였다. 이 사건은 곧 언론에 대서특필되었고 대중과 언론의 항의와 요구에 못 이겨 군(軍) 당국의 기자회견이 열렸다. 국방성의 공군 정보국장 존 샘포드 소장의 주재로 열린 이 기자회견은 2차 대전 이후 최대의 기자회견이었다. 그러나 군당국은 공군의 레이다 전문가와 기상전문가들을 배석시켜 그들과 사전에 말을 맞춘 듯 <기온역전현상>이라는 엉뚱한 기상이론을 갖다 붙여 서둘러 사태를 마무리하려는 태도를 보였다. 이 충격적 사건은 아직도 제대로 해명되지 않은 채 수수께끼

174

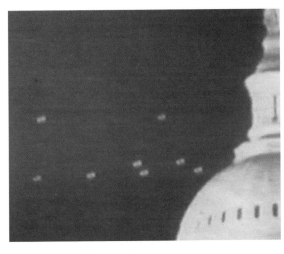

1952년 워싱턴
의 국회의사당
상공에 출몰한
UFO들

17년의 비행 경력을 지닌 어떤 주요 항공사의 조종사도 또한
그 우주선들을 목격했다고 보고한 바가 있습니다. 1952년 7월
20일에는 우리 우주선 3대가 추가로 다른 우주선들과 합류했습
니다. 물론 여러분의 미 공군에 있는 "전문가들"은 레이다에
포착된 물체들이 단지 기온역전 현상에 의해 나타난 것이라고
주장했습니다. 그들의 주장은 우리 우주선들이 예컨대 지상의
물체인 자동차나 기차 등이 반사된 것에 지나지 않는다는 것이
었지요.

그들이 최종적으로 내린 평가는 도날드 멘젤(Donald Menzel)
박사의 이론을 참고로 언급한 것이었는데, 그 이론의 의미는 이
러했습니다.

"따뜻한 공기의 층을 빛의 광선들이 통과할 때는 그 광선들

로 남아 있는 상태이다. 그런데 앞서의 <만텔대위 사건>과 더불어 미국에서 발생했던 이
러한 모든 주요 UFO 사건들이 금성인 사령관 발 토오의 지시와 관련이 있다는 것은 매우
특기할만한 것이다. (역자 주)

<워싱턴 상공에 나타났던 UFO 소동>을 보도한 당시 신문 기사

이 굴절된다. 만약 기온역전이 충분한 세기로 발생한다면, 빛의 광선들이 10~18° 정도 굴절될 수가 있다. 이것이 바로 사막의 도로나 가열된 도로 위에서 신기루가 나타날 수 있는 이유인 것이다. 빛과 마찬가지로 레이다 전파 역시 굴절되거나 반사된다."

기자회견을 주도했던 존 샘포드 소장(우)과 루펠트 대위(좌). 존 샘포드 소장은 <블루북 프로젝트>를 지휘했던 책임자였다.

그들은 1952년 7월 19일 밤에 워싱턴 상공의 실제 기온역전은 불과 화씨 1° F였다는 사실을 무시하고 언급하지 않았습니다. 그렇다면 사람들이 눈으로 보았던 목격 현상은 무엇이란 말입니까?

그러나 제가 이야기의 앞 뒤 순서를 바꿔서 말해서는 안 되겠지요. 1957년 많은 사람들이 "비행접시" 라고 부르는 나의 작은 정찰 우주선은 모선에서 발진하여 뉴저지(New Jersey)의 하이브리지(High Bridge) 북쪽에 위치한 한 개간지에 착륙했습니다. 당시 나는 이미 사전에 UFO에 대해 관심을 가진 개인들로 이루어진 어떤 집단에 의해 작은 토의 모임이 개최된다는 연락을 받았었습니다.

그리하여 3명의 우주선 승무원 멤버들과 함께 나는 그 모임에 참석했는데, 물론 우리는 미리 지구인 친구들과 비슷한 의복으로 갈아입었지요. 그 집회는 매우 흥미로웠고, 모임의 그들은 분명히 UFO에 대해 올바른 길을 걷고 있는 사람들이었습니다. 하지만 언론매체에서는 이런 사람들을 좀 이상한 부류의 인간들로 취급한다는 사실을 알고서는 몹시 낙담하지 않을 수 없었습니다. 그럼에도 이와 같은 지구 주민들이 어떤 것을 진실이라고 믿을 때, 그들은 그것을 끝까지 추구해 간다는 사실입니다. 이러한 태도는 훌륭한 것입니다!

그날 밤 나는 처음으로 지구 주민들 속에 섞여서 함께 보낸 그날 하루를 재음미해보았습니다. 나는 낮의 모임에서 어떤 호기심 많은 한 젊은 사진사가 어떻게 우리가 눈치 채지 못하게 (그는 그렇게 생각했다) 몇 장의 스냅 사진을 찍었는가를 기억해 냈습니다. 내가 그와 이야기를 나눠보고자 했을 때, 그는 나를 매우 어려워하는 기색을 보였었습니다. 그 사진사는 적절한 시기가 왔을 때 그가 찍은 사진들이 내가 지구에서 접촉하게 될 중요한 한 사람과 나를 연결시켜주는 매개체가 되리라는 것을 그 때 거의 알지 못했습니다.

장차 내가 만나게 될 이 사람은 신도 인간도 안중에도 없는 악랄한 인간들 손에 많은 고초를 겪을 사람이었습니다. 혼란만을 조성하려는 의도를 가진 인간들은 남에게 그릇된 비난을 퍼붓고 남을 짓밟고 올라섬으로써 스스로를 높이려고 시도합니다. 그러므로 우리는 친구인 여러분에게 충고하건대, 이런 이중인격을 가진 어리석은 인간들에게 지나친 관심을 보이는 것은 금물이라는 것입니다.

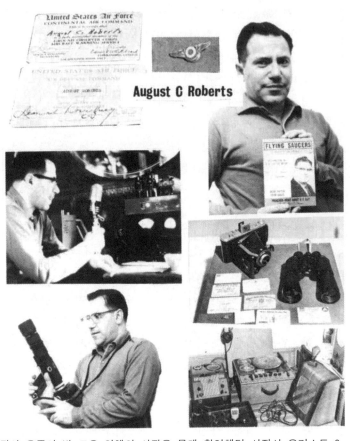

August C Roberts

당시 우주인 발 토오 일행의 사진을 몰래 촬영했던 사진사 오거스트 C. 로버츠. 그는 나중에 스트랜지스 박사와 협력하여 UFO 다큐멘타리를 제작하기도 했다.

미국 대통령을 직접 면담하다

다음 단계는 자유세계의 지도자를 물색하는 것이었습니다. 우리는 이런 책임 있는 개인과 공개적으로 접촉함으로써 이 목적을 이루기 위해 즉시 계획을 세웠습니다. 그리고 그것은 바로 미합중국의 대통령을 직접 접촉하는 것이었습니다. 나는 정찰선을 타고 다시 모선을 떠나 알렉산드리아의 시 경계 외곽 지역의 한 지점으로 하강했습니다. 우리 승무원들에 대한 어떤 위협이나 위험을 최소화하기 위해 우리는 지구의 대기권에 진입할 때 미국 정부의 레이다 시스템을 차단시켰습니다.

착륙한 정찰선에서 나온 나는 곧 총을 뽑아든 두 명의 주(州) 경찰과 맞닥뜨렸습니다. 그 때 즉시 나는 내가 전혀 해를 입히거나 위험한 사람이 아니라는 사념을 재빨리 그들에게 텔레파시로 전송함으로써 그들에게 나를 확신시켰습니다. 즉각 내가 어떤 사람임을 납득하게 된 그들은 나를 자기들의 순찰차 뒷좌석으로 안내했습니다. 그들은 신속히 워싱턴에 있는 누군가에게 무선통신으로 보고한 후, 주(州) 경계의 경찰 관할권에 관계된 모든 법률과 규정을 무시하고 달리기 시작했습니다. 그 순찰차는 주 경계선을 횡단하여 워싱턴으로 향했습니다.

국방장관은 6명의 남성과 1명의 여성으로 구성된 참모진과 함께 국방성 건물 입구에서 나를 만났습니다.

그런데 주(州) 경찰차가 국립공항 인근의 도로로 나를 호송한 만큼, 국립공원 경찰과 국립공항 경찰, 그리고 버지니아 지방 경찰, 알렉산드리아 시 경찰과 보안관, 게다가 국방성 경비 헌병까지 가세해 자기들이 나를 대통령에게로 호송할 권한이 있다고 제각기 주장했습니다. 하지만 최종적으로 나는 그들의 모든 주장을 묵살하고 공군 장교를 따라 경비 초소들을 통과해 나갔습니다.

이와 같은 일이 진행되던 시간 동안에 직경이 30피트 정도 되는 3대의 정찰선들이 사전의 나의 지시에 의해 캘리포니아에 있는 〈에드워드 공군기지〉에 착륙했습니다. 이 3대의 우주선들은 모선에 의해서 원격조종을 받고 있었습니다. 이 우주선들이 착륙한 목적은 미국 정부에 대해 우리의 기술적 우수성을 보여주고 아직도 인간의 과학은 배울 것이 많다는 점을 알려주기 위한 것이었습니다. 그리고 이 우주선들은 아직도 거기에 그대로 보존되어 있습니다. 그런데 미군 당국이 그 우주선의 입구를 열고 안으로 들어가기 위해 모든 수단을 동원해 할 수 있는 시도를 다해 보았지만 아직까지 우주선 표면에 흠집 하나 낼 수가 없었습니다. 심지어는 레이저까지 사용해 보았어도 그것은 무용지물이었던 것입니다.

워싱턴에서의 나의 존재는 분명히 그들을 진퇴양난의 난처함 속으로 몰아넣었던 것 같습니다. 나는 출입 허가서나 통행증, 비자(Visa)도 소지하지 않았으며, 게다가 그들을 더욱 당황스럽게 만든 것은 손에 지문(指紋)이 없었다는 것이었습니다.

그들의 고위관리위원회에서 있었던 나의 소개는 그들을 더욱 난감하게 만들었는데, 왜냐하면 문서에 기록된 나의 메시지가 어떤 지구상의 언어로 써있지 않았음에도 그들이 저절로 그 내용을 적절히 번역해 이해할 수 있는 불가사의한 현상이 나타났기 때문이었습니다.

나를 안내했던 공군장교인 고울드(Gould) 대위는 추가적인 지시가 있을 때까지 좀 더 기다려 달라고 내게 부탁했습니다. 그는 두 병의 담백한 버번 위스키를 벌컥벌컥 들이키며 혼자 중얼거렸습니다.

"하느님! 왜 이런 일을 좀 제가 비번인 날에 일어날 수 있게 하지 않으셨습니까?"

마침내 문이 급히 열리더니 무장한 여섯 명의 경호원들이 나타났고, 자기들을 따라 오라는 그들의 지시대로 나는 엘리베이터로 보이는 곳으로 들어섰습니다. 그것은 건물의 맨 밑의 층까지 급속도로 하강하기 시작했습니다. 철통같은 경비 아래 최대한 보안이 유지되고 있었습니다.

그 다음에 우리는 어떤 비밀의 VIP(귀빈)용 지하철에 옮겨 탔고, 그것은 빠른 속도로 국회의사당 건물로 향했습니다. 철로의 반대 편 끝에서 대기하고 있던 응접위원회 사람들은 몹시 흥분돼 있었습니다. 6명의 고위관리에다 추가로 6명의 무장 경호원,

그리고 극비정보를 다루는 3명의 군인들이 나를 미합중국 대통령의 집무실로 호위해 갔습니다.

우리가 대통령 집무실에 들어섰을 때, 나는 대통령의 얼굴에서 근심어린 표정을 읽을 수가 있었습니다. 3명의 군인들 역시도 극도로 긴장해서 신경을 곤두세운 채 불안해하고 있었지요. 우리 일행이 대통령을 향해 걸어가자, 그는 자신의 책상 뒤에서 일어섰습니다. 내가 그와 악수하기 위해 손을 내밀자 … 갑자기 3명의 군인들이 권총을 뽑아들었고, 내 손이 대통령의 손에 닿기도 전에 그것을 내 머리를 향해 겨누었습니다. 그러자 대통령은 약간 신경질적으로 그들에게 고개를 끄덕였고, 그들은 서서히 총을 내렸습니다. 자신의 책상 앞에 선채로 대통령이 먼저 입을 열었습니다.

"물론 당신은 우리가 모든 외교상의 법률 적용을 보류시켰다는 사실을 잘 아시겠지요? 당신에 대한 내 느낌은 좋습니다. 실례입니다만, 선생! 당신 이름은 무엇입니까?"

나는 응답했습니다.

"발리언트라고 합니다."

"그럼 당신은 어디에서 오셨습니까?"

"나는 여러분의 성서에서 '샛별' 또는 '저녁별'이라고 부르는 행성에서 왔습니다."

"금성 말인가요?"

"예! 그렇습니다. 각하!"

"그걸 증명할 수 있나요?"

그가 내게 물었습니다.

"어떻게 증명했으면 좋겠습니까?"

"글쎄요, 그건 나도 모르겠군요."

"저와 함께 제 우주선으로 가시겠습니까?"

이때 대통령은 기묘한 표정을 지으며 내게 응답했습니다.

"이봐요. 선생! 나는 내 마음대로 오고 갈수가 없습니다. 난 모든 걸 나 혼자 처리하는 게 아니라 늘 고려해야 할 다른 이들이 있습니다. 우리에겐 의견을 들어보아야 할 자문위원회가 있고, 또 거기에는 안전조치가 수반되어야 합니다. 이렇게 하는 게 어떨까요? 당분간 이곳에 우리와 함께 머물면서 서로에 대해 좀 더 배우고 잘 알 수 있도록 하는 게 말입니다. 멀지 않아서 … 정말 곧 우리는 다시 보게 될 것입니다."

바로 그 순간에 다른 신사 한 사람이 그 사무실 안으로 뛰어들었습니다. 알고 보니 그는 부통령이었습니다. 그는 침착한 눈을 가진 동작이 매우 기민하고 머리회전이 **빠른** 사람처럼 보였는데, 나중에 우주선의 속도와 자유자재의 비행에 놀라는 태도를 나타냈습니다. 내가 그에게 먼저 입을 열었습니다.

"제 이름은 발리언트라고 합니다."

그는 주저 없이 내게 손을 내밀면서 말했습니다.

"당신이 바로 도시 외곽의 주민들에게 소동을 일으킨 장본인이군요."

그는 웃음을 지으며 계속 말했습니다.

"물론 우리는 아직까지는 그어떤 것도 전적으로 확신하지는 않습니다. 하지만 우리는 당신이 말하고 행동하는 모든 것을 이중으로 조사하고 확인하고 있다고만 말해두지요."

리처드 닉슨: 당시 부통령이었던 그는 불과 40대 초반의 나이였다.

"알렉산드리아의 젊은 경사로부터 당신이 비행접시로 막 착륙했다고 무선으로 보고가 올라왔을 때, 우리는 그가 이성(理性)을 잃었다고 생각했습니다."

그는 계속 말을 이어 갔습니다.

"말해보십시오. 당신은 워싱턴 상공의 UFO 위에 있었습니까? 만약 그렇다면, 당신은 우리 모두를 혼란 상태에 빠뜨린 겁니다."

나는 그에게 행성 지구가 1945년의 원자폭탄 폭발 이래, 면밀한 감시상태 하에 놓여있다고 분명히 말했습니다. 내가 대통령에게 전달한 특서(特書)가 아직 약간 떨리고 있는 그의 손에 쥐어져 있는 가운데, 나는 그들로부터 비밀 경호원의 뒤를 따라 우리가 왔던 길로 되돌아가서 … 국방성에 있는 한 아름답게 치장된 아파트로 가줄 것을 요청받았습니다. 그리고 거기서 나는 향후 3년 동안 머물게 되었던 것입니다.

다행스럽게도 나는 그처럼 긴 방문체류 기간에 준비가 돼 있었습니다. 나는 그런 와중에도 모선과 계속해서 교신을 유지하고 있었습니다. 그 3년간의 기간 동안에도 나는 그 구역 안팎을 원격 공간이동에 의해 잠깐 사이에 넘나드는 일이 많았습니다. 내 승무원들 가운데 다른 이들도 나와 마찬가지였습니다. 우리는 또한 종종 "초월-심상(Trans-Imagery)" 작업을 실습했습니다. 다시 말하자면, 이것은 우리가 워싱턴의 다른 사무실들뿐만이 아니라 국방성 안팎을 드나들 때, 보안요원들의 눈에 우리의 상의(上衣) 깃에 단 실재하지 않는 I.D(신분증명) 배지에다 우리의 얼굴을 나타나게 만들었던 것이었습니다. 이 방법은 우리가 그 다음 달 안에 접촉하라고 지시받은 한 인물을 위해서도 이용되어졌습니다.

지구상의 달력으로 1959년이 빠르게 저물어가고 있었습니다. 당시 미국의 수뇌부들은 계속적인 혼란에 빠져 있었습니다. 혼란은 그저 일상적이고 다반사였습니다. 위정자들의 우유부단함이 정책의 거듭된 혼선과 연기를 불러왔습니다. 경제학자들과 산업계의 거두들은 정치인들과 군부(軍部)의 우두머리들과 연일 협의를 가졌습니다. 하지만 그들은 하려고만 한다면 그들에게 무엇이든 하게 만들 수 있는 위치에 있던 나의 존재를 받아들일 수가 없었습니다. 그리고 몇몇 과학자들은 나에게 성간여행의 비밀을 알아내려고 했으나 성공하지 못했지요.

나의 메시지가 담긴 문서를 손에 든 채 대통령은 인류를 도우려는 나의 제안이 미합중국의 경제를 뒤엎고 혼돈의 나락으로 떨어뜨릴 것이라고 언급했습니다. 요컨대, 나는 은연중에 이 행성의 주민들이 내가 제안한 조건을 수용하여 답습할 준비가 돼있지 않다는 것을 알게 되었습니다. 그럼에도 불구하고 나는 우주과학에 직접 연관된 의학 프로젝트에서 일하고 있는 다수의 과학자들을 도와달라는 그들의 초대를 받았습니다. 나는 하늘에다 폭탄을 설치하려는 그들의 어떤 프로젝트(Project) 참여 요청을 거절한 관계로 이런 프로젝트가 더 합리적이라고 생각되었습니다.

내가 우리의 제안을 가지고 미 정부의 수뇌부들을 상대로 설득하는 데 할당된 시간은 지구의 햇수로 3년으로 제한돼 있었습니다. 어쨌든 내 아파트에서 나는 우주선과 수시로 교신할 수가 있었는데, 그들은 나로 하여금 점증하는 세계적 긴장을 충분히 인식하고 있으라고 하였습니다.

이 과정에서 한편 그들은 내가 가져온 우주복을 여러모로 철저히 실험하고 있었습니다. 염산을 우주복 위에다 쏟아 부었으나 그대로 흘러내려 마룻바닥에 구멍을 내며 타버렸습니다. 지나치게 성질이 급했던 한 장교가 그 옷에다 총을 쏘아보았으나 발사된 탄환이 그 옷을 관통하는 데 실패하자 포기하고 말았지요. 그러자 원기 왕성한 한 군 대령이 급하게 나를 불러냈습니다. 나는 어떤 지하실로 안내되었는데, 거기서 내 우주복은 최종적인 시험을 받게 되었습니다.

나는 물론 그에게 미리 그 실험의 결과를 알려줄 수도 있었습니다. 결국 그들이 발사한 레이저 광선마저도 그 옷을 손상시키는 데는 무용지물이었고 모든 시도가 실패하고 말았던 것입니다.

크리스마스 주간이 다가와 있었습니다. 그런데 국방성에 근무하는 낸시 와렌(Nancy Warren)이라는 어떤 한 여성이 국방성에서 내가 하는 일을 보조하도록 지명되었습니다. 그녀는 내가 국방성에 도착한 이후 정직하고 가슴이 열려있는 사람으로 거기서 파악된 유일한 사람이었습니다. 그리고 그녀는 자신의 동료들은 물론이고 전능하신 창조주와 자신의 국가를 사랑하는 순수한 여성이었습니다. 그녀를 처음 보았을 때, 나는 그녀가 처음 태어나 숨쉬기 시작한 날부터 그 순간까지의 모든 것을 읽을 수가 있었습니다.

많은 지구인들이 겉으로는 그럴듯하게 남과 화합하는 체 하고 살고 있지만, 내면의 마음과 생각 속에서는 전혀 다르게 살고 있습니다. 겉 다르고 속 다른 이중인격성은 국가의 중추신경센터로서 역할을 하고 있는 이 국방성 내의 사람들이 삶을 사는 보편적 방식인 것으로 보였습니다.

아주 오래전 우리가 태양흑점 주변의 반암(半暗) 부분을 통과해 여행할 때 나는 언젠가 이 지구를 방문하기로 결심했었습니다. 그런데 나는 이 은하계 내의 어떤 다른 행성에서도 결코 하나의 중심 장소에 이처럼 혼란이 집중돼 있는 곳을 본 적이 없었습니다.

스트랜지스 박사를 만나다

당시 나는 어떤 한 진지한 UFO 연구가가 과학 심포지엄(Symposium)과 워싱턴에 있는 다수의 교회들에서 일련의 강연을 개최하고 있다는 말을 들었습니다. 그리하여 낸시 와렌양과의 협조 하에 그와 접촉하려는 하나의 계획이 수립되었습니다. 그리고 나는 그 사람과 다음날 만나 간단한 대화를 나눌 예정이었습니다. 그리고 이 만남에서 점차 그와의 우정이 싹틀 것이고, 이것이 향후 미래의 세상일에 큰 파급효과를 가져올 것이었습니다 그 인물이 바로 프랭크 스트랜지스 박사였습니다.[20] 와렌양은 이 특별한 밤에 스트랜지스 박사의 강연에 참석했고, 처음으로 그에게 접근하기 위한 기회를 만들었습니다. 그가 강연을 마치자 그녀는 처음으로 그에게 말을 건네기 위해 앞으로 나가서 그에게 다가갔습니다.

그런데 기묘하게도 뉴저지에 있던 그 젊은 사진사가 워싱턴에서 스트랜지스 박사의 강연이 있기 몇 달 전에 그때 찍은 나의 사진을 그에게 건네주었던 것입니다. 그리고 그는 아무 것도 모른 채 강연장에다 다른 UFO 사진들과 함께 나의 사진을 전시해 놓았던 것이었습니다. 다행히도 와렌양은 스트랜지스 박사와의 첫 만남에서 그의 신뢰를 얻게 되었고, 그녀는 다음날 아침 내가 기다리고 있는 국방성으로 그를 데리고 오기로 했습니다.

이제 여러분은 우리가 특수한 능력을 가지고 있음을 이해해야만 합니다. 다시 말하자면, 우리는 지구인들이 태어났을 때부터 현재까지 … 아니 그 이상의 전생(前生)이나 미래까지도 읽어낼 수가 있다는 사실입니다. 그리고 이러한 능력은 전능하신 창조주께서 자신의 완전한 우주법칙을 어기지 않은 존재들에게 주시는 선물인 것입니다.

스트랜지스 박사가 국방성의 보안요원들에게 의심을 받지 않고 정문을 재빨리 통과했을 때는 아침 해가 밝게 떠오르고 있었습니다. 그들은 둘 다 상의(上衣) 옷깃 위에 신분증명 배지가 물질화되어 분명히 나타나 있었습니다. 때문에 본래 국방성 출입증명 배지가 없었던 스트랜지스 박사는 와렌양을 따라 내 사무실로 오는 동안 어떻게 이런 능력이 쉽사리 가능한 것인지 놀랄 수밖에 없었습니다.

이윽고 문이 열렸고, 그는 안으로 들어서서 입구 쪽에 잠시

---

20)사실 원문에는 시그나르츠(Segnarts) 박사라고 되어 있다. 앞서 설명했듯이 이것은 신변보호를 위해 스트랜지스 박사의 이름을 가명(假名)으로 표현했기 때문이다. 다만 여기서는 읽는 독자들의 편의를 위해 그냥 원래 스트랜지스의 이름으로 번역했다. (역자 주)

서 있었습니다. 땅딸막한 몸집을 한 그는 헛기침을 하며 한 발, 한 발 안으로 몸을 옮겨 놓기 시작했습니다. 하지만 그 방에 나와 함께 있던 다른 세 사람은 전혀 그의 존재를 인식하지 못했습니다. 따라서 그들은 스트랜지스 박사를 완전히 무시했던 것입니다. 이것이 그를 또 당황스럽게 만들었던 모양입니다.

여러분은 짐작하시겠지만, 내가 그들의 마음을 차단해서 내가 스트랜지스 박사와 만나는 전체과정을 인식하지 못하는 상태로 만들었던 것입니다. 그러므로 그들은 우리가 무엇을 하든 신경 쓰지 않고 자기들이 하던 일만 계속하고 있었습니다. 스트랜지스와 대면한 나는 그의 이름을 부르며 인사를 건넸고, 따뜻한 악수를 나눴습니다.

나의 진심어린 태도가 그를 좀 놀라게 한 것 같지만, 그는 원래 이해가 빠른 사람이었습니다. 불과 30분 정도의 시간 사이에 나는 내 임무의 중요성에 관계된 충분한 정보를 그에게 설명할 수 있었습니다. 대화중에 그를 난처하게 했던 한 가지 유일한 문제는 "시기가 적절할 때"라는 나의 구두상(口頭上)의 표현이었습니다.

일련의 과학기술적인 그의 질문들이 있었고, 나는 거기에 답변해 주었습니다. 그 가운데 한 가지는 지구와 비교할 때 금성의 중력(重力)이 어느 정도인지에 대한 질문이 있었지요. 나는 그에게 금성에서는 완만한 중력 때문에 복부근육이 살집(피부)을 단단히 지탱하고 있다고 알려 주었는데, 금성의 중력은 지구보다 20/3(15%) 작습니다.

그렇지만 그 만남은 만족스러웠고 성과가 있었습니다. 그리고 내가 그에게 제공한 정보들은 나중에 오랜 기간에 걸쳐서 다른 사람들에게 전파될 수가 있었던 것입니다. 그때 나는 그와 내가 아주 장시간 대화를 나누었다는 것을 알았습니다. 그는 여기서 나갈 것이지만 … 완전히 변화된 인간이 되어 나갈 것이었습니다. 그리고 그는 이전에는 결코 생각하지 못했던 것을 실행하고 말할 것이었습니다.

내손에 지문이 없다는 사실도 그의 흥미를 끌었던 것 같습니다. 나는 그가 특별수사관으로 근무하던 시절을 그에게 상기시켰습니다. 그때 그는 사람 손가락의 마지막 마디에 새겨진 나선들의 문양(紋樣)에 관한 과학을 배웠던 것이죠. 나는 그에게 모든 지구인들은 에덴동산에서 아담이 타락한 이래, 문명의 여명기(黎明期)부터 오늘날에 이르기까지 이와 같은 표시를 손에 지니게 되었다고 알려주었습니다.

또한 나는 앞으로 그가 수행해야 할 중대한 과업에 대해 그에게 마음의 준비를 시켰습니다. 그가 향후에 걸어가야 할 길은 결코 순탄하지 않은 길이 될 것이었습니다. 거기에는 여러 가지 역경들이 도사리고 있을 것이고, 그를 좌절시키고 불신하게 만드는 조직적인 방해공작들이 시도될 것이었습니다. 하지만 때가 되면, 진리에 헌신하는 그의 수고와 노력들은 충분한 보상을 받게 될 것입니다.

우리는 예수 그리스도의 가치에 대해서 서로 논의했습니다. 그가 어떻게 자신의 생명과 삶을 아낌없이 인류에게 헌신했는지를, 그럼으로써 인간이 영원한 생명을 향유할 수 있다는 것을 이야기 나눴습니다. 그는 나에게 금성에도 성경(Bible)이 있는지에 관해서 물었지요. 나는 창조주의 섭리와 법칙을 어기지 않은 존재들에게는 인쇄된 '책자' 같은 것이 필요치 않다는 점을 그에게 납득시켜 주었습니다.

학자들이 "죽었다."고 선언한 신(神)께서는 아직도 좋은 모든 것들을 그들에게 아낌없이 베풀고 있다는 사실입니다. 아마도 적절한 때가 되면 그들도 자기들의 거친 가슴에다 다시 신성(神性)의 빛나는 불꽃을 밝히게 될 것입니다.

우리 사이의 대화는 거의 끝나가고 있었습니다. 그의 방문으로 이루어진 이 첫 번째 만남은 내게 큰 즐거움을 주었습니다. 스트랜지스 박사가 떠나기 위해 돌아 섰을 때, 나는 그의 가슴이 매우 무겁다는 것을 느꼈습니다. 하지만 또한 그는 미래에 전개될 일에 대해 크게 마음이 부풀어 있었습니다.

거부된 인류에 대한 원조 제안들

나에게 내려진 지시는 1960년 3월 16일까지는 워싱턴을 떠나라는 것이었습니다. 이것은 나에게 주어진 시간이 지구의 시간으로 3개월이 채 남지 않았다는 것을 의미했지요. 그 기간 동안에도 나는 과학자들과 많은 협의를 가졌습니다. 그러나 군부(軍部)는 물론이고 정치인들도 내가 말하는 요점을 완전히 놓치고 있었습니다. 그들은 모두 자기야심에만 가득 차 있었고, 억압받고 있는 인류 전체의 결핍된 현실에는 관심이 없었습니다.

이 지구라는 행성을 뒤덮고 괴롭히고 있는 병폐와 질병을 종식시키려는 나의 노력들은 감상적이면서도 우스꽝스러운 거절에 부딪치고 말았던 것입니다. 나는 다시 한 번 그들로부터 나의 존재가 미국의 정치 및 경제구조에 일종의 위협이 된다는 경고를 받았습니다. 또한 어떤 종교 지도자들은 우리의 존재가 공식적으로 인정될 경우, 신도들에 대한 자기들의 통제 내지는 장악력이 상실될 것을 두려워했습니다. 결국 미 행정부가 경제적인 이유 때문에 인류의 운명 행로를 바꿀 수 있는 이와 같은 기회를 붙잡는데 실패했다는 것은 매우 실망스러운 일이었습니다.

그 이후 보안 규정들은 매우 엄격하게 강화되어 집행되었습니다. 하지만 그들은 내가 내 마음대로 왔다가 돌아갔다는 사실을 알고 있으면서도 자기들의 역할을 다했다는 것만으로 희희낙락하고 있었습니다.

나는 기회가 있을 때마다 금성과 통신했습니다. 강제적 무력에 호소해서는 안 된다고 나는 금성에다 보고했기 때문에, 우리가 설득과 권유와 같은 평화적인 방법을 시도해야만 한다는 것이 분명해져가고 있었습니다. 따라서 신(神)을 공경하는 신앙심 깊은 성격의 인물과 접촉하여 대화를 해야 할 필요성이 제기되었던 것입니다.

　나와 대통령과의 마지막 만남은 어떠한 성과도 얻어내지 못했습니다. 그는 개인적으로 내가 제안한 계획을 세상에 공표하기를 바랐지만, 국방장관과 CIA(미 중앙 정보국) 국장, 군부(軍部)의 주요 수뇌부들은 대통령의 의견에 철저히 반대했습니다. 마지막으로 대통령은 UN(국제연합) 총회가 개최되기 전에 UN과 합동 회의를 가져보려고 나름대로 애써 보았습니다. 그러나 이 계획마저 역시 거절되어 수포로 돌아가고 말았습니다. 바로 이런 시점에 나는 그들에게 1966년 2월 7일까지는 UN이 우리가 사무총장에게 보내는 비망록 형태로 된 "보도자료"를 받게 될 것이라고 통고했습니다.

　그들은 밤늦도록 오랫동안 논의를 계속했습니다. 그들의 입장에서는 대중들에 대한 자기들의 통제력이 상실되는 것과 국민들의 지지를 잃어버리지 않을까하는 두려움이 그들을 괴롭히고 속 태우게 했던 것이지요. 하지만 내가 생각하는 바로는 그런 일이 발생할 근거가 없었습니다. 그러나 인간이 지금까지 지속돼온 자기의 개인적인 평화와 안정이 위협받을지도 모른다고 느낄 때의 반응은 언제나 재빨리 자기보호의 태도를 취하는 것이었습니다.

　그런데 어느 시점인가 부통령은 대통령에게 "압

국제연합(UN) 본부

력을 가하는 세력들"이 대통령으로 하여금 스스로 결정을 내리도록 내버려 둬야 한다고 주장했습니다. 하지만 그는 자신의 말을 마무리 짓기도 전에 그들로부터 거부당하고 말았습니다.

이 젊은 사람은 장차 대통령 자리에 오를 운명을 타고 났지만 그것은 먼 미래의 일이었지요. 그리고 그는 많은 낙담을 겪을 것이나 그것을 극복하고 보다 위대한 일들을 해나갈 것이었습니다.[21]

모든 정황으로 보건대, 세계의 여건은 조금도 나아질 기미가 보이지 않았습니다. 많은 국제적 압력이 미 행정부에 영향을 미치고 있었지요. 그들은 거기에 맞서서 나라는 존재가 세상에 폭로되는 것을 방지하고자 엄격한 처벌규정과 더불어 관계 법규를 강화했습니다.

어느 한 뉴스 앵커도 우연히 자신의 정보원(情報源)으로부터 나에 관한 사실을 알게 됐으나, 다름 아닌 CIA의 압력에 의해 침묵을 지킬 수밖에 없었습니다. 여러분은 이 정보기관이 UFO에 관한 모든 정보들을 부정하고 있음에도 불구하고 다른 한편으로는 우리의 존재를 실질적으로 증명할 수 있는 비밀 문서들

---

21) 리처드 닉슨[Richard M. Nixon 1913~1994]: 미국의 정치가. 캘리포니아 주(州)의 요바린다 출생. 고학으로 휘티어대학을 졸업한 뒤에 듀크 대학에서 법률을 전공하고 귀향하여 변호사 개업을 했다. 1946년 캘리포니아 주 공화당 출신 하원의원으로 당선됐다. 2기의 임기 동안 반미활동위원회에서 UN창립총회사무총장 A. 히스를 소련 스파이로 고발, 위증죄로 실각시켜 일약 유명해졌고, 1950년에는 상원의원에 당선되었다. 1953년 1월 40세의 젊은 나이로 아이젠하워 정권의 부통령으로 취임, 1956년 재선되었다. 1960년 대통령선거에 공화당 후보로 출마했으나 근소한 표차로 J. F. 케네디에게 패했고, 1962년에는 캘리포니아 주지사 선거에 출마해 패배하자 정계은퇴를 표명하고, 뉴욕에서 변호사생활을 했다. 그러나 1968년 선거에서 제37대 대통령으로 당선되어 정계에 복귀했다. 그러나 3대 공약인 월남전쟁 조기해결, 경제회복, 국내통일은 실현시키지 못했다. 한편 북폭의 강화, 기뢰봉쇄 등의 강경수단으로 베트콩과의 교섭을 진행시켜 1973년 1월 파리평화협정을 얻어냈다. 또 키신저 특별보좌관의 비밀파견 및 자신의 중국방문으로 실질적인 중국과의 국교회복을 이룩했고, 또 소련과의 데탕트를 추진했다. 1972년에는 민주당의 G. S. 맥고번 후보를 큰 표 차로 눌러 대통령에 재선되었다. 그러나 재임시의 혁혁한 외교적 업적에도 불구하고 권력유지에 집착하다 야기된 <워터게이트사건>으로 불미스럽게 1974년에 사임했다.
하지만 닉슨이 이 책에서 언급되듯이 당시 아이젠하워의 독자적 결단이 허용되어야 한다고 주장했다는 사실에서 그의 남다른 인간적 면모를 엿볼 수가 있다. (역자 주)

을 보유하고 있다는 사실을 알면 흥미로울 것입니다.

　1960년 3월 15일 아침에 나는 와렌양과 만나 장시간 대화를 가졌습니다. 그녀는 국방성 안에서 계속 일하고자 했고, 내가 워싱턴에서 계속 접촉하는 사람들 중의 일원이 되고자 했습니다. 그녀는 또한 우리를 돕는 지구 세력의 일부가 될 다른 사람들과 지속적인 연락을 취하게 될 것이었습니다.

　세상에는 아직도 인류의 자유를 억압하는 많은 적들이 존재하고 있습니다. 이런 기생충 같은 존재들은 스스로 인간세계에 암약하고 있고 우주인들의 개입에 의하지 않고는 결코 드러나지 않을 것입니다. 동시에 이 지구상에는 완벽한 원반 형태의 비행체를 제작한 세력들도 있어 세상의 혼란을 부채질하고 있습니다. 이들은 과거 정복자 행세를 했던 종족의 잔존자들로서 아직도 세상에 존재하고 있습니다. 하지만 이들이 만든 원반과 외계로부터 온 UFO 및 지구내부(지저세계)로부터 온 UFO와는 혼동돼서는 안 됩니다. 또한 "사악한 메신저들"로 간주되는 다른 별로부터 온 여행자들하고도 잘못 구분해서도 안 되는 것입니다. 그리고 그들은 스스로 타락의 길을 선택한 지구상의 저급한 세력들과 동맹을 맺은 바가 있습니다.

　우리는 내가 이곳 지구에 머무르고 있는 동안 인간세계의 많은 측면들을 탐색해 보았습니다. 우리의 계획들이 미완의 상태로 종료됨과 더불어 나는 그녀에게 잠시 작별의 인사를 고했습니다. 그날 밤 나는 금성의 중앙통제본부와 접촉했고, 나의 임무와 관계된 보고서 일체를 가지고 귀환하라는 지시를 받았습니다. 하지만 나는 잠시 동안만 지구를 떠난다는 것을 알고 있었고, 그리고 나서 곧 또 다른 나의 계획들을 실행에 옮기기 위해 지구로 돌아올 것이었습니다.

　3월 16일은 햇빛이 화창한 날씨였습니다. 나는 내 몸을 비물질화(非物質化) 시켰고, 내가 여러 가지 지상경험을 했던 그곳을 떠났습니다. 내가 공간이동을 해서 다음으로 잠시 멈춘 곳은 버지니아 주 알렉산드리아의 교외 지역이었습니다. 나의 우주선과 승무원들이 숲이 우거진 장소에 은거하여 대기하고 있던 곳은 눈이 쌓여 있었습니다. 나는 별 어려움 없이 나의 우주선 안에서 내 몸의 원자들을 결집시켜 몸을 재구성할 수가 있었습니다.

우주선이 이륙한 후 좌측 방향에서 미 공군의 제트 전투기들이 우리를 향해 전속력으로 돌진해 왔습니다. 시각차단 장치를 작동시키자 그들은 우리를 볼 수 없는 상태가 되었고, 우리 위로 날아가 버렸습니다. 지상의 레이다(Radar) 관제소 역시 우리를 놓치기는 마찬가지였습니다. 결국 다시 한 번 '혼란'이란 말이 그 날을 장식하는 어구(語句)가 되었습니다. 이 도시는 우리의 UFO로 인해 혼란의 도가니로 빠져들었던 것입니다.

잠시 깊은 명상에 잠겨 있던 나는 갑자기 모선으로부터 온 호출 메시지에 의해 깨어났습니다. 나의 원격영상장치는 내가 한 동안 개인적으로 접촉을 가지곤 했던 다수의 지구인들을 보여주었습니다.

〈빅터-1〉 우주선에 있는 다른 승무원들과 합류했을 때, 나는 스트랜지스 박사가 입 다물고 있으라는 CIA(미 중앙 정보국)의 압력에도 불구하고 나를 세상에 알리기로 결심했다는 사실을 알고서 매우 기뻤습니다.

정말 기묘하게도 나에 관한 사실을 믿을 수 없다고 주장했던 사람들은 가장 많이 두려워하던 사람들이었습니다. 다른 이들은 그들이 CIA와 접촉했었고, 그 기관의 위협에 의해 나를 부정하던 사람들이라고 추측했습니다. 이것은 매우 안타까운 일이었으며, 다시 한 번 인간의 약점과 나약함을 여실히 나타내는 것이었습니다. 그리고 스트랜지스 박사가 우리의 계획에 관해 좀 더 배우는 시간 동안에도 이와 같은 CIA의 협박은 계속 있게 될 것이었습니다. 이윽고 내가 탄 빅터-1 우주선은 금성중앙통제본부 건물 앞에 착륙했습니다. 나의 지구 방문에 관한 간단한 상황보고를 마친 후에 나는 상부로부터 우리 금성인들의 소망 사항을 지구세계에 알리기 위한 변경된 계획들을 하달 받았습니다.

어느 때나 마찬가지로 우리는 언제든 어디서든 우리가 할 수 있는 한 계속해서 인류를 돕고 있습니다. 동시에 지구가 파괴되거나 태양과의 인력(引力) 문제로 인해 공전 궤도가 이탈되는 혼란으로부터 여러분의 문명을 보호하고자 노력하고 있습니다.

나를 찾아내려고 시도를 하는 것과 같은 어리석은 짓은 하지 마십시오. 적절한 때가 오면 내가 여러분을 찾을 것입니다. 여러분의 사회 속에는 현재 우리 금성인들이 다수 섞여 있습니다. 우리는 우리 몸을 조절할 수 있기 때문에 지구상의 여러 조건들에 적응되어 있습니다. 따라서 우리는 지구상에 서식하는 대기나 세균, 바이러스 등에 영향 받지 않습니다. 우리는 또한 수많은 지구상의 주요 도시들을 오염시키고 있는 유독한 스모그(Smog)로부터도 보호되어 있습니다.

창조주의 뜻이 이루어지는 날까지 우리는 우리의 사명을 계속 수행할 것입니다. 기억하십시오. 우리는 여러분의 고용주일지도 모르며, 여러분의 성직자, 여러분의 이웃, 또는 … 여러분의 동료일지도 모릅니다. (여러분의 성서는 여러분이 하늘에서 온 사자(使者)를 알아보지 못한 채 그를 대접하지 않도록 조심하라고 경고하고 있습니다.)[22]

나는 태양으로부터 3번째 행성이자 고통 받고 있는 행성, 신(神)의 뜻에 순종치 않는 행성인 이곳 지구의 인류 가족들에게 우주의 사랑을 전하며 이 메시지를 마치고자 합니다.

- 발리언트 -

---

[22] [히브리서 13장:2절]을 의미한다. "나그네 대접을 소홀히 하지 마십시오. 어떤 이들은 나그네를 대접하다가 자기도 모르는 사이에 천사를 대접한 사람도 있었습니다."

2.우주인 발 토오의 메시지(Ⅱ)

캐나다의 브리티시 컬럼비아 살몬 암
1994, 8/22 (채널링 조지 마킨 박사)[23]

의식, 잠재의식, 무의식의 조화와 우주의식

안녕하십니까? 여러분! 나는 발 토오이고 금성에서 왔습니다.

지구인들은 현실의 3가지 주요 부분을 자기 스스로 조율하고 조화시키는 것이 매우 중요합니다. 현실에 있어서의 그 3가지 주요 부분이란 의식(意識)과 잠재의식(潛在意識), 그리고 무의식(無意識)의 마음입니다.

모든 원자, 전자, 중성자, 양자는 핵분열 및 핵융합을 통해서 끊임없이 우주를 생성하고 창조합니다. 이 특별한 현 시기에 형성된 은하계가 있습니다. 금성에 있는 우리는 이 은하계가 형성되는 모습을 상세히 관찰하고 추적할 수 있는 매우 성능이 우수한 정찰선을 보유하고 있습니다. 물론 나도 은하계가 형성되는 광경을 목격했습니다.

인간은 육체 내에 자리 잡은 의식(意識)으로 현실을 "보고" "인식"하고 있습니다. 만약 여러분이 자신이 목격한 것을 자신의 감각기능을 이용해 보고 이해했다면, 여러분은 무엇이 진행됐는가를 정확히 알 것입니다. 하지만 여러분은 육체의 형태로 물질적 행성에 태어나 있기 때문에 여러분의 마음은 상당부분이 깊이 잠겨 있습니다. 그 결과 여러분은 자신이 보는 것을 제대로 이해할 수 없고, 따라서 실재를 실상대로 이해할 수가 없습니다. 이것은 여러분이 물질계에 육신을 쓰고 태어나 있기 때문입니다. 그리고 이렇게 마음의 대부분이 수면 아래 잠겨있

---

23)캐나다의 투시능력자이자 트랜스 채널러이다. 30년 이상 형이상학과 종교철학에 대해 연구하고 가르쳐 왔고 우주인들과 많은 교신을 했다. 이에 관해 집필한 여러 저서들이 있다. (역자 주)

는 것은 물질세계에 환생했을 때의 자연적인 특성인 것입니다.

나는 여러분이 이 점을 기억하기를 바랍니다. 즉 여러분이 스스로 자신의 의식을 가라앉혔다는 사실입니다. 바꿔 말하면, 사실은 여러분이 육체의 기능에 속하는 의식을 생성했다는 것이고, 영(靈)이 탄생했을 때 과거에 무슨 생명체였든 자신의 무의식적인 부분을 수면 아래로 침전시키고 있다는 것입니다. 이렇게 마음이 수면 아래로 가라앉혀진 부분이 무의식입니다. 의식과 무의식을 융합하는 것, 그것은 여러분 자신을 제대로 조율하기 위해서는 매우 중요합니다.

형상이 처음 만들어진 태초가 있었고 여러분은 그 시작의 일부였습니다. 형상의 시작은 각 은하계가 최초로 형성된 것이고, 그렇게 함으로써 은하계는 인식능력이 있는 무의식을 갖게 된다는 것입니다. 달리 말해서 어떤 대상이 살아 움직이느냐 안 움직이느냐는 문제가 되지 않으며, 요건은 그것이 의식(意識)을 가지고 있다는 것입니다. 그러므로 의식이란 여러분이 현재 어떤 모습을 하고 있든 인식하고 지각하는 기능입니다. 무의식을 밑으로 가라앉히고 의식을 허용함으로써, 여러분은 아직도 자신들이 참으로 영(Spirit)으로 있었던 무의식의 형태에 연결돼 있는 것입니다.

영(靈)은 의식의 에너지로 형상을 통해 그 자체의 혼(魂)이 형성되게 합니다. 혼은 단순히 하나의 기억이고, 한 형상을 가진 여러분의 자아(自我)이자 인식이고 조절기능입니다. 그 혼이 여러분에게 이른바 지성(知性)이라는 것을 부여해 줍니다.[24] 하지

---

24)영(靈)과 혼(魂)은 다른 것으로서 명백히 구분된다. 비록 영어 사전에서 뿐만이 아니라 일상에서도 두 단어가 혼용되고 있지만, 구분하자면 영어로 영은 'Spirit'이고 혼은 'Soul'이다. 우리말의 '영혼'이란 단어는 이 두 단어의 의미가 결합된 것이다. 먼저 '혼'은 하나의 개체적 인격이고 기억. 지성(知性), 정신이며 나라는 자아(自我) 의식이다. 반면에 영은 창조주의 정수에 해당되는 것으로 항상 현존하고 불변하는 실체로서 창조주와 연결돼 있다고 한다. 이처럼 혼이 개체적 속성인데 비해 영혼은 보다 집단적, 전체적 속성이다.

불교에서는 우리가 보통 '나'라고 알고 있는 자아는 곧 가아(假我)이자 일종의 망상, 착각. 미망(迷妄)이라고 하며, 그러므로 참나(眞我) 또는 본성(本性), 본래면목 등을 찾으라고 가르친다. 이런 참나에 대한 표현들은 모두 영(靈)을 지칭하는 것이라고 볼 수 있다. 어찌 보면 혼(魂)이란 영(靈)

만 전체적으로 영의 여러 국면들은 형성 중에 있습니다. 영에게는 시작도 없고 끝도 없습니다. 영은 전체적으로 형성 과정에 있는 것입니다. 전체로서 형성 중에 있는 영은 무의식을 허용하게 됩니다. 그러므로 영은 어떤 의식적인 것이 아닙니다. 그것은 중성적(中性的)인 상태 속에 있습니다. 그런 까닭에 휴식상태 속에 있는 영의 깊은 내부를 우리는 무의식(無意識)이라 부릅니다. 의식과 잠재의식, 무의식은 자각의 국면들을 통합할 것이고 영에 스며들게 할 것입니다. 그리되면 영은 전지(全知)의 지식을 가질 것입니다. 바꿔 말하자면 총체적 지식인 것이지요. 그렇다면 무엇이 총체적 지식일까요?

총체적 지식이란 여러분이 개체적 혼(魂)으로서 어떤 형태로든 은하계와 우주에서 습득하여 각 의식, 잠재의식, 무의식에 입력시킨 전지의 앎이고 지혜입니다. 우주는 일종의 형상의 정원입니다. 각 정원은 생명체를 낳아 거느림으로써 생명의 장(場)이 되고 있습니다. 그리고 각 은하계는 하나의 형상을 취하고 있습니다. 그러므로 우주 그 자체는 여러분이 하느님이라고 불러도 좋으며, 전적으로 무의식 상태 속에 있는 전지(全知)의 존재입니다.

이것을 이해하기가 쉽지 않은데, 따라서 여러분은 "우주자체가 무의식이고, 내가 무엇이 진행되고 있는지를 정확히 모른다

이라는 창조주의 에센스가 육(肉)을 쓰고 있는 동안에 자체적으로 분화, 발달시킨 부분적 기능이라는 성격을 지닌다. 그리고 이를 심리학에서는 '자아관념' 또는 '자아의식(自我意識)'이라고 하고, 불교에서는 '아상(我相)'이라고 표현하고 있는 것이다. 윤회 환생하는 주체는 바로 혼(魂)인데, 이 혼이라는 의식 에너지체는 개체성으로 인해 어떤 형태로든 카르마(業)를 지니고 있으며, 그 업인(業因)으로 인해 윤회전생의 사이클을 반복할 수밖에 없다. 이 혼이 점차 각성하여 스스로 개체의식의 차원 너머의 전체, 즉 영을 자각한 상태를 불교에서는 견성(見性)이라고 한다. 그리하여 이처럼 견성. 해탈하고 카르마(業)를 소멸시켰을 때 비로소 윤회의 굴레에서 벗어날 수 있다고 본다. 영은 보통의 인간적 삶에서는 혼의 배후에 잠재된 상태로 작용하고 있을 뿐이며 겉으로 드러나 있지 않다. 그러나 영이 있으므로 해서 인간은 창조주의 에너지와 단절되어 있지 않다. 우리 인간 안에 거하고 있는 신성(神性) 또는 불성(佛性)이 바로 영(靈)인 것이다. 또한 기독교에서 흔히 말하는 〈성령〉도 결국 영(靈)을 의미한다. 따라서 우리 안에 내재한 창조주의 에센스인 영을 완전히 깨달아 영과의 궁극적 합일상태에 도달한 존재를 일러 그리스도 또는 붓다(佛陀)라고 하는 것이다. (역자 주)

면 내가 그걸 어떻게 이해한단 말인가?" 라고 말할 수도 있습니다. 무의식의 상태는 초의식이 여과된 것입니다. 이것이 지구에 온 여러분 각자와 모두가 밤에 잠재의식에다 프로그램하는 능력을 가지고 있는 이유입니다. 그리고 그 씨앗(원인자)을 가지고 무의식속에다 다시 프로그램을 하고, 또 초의식에다 프로그래밍하게 됩니다. 이 씨앗은 이루 헤아릴 수 없는 깊음을 지녔습니다.

우주는 이런 종류의 중심적인 마음을 가지고 있습니다. 그것은 무의식의 상태를 통해서 완벽하게 모든 것을 알 수가 있습니다. 그러므로 만약 우주가 의식적인 상태라는 것을 가지고 있지 않다면 선(善)과 악(惡) 같은 것은 존재하지 않을 것입니다.

선과 악은 오직 의식적 상태에서 존재할 수 있는 것입니다. 따라서 여러분은 이른바 선에 관한 어떤 상호작용과 그 결과만을 인식하고 있습니다. 선과 악은 단지 이 지구라는 행성에서 수천 년 동안의 프로그래밍 과정을 통해서 인간을 수양시키면서 문화적으로 전해져 내려온 인류적 개념입니다. 그러므로 우리가 이 프로그램된 것을 고찰하고, 명상하는 것이 대단히 중요합니다.

명상 또는 묵상은 오직 여러분이 평화와 침묵, 평정을 얻기 위해 내면으로 침잠해 들어가는 자각 상태입니다. 이 명상 과정은 여러분의 의식을 이해할 수 있도록 혼이 프로그램되게 해줍니다. 무의식은 현실에서 받은 인상들을 운반합니다.

예컨대, 여러분이 하늘에서 소위 비행기와는 좀 다른 어떤 물체를 보았다고 가정합시다. 그때 여러분은 통상적으로 이렇게 말합니다. "우리의 과학적인 상식으로는 이와 유사한 어떤 것도 생각해 낼 수가 없습니다." 이런 경우 즉시 여러분의 내면에서 탐색작용이 일어나지만 여러분은 자신의 의식 속에서 물리적 해답을 찾을 수가 없는데, 왜냐하면 그 해답이 그 안에 없기 때문입니다. 이렇게 해서 여러분은 우선 "확인되지 않은 어떤 것." 이라고 부릅니다. 먼저 무의식 상태 속에서 상호작용이 있은 후, 의식 상태에서 상호작용이 일어납니다. 무의식의 상태 안의 그 현실 어딘가에 여러분은 밑그림(원형)을 가지고 있기 때문에 여러분 앞에 있는 물체를 '미확인 비행물체(UFO)' 라고 인식하는 것입니다.

무의식의 상태는 매우 중요합니다. 이 특별한 시기에 실제가 아닌 것처럼 생각되는 모든 여러분의 현실들이 사실은 실재했던 하나의 현실이기 때문입니다. 그래서 여러분은 이곳 지구상의 권위자들에게 그것이 무엇인지, 생명이 무엇인지 설명하는 어려움을 가지고 있으며 이것이 실상인 것입니다.

인간은 누구나 다 의식 속에 갇혀 있습니다. 오감에 의해서 형성된 의식 상태 안에서 다섯 가지 감각들은 이 우주 안에서 무엇이 일어나는가를 여러분에게 말해주는 교사입니다. 하지만 진정 우주에서 무엇이 일어나고 있는가는 무의식의 상태에서 옵니다. 그리고 그 무의식의 상태는 이른바 잠재의식, 의식, 무의식에 결부되어 있습니다.

무의식을 통과하여 이른 바 초의식의 상태로 가는 여과과정은 그와 같은 어떤 것을 보기 위해 의식을 넘어가야 합니다. 예

슈메이커-레비 혜성의 목성 충돌 상황을 그래픽화 하였다

를 들어 만약 여러분이 나의 우주선을 목격한다면, 그것은 단지 빛이 거울에 반사된 것이라고 생각할 수도 있습니다. 이런 현상은 우리가 차원여행을 통해서 빛이 반사되는 어떤 속도의 비율로 여행하기 때문입니다.

목성에서의 충돌로 인한 상황과 그 여파

불행하게도 지난 2주일 동안 목성은 어느 정도 매우 비극적 상황이었습니다. 목성 내부에서 살고 있는 존재들은 기체(氣體)와 같은 상태입니다. 그런 까닭에 지구의 시간 길이로 이틀 전에 완전히 피난해야 할 것인지, 아니면 피해가 덜한 인근의 다른 곳으로 임시 철수를 해야 할 것인지의 여부는 아주 세심하게 내려야 하는 결정이었습니다. 기체 상태의 종족이 살아남을 것인지도 불확실했습니다.

이 시점까지도 우리가 살펴본 바와 같은 상황이었으므로 앞으로 30일 안에 우리는 모종의 조치를 단행해야만 하는 상황입니다. 목성의 대기 상황의 변화 때문에 모든 기체 상태의 존재들을 철수시킬 예정입니다. 그리고 이것이 우리가 이 임무를 안전하게 마치고자 모든 우리 우주선들을 동원하여 활용하는 이유인 것입니다. 목성의 사건 영향은 현재 여러분의 은하계 안에다 어떤 문제를 일으킬 것입니다.[25]

---

25) 슈메이커-레비 혜성의 파편들이 1994년 7월 16일부터 22일까지 목성의 남반구에 연속해서 충돌했던 세기의 천체 사건을 의미한다. 이 혜성 조각들은 목성 대기 상층부에 커

그 문제들은 다음과 같습니다. 어떤 시기에 일종의 빛의 핵반응이나 상당한 소리의 폭격(충격)이 있을 수 있으며, 그것은 은하계 전체에 서로 연결돼 있습니다. 따라서 이러한 소리의 작용은 지진을 유발할 것입니다. 또한 그것은 앞으로 6~8개월 후에 지구상의 기상(氣象)에 어떤 변화를 일으킬 것입니다. 왜냐하면 과도한 보랏빛 광선을 통해서 장애를 일으킬 빛의 영향이 태양으로부터 방사되는 빛을 방해할 것이기 때문입니다.

지구에서 핵폐기물이라고 부르는 이것이 노출된 장소에서 안전한 상태에 이르기까지는 약 200년이 걸릴 것입니다. 이러한 핵폭발로부터 방출되는 엄청난 에너지의 양과 저항력이 목성의 대기에 거대한 폭풍을 일으켰습니다. 따라서 거기에는 이른바 "죽음의 재"라고 불리는 방사능 낙진의 영향이 있게 될 것입니다. 하지만 지구는 목성으로부터 거리가 워낙 멀리 떨어진 탓에 이런 영향이 지구에까지 미치지는 않을 것입니다. 여러분이 받게 될 유일한 영향은 이미 언급한 바와 같이 소리와 폭풍의 파장인데, 이것이 지구의 지각판(地殻板) 속에다 미세한 충격을 가할 것입니다. 이 지각을 이루고 있는 판들(Plates)은 이와 같은 영향

혜성 충돌시에 목성에 나타난 화구. 충돌 후 12분 동안 지구에서 목격되었다.

다란 화염과 함께 거대한 충돌 흔적을 남겼다. 혜성 조각 가운데 가장 컸던 G핵의 크기는 3~4km로 추정되었으며, 충돌 당시 약 6,000,000 메가톤급의 에너지가 방출되었는데, 이것은 지구상의 핵폭탄을 모두 일시에 폭발시켰을 때의 약 600배에 해당하는 폭발력이라고 한다. 충돌시에 나타난 화구(火球)는 목성 상공의 약 3,000km까지 치솟았다.

(역자 주)

에 매우 취약하며, 특히 여러분이 살고 있는 지구는 더욱 그렇습니다. 그러므로 천문학자들에게 있어 하늘의 별빛을 관찰하고 거기서 나타나는 어떤 굉장한 현상들을 관측하는 것은 다음과 같은 의미가 있습니다. 그것은 인류가 물리학의 실체를 이해하기 위해 머리를 모아 의논하고 스스로 연구하는 것과 같다는 사실입니다.

물리적 현상이나 과정은 창조현상을 이해할 수 있는 긴요한 도구입니다. 특히 여러분이 하나의 은하계가 폭발해서 붕괴되는 광경을 포착했을 때 그렇습니다. 여러분이 통제에서 벗어난 혜성(彗星)이라고 부를 그 붕괴 현상은 긍정적인 영향과 부정적인 영향이라는 양 측면에서 바라봐야 합니다. 우선 부정적인 영향은 그 혜성이 같은 은하계 안에 있는 다른 행성들과 충돌할 때입니다. 그 행성에게 어떤 피해를 입히는 것은 분명히 부정적인 영향이지요. 반대로 긍정적인 영향은 혜성이 블랙홀(Black Hole)을 통과하여 다른 은하계를 새로이 활성화할 수 있을 때입니다. 따라서 우리는 우주의 물리적 현상이라는 것이 자체적으로 매우 독특하다는 것을 생각해야 합니다. 바꿔 말하면, 핵분열이나 융합을 통해서 내파(內破) 뿐만이 아니라 외적인 폭발이 있다는 것입니다. 그러므로 한 은하계의 붕괴는 다른 두 가지 측면에서 오는 변화들이 이루어지게 되는데, 이른바 하느님 아버지의 집 안에 새로운 원인을 일으켜 새로운 거처를 창조한다는 것입니다.

그러므로 여러분의 언어로 표현한다면, 이런 종류의 외파(外破)와 내파의 총체적 영향은 긍정과 부정의 두 가지 측면을 가지고 있습니다. 그러나 여러분이 통합적인 무의식 상태에서 그것을 고찰해 보았을 때, 그러한 작용은 별개의 형상을 창조한다는 것입니다. 여러분 모두가 그러한 형상의 창조로부터 이곳에 이른 것입니다. 따라서 형상을 통해서 생명을 표현하는 은하계들 전역에서 우주의 표본을 추출하는 것은 또한 의식적인 상태

뿐만 아니라 무의식적 상태를 통해서도 생명을 표현하는 것입니다.

그래서 내적인 우주와 외적인 우주에서 다른 의식들을 통합하는 것은 생명의 빛을 처음부터 끝까지 지배하는 것이지요. 하지만 생물/무생물에게 빛을 주고 또한 영혼과 영혼이 없는 존재에게 빛을 부여하는 그것은 영원 주변에서 끊임없이 순환하고 있습니다. 한 가지 흥미로운 것은 영혼을 가지고 있지 않은 존재들이 있다는 사실입니다. 이것은 은하계 안에서 대단한 관심거리입니다. 그런데 여러분의 입장에서 그것은 두려움의 상태일 수도 있습니다. 그러므로 영혼이 없는 의식 상태라는 것은 언제나 소위 미친 과학자와 비슷한 상태입니다. 이곳은 다른 은하계와 다른 존재 형상들에게 씨앗을 나눠주는 하나의 거대한 우주입니다. 그것은 일종의 시공연속체입니다.

무의식 상태에는 어떤 시작이라는 것이 없습니다. 여러분은 오직 의식상태만을 이해할 수가 있는데, 그것은 여러분이 현재 존재하고 있는 신체적 구조가 그러하기 때문입니다. 은하계에서 가장 엄청난 경험이 되겠지만, 일단 여러분이 영(靈)의 왕국(영역)에 들어가게 되면, 그 때 여러분은 생명과 사물의 존재 형상에 대해서 많은 것을 이해하게 될 것입니다.

도래하는 지구의 차원 상승 과정

26,000년마다 각 은하계들은 자체의 기원에 따라 차원상승의 단계를 겪게 됩니다. 이 지구에서 그것은 은하계의 1차적 변화 단계와 함께 1987년부터 시작되었습니다. 은하계 변화의 첫 단계는 목성에서 발생한 결과가 될 것입니다. 그 두 번째 단계의 징조는 금세기 말(20세기 말)에 여러분의 지구에서 나타나기 시작할 것입니다. 다시 말하자면 인류의 증오와 광기(狂氣)가 드러나게 될 것입니다. 하지만 그것은 과거와는 다른 과정을 통해서 나타날 것으로 생각됩니다. 그리고 만약 보스니아(Bosnia) 지

로마 인근에 나타난 비행접시

역과 르완다(Rwanda)에서 벌어진 광기어린 학살 사례를 보게 된다고 하더라도 빛의 여과작용이 그러한 거대한 악영향을 흡수할 것입니다. 왜냐하면 인류의 어느 정도가 소위 대변동에 의한 종말을 피하고자 자신을 고차원 의식으로 끌어올리기 위해 상승이라는 새 개념을 받아들일 것이기 때문입니다. 즉 이것은 인류가 새천년의 빛을 통해서 새로이 태어나 변화된다는 의미입니다.

서기 2,000년경에는 매우 중요한 깨달음이 형성될 것입니다. 인류는 장차 2,000년부터 2007년 이후까지 급격한 전환을 경험할 것인데, 이 시기는 구약성서에서 다니엘이 환영(幻影)을 통해서 커다란 환란기로 보았던 때입니다. 여러분 중에 어떤 이들은 이 시기를 생각하고 이렇게 말할 수도 있습니다. "이제부터 지상에는 커다란 시련의 시기가 닥쳐오게 되겠구먼!" 그렇습니다. 그런 일들이 일어나기 시작할 것입니다.

그러므로 이런 에너지 변동이 매 26,000년 주기(週期)마다 일어나는 은하계의 변혁과 새로운 체제로의 전환과정에 큰 영향을 미친다는 사실에 주목하십시오. 현 지구의 체제도 자체적으로 붕괴될 것입니다. 지구상의 정부제도 역시 해체될 것이며,

장차 물물교환 무역체제가 형성되는 것을 보게 될 것입니다.

지구상의 현 통화체제 및 금융제도는 지금과 같은 부익부빈익빈(富益富貧益貧) 경제구조 안에서 계속적인 부채의 증가만 가져올 뿐이며, 없는 자들의 빚 청산은 불가능합니다. 아울러 세금이 소득의 70%에 달하게 되면, 여러분은 모든 경제활동을 중단하고 스스로를 보호하는 데만 급급하게 될 것입니다.

이른바 새천년의 빛을 통해 자기 자신의 무의식적인 초의식 상태를 믿고 있는 사람들은 그 믿는 바를 실현시킬 것입니다. 그것은 단순합니다. 여러분은 초의식을 잉태한 무의식을 생성할 것이고, 이윽고 초의식 상태로 들어갈 것입니다. 그리고 여러분은 소위 대격변에 의한 종말을 피할 수 있을 것입니다. 이러한 대변동이 있었다면 이 세상은 엄청난 변화를 가져왔을 것입니다. 하지만 현재 문화적인 차이들이 존재하고 있는 지역들, 특히 중국과 기타 황색인종들은 거대한 폭발을 보게 될 것입니다.

지구는 현재 어떻게 제어하거나 통제할 수가 없습니다. 나는 단지 지구에 관한 모든 데이터와 프로그래밍된 것을 가지고 지구의 미래를 예측할 수가 있습니다. 다가오는 서기 2,000년의 새천년기 빛이 비추는 시기부터 시작해서 2007년을 거쳐, 그리고 20xx년경에 인류는 이 지상에서 5차원, 6차원의 존재가 될 것입니다. 그럼 어떻게 여러분이 준비해야 할까요? 5차원, 6차원에 이미 도달한 우주적 존재들이 그 시기를 대비해 여러분을 준비시키고 있습니다. 하지만 그러한 우주선들은 5차원, 6차원에 머물러 있으므로 여러분이 현실 속에서 실제로 그것을 볼 수는 없습니다. 여러분은 단지 그 비행체들은 잠깐 힐끗 볼 수 있을 뿐입니다.

여러분이 무의식적인 초의식의 진화 상태에 진입하게 되면, 그 때 여러분은 왜 거기에는 주파수가 없는지를 이해할 수 있습니다. 보십시오. 이 지구에서는 연료를 연소시켜서 에너지를 얻는 시스템을 가지고 있습니다. 이것은 영구적인 토대에서 작

달 위에서 본 지구의 모습 - 아폴로 11호에서 촬영

동하는 원리가 아니지요. 이것은 자연을 파괴하고 고갈시키는 시스템인 것입니다. 하지만 이제 여러분은 그러한 상태에서 벗어나 목표달성을 위해 필요한 것은 무엇이든 창조한다는 생각의 단계에 이르기 시작했습니다. 그렇습니다. 초의식이 바로 목표를 성취하는 것입니다.

이제는 26,000년의 주기와 지구가 다른 은하계들과 마찬가지로 새천년기 빛 속으로 들어가는 문제를 언급하겠습니다. 여러분은 지금 무의식이 전지(全知)한 초의식의 상태로 뒤섞이고 있고, 개인의 자아가 온전한 깨달음의 상태로 전환되고 있습니다. 거대한 변화가 서기 2,000년에서부터 2007년, 그리고 2011년에 이르기까지 발생할 것입니다. 그리고 인류는 2011년부터 20xx년까지의 기간에 차원 상승의 최종단계에 도달하게 될 것입니다. 11년이라는 숫자로 이루어진 한 마디가 그 후의 단계를 적절하게 설정합니다. 이 상태에서 인간의 신체는 다음의 천년기를 기약할 만큼 1,000년을 죽지 않고 유지될 것입니다.

새천년의 빛은 인류가 초의식의 상태에 도달할 때까지 이러한 모든 차원전환의 단계들을 인도하여 안내하는 지식의 역할을 합니다. 2097년 이후에는 이 행성 지구가 어떻게 될까요? 지구에는 완전한 마스터들(Masters)이 존재하게 될 것입니다. 그때 이후로는 현재와 같이 카르마(業)의 빛을 청산하기 위해 다시 지상에 돌아올 필요가 없게 될 겁니다. 지구는 확실히 마스터들을 위한 세계가 될 것입니다.

이런 부분들을 이해하기는 쉽지 않습니다. 하지만 여러분의 의식이 보다 높은 차원에 이르렀을 때, 그리고 지구의 과학자들이 우주과학에서 큰 발전을 이루고 있음을 여러분이 이해했을 때 우리는 이것을 흥미롭다는 것을 발견합니다. 한편 우리가 여러분의 과정을 바라 볼 때는 시간낭비와 같다고 느끼기도 하는데, 물론 이것은 매우 진보된 우리의 관점에서 바라보기 때문에 그렇습니다. 여러분은 지구인으로서 어디서든, 또 어떻게 해서든 마침 전진해 나가야만 할 때이기 때문에 이런 견해는 잘못된 것이지요.

여러분이 미국의 우주선을 뭐라고 부르든 간에 아폴로나 디스커버리호는 장차 큰 변화를 맞이하게 될 것인데, 특히 2011년에는 그렇습니다. 인류는 별과 별 사이의 양극성(兩極性)을 통해서 많은 차원들과 현재 가려고 하는 그 어느 곳이든 여행하게 될 것입니다.

빔(Beam)으로 인간을 우주선에 끌어 올리는 원리

이런 아이디어에 이어서 "광선에 의해 몸을 우주선 위로 끌어올리는 원리"에 관한 질문이 제기될 수 있겠습니다. 물론 목성에 있는 기체 상태의 존재들 역시 그 때 왜 그렇게 하지 않았겠습니까? 그들은 가까스로 광선에 의해 그들 자신을 보다 높은 다른 차원으로 끌어올렸습니다. 이것이 가능한 것은 그들이 은하계 내에서 자신들을 고체, 액체, 기체, 기타 가스 모양이나 전기와 같은 형태로 변형되는 것을 허용했기 때문이었습니다. 그리고 그 구조작업이 우리가 우주선에서 경계태세로 대기하고 있던 이유입니다. 우리가 피난이나 철수가 필요한 다른 은하계로 진입할 때는 언제나 그렇습니다. 우리의 우주선들은 여러분의 표현대로라면, 초고도의 속도로 여행할 수가 있기 때문에 그런 피난 작업을 돕는 것은 우리의 주된 임무의 하나입니다.

만약 여러분이 내가 언급한 특수한 상태 속에 있게 될 경우 그것은 보다 어떤 전기적 상태에 가까우며, 그때 비로소 자신이 정찰선 위로 끌어올려질 수가 있습니다. 그 때 나는 물리적 수준의 주파수를 가지고 있지 않았기 때문에 이런 현상이 가능한 것입니다. 여러분의 육체적, 물리적 진동주파수가 사그라졌을 때, 여러분은 비로소 어떤 일정 시간만 지속되는 에너지의 형태로 존속합니다. 이때 우리는 이른바 생기(生氣)가 충전된 상태로 들어가는 것입니다. 이러한 생체 에너지는 여러분이 계속하는 한은 끊임없이 에너지가 다시 채워집니다. 이런 상태에서는 에너지의 고갈이라는 것이 없습니다.

만약 내가 여러분에게 우리 우주선의 엔진실의 규모와 실제로 그것이 어떻게 작동하는지를 지구상의 가장 예리한 기술자에게 보여준다면 그들은 어이없다며 웃을 것입니다. 따라서 여러분이 다른 의식 상태로 진보했을 때, 어떻게 여러분이 그런 착상들을 놓치고 있는지를 깨닫습니다. 여러분이 은하계 내의 어디에 있든지, 어떤 생각을 갖고 있으며, 그 생각은 바로 여러분 자신의 경험에서 나온 생각들입니다.

초의식과 초감각적 지각

열린 마음을 가지십시오. 여러분 가운데 어떤 이들은 형이상학적인 뉴에이지(New Age) 운동을 전개하고 있습니다.

무의식의 상태 안에는 여러분이 활용할 수 있는 온갖 종류의 실체들이 있습니다. 이것이 은하계 내의 어떤 곳에 종족의 사멸

리프팅 빔(Lifting Beam)의 자력(磁力)에 의해 사람이 우주선 안
으로 순식간에 끌어올려 질 수가 있다.

이 일어나는 이유입니다. 하지만 단지 그것은 형태의 사멸인 것
입니다. 이해하시겠습니까?

엑손(Exxon) 은하계 안에 있는 오완더(Owander)라는 행성에서
일어난 상승의 예를 들어보겠습니다. 그들이 상승의 변화를 겪
을 때, 그들은 완벽하게 잠재의식, 무의식, 그리고 초의식 상태
로 올라가며 상승과정을 통과했고, 그들의 의식의 형태가 소멸
하여 사라졌습니다. 그러므로 어떤 종류의 생물집단이 절멸하는

이유는 그들이 상승 속에서 어떤 것을 믿기 때문입니다. 그들은 빈번히 생식이 필요치 않다고 믿었습니다.

이것이 제타(Zeta) 종족들이 문제들을 가지고 있는 이유입니다. 그들에게는 약간의 교육이 필요한데, 왜냐하면 그들은 종족이 멸종해가고 있고, 그들이 이 지구에서 여러분이 실제로 수용할 수 없는 방식으로 교배실험을 진행하고 있기 때문입니다. 그들의 방식은 조건이나 협정이라는 측면에서나 이른바 인간세계의 사회적 규범이라든가 합법성, 또 옳고 그름이라는 측면에서도 여러분이 받아들일 수 있는 것이 아닙니다. 나는 여러분의 생각에 동의합니다. 그들은 통제에서 벗어나 있습니다. 하지만 여러분이 그들을 두려워하지만 않는다면, 여러분은 그 전쟁에서 승리한 것입니다. 그들은 오직 인간의 두려움이라는 토대 위에서만 힘을 쓰고 있는 것이죠. 이것을 기억하십시오. 그들에게는 혼(魂)이 없습니다. 그들 중의 일부는 사탄(Satan)의 천사들이라고 언급돼 왔습니다.[26]

자 사탄은 누구일까요? 사탄이라는 말은 단지 혼(魂)이 없는 다른 존재들을 의미합니다. 이들은 신성(神性) 속에 있을 때, 즉 그들이 대천사였을 때 신성의 빛이 어두워짐으로써 신(神)의 섭리에서 벗어나 추락해버린 존재들이었습니다. 여러분은 영적으로 올라갈 수도 있고, 추락할 수도 있습니다. 올라가는 것을 상승이라고 부릅니다. 추락하는 것, 즉 타락은 죽음이라고 부르지요. 나는 여러분이 이것을 기억하기 바라며, 여기에는 대단히 중요한 원리가 있습니다.

여러분이 새로운 인식을 얻거나 어떤 강한 느낌에 사로잡힐 때, 소위 직감이 작용하는데, 그 직감이라는 것은 바로 무의식적인 초의식에 연결되어 있습니다. 바로 거기가 원천(源泉)인 것입니다. 때때로 여러분은 커다란 느낌과 함께 "데자 부(Deja

---

[26] 제타 레티쿨리 성단에서 온 난장이 외계인 종족을 말한다. 진화도상에서 멸종의 위기에 처하게 된 이 종족은 지구에 와서 미국정부 배후세력과의 비밀협약에 따라 수십 년 동안 수많은 인간납치를 통해 이종교배와 DNA 실험을 자행한 바가 있다. (역자 주)

vu)" 27) 현상을 경험합니다. 그리고 어떤 음성을 듣습니다. 하지만 여러분이 만약 높은 지성인이라는 정신과 의사를 찾아간다면, 그는 여러분이 완전히 비정상이라고 진단할 것입니다. 이것은 인간의 의학이 오감(五感)만이 전부인줄 알고 초감각(超感覺)을 인정하지 않기 때문입니다.

정신이상자들을 가둬 넣고 있는 수용소에는 멀쩡한 정신을 가진 사람들이 많다는 사실입니다. 여러분에게 말하건대, 우리가 이런 고차원 의식에 도달했을 때는 지성의 어떤 한계가 없는 것입니다.

때로는 여러분이 개미라고 부르는 벌레가 그들의 집을 땅의 높은 곳에다 짓는 것을 보면, 그들이 매우 지능이 높다는 것을 알 수 있습니다. 다시 말해서 그들은 그 장소에 장차 혹독한 겨울이 닥칠 것이라든가 큰 홍수가 나리라는 것을 미리 알고 있는 것입니다.

이것은 나를 경탄하게 만드는데, 벌레들의 세계에서 조차 자기들에게 다가오는 강한 진동을 감지하여 거기서 경고의 의미를 읽어낼 줄 아는 것입니다. 그럼에도 불구하고 인간인 여러분 대다수는 그것을 느끼지도 못할뿐더러 일부 사람들은 그런 자연의 소리를 듣게 되었을 때 그것을 무의미한 것으로 무시해 버립니다. 그리하여 그들은 아무런 방책도 마련하지 못한 채 재앙을 맞이하게 되는 것입니다.

우리가 단지 5가지 감각에만 의존해서 움직일 경우에 그것은 우리에게는 매우 생소한 세계입니다. 우리는 인간의 오감(五感)에 의해 만들어진 사회적 표준에 갇힌 포로처럼 될 것입니다. 여러분이 이곳에 처음 올 때는 무의식적인 마음의 상태로 왔기 때문에 직감(육감)의 능력을 상실한 것은 큰 손실입니다. 그러

---

27) 〈기시감(旣視感)〉이라고 번역된다. 다시 말하자면, 처음 가보는 곳인데도 이상하게 매우 익숙한 느낌이 들고, 처음 본 사람인데도 왠지 잘 알던 사람처럼 느껴지는 경우를 말한다. 이것은 보통 과거 전생(前生)의 경험이나 기억에 관계가 있다고 추정된다. (이상 편역자 주)

므로 인류의 위대한 정신분석학자 중의 한 사람인 지그문드 프로이드(Sigmund Freud)[28]는 말하기를, 인간은 단지 마음 속에 내재된 능력의 5%밖에 사용하지 못한다고 했던 것이지요. 그는 무의식에 관해 다루었고, 아주 깊이 접근해 들어갔습니다.

우리는 계속해서 인류의 정신의학과 심리학 분야에서 다른 위대한 인물을 꼽을 수 있겠는데, 예컨대 융(Jung)과 같은 사람은 그 분야의 새 학설을 제창한 개척자였습니다.[29] 그리고 앨버트 아인슈타인(Albert Einstein)과 에디슨(Edison)은 모두 내면에서 울리는 강력한 음성으로부터 정보를 얻어 냈습니다. 그 음성이 전자공학이나 발명에 관한 것이든, 또는 연구를 지도하는 것이든 간에 그것은 내면의 소리를 판독해 낸 것이었습니다.[30]

---

28)오스트리아의 정신과 의사이자 <정신분석학>의 창시자이다. 인간의 무의식이 인간행동에 커다란 영향을 미친다는 가설 하에 자유연상법을 통하여 과거에 억압된 기억들을 끌어냄으로써 히스테리 치료 분야에서 많은 업적을 쌓았다. 프로이드는 인간의 본성과 성격을 구조화한 <정신분석이론>을 정립함으로써 20세기 심리학, 정신의학에서뿐만 아니라 예술, 종교, 도덕, 문화 전반의 여러 분야와 더불어 사회학, 사회심리학, 문화인류학, 교육학, 범죄학, 문예비평 등 여러 영역에 깊은 영향을 끼쳤다.

29)[Carl Gustav Jung 1875~1961] 스위스의 정신과 의사로서 원래는 프로이드의 제자였으며, 1910년 국제정신분석학회의 초대 회장을 지냈다. 그러나 나중에 학문상의 견해차이로 프로이드와 결별하고 1914년 학회를 떠나 독자적으로 <분석심리학>을 창시했다. 1920년 이후는 북아프리카. 애리조나. 뉴멕시코, 동아프리카 등으로 원시문화 연구여행을 계속하면서, 신화, 종교, 연금술, 신비주의, 동양철학, 등에 관심을 가지고 연구했다. 프로이드와 융을 비교해 볼 때, 프로이드는 생물학적이고 과학적인 데 반해 융 심리학의 특징은 종교적, 철학적 색채가 강하다. 그는 리비도를 프로이트처럼 성적(性的)이 아니라 모든 지각, 사고, 감정, 충동의 원천이 되는 에너지로 간주하였고, 무의식의 이론을 보다 폭넓게 발전시켰다.

그의 <집단 무의식> 이론을 매우 독특한데, 이것은 개인적으로 전혀 경험되거 나 의식되지 않는 것이지만 인격 전체를 지배하고 종족적으로 유전된 것이며 개인적 경험을 초월한 것이라고 하였다. 또한 그는 인간의 성격을 내향(內向)과 외향(外向)으로 구분한 장본인이며 지각·사고, 감정, 충동의 심적 기능에 대응되어 8가지 유형으로 구별했다. 융의 사상과 저작은 방대하고 이해하기가 난해한데다 체계화 돼있지 않았으나 후대의 융 연구가인 J. 야코비와 F. 포담 등이 융의 사상을 체계적으로 정리하는 데 많은 노력을 기울였다.

30) 많은 과학자들과 발명가들이 어떤 영감(靈感)에 의해 학문적 연구와 발명의 아이디어를 얻는다는 것은 어느 정도 알려져 있다. 그 영감이라는 것은 바로 영혼계로부터 인간 내면의 잠재의식과 무의식을 통해 전달되는 메시지인 경우가 많다고 한다. 특히 꿈은 무의식의 통로인데, 이와 같이 잠잘 때나 반쯤 깨어있을 때, 또는 명상과 같은 내부의 의식에 몰입해 있을 때가 어떤 영감을 수신하기가 가장 수월하다. 인류 역사상 가장 위대한 과학자이고 발명가인 아인슈타인과 에디슨은 물론 노력도 있었겠지만 그만큼 영(靈)으로부터 오는 신호 수신에 가장 능숙했던 사람들이었다는 이야기이다. (이상 역자 주)

정신분석학을 세운 프로이드(좌)와 분석심리학의 카알 융 박사

여러분의 영원한 내면으로부터 들리는 음성이 있습니다. 그리고 이 소리는 오직 여러분이 자신의 깊은 내부 세계로 들어가 통찰력을 갖기 시작했을 때만이 이해될 수가 있는 것입니다.

나는 오늘 저녁 이야기를 마무리 지으면서 마지막으로 여러분에게 말하고자 합니다. 여러분이 어디로 가든 어디에 있든 내면의 세계는 흥미로우며, 여러분 각자와 모두는 거기에 연결돼 있습니다. 또한 여러분이 어떤 모습을 하고 있든 그것은 문제가 되지 않으며, 당신은 그 무의식적인 마음에 연결돼 있는 것입니다. 여러분이 이 특별한 시기에 어떤 형상을 취하고 있든지 여러분 모두는 그 동일한 원천으로부터 탄생한 것입니다. 나는 부디 여러분이 이것을 기억하기 바랍니다.

오로지 한 형제, 자매, 그리고 한 아버지, 어머니만이 존재할 뿐입니다. 그것을 일러 어버이 신(神), 즉 우주의 무의식(無意識)이라고 하는 것이지요. 그리고 여러분은 그 거대한 존재의 일부인 것입니다. 감사합니다. 알라호이(Alahoy)![31]

---

31)이 말은 "다시 만날 때까지 아름다운 여행이 되기를 바란다. 또는 잘 있으라."는 작별의 말이다. 우주인들에게 있어 "ala"라는 말은 "별들(Stars)"을 뜻한다고 하는데, 따라서 "알라호이(Alahoy)"는 그들이 기지를 떠나거나 다른 별로 떠날 때 주로 하는 인사라고 한다. (역자 주)

3. 우주인 발 토오의 메시지(Ⅲ)

미 오레곤 주 캐논빌(Canyonville) 인근의 모닝 벨(Morning Bell) 산의 보텍스에서 (1995년 6/21)

※기록자 야사(Yashah)[32]의 주(註) : 조지 마킨 박사와 나는 모닝 벨 산에서 발 토오의 우주선이 시야에 나타나 눈부신 발광체로 바뀌는 모습을 바라보고 있었다. 박사는 즉시 명상상태로 들어갔고, 발리안트와 교신하여 다음의 메시지를 수신하였다. 그의 강의도 재미있었지만, 다른 몇 대의 우주선이 비행하는 모습을 목격한 것 역시 또 다른 즐거움이었다.

여러분 모두 안녕하십니까? 금성에서 온 발리언트 토오입니다. 여러분께서는 나의 우주선이 지나갈 때 목격하셨습니까?

안드로메다 렉스[33]와 칼리브가 방향 전환하는 비행 모습이 곧 있게 될 것입니다. 그러니 내 이야기를 듣는 동안 계속 하늘을 주시해 보십시오.

이 지구에는 장차 거대한 변화들이 일어날 예정입니다. 그리고 우리는 금성으로부터 다수의 요원들을 워크인(Walk-in)[34] 방식으로 지구로 내려 보내고 있습니다. 이것이 본격적으로 이루어지면 새로운 지식과 정보들이 지구로 들어오게 될 것이고, 그들에 의해 보통과는 좀 다른 수준의 채널링이 이루어지게 될 것입니다.

현재 지구로 유입되고 있는 고차원적 에너지가 이른바 좌품

---

32) 캐나다의 영적 카운슬러이자 발명가, 〈색채치료가〉이자 또한 채널러이다. 조지 마킨 박사의 제자로서 그의 많은 지도를 받았으며, 그와 협력하여 16년 동안 여러 저서들을 공동 집필했다.

33) Andromeda Rex : 우주 함대의 사령관들 중의 한 명이다. 우주인들 채널 메시지에 가끔 등장하는 이름이다.

34) 일종의 〈영혼 교체 현상〉을 의미한다. 즉 특별한 영적 목적이나 공적 사명수행을 위해 현재 육신을 사용 하던 영혼이 떠나는 대신에 다른 특별한 영혼이 그 육신에 들어와 그 몸을 사용하는 경우를 말한다. 이 영혼 교체작업은 두 영혼 간의 사전 합의와 동의에 따라 고차원계의 감독 하에 이루어진다고 한다. (이상 역자 주)

천사(座品天使)들이나 다른 천사적 존재들에 의해서 비밀리에 다루어지고 있습니다. 그들은 인터넷을 이용하는 컴퓨터를 통해서 일하기를 좋아합니다. 그러므로 향후 5년 이내에 컴퓨터 인터넷은 이 지구상에서 가장 유용한 정보전달 매체로서 등장할 것이며, 궁극적으로는 화상(畵像) 대화까지도 가능하게 될 것입니다.

여러분 중에 많은 이들이 어떤 지역에 이끌려가게 될 것이고, 거기서 어떤 소리를 들을 것입니다. 이 음성은 바로 여러분의 고등한 자아(Higher Self)의 목소리입니다. 게다가 잠긴 의식적인 마음과 열려진 마음 사이에는 잠재의식을 통한 강력한 상호작용이 있게 될 것입니다. 그리고 이런 작용이 초의식적인 마음으로 하여금 향후 이 행성의 인류를 안내하는 역할을 하게 될 풍부한 정보들을 방류하도록 할 것입니다.

여러분은 장차 하늘에서 어떤 변화를 겪게 될 것인데, 이것은 중요합니다. 하늘에는 소위 기억상자가 있게 될 것입니다. 여러분 모두의 생애들에 관한 이 기억상자는 영상(映像)을 통해 시현(示現)될 것이고, 그럼으로써 여러분 모두가 자신의 고등한 자아에게 연결될 것입니다. 그리고 이 특별한 시기에 이러한 빛 속에서 전진하는 사람들의 카르마(業)는 방출되어 소멸될 것입니다. 그 결과 인류는 앞을 향해 나갈 것이고, 새로이 변화될 것입니다.

인류 의식의 변화와 지구 변동

방금 3명의 다른 존재들이 여러분과 합류했습니다. 두려워하지 마시기 바랍니다. 인류는 앞으로 계속 전진할 것이며 새로운 정부를 구성하게 될 것입니다. 거대한 지질학적 변동이 일어나는 지도상의 방대한 새 지역이 있는데, 여러분은 그것을 망각할 수도 있습니다. 하지만 얼마간의 평화와 평정을 유지하고 있는 전세계인의 의식으로 인해 대재앙이 발생할 예정이었던 거대한 땅덩어리 지역의 절반 정도에서 지각변동이 취소되었습니다. 이런 일이 발생하려 했던 지역은 이른바 지각이 불안정하고 불균형 상태에 놓여 있는 지역들입니다.

인류의 의식은 빠르게 변화하고 있습니다. 창조와 재창조 작업이 여러분 의식의 상위적 측면을 통해 이루어집니다. 초의식의 자각을 통해 위대한 지식이 지구로 여과되어 유입되게 함으로써 여러분은 지구와 인류가 새로 태어나는 속도를 가속화하고 있는 것입니다. 이런 일들이 이제 막 일어나려 하고 있습니다. 따라서 여러분은 이른바 초의식의 첫 각성을 통해서 먼저 4차원에 이르게 되는 경험을 하게 될 것입니다.

우리는 금성에서 이런 일을 경험하며 살고 있습니다. 우리 주민들은 현재 금성에서 5차원의 상태에 있습니다. 이것이 금성을 방문하는 존재들이 전적으로 초의식의 영(靈)을 즐기는 이유입니다. 바꿔 말하면, 5차원의 상태 속에 있는 영은 완전하고도 철저하게 여러분의 삶을 인도한다는 사실입니다. 5차원은 더 이상 육체적이지 않습니다. 또한 더 이상의 불균형이나 불안정성은 존재하지 않습니다. 그 대신에 공고한 평정과 균형이 확보될 것입니다. 그러므로 이제 지구에 엄청난 변화들이 있게 될 것인데, 이것은 여러분이 자신들 속에 굳어져 있는 기존의 낡은 신념체계로부터 벗어나 급속히 새로운 존재로 태어나기로 허용했기 때문입니다. 그것이 바로 열쇠입니다. 여러분은 자기 자신을 믿어야만 합니다. 여러분은 본래 완전한 상태로 이곳에 보내졌습니다. 하지만 인류는 좋은 것/나쁜 것, 또 성서의 〈선악과(善惡果)〉라는 일종의 상상의 나무에 대한 허구적 이야기를 믿음으로써 그러한 온전함을 상실해 버렸습니다. 그 〈선악과〉라는 개념은 현재 여러분이 가지고 있는 모든 믿음체계 안에서 자기 자신이 이 지구에서 처해 있는 현실을 분명하게 해주었습니다. 선과 악, 그 모두를 고찰해 보십시오.

사람들은 천국과 지옥을 가지고 있습니다. 그 모든 것을 숙고해 보세요. 그들은 이것은 좋고, 저것은 나쁘다는 생각을 가지고 있습니다. 여러분이 나쁜 것을 던져버리면 선만 남을 것입니

미국 뉴저지 주택가에 나타난 UFO

다. 그리고 이것이 여러분 자신의 초의식 속에서, 성장 속에서, 깨어남의 과정에서 하고 있는 것입니다. 이것이 예정된 그대로 되지는 않을 것입니다. 내가 말한 것을 기억하십시오. 여러분은 악(惡)을 던져버리고, 그에 따라 다만 선(善)을 완전하게 보강하는 것입니다.[35)]

끝나가고 있는 인류의 아동기와 다가오는 새 시대

인류는 이른바 "영(Spirit)의 성숙기(成熟期)"로 진입하려 하고 있습니다. 현재 여러분은 영적으로 어린 아이들입니다. 그러나 인류는 이제 곧 "영의 성숙기"로 들어갈 것입니다. 즉 온전한 앎을 갖게 되는 영의 청춘기가 여러분에게 다가오는 것입니다.

그럼에도 여러분 가운데 많은 이들이 술주정뱅이처럼 비틀거리며 걷고 있습니다. 인류는 참으로 형이상학에서 배운 지식을 제대로 소화해내지 못하고 있지요. 오늘날 이 지구상에는 너무나 많은 체증(滯症)이 존재합니다. 세상에 이런 물리적 체증이 존재할 때, 영의 성장은 방해받게 되고 질투와 두뇌게임으로 귀착되게 됩니다.

결국 이것은 나눔이 아닌 이기적 에고(Ego)를 낳습니다. 여러

---

35)어둠과 악을 인정하고 자꾸 그쪽에 관심을 두게 되면 오히려 거기에 에너지를 부여하게 되어 그 실체가 점점 커지도록 만들게 된다. 다만 우리는 오직 긍정적으로 선(善)을 지향하기만 하면 되는 것이다. 불교의 <법구경(法句經)>에 이러한 구절이 있다. "사랑으로 분노를, 선으로 악을 정복하라. 너그러움으로 인색함을, 그리고 진실로서 거짓을 정복하라." (역자 주)

분은 선과 악의 이분법적 원리를 잊어야 합니다. 다만 악을 내던져 버리십시오. 그러면 이기적 에고는 서서히 죽게 될 것입니다. 이것이 곧 인류라는 어린애로 하여금 "아동기(兒童期)"를 마치게 할 것인데, 그 아이는 청년기와 성인기로 성장할 여러분 내면에 있는 영(靈)입니다. 이러한 과정이 여러분 인류에게 필요합니다.

이 지구는 수용소처럼 가두어져 있습니다. 이곳에는 너무 오랫동안 오해의 족쇄와 악(惡)과 잘못, 죄(罪)에 대한 그릇된 믿음들이 방치돼 있었습니다. 거기에 어떤 죄는 없으며 여러분은 다만 실수를 바로 잡는 것입니다. 그 어휘(語彙)를 바꾸십시오. 즉 여러분은 계속해서 잘못과 실수를 고치고 바로잡는 행위만 있을 뿐입니다. 지나친 죄의식에 사로잡히는 순간, 여러분은 자신의 부정성(Negativity)을 강화하기 시작하며, 결과적으로 부정성이 더 커지도록 허용하고 마는 것입니다. 이와 같은 문제에 봉착할 때, 대개는 이렇게 말합니다. "난 큰 죄를 저질렀어!" 이런 식으로 자신을 책망합니다. 하지만 만약 여러분이 자신의 의식적인 마음에다 "난 그런 방향을 좋아하지 않아. 난 내 자신을 위해 잘못을 고칠 거야."라고 긍정적으로 말할 때, 이것은 성장하는 것이고, 계속해서 선(善)의 유익함을 수확하는 것입니다.

오직 하나의 나무가 있습니다. 그것은 선(善)의 나무입니다. 악의 나무는 단지 여러분의 이기적 에고일 뿐입니다. 악의 나무는 여러분이 죄와 악을 믿는데서 생겨납니다. 여러분이 그것을 믿는 순간 여러분의 마음은 현실 속에서 그에 상응한 물질을 창조하기 시작합니다. 여러분의 용어 그대로 악을 만들어 내게 되는 것이지요. 이러한 사실을 깨달았을 때, 여러분은 그런 행위를 중단케 되고, 선을 향해 나가게 됩니다.

우리는 이 시점에서 기억해야만 합니다. 여러분이 1987년 이후, 특히 지구상의 일부 사람들이 하모닉 컨버전스(Harmonic Convergence)[36]를 통해 조화로운 진동의 집중을 실천했던 이후로는 줄곧 인류가 이미 변화하기 시작했습니다. 그리고 이것은 수많은 긍정적인 에너지를 지구로 가져왔다는 사실이며, 이는 커다란 중요성이 있습니다. 여러분은 명상과 같은 수련을 통해 고도로 조화된 파장들을 지구에다 모으고 집중시켰던 것입니다. 잊지 마십시오. 상승 과정은 야구 게임과 같습니다. 투수가 공을 던지면 타자는 헛손질로 스트라이크 3진 아웃을 당하든가, 그 공을 칠 것입니다. 그런데 여러분은 다행스럽게도 그 공을 때려냈습니다. 그래서 여러분 내면에 있는 창조의 요소는 여러분 신념체계에 따른 깨달음을 통해서 발전과 사고(思考)라는 정원에다 씨앗을 심어주는 원인이 되고 있습니다.

1987년에 있었던 조화로운 진동의 집중 이후 인류는 보다 상위적인 잠재의식과 초의식적인 마음까지 변화하고 있으며, 여러

---

36)1987년에 일어났던 뉴에이지 영적 이벤트를 말한다. 이 행사는 느슨하게 조직된 일단의 사람들이 유럽과 아시아의 점성학적 해석뿐만이 아니라 주로 마야달력에 기초한 날짜로 새 시대의 개막을 인도하기 위해 전세계에 걸쳐 존재하는 신성한 지역들과 신비적인 장소들에 집결했을 때 발생했다. 이것은 신성한 변형을 통해 사랑과 통합의 지구적 깨어남을 촉진하기 위해 계획된 것이었다. 참가자들은 1987년 8월 15일에 미국의 성산(聖山)인 캘리포니아 샤스타산과 영국의 스톤헨지, 볼리나스, 하와이 할리아칼라 화산, 그리고 크레스톤, 콜로라도, 기타 등등의 장소에 모여 들었다. 행사는 16일에 시작되었고, 기도, 노래, 명상, 춤, 그리고 영적 의식(儀式) 등으로 17일에 그 절정에 이르렀다.

〈하모닉 컨버전스〉는 1987년에 호세 아귤레스(Jose Arguelles)에 의해 처음 시작되었다. 마야의 우주론에 관한 그의 해석에 따르면, 1987년은 각각 52년으로 구성된 22개의 주기(週期), 또는 합쳐서 1144년이 종결되는 해였다. 이 22개의 주기는 13개의 "천국"의 주기들로 나누어져 있는데, 그것은 A.D 843년에 시작되어서 1519년에 끝났으며, 그 때 9개의 "지옥"의 주기들이 시작되었고 그 때로부터 468년 후인 1987년에 그것이 끝났다는 것이다. 아귤레스에 의하면 〈하모닉 컨버전스〉는 마야 예언에서 예시한대로 이러한 지옥 사이클의 종료와 우주적 평화의 새 시대의 출발을 알리기 위한 뜻 깊은 행사라고 한다.

이 개념의 지지자들에게 있어서 그 시점과 그 행사는 이제 막 일어나려고 하는 중요한 에너지적 변형이자 지구의 집단적 카르마와 법(Dharma)의 전환점인 것이다. 사람들은 말하기를, 이때 발생했던 에너지는 인류의 지구적 관점을 갈등에서 공동협력으로 변화시킬 만큼 강력했다고 하였다. 영화배우이자 작가인 셜리 맥클레인은 이것은 고차원 세계에 대한 자각을 가능케하는 "빛의 창문"이라고 언급했다. 아울러 이 행사의 중요성에 대해서는 영적 존재들과 우주인들의 채널 메시지에서 자주 언급되고 있다. 이 때 이후로 지구상에는 채널링이나 수정(水晶) 이용, 환생, 외계인에 관한 이론들이 본격적으로 대중화되었고, 이에 대한 대중들의 관심과 자각이 촉진되고 증폭되었다.

그런데 우연치고는 공교롭게도 1987년은 우리민족 사상에서도 선천세계가 마무리되는 해라고 보았다. 아울러 국조 단군(檀君)이 무진(戊辰) 원년에 개국한지 정확히 72갑자(甲子), 즉 4320년으로서 끝맺음하는 해였다. 따라서 올림픽이 있었던 1988년은 단기(檀紀) 4321년으로서 새로운 세상의 시작인 후천세계의 원년(元年)이 되는 것이다. (역자 주)

분은 11:11의 태어남이 허용되었습니다.[37] 아버지 하느님의 집에는 열려있는 큰 문이 있습니다. 거기에는 여러분 모두를 향해 열려져 있는 커다란 입구가 있는 것입니다. 그리고 그것은 일종의 파장의 형태로, 첫 상승의 파동으로 지구에 다가옵니다. 사실 인류는 자신의 영의 가장 높은 부분에 집중하는 〈하모닉 컨버전스(Harmonic Convergence)〉 행사를 통해 그러한 지구의 상승 파동 안으로 들어 왔습니다. 그런데 최근에 여러분은 12:12의 고조파(高調波)라고 부르는 또 다른 긍정적인 씨앗을 우주에다 심었습니다.

이것은 인간이 만들어낸 가장 거대한 파급력인데, 12:12는 완벽한 사도직분의 완성이고 완벽한 삼위일체의 완성입니다. 12:12, 1:3 그리고 삼위일체의 존재는 장차 성부와 성령, 성자의 하나됨을 가능케 합니다. 그러므로 이렇게 되면 여러분의 카르마는 철회되고 삭제됩니다. 그것은 완전히 없어질 것입니다. 여러분은 현재 과도적 전환기에 있습니다. 여러분은 모두 단기체류자(임시 머물고 있는 나그네)들인 것입니다. 여러분은 4차원 속으로 흘러가고 있고, 또 불안전하게 다시 3차원으로 변동하기도 합니다.

여러분은 카르마로부터 완전히 해방될 것인데, 왜냐하면 여러분의 조화로운 진동의 집중 때문입니다. 다음에 강의하게 될 주제는 22:22에 관해서이며, 이 강의는 여러분이 선택한 산 위에서 하거나 아니면 다른 장소에서 할 것입니다. 그것을 기억해 두십시오. 22:22의 출입구는 영이 육체로부터 자유롭게 되도록 허용하고 있습니다. 그렇기 때문에 그 다음에 가능하게 되는 것

---

37)11:11이란 1992년 1월 11일에 있었던 범세계적 영적 행사이자 지구 차원변형의 시간적 사이클를 말한다. 이것은 어머니 지구와 지구의 주민들을 위한 영적 에너지를 증대시키는 작업이 수반된 1992년~2012년까지의 20년이라는 에너지 활성화 주기를 포고한 것이다. 약 1만 명의 사람들이 이 날의 영적 의식(儀式)에 참가했는데, 이 의식에는 특히 대천사의 에너지를 전송하는 작업이 포함되 있었다. 11:11은 인류의 영적인 깨어남을 위해서 우리의 영혼의 구조 안에다 세포의 코드를 고대의 방식으로 깊이 새겨 넣는 의식이다.
(※Tambor Solana의 저서 참고 - 역자 주)

은 5차원의 상태로 들어가는 입구를 열어젖히는 것입니다. 그때 여러분은 자신들에게 배정되었던 지도령이나 수호천사와 같은 존재들을 볼 수 있게 될 것입니다. 그들이 어떤 형태로 여러분에게 상호 관계해왔던 간에 말입니다.

내가 언급한 것을 기억하십시오. 일단 카르마에서 해방되면, 그때 여러분은 더 이상 자신의 에고와 결합하거나 거기에 얽매이지 않습니다. 따라서 지구상의 여러분 모두에게는 중요한 발전이 이루어지게 될 것이고, 자신의 정체성에 결부된 인생관에도 큰 변화가 있을 것입니다. 여러분의 진정한 실상이 무엇인가 하는 것은 대단히 중요합니다. 아직도 인류의 상당수는 소위 유치원생의 깨달음 수준에 머물러 있습니다. 여러분은 여전히 앞으로 초등학교에 입학해야 하고, 그 다음에는 중학교, 고등학교 그리고 우주의 대학에 들어가야 합니다. 이러한 성장과정이 여러분을 서서히 단계적으로 이른바 지복천년(천년왕국)의 빛으로 인도할 것입니다.

여러분 신체의 각 부분들은 레이 라인(ley line)들을 가지고 있습니다. 어디선가 장차 여러분이 발견하게 될 보텍스가 있는 땅의 에너지(地氣)가 여러분의 몸의 그 레이 라인들을 연결하여 조화시킬 것입니다. 이것이 여러분을 초의식 상태에 이르도록 완전히 해방시킬 것이고, 여러분은 초등학교, 중학교, 고등학교, 그 다음에 대학교 과정을 밟아 올라가기 시작할 것입니다.

여러분은 2007년 이후 모든 카르마와 아마겟돈 전쟁의 소인들을 완전히 말소하고 뿌리째 뽑아 거기서 해방될 것입니다. 그리고 모든 사념들을 정화하게 될 것입니다. 그 다음에 우주의 보편적 지성체들에 의해 교육받게 될 것입니다. 그리하여 여러분은 초의식을 지닌 외계의 다른 행성에 있는 어떤 생명체들과 마음으로 직접 교신할 수 있게 됩니다. 예컨대 목성이나 명왕성에 있는 존재와 교신한다면, 대화하고 있는 그 상대가 누구인지를 실제로 볼 수 있게 될 것입니다.

하지만 내가 말한 것을 분명히 기억하십시오. 교신하는 것은 의식으로가 아니라 초의식(超意識)으로입니다. 그때 쯤 여러분은 의식을 버리게 될 것인데, 왜냐하면 눈으로 볼 때 여러분의 몸이 3차 상승파동에 따라 빛이 번쩍이는 몸으로 변할 것이기 때문입니다.

상승의 파동은 깨달음이고, 해방이며, 영의 자유로움입니다. 여러분이 업(Karma)으로부터 해방되고 영이 육체로부터 자유롭게 되면 될수록 영은 더욱더 자체에 대한 모든 것을 배울 것이고 이해할 것입니다. 그리고 자체의 생각과 창조성으로 이루어진 차원 상태가 되고자 스스로를 프로그램할 것입니다. 그러므로 여러분이 외계와 교신하고 있을 때인 2007년 내지 2011년 이후의 이 지구상의 기술은 환상적인 될 것입니다.

여러분은 이른바 타고 여행하게 될 금속성의 승용물은 보유할 것입니다. 거기에는 회전하는 엷은 막(베일)이 장치돼 있을 것입니다. 주의 깊게 잘 들으십시오. 그 엷은 베일은 여러분의 신체 세포들의 모든 부분이 하나됨과 더불어 여러분의 모든 원자, 분자, 전자, 중성자가 중성화되도록 해줍니다. 그것은 벽을 관통하여 즉시 움직이는 것과 유사합니다. 더 이상 거기에 배터리 같은 것은 없게 될 것입니다.

따라서 여러분의 운송은 정신적인 창조력에 의해 이루어지게 될 것이고, 인류는 정신능력으로 수송수단을 만들어낼 것입니다. 또는 먹을거리 역시 같은 방법으로 창조할 것입니다. 여러분이 자기 것을 창조해 낼 때, 거기에 어떤 축재와 같은 행위는 없을 것입니다. 그럴 필요가 없는 까닭에 자신의 목적에 필요한 것만 정확히 만들어내게 될 것입니다.

이 특별한 시대에 인류가 지구의 레이 라인 속에 흡수된 지복천년기의 빛을 받아들일 때, 여러분이 원하는 것은 무엇이든 어떤 형태의 깨달음을 통해 이룰 수 있게 될 것입니다. 그리고 또한 여러분은 광선에 자신의 몸을 실어 우주선으로 들려 올라가는 것도 가능하게 될 것인데, 그것이 가능한 것은 여러분이 자기 스스로에 대한 온전한 믿음을 갖게 되고 이른바 초의식에 대한 긍정적인 상태를 충분히 훈련했기 때문입니다. 이 때 결코 부정적인 의식 상태는 존재하지 않을 것입니다. 하지만 내가 전에 지구인들을 상대로 한 어떤 강연에서 언급했듯이, 때때로 이 초의식이라는 의식 상태에서조차 일부 사람들은 나중에 그 마음이 동요하여 선과 악이라는 이분법적 개념으로 후퇴하려는 경향을 가질 것이라는 사실입니다. 이것은 자신이 속한 우주 안에서 그 마음이 흔들리는 것으로 생각됩니다. 그것을 일러 여러분의 성경에서는 "타락"이라고 했으며, 소위 루시퍼의 타락도 마찬가지 예인 것입니다.

여러분은 모든 것을 가지고 있습니다. 하지만 여러분은 모든 것을 원합니다. 이것이 의미하는 바는 여러분이 가진 것을 보는 우리의 관점과 여러분의 관점 상에는 상당한 괴리가 있다는 것입니다. 즉 이것은 부정적인 사고방식의 원리인 것이지요. 그것은 이 특별한 시기에 이 행성의 현실을 있는 그대로 생생하게 보여주는 것입니다. 따라서 이제 여러분은 모두 이른바 비전(秘傳)의 교리체계에 관심을 갖고 모이거나 이런 일들을 비밀스럽게 행하고 있습니다. 하지만 여러분이 그것을 더욱 공개적이고 적극적으로 했을 때, 나중에 많은 이들이 새로 거듭나는 것이 가능해질 것입니다. 왜냐하면 인간은 때로는 자신의 견해를 수정해서 사고할 수 있기 때문입니다. 그러므로 지구적인 확장된 의식은 성공을 향한 승용물입니다.

여러분의 의식적인 마음을 밝혀서 보다 밝은 빛이 빛날 수록에 더욱 더 그 빛을 볼 수 있을 것이고, 어떤 물리적 차원이 아닌 영 안에서만 움직이는 현실을 볼 수 있는 올바른 진로를 찾게 될 것입니다.

실천과 실행이 없는 지식은 무의미하다

여러분이 날마다 마음이 흔들리고 배운 바를 실천하지 않는 것 보다는 현재의 사고방식을 모든 것을 허용하는 긍정적인 방향으로 전환하기 시작하는 것이 매우 중요합니다. 다시 말하면,

만약 여러분이 실천 없는 삶을 산다면 어떻게 자신이 배운 바의 진정한 가치를 느껴볼 수 있겠느냐는 것이지요. 여러분 모두가 실행해야 하는 것은 이론을 적용하는 것입니다. 실용성과 실천은 여러분이 그것을 이 시대의 어떤 새로운 교리체계라고 부르고 싶다면, 그렇게 표현해도 무방합니다. 여러분이 어떤 것을 실행하지 않는다면 그것이 자신에게 실제로 효과가 있는지의 여부를 알지 못할 것입니다. 자신의 발전을 위해 노력하고 있다는 수많은 사람들이 겨우 실천 없이 책이나 보는 소위 책벌레 학자가 돼가고 있습니다.

여러분은 천상의 계시적 메시지를 실제적으로 적용해보는 경험을 가져야만 합니다. 만약 전혀 그런 경험을 하지 않는다면, 여러분의 잠재의식이나 초의식이라는 어두운 다락방에는 불이 켜지지 않습니다. 따라서 이런 경우에 있어서의 어떤 메시지나 이론이라는 것은 경기하는 선수가 없는 야구공과도 같은 것이지요. 여러분은 그 경험에 뛰어들어 공을 때려내는 선수들이 되어야만 하는데, 이것은 이른바 그 경험을 반영하거나 빗나가게 되거나 하는 것입니다. 결코 마음에서 생각만 하는 것은 소용이 없습니다. 경기장에 나가서 그 공을 때려내십시오.

그렇게 여러분이 공이라든가 방망이, 선수 등에 대한 이론을 실제 응용한 후에는 조만간에 하나의 팀을 가지게 될 것입니다. 그리고 그 팀이 만들어진 다음에 여러분은 시합을 하고 경쟁을 할 것입니다. 경쟁 다음에는 크게 화합하고 하나로 단결하게 될 것입니다. 단결한 결과로 그 후 여러분은 트로피를 차지 할 것입니다. 그 트로피는 영(靈)이 왜곡된 육체적인 체험과 오해를 벗어나 참다운 깨달음을 얻음으로써 물질계를 졸업한다는 것을 상징합니다. 이를 기억해 두십시오. 그리고 방금 내가 말한 것에 정확히 밑줄을 쳐두십시오.

여러분은 정복당하는 것이 아니라 정복자가 될 것입니다. 그리하여 여러분이 이 시점에서 너무 많은 지식적 정보를 읽는 행위를 중단하고 아는 바를 실천하거나 자신의 직관이 들려주는 소리에 귀를 기울이기 시작하는 것은 중요합니다. 여러분의 다수는 아직도 중심 없이 흔들리고 있고 망설이고 있습니다. 많은 이들이 올바른 방향도 못 찾고 우왕좌왕하고 있고, 옆길로 빠져 자신의 삶을 통해 어떠한 승격이나 진보도 이루지 못하고 있습니다.

그렇기 때문에 과거 우리는 직접 와서 협상해야만 했고, 우리의 실질적이고 유용한 제안을 가지고 인류에게 합리적으로 설명하는 것입니다. 여러분은 많은 측면을 통해서 배우고 있습니다. 하지만 때때로 좀 나태했습니다. 종종 이렇게 말들을 합니다. "이 책을 보면 모든 해답을 얻을 것이다." 그 때 우리는 나태해지는 것입니다. 앞을 향해 똑바로 나가지 못하고 우왕좌왕하는 것입니다. 하지만 만약 여러분이 책을 읽고 거기서 나와 공을 치는 어떤 직접적인 경험을 한 후에 메시지나 이론을 고찰한다면, 이렇게 말합니다.

"나는 여기서 진정한 발전이 없었어." 이제 여러분은 말할 것입니다. "나는 내 자신, 나의 상위자아로부터 배우기를 원해."

우리는 짚고 다니던 목발을 던져 버리고 우리의 참자아(眞我)인 고등한 자아의 소리를 들을 필요가 있습니다. 우리는 진정한 내면의 울림에 귀를 기울이지 않습니다. 그러나 우리는 예컨대 조니나 빌리, 프랭키 같은 다른 사람의 말은 듣습니다. 그것은 단지 조니, 빌리, 프랭키의 말일뿐입니다. 하지만 여러분은 타인이 아닌 바로 당신들 자신이고, 그렇기 때문에 자기 자신의 소리를 들어야만 하는 것입니다. 참자아의 소리에 귀를 기울임으로써 그것과의 원만한 관계가 이루어지고 그것을 일러 영적성장이라고 부릅니다. 그리고 이러한 성장은 참자아에 대한 확고한 믿음과 발전을 가능케 할 것입니다. 성장이라는 이유 때문에 여러분이 "어떻게 해야 내가 나아질 수 있습니까? 내가 뭘 잘못하고 있지요?"라고 질문하고 있는 것입니다. 여러분은 아무 것도 잘못하고 있는 것이 없습니다. 다만 여러분은 성장이라고 부르는 경험에서 무엇인가를 얻으라고 오랫동안 충분히 권고 받아 온 것을 실천하고 있지 않습니다.

여러분은 성장할 것이고, 또 정체하기도 할 것입니다. 하지만 또 다른 경험을 얻을 것이고, 성장을 이룩할 것입니다. 매 번마다 성장은 여러분을 이른바 "영의 청년기"로 인도하고 있습니다. 그리고 여러분은 계속해서 성장하고 실천하고 또 성장하는 것입니다.

우리는 때때로 바보처럼 되는 경향이 있습니다. 여러분은 엄청난 술어(전문용어)로 이루어진 책을 읽습니다. 또 나는 ㅇ ㅇ ㅇ 박사입니다, 나는 박사학위 소지자입니다 등등의 말들은 인간의 에고를 황홀하게 만듭니다. 이런 경우 여러분은 다만 무지(無知)라는 도랑을 파고 있는 사람들인데, 왜냐하면 여러분은 황금이 묻힌 곳을 잘못 파고 있기 때문입니다.

친구들이여! 진정한 황금은 여러분 자신의 초의식적인 마음에 있습니다. 여러분이 자신의 초의식을 채굴하기 시작한다면 거기서 황금을 얻을 것입니다. 그리고 이 황금에는 〈의미론〉이라든가 기타 장황한 전문용어가 붙어있지 않습니다. 거기에는 단지 진보 또는 향상이라는 표가 붙어있을 뿐입니다. 그 뒤쪽에다 "존 필립 진보하다." 라는 표를 붙이고 그것을 되풀이해서 말

해보십시오. 그것은 여러분으로 하여금 자신의 잠재의식과 초의식의 마음을 확신시키고 깨닫게 할 수 있는 가장 위대한 만트라(Mantra)이고, 지성이 존재하는 한 당신이 원하는 바로 그것입니다.

지성은 여러분이 알다시피 지성으로만 시험해 볼 수가 있습니다. 지성의 시험이라는 것은 무엇입니까? 여러분은 모두 그것을 에고의 관점에서 도전할 수 있는 어떤 것의 형태로 바라봅니다. 맞습니까? 여기에는 모든 그런 단계가 있고 어떤 형태의 도전이 있습니다. 인식의 도전은 좋은 출발점이 될 것입니다.

제 이야기를 주의 깊게 들으십시오. 금성에 살고 있는 우리 금성인들은 스스로 자신의 상위자아를 경험할 수 있도록 허용함으로써 진보했고 그 결과들을 향유하고 있습니다. 우리는 이른바 전체가 전환과정의 오류를 바로잡고 변화를 체험하게 되었습니다. 그리고 아직도 우리는 의식이 더욱 더 높이 진화해가고 있습니다. 그렇기 때문에 이제 우리는 6차원 상태로 진입할 준비가 돼 있습니다. 따라서 금성은 이제 지구 시간으로 최소한 20~30년 내에 다시 태어날 것입니다. 그리고 우리는 우리는 장차 지구에 다가올 천국을 이미 이룩했습니다. 그리고 여러분이 앞으로 하게 될 것은 자신의 초의식을 의식 속에 초대하여 자리 잡게 하는 것입니다. 그것이 곧 천국인 것입니다. 그리고 여러분은 천국에서 기뻐할 것이고 거기서 갖가지 경험을 하게 될 것인데, 왜냐하면 그것이 예정된 일이기 때문입니다.

여러분 모두는 하늘나라의 지복을 누리게 됩니다. 그리고 여러분이 설사 어떤 용어를 쓰길 바랄지라도 만약 여러분이 자신의 삶에 지옥을 불러들일 수밖에 없었다면, 이제까지 줄곧 지옥을 즐기고 있었던 것입니다. 가장 중요한 것은 여러분이 이제 좀더 빠르게 움직이기 시작하는 것입니다. 여러분은 자기 자신의 깨달음을 향한 올바른 궤도 위에서 속도를 높이고 있습니다. 여러분이 이런 식으로 계속 전진해 가는 만큼 내가 언급한 대로 인류는 급속도로 다시 태어나게 될 것입니다. 여러분은 스스로에 대한 더 나은 자신감을 가질 것이고, 3차원을 졸업하는 학위를 받게 될 것입니다. 그것이야 말로 영적인 박사학위인 것이지요. 그 학위는 단지 여러분 자신을 깨달았음을 의미하는 것이지만, 이 지구에서 취득할 수 있는 가장 높은 박사학위인 것입니다. 그리고 기존에 인간들이 만들어 놓은 나머지 학위들이란 모두 여러분 에고(ego)의 욕구를 충족하기 위한 것일 뿐입니다.

내가 지금까지 말해온 것처럼 여러분이 이미 조화로운 높은 주파수의 집중을 통해 극복해 온 큰 변화들이 있었습니다. 그리고 이것이 전체적인 조화와 초의식적인 집중을 가능케 하고, 또 의식적인 마음이 경험에 뛰어들어 배트를 휘두름으로써 홈런을 치게 하며, 전체적으로 삶을 즐기게 해줍니다. 지금까지 당신들은 단지 공을 때리고 1루에 왔을 뿐입니다. 20xx년경에는 안타를 치고 3루까지 내달릴 것이고, 20xx년~20xx년 경에는 드디어 홈런을 치게 될 것입니다. 이 홈런을 일러 다른 말로 귀향(歸鄕)이라고 부르는데, 말 그대로 아버지의 집으로 돌아오는 것입니다. 이를 기억해 두십시오. 이것은 매우 중요합니다.

자 이제는 나의 우주선으로 돌아가야 할 시간입니다. 앞으로 5분에서 6분 정도 하늘을 주시해 보십시오. 그러면 당신들은 그것을 보게 될 것입니다. 여러분과 함께 했던 시간은 즐거웠습니다. 여러분 모두에게 신의 가호가 있기를 기원합니다. 감사합니다. 알라호이!

- 제3부 -

발토오 사령관의 최근 활동과 새로운 메시지들

3부 – 발 토오 사령관의 최근 활동과 새 메시지들

발 토오는 1960년에 미 국방성을 떠나 금성으로 귀환한 이후에도 오늘날까지 여전히 지구를 계속 왕래하며 활발한 활동을 펼치고 있다. 이 3부에서 소개하는 그에 관한 최신 자료들은 이런 진실을 잘 뒷받침해준다. 이런 정보들을 통해 우리는 인류와 지구에 대해 선의(善意)를 가진 높은 외계 존재들이 과연 어떻게 인간의 진화,발전을 돕고 인도하고자 끊임없이 노력하고 있는지를 알 수 있다. 인간을 일깨우고 돕고자하는 것은 비단 지구영단의 마스터들만은 아닌 것이다.

현재 이 지구상에는 발 토오와 채널링을 통해 교신하거나 직접 접촉하고 있는 사람들이 다수 있는데, 그중 가장 대표적인 사람은 미국의 마지 케이와 패티 스펜서, 주디 비비이다. 그리고 이들 세 사람은 모두 여성들이다. 이 4부에서 소개하는 발 토오의 최근 활동에 관한 자료와 메시지들의 대부분은 모두 이들을 통해 나온 것이다.

이들 가운데 패티 스펜서와 마지 케이에 관해서만 잠시 소개하도록 하겠다. 먼저 패티 스펜서는 올해 88세의 고령의 여성으로서 이미 1950년에 발 토오와 직접 접촉한 것으로 알려져 있다. 뛰어난 텔레파시 능력자인 그녀는 특이하게도 원래 발 토오의 트윈 플레임(Twin Flame)에 해당되는 영혼으로서 이번 생에 지구에 태어난 목적 자체가 발 토오의 가르침과 메시지를 수신하여 전하는 역할을 하기 위해서라고 한다. 그리고 그녀의 우주에서의 본래 이름은 발라나 테레즈 토오(Valana Terese Thor)라고 하며, 이 이름 자체가 말 그대로 발 토오의 에너지 특성과 일치하는 한 쌍임을 의미한다고 한다.

그리고 마지 케이는 현재 UFO & 초자연현상 연구가인 동시에 외계 존재들과 텔레파시로 교신하는 채널러이며, 또한 국제적으로 유명한 원격투시 능력자이다. 그런데 그녀가 원격투시 초능력을 얻게 된 것은 흥미롭게도 1985년에 우연히 발 토오와 영적으로 접촉하여 교신하게 되면서부터라고 한다. 그리고 그녀는 발 토오와 지속적으로 교신하는 과정에서 나중에 우주선에 초대받아 승선하는 경험까지 하게 된다. 이런 스토리들은 뒤에서 자세히 소개될 것이다.

한편 마지 케이는 자신의 특수한 능력을 활용하여 경찰과 사설탐정들을 위해 실종된 사람들과 미해결 범죄를 조사해 왔으며, 이미 미국과 해외에서 50건 이상의 범죄가 해결되도록 도움을 준 바 있다. 또한 UFO와 외계인 문제에도 깊은 식견을 가진 그녀는 이에 관해 그녀 나름의 의미 있는 견해를 자신의 불로 그에서 이렇게 밝히고 있다.

"지난 15년 동안에 걸쳐 외계 우주선을 관찰해 본 결과, 하늘과 우리의 대기권 밖에 있는 우주선의 수에는 뚜렷한 차이가 있다. UFO 자료들에 대한 보고가 그 어느 때보다 많이 들어오고 있다. 외계인들은 지구상의 사람들이 접촉할 준비를 할 수 있도록 그들 스스로를 의도적으로 더 눈에 잘 보이게 하고 있고, 또 그런 목적일 가능성이 높다. 내가 원격투시 능력을 이용하여 의식으로 우리 행성 밖을 살펴보면, 수천 개의 인공 우주정거장들과 거대한 외계 모선들. 그리고 행성으로부터 거대한 우주선을 오가는 소형 우주선들이 확대되어 보인다. 그들은 우리를 파괴하기 위해 여기 있는 것이 아니라, 오히려 지구가 어떤 사건을 통과하도록 돕거나 위협으로부터 보호하기 위해 있는 것이다.

현실을 직시하자. 만약 외계인들이 우리를 파괴하기를 원했다면 그들은 이미 그렇게 했을 것이다. 비록 악한 존재들이 있긴 하지만, 반면에 선한 존재들은 규칙적으로 그들을 감시하고 있다. 일부 에테르적 투시과정을 통해 나는 위협적인 존재들이 파괴되거나 제거되는 것을 목격했다.

이 모든 것은 무엇을 의미할까? 그것은 우리의 운명이 불운하게 정해져 있다는 것을 의미하는 것일까? 아니, 그렇지 않다. 설사 만약 지구 전체가 행성 간 전쟁이나 대격변적인 사건으로 인해 파괴된다고 할지라도, 그 의미는 우리 모두가 육체를 떠나 빛의 몸을 가지고 5차원으로 옮겨간다는 것이다. 그럼 다음 우리는 다른 행성에서 다른 몸으로 영혼의 여정을 계속하거나, 그 세계에서 일하기 위해 영혼의 형태로 남아 있을 것이다. 그러므로 우리가 알고 있는 세계의 종말이라는 것은 사실 세상의 마지막이 아니다.

하지만 다소의 천재지변적인 재난을 이겨 내기 위해서 우리는 어떤 것에도 대비할 필요는 있다. 이것은 최소한 12개월 동안의 음식, 물, 생필품, 그리고 보호장비를 마련하는 것을 의미하고, 여러분 자신의 먹을거리를 스스로 재배하는 것을 의미한다. 가능하다면 도시를 벗어나 시골로 가는 것이 좋다. 여러분 자신을 돌보기 위해 준비하도록 하라."

1.발 토오 사령관과의 대화: 아쉬타 사령부가 도움을 주지 못하는 이유에 대해

- 패티 스펜서 -

2011년 4월 9일

*송신: 우주방어 함대 사령관 발 토오
*채널링: 패티 스펜서

※이것은 이른 아침 사령관 발 토오와 함께 그의 의견을 묻는 여러 가지 질문과 답변으로 구성된 평이한 대화이다. 나는 그와 1970년부터 오랫동안 텔레파시로 교신해 왔으며 아직 어떤 답변도 잘못돼 있다는 것을 발견하지 못했다. 나는 그것이 언젠가는 잘못될지도 모른다고 말하는 것이 아니라 그가

패티 스펜서

현재까지 매우 정확했다는 것이다. 발 토오는 어떤 이들이 외계인(E.T)이라고 부르는 존재이며, 소위 노르딕 종족이라고 부르는 유형으로 우리와 모습이 비슷하다.

만약 여러분이 그의 답변에 동의하지 않더라도 부디 그 메신저에게 총을 겨누고 쏘지는 말기 바란다. 나는 미 공군 장교들에 의해 두 차례에 걸쳐 내가 공군에서 일찍이 알았던 최고의 텔레파시 능력자라고 들은 바가 있다. 이런 말은 내 자신을 자랑하기 위해서가 아니라, 여러분에게 오늘날 하늘에 있는 노르딕 외계세력의 최고 사령관이라고 주장하는 존재로부터 내가 받은 메시지에 대해 믿음을 주기 위해서이다. (패티 스펜서)

• 패티: 좋은 아침이군요. 발 토오 사령관님, 질문하고 대답하는 우리의 대화 시간을 위해 준비되셨나요?

• 발 토오: 안녕하세요, 패티, 나는 여기서 당신이 결혼하기 전의 성(姓)을 내가 사용하길 원한다는 것을 압니다. 왜 그런지 말해 주실래요?

• 나는 당신이 나에게 개인적으로 알려준 다른 이름(Valana)을 사용함으로써 누군가가 당신이 새로운 채널을 가졌다고 생각하게 하고 싶지는 않습니다. 결국 내가 15년 동안 당신의 일을 온라인으로 해오면서 불미스런 일을 겪은 후에 나는 타인들이 당신이 새로운 채널을 갖고 있고 나를 제쳐 놓았다고 생각하지 않았으면 합니다. 나는 80번째 생일을 지냈고 최근에는 잘 지내지 못했습니다. 나는 내가 누구인지 명확히 하고 싶습니다. 지난 15년 동안 당신에 대한 내 예측과 의견은 아직까지 절대로 틀린 적이 없습니다.

• 그럼 당신이 나에 대해 갖고 있는 질문을 해보시죠.

• 아쉬타 사령관과 미카엘 대천사가 1주일 이내에 지구로 돌아올 것이므로 모든 것을 접수하여 바로 잡을 거라고 주장하는 최근 메시지에 관한 당신 의견은 무엇인가요? 이것에 관련해 어떤 근거가 있습니까?

• 나는 아쉬타 사령관의 현실을 잘 알고 있으며, 여러 해 동안 그의 지구도래에 관한 많은 예언들 탓에 얼마나 그가 환상처럼 여겨졌는지를 잘 알고 있습니다. 진실은 우리 중 누구라도 오기로 결정했다면, 우리는 사전에 예고하지 않을 것이고 그렇게 하는 데 목적이 없다는 것입니다. 우리는 여러분의 지구 행성과

관련하여 다른 목적을 위해 봉사하고 있으며, 당신의 편의를 위해 이것을 다른 기회에 논할 것입니다.

- **그 메시지에 아무런 실질적 내용이 없다고 말하시는 겁니까?**

- 우리가 지구상의 상황을 접수하고 유토피아로 만들기 위해 나설 것이라고 주장하는, 내 자신이나 아쉬타 사령관으로부터 받았다는 어떤 메시지는 근거가 없습니다. 아쉬타는 그런 형태의 내용에다 그를 포함시키지 않기를 희망합니다. 왜냐하면 그런 일이 일어나지 않을 때 단지 그릇된 생각을 유발하기 때문이며, 우리는 그래서 그 많은 (왜곡된) 것들이 쓰여졌다고 생각합니다. 그렇다고 물론 우리는 이 특별한 채널링이 그런 경우라고 말하고 있는 것은 아닙니다.

  우리는 과거에 이것에 대해 논했고 그것이 내가 여기서 그와 내 자신에 대해 공식적으로 말하고 있는 이유입니다. 우리는 (지구상황에 개입하기 위해) 오지 않을 것이며, 아쉬타 사령관은 오지 않습니다. 우리가 지구에 개입할 수 있는 유일한 길은 당장 대피해야 하는 급박한 상황에서뿐입니다.

- **많은 이들이 미쳐 날뛰는 인간기술로 인한 문제라고 생각하는 일부 문제들에 대해 외계에서 이 세상에 도움을 줄 희망은 없나요?**

- 우리가 개인이나 지구행성의 자유의지에 간섭하는 것을 금지하는 창조주에 의해 세워진 우주법칙이 있습니다. 만약 지구의 상황이 매우 위급해서 인간생명이 존속될 수 없는 어떤 상황이라면, 우리는 대피시킬 것이고 가능한 한 많은 이들을 다른 행성으로 데려가려고 시도할 것입니다. 아마도 그들은 그 곳에서 살아남을 수 있을 것입니다.

발 토오 우주함대 사령관

만약 대피명령 하달이 요구되는 상황이라면, 우리는 사전에 통고하지 않을 것이고 그것은 언론의 관심을 필요로 하지도 않을 것입니다. 그리고 우리는 이런 유형의 피난에 아쉬타 사령관과 내 자신 휘하의 연합함대를 운용할 것입니다. 우주에는 지금은 내가 밝히고 싶지 않은 2개의 행성들을 포함해서 인류가 생존할 수 있는 다른 장소들이 있습니다.

우리가 지구상의 인류 문제에 개입하게 될 유일한 길은 광란적인 인간의 기술이 지적 생명체를 가진 다른 어떤 행성에 악영향을 미치는 단계에 도달할 경우입니다. 이런 경우에, 내가 나의 승무원들에게 말하지만, 여기서는 아쉬타 사령관이 아닌 우리가 그것을 막으려고 노력해야할 것입니다.

• **이런 일이 일어날 가능성이 있습니까? 발 토오님.**

• 유럽입자물리연구소(CERN) 시설에서 진행되는 작업과 관련하여 극히 한정적으로 그럴 수 있습니다. 어떤 식이로든, 가장 멀리 떨어져 있는 별 위의 형체들에 전혀 영향을 미치지 못하는 물질세계에서는 누구나 모래 한 알도 건드릴 수 없습니다. 당신네 행성에서의 양자과학은 아직 걸음마 단계에 있지만, 그것에 대한 약간의 지식만으로도 나의 주장을 확인시켜 줄 수 있다고 믿습니다.

• **사령관님, 어떤 방식으로 당신은 이곳 지구에서의 양자과학 이론을 알고 계신가요? 나도 알기는 하지만, 나는 이 주제들 중 일부에 관해 언급하는 당신의 능력에 대해 대중에게 알릴 목적으로 질문 드립니다.**

• 나는 지구상의 용어로 말한다면, 양자 과학자이자 지구인의 마음을 연구하는 심리학자입니다. 나는 또한 부수적인 나의 사령부 명칭이 없이 발리언트 토오라는 이름으로 내가 집필하는 경전 해석 저서들로 인해 "탁월한 성서해석 성직자"라고도 불립니다.

내가 전에 말했듯이, 여러분의 과학계는 현재 천사들이 걷기 두려워하는 곳을 밟고 있습니다. 그들은 CERN(유럽입자물리연구소)과 하프(HAARP) 시설에서 자기들이 행하고 있는 것은 물론이고 우리에게는 알려져 있지만 일반 대중에게는 알려지지 않은 다른 것들에 대해서도 충분히 이해가 없이는, (불시적인 사고로 인해) 대피가 발생할 가능성이 있습니다. 내 우주선들은 현재 "대피 준비 명령" 대기 하에 있습니다. 나는 아쉬타 사령관에 대해 공식적인 사안으로 이야기할 수는 없으나, 비공식적으로 그는 나에게 100% 동의할 것으로 믿습니다.

나는 지구 행성에서 생명의 존립이 불가능해지는 상황이 닥치기 전에, 우리가 사람들에게 경고할 수 있을 때 인간이 이 위기를 통과하기 바랍니다.

• **사령관님, 현재 어떤 위험이 있습니까?**

• 여러분의 현 시대의 이 특정 시기에는 아니지만, 만약 안 좋은 일이 계속된다면 커다란 가능성이 있습니다. 지구상의 원자력 발전소들이 설계된 방식으로 올바르게 작동하는 한은 깨끗한 공기가 될 수 있지만, 다루기 어려운 사건 속에서는 그것이 지구상에서 인간 생존에 매우 위험해질 수 있습니다.

현재 일어날 수 있는 일의 심각성은 후쿠시마((福島) 상황으로 인해 전 세계가 볼 수 있습니다. 그것은 일본 후쿠시마에 있는 유일한 원자력 발전소입니다. 샌 마드리드(San Madrid) 단층선에 인접하여 15개의 발전소들이 있으며, 지진 전문가들은 가까운 미래에 그 라인을 따라 일어날 매우 심각한 지진을 예측한 바 있습니다. 우리는 이 진단에 동의합니다.

• **사령관님은 어떤 제안을 하시겠습니까?**

• 나라면, 후쿠시마 원전 사고와 유사한 상황을 예방하기 위한

절대 안전한 방법이 발견될 때까지, 샌 마드리드와 샌 안드레스 단층 라인에 인접한 모든 발전소들의 가동을 즉각 중단할 것입니다. 그렇게 하지 않는 것은 지구와 그녀의 주민들의 안전을 가지고 어린애 같은 게임을 하고 있는 것입니다. 그래서 나는 비상사태시에 최대한 빨리 대피시킬 수 있도록 우리 함대를 지구의 아주 가까이에 배치해 두고 있습니다.

• 나는 오늘은 이것으로 충분하다고 생각합니다. 다른 질문들은 다른 대담 시간에 다루겠습니다. 발 토오 사령관님, 당신의 답변에 대해 감사드립니다.

• 이 점을 말하고자 합니다. 대피명령이 내려져야 한다면 언제 어디로 가서 머물러야 할지를 결정해야 할 것입니다. 샌 마드리드 단층선에 심각한 지진이 발생할 경우, 후쿠시마 원전 문제와

유사한 높은 비율의 방사능이 지구를 완전히 뒤덮게 되는 15가지 가능성이 발생할 수 있다는 것을 이해해야 합니다. 설사 생존자가 있더라도 그런 재앙을 겪은 세대는 영혼이 육화하기보다는 사멸을 선택할 정도로 치명적인 돌연변이가 생길 것입니다. 오늘은 보다 긍정적인 소식이 없어서 유감입니다.

• **대중매체에 의해 우리가 듣지 못하고 있는 세상에서 무슨 일이 벌어지고 있나요?**

• 나는 여러분의 언론 보도를 따르지 않지만, 지진 활동은 우리의 기술에 의해 지구 전역에 걸쳐 관측되고 있습니다. 우리는 그것을 매우 면밀하게 지켜보고 있습니다. 여러분은 현재 극(極)이 바뀌는 과정 속에 있습니다. 우리는 또한 시간이 있으므로 이것을 주시하고 있고. 만약 태양풍이 지구 주민들을 파괴하는 단계에 이를 경우, 이 전환기 동안 지구는 취약한 처지에 놓이게 될 것입니다. 나는 이것이 발생하기 이전에 나의 함대에게 대피령을 내릴 것입니다.

이것은 베드로가 성서의 〈베드로서〉 안에 있는 그의 예언에서 말한 것이며, 이는 "하늘이 불타오를 것이고 정의가 깃들 새 하늘과 새 땅이 있을 것"이라는 예언입니다. 우리가 인식하는 세계의 유일한 희망은 여러분이 예수 그리스도라고 부르는 존재의 재림, 또는 지구상의 대다수가 회개를 통해 신(神)에게로 돌아가 정부와 개인에 의해 자행되는 인간에 대한 잔학한 행위가 끝나는 것입니다.

• **나는 언젠가 우리 태양계에서의 당신의 목적에 대해 이야기를 나누었으면 합니다.**

• 나중에 그렇게 할 것입니다. 현재로서는 이게 전부라고 생각

합니다. 패티, 나를 위해 메시지를 수신해 주신데 감사드립니다, 아주 좋은 하루 되십시오.

• 사령관님, 이런 질문들에 대해 의견을 주셔서 감사합니다. 나는 우리 하늘 가까이에 계신 당신 덕분에 매우 안전하다고 느낍니다. 그리고 나는 만약 그것이 발생해야만 한다면, 나도 함께 대피될 수 있기를 바랍니다.

• 그런 상황이 발생할 경우, 당신은 안심하고 나의 사령선에 확실히 탑승하실 수 있게 될 것입니다. 그리고 저와 다시 한 번, 직접 만나 뵙게 될 겁니다.

• 고맙습니다, 사령관님.

2.발 토오 사령관의 15년 예언 기록과 2011년 현재에 대한 예측

- 패티 스펜서 -

발 토오는 인류의 집단의식을 51%의 긍정성으로 올릴 수 있다면, 누가 어떤 예언을 했거나 그것이 어느 책에 나와 있느냐에 관계없이 우리는 부정적인 예언을 없앨 수 있다고 반복해서 말했습니다. 이 비율은 이번에 다시 올라가고 있습니다. 그것을 최고로 높여 봅시다. 함께하면 할 수 있습니다!

예언은 그 예언이 행해진 때와 동일한 조건에 머물러있는 상태에서만 그 내용대로 일어날 수 있습니다. 이것에 대한 우리의 성서적 증거는 발 토오가 이 시대에는 요한 계시록보다도 우선해서 공부해야 한다고 반복해서 말했던 〈요나의 서(書)〉입니다.[38)

요나의 예언은 사실이지만, 니느베(Nineveh) 사람들이 회개했을 때 신은 미래를 바꾸셨습니다. 그 선지자의 말은 그가 히스기야(Hezekiah)[39)에게 죽을 것이라고 말했을 때는 진리였습니다. 그러나 히스기야가 기도했을 때 선지자는 문에서 돌아서서 다시 돌아가 그가 15년을 더 살 거라고 그에게 말했습니다. 예

---

38) 「요나의 서(書)」는 구약의 12예언서 가운데 하나로서 요나는 B.C. 8세기 경의 이스라엘의 선지자이다. 그 내용은 이 예언자가 겪은 여러 주요 사건들을 교훈적으로 기록한 것이다. 요나는 니느베에 가서 설교하고 그곳의 주민들에게 경고하라는 신의 명령을 어기고 배를 타고 도망가는 도중, 바다에서 큰 풍랑을 만난다. 그러자 선원들이 두려운 나머지 배 안에 신의 노여움을 산 인물이 탔다고 생각하고 제비뽑기를 제안하였다. 이때 바로 하필 요나가 제비에 뽑혀 바닷 속으로 던져진다. 이어서 요나는 큰 물고기(고래)에게 먹히지만, 그 뱃속에서 3일간을 지내다가 육지로 내뱉어져 기적적으로 되살아나 자기의 사명을 완수한다는 이야기이다. 그런데 여기서 요나가 바다에서 죽지 않고 3일 동안 갇혀 지냈던 큰 물고기는 사실 우주선(UFO)이었다는 설이 있다. (편역자 주)
39)예언자 이사야 때의 유대의 왕(715(?)-686(?) B.C.); ≪열왕기 下 XVIII:19≫.

언, 성서 또는 다른 어떤 것도 다른 방법에 의해 변경될 수 있습니다!

만약 집단의식을 계속해서 오염시키는 부정적인 선전을 최대한 중단하고 지구의 미래에 대한 긍정적인 예언을 인정하기 시작한다면, 우리는 세상을 더 낫게 바꿀 수 있습니다.

발 토오 사령관은 최근 지구가 흔들리고 있는 결과에 관해 다음과 같은 몇 가지 진술을 했습니다. 이것은 2011년에 대한 우리의 예측입니다. 나는 발 토오의 예측이 맞거나 틀리거나 지지하며, 우리가 세계를 위해 완벽한 기록을 계속해 나갈 수 있기를 바랍니다. 그가 다른 날에 말했듯이, 우리가 이 중 일부를 틀리더라도, 세상은 우리의 실수를 비난하지는 않을 것입니다.

(1)극이동(pole shift)은 이 행성의 표면에 극단적인 영향을 끼치지 않고 성공적으로 계속될 것이다.

(2)지구의 변화기 동안 지구상의 생명을 파괴하는 태양풍의 위험은 현재 관리되고 있고, 그의 지휘 하에 있는 함대에 의해 지구 행성을 보호하기 위한 조치들이 마련되었다.

(3)가까운 장래에 예상되는 샌 마드리드 또는 샌 안드레아스 단층의 격렬한 활동은 없지만, 현재 배치된 기술에 의해 주요 지진 라인에서 압력을 받고 있기 때문에 다른 지역에 다소 지진이 있을 것이다.

(4)우리가 주식시장의 마지막 추락을 예측했음에도 불구하고 발 토오는 가까운 장래에 위험을 예언하지 않고 있다. 세계 경제가 안정되는 방향으로 나갈 것이고 하반기에 다소 안정될 것이다.

(5)언제나 그래 왔듯이 중동에는 항상 어느 정도의 불안과 전쟁이 있을 것이지만, 우리는 지금 세계적인 대학살이 일어나고 있는 것을 보고 있지는 않다. 그럼에도 아랍 사람과 유대 사람 한 사람이 남아서 끝까지 싸워 이길 때까지, 그 곳에는 전쟁이 있을 것이다.

3.발 토오 메시지

여러분은 신(神)과 함께하는 공동창조자입니다

- 채널링: 패티 스펜서 -

2014. 8. 10.

자신의 생각을 완전히 통제하는 것은 매우 중요합니다. 왜냐하면 생각은 하위세계에서 무형의 재료들이고 물질세계의 모든 것이 창조되는 방식이기 때문입니다. 사실, 여러분은 에너지장에 의해 둘러싸인 한 점의 지성적 존재들이고 ,이 에너지장은 생각에 의해 영향을 받습니다. 나는 여러분이 사고과정에 집중하지 않는 무질서한 생각에 대해서 말하고 있는 것이 아닙니다. 나는 또한 당신이 앉아서 촛불을 켜고, 음악을 연주하고, 한두 시간 동안 집중해야한다는 것을 의미하지는 않습니다.

인간은 생각하고, 믿고, 느끼는 것에 의해 그들만의 세계를 창조합니다. 사람들은 어떤 생각을 다른 생각으로 대체하려 하지 않는 가운데 그 생각이 생겨날 수 있게 하며, - 그리고 이 생각은 조용한 생각일 수도 있고, 말로 표현될 수도 있다 - 감정의 속성은 그 생각과 아이디어에다 힘을 부여합니다. 어떤 것을 생각함으로써 그 사념이 생겨날 수 있을 때, 에너지가 흘러 들어가는 틀이 만들어지며, 사실로 받아들인 생각이 실현되는 창조현상이 일어납니다. 그런 다음 그것이 감각에 의해 실체로 인식됩니다.

모든 것은 운동하고 있는 에너지입니다. 사실상 물질은 없는 것이며, 단지 다양한 주파수 변화만이 있을 뿐입니다. 그리고

246

이 에너지 주파수는 생각에 의해 움직이게 됩니다.

그러므로 낮은 물질계에서 인간의 다섯 가지 육체적인 감각에 의해 감지되는 것은 눈에 보이지 않는 생각에 의해 만들어졌으며, 그 생각은 낮은 물질수준에서 형태를 취합니다. 실제로 물질은 없으며, 오직 일부 사람들에 의해 "영(靈)"이라고 불리는 것만이 존재합니다. 인간은 비록 식별될 수 있도록 물질수준의 육체적 존재로 나타나있지만 본래 "물질"이 아닌 "영"입니다.

물질세상에서 인간이 나무나 어떤 물체를 보고 이름을 부르는 모든 것들은 모두 일종의 에너지 주파수입니다. 에너지는 현실 속에 있는 모든 것이지만 유한한 물질적인 감각에 의해 구별하지 않는다면, 물질세상은 따로 존재하지 않을 것입니다.

친구 여러분, 그 힘은 바로 이 순간 여러분 안에 있습니다. 나는 예수라는 그리스도화한 존재가 역사 이래 이에 관해 설명하려고 했던 모든 형이상학인 교사들보다 그것을 다음과 같이 좀 더 분명하게 말했다고 믿습니다.

"네 믿음대로 되리라.(마 9:29)"

즉 여러분은 자신이 믿는 대로, 받게 될 것입니다

4.발 토오 메시지

창조의 원리와 상승의 길

- 채널링: 패티 스펜서 -

2014. 12. 29

여러분이 가슴 속에서 믿는 것은 무엇입니까? 여러분 안에 깊고 진실하게 자리 잡은 것은 무엇일까요? 그것은 내면의 창조 메커니즘입니다.

형이상학적 스승들은 오랫동안 우리를 둘러싸고 있고 우리를 통해 흐르고 있는 "신의 법칙"이라고 불리는 영(Spirit)의 실체를 강조해 왔고, 그 실체는 말하거나 암묵적인 우리 생각들의 영향을 받아들여 그것을 나타나게 하고 있습니다.

실현하는 힘은 단순히 여러분의 말과 생각에 있지 않습니다. 그 힘은 보편적인 영의 실체 안에 있으며, 양자 과학자들은 이제 "양자 수프(quantum soup)"라고 부릅니다. 그리고 과학자들이 양자 수프라고 부르는 것을 구약성서에서는 "하느님의 영"이라고 하는데, 즉 이렇게 나와 있습니다.

"그리고 하느님의 영은 수면 위에 운행하시니라 … 하느님이 말씀하셨다.(창세기 1:2)"

창조의 비밀을 아시겠습니까? 하느님은 사념이 암묵적인 말이라고 말씀하시거나 생각하셨습니다. 하느님은 어떤 것을 생각하거나 믿으셨으며, 그 믿음이 들리는 소리로 표현되든, 또는 들리지 않거나 드러나지 않게 표현되더라도 그것이 나타나도록 창조하셨습니다. 그것은 사실 생각 이상의 것이고, 일종의

248

"앎"이며, 반드시 생각에 의해 표현될 필요가 없습니다.

만약 생각이나 말들이 이런 내면에 앎(깨달음)에 기초해 있지 않다면, 그것은 실현될 힘이 거의 없습니다. 하지만 만약 그런 앎에 기반해 있다면, 무엇이든 가능하고 그것이 여러분이 과거에 생각하거나 믿었던 진리에 맞지 않는 모든 것들을 제거하거나 해체하고 뿌리째 뽑아버립니다. 이것은 위대한 교사의 말씀에 이렇게 표현되어 있습니다,

"진리를 알지니, 그 진리가 너희를 자유케 하리라.(요한복음 8:32)"
                                              - 예수 -

이제 실현은 즉각적일 수도 있고 그렇지 않을 수도 있습니다. 그것은 다음과 같은 경전의 말씀에 대한 신비입니다.

"드러나지 않을 비밀은 아무 것도 없다."

사실, 형이상학적으로 정확하게 말하자면, 생각이 사물을 창조하는 것이 아닙니다. 내면의 앎에 근거한 생각이 사물을 창조합니다. 그것이 불가사의한 치유가 매번 작용하는 이유입니다. 에디(Eddy) 여사는 다음과 같이 매우 정확하게 언급했습니다.

"생각에서 잘못된 것을 제거하세요. 그러면 그것이 결과(병증)로 나타나지 않을 것입니다".
                - 메리 베이커 에디(크리스천 사이언스 창립자) -

만약 여러분이 통증, 질병, 심지어 말기 질환에 대한 생각을 잠재의식의 기억을 포함한 마음 전체에서 완전히 없앨 수 있다면, 여러분은 스스로를 치료할 것이고 그것은 신속한 결과로 나타날 것입니다. 이것은 심각한 증상들을 가지고 행해져 왔습니

다. 그것은 말처럼 쉽지는 않고 연습을 통해 이루어질 수 있지만, 그 생각은 이런 매우 강력한 시범에 앞서 많은 부분이 진리에 기초해 있어야 합니다.

우리가 〈크리스천 사이언스(Christian Science)〉의 연구를 전적으로 옹호하지는 않으나, 메리 베이커 에디가 어디서 출발했는지를 이해하는 것은 나쁘지 않을 것입니다. 그녀는 많은 진리를 그녀 자신의 육체적인 생각에다 포함시켰고 그녀는 이것을 인정했습니다.

아인슈타인 박사는 교수 시절, 크리스천 사이언스의 독서실에 가서 에디의 글에 나오는 "물질은 없다" 는 언급 부분을 보여달라고 부탁했다고 합니다. 물론 그들은 그가 잠깐 동안 책을 읽고 일어나 강단으로 돌아가서 그 말의 불합리함을 강의할 것이라고 생각했습니다. 하지만 그 대신에 그는 이렇게 물었습니다.

"내가 거의 50년 전에 과학자들에게 가르치기 위해 그렇게 열심히 노력했던 것을 어떻게 그 여성이 알았을까요?"

인간은 그들이 생각하고 믿고 느끼는 것에 의해 그들 자신의 세계를 창조합니다. 부정적인 생각을 긍정적인 생각으로 대체하려는 노력을 하지 않고 그 생각을 허용하면 (이것은 침묵하는 생각이나 구두로 표현 될 수 있음), 감정이 그 생각에다 힘을 부여하게 됩니다. 즉 어떤 아이디어를 생각함으로써 그것이 생겨날 수 있게 하면, 일정한 틀이 만들어지고 에너지가 그 안으로 흘러들어가서 사실로 받아들인 생각이 실제로 나타나는 창조가 이루어집니다. 그리고 그것이 감각에 의해 실체로 인식되는 것입니다. 비록 그것이 영혼의 세계에서는 즉각적으로 실현되지만 (물질세계에서) 시각적 또는 청각적으로 감지되는 실현은 일정기간에 걸쳐 발생합니다. 그리고 이런 시간적 지연은 그 생각의 창조자에게 그것을 취소하고 다른 긍정적인 것으로 대체할 시간을 줍니다.

일단 이것이 전개되면, 모든 생각을 계속 주시하고 어떤 것이 함부로 그 보편적인 창조매체로 들어와 투영되지 않게 마음을 단순히 열지 않는 것이 매우 매우 중요합니다. 우주는 법칙에 따라 작용하며, 조심하지 않을 경우, 전기로 여러분의 집을 밝히는 동일한 법칙이 쉽게 여러분을 바꿔놓거나 감전사시킬 수 있습니다. 창조법칙은 여러분이 주문한 것이 좋으냐 나쁘냐를 분별할 수 없으며, 그것은 단지 여러분의 모든 생각에 복종하여 여러분이 삶에서 원하거나 지배하고자 하는 것을 줄뿐입니다.

여러분이 육체적 감각, 시각, 청각, 촉각, 미각, 후각으로 인식하는 그 어떤 것도 한때는 생각이 아니었던 것이 없습니다. 내가 여러분이 이런 원리를 이해하기 위해 이상하고 원인불명의 질병에 대해 알아야한다고 생각하고 있을까요? 전혀 아닙니다. 하지만 수소와 산소로부터 물이 생성되는 것처럼, 여러분의 생각하는 방식을 통해 창조가 이루어질 수 있게끔 핵심 신념체계를 갖고 있어야 합니다. 예컨대 여러분이 수소와 산소의 적절한 비율을 조합하여 물을 생성할 때마다 어떤 나무, 바위 또는 나비가 생기지는 않습니다. 지구인들의 특정 질병을 유발하는 어떤 사고방식이 있으며, 나는 이것들의 일부와 나중에 치유될 수 있는 사고방식을 열거하려고 노력할 것입니다.

여러분은 신(神)이라는 거대한 생명의 나무에서 어디에 위치해 있나요? 그 명백한 차원에 머물고 있습니까? 그것은 여러분이 어느 단계에 있느냐에 달려 있습니다! 신 안에는 여러 우주들이 있습니다. 모든 것이 신 안에 있지만 그런 세계들은 인식수준에 따라 다릅니다. 낮은 인식은 타락한 세계를 초래하며, 그들도 신의 무한한 창조적 마음의 일부인 "지성체들"이지만,

창조와 신의 지성에 대한 이해나 접촉을 잃어 버렸습니다. 그래서 그것이 타락한 세계라고 불리는 것입니다. 여러분의 지성은 자기들이 단지 성장하여 늙고 외부 영향에 취약한 육체적 인간이라는 믿음에 갇혀 있습니다. 이것이 왜 중요한지 두 가지 주요 이론이 있습니다. 정신이 온전한 사람이라면, 아무도 지구상에 아무런 문제가 없다고 말할 수는 없습니다. 문제가 있습니다.

대부분의 종교에 의해 인간이 믿는 것은 여하튼 인류는 죄를 지었고 그렇기에 그 자손들은 죄가 지배하는 세상에 남아 있다는 것입니다. 그러나 그 믿음을 바꾸면, 보이는 현실이나 나타나는 삶이 바뀝니다. 지구인과 가장 높은 세계 및 차원 간의 차이는 단지 이해도이며 "생각의 힘"을 사용하는 방식입니다. 우리 우주인들은 여기서 우리가 하느님의 아들(son of God)임을 압니다. 우리 사이의 차이점은 우리는 그것을 알고 있고 당신들은 모른다는 것입니다. 여러분은 그것을 지적으로는 알고 있을지도 모르지만, 여러분의 가슴으로는 그것을 모릅니다.

여러분은 자신이 하고 싶은 것이 무엇인지 진정으로 알고 계십니까? 상승하는 것인가요? 그렇다면 어디로 상승할 것이며, 어떤 단계를 거쳐서 여러분 행성의 어느 상위층으로 날아갈 것입니까? 여러분은 아무 데도 갈 곳이 없습니다. (진정한 차원상승은) 여러분의 마음, 여러분의 생각, 여러분의 태도, 여러분의 전체적인 믿음체계를 바꾸는 것입니다. 그 결과로서 여러분의 몸과 주변 환경 및 세상의 에너지 주파수가 바뀔 것이고, 여러분은 더 높은 차원에서 자신을 발견하게 될 것입니다. 여러분은 참으로 언제나 신/여신이었습니다.

- 발 토오 -

5.나의 발리언트 토오와의 접촉

- 마지 케이 -

2015. 6. 5

투시능력자, 마지 케이

1985년에 나는 두 명의 아이들 및 남동생과 함께 시애틀에서 살고 있었다. 나는 여행에서 경력을 쌓고 아버지와 형제를 만나기 위해 캔자스 시를 떠나 13개월 동안 거기에서 살았다. 그 때 동생과 나는 도심에서 멀리 떨어져 있지 않은 언덕 꼭대기에 위치한 그 지역 UFO 단체에 가입했다.

당시 나는 등이 안 좋아서 마사지 치료사를 만나고 있었는데, 어느 날 내가 떠나려 할 때, 그 치료사는 내게 가벼운 실험을 해보고 싶은지를 물었다. 이것은 그가 전에 나에게 그런 것을 해보라고 한 번도 부탁한 적이 없었기에 예상치 못한 일이었다. 우리는 그 면담이 끝나면 다른 곳으로 갈 예정이었기 때문에, 동생과 두 명의 여자 아이들이 나와 함께 있었다. 치료사는 내게 처음에는 빨간 불빛을 쳐다보고 그 다음에는 녹색 빛을 보라고 했고, 다시 처음부터 반복하였다. 그는 한 번에 한 가지 색만 볼 수 있도록 하나의 빛을 끄고 한 개만 켜곤 했다. 내가 그 빛을 얼마나 오래 쳐다보았는지 모르겠지만 적어도 2분은 된 것 같았다.

그런 다음, 그 치료사는 불을 끄고 나서 내가 무엇을 봤는지를 물었다. 나는 그를 보았고 그의 골격이 거기 서서 말하고 있는 것을 보았다. 나는 그의 몸의 나머지 부분을 볼 수 없었다.

즉 오직 골격만이 보였다! 나는 내가 보고 있는 것에 놀라고 충격을 받았다. 그러자 벽에 머리 하나가 나타났다. 그것은 멋지게 생긴 남성의 얼굴이었다. 헬멧을 쓴 것처럼 보이는 얼굴이었는데, 그 헬멧은 이마의 중앙에 점이 있고, 그 다음에 아치 모양으로 귀 앞까지 내려오는 것이었다. 그것은 매우 독특했고 "M"자 같이 보였다. 그 남성은 이렇게 말했다.

"이제 당신은 엑스레이(X-ray) 시력을 가지고 사람들의 내부를 볼 수 있습니다. 나는 토오입니다. 그리고 미래에 당신과 접촉하게 될 것입니다."

그 머리는 사라졌고 이제 그 치료사는 정상으로 보였다. 그런데 아무도 토오가 말하는 것을 듣거나 보지 못했고 아무도 치료사를 투시해 그의 골격을 볼 수 없었다. 그 순간 나는 그 사건이 단지 나만을 위한 것이라는 사실을 알고 있었지만 토오가 과연 누구인지, 그 경험이 무엇인지는 확실히 몰랐다.

그 사건 이후로, 나는 문제를 진단하기 위해 자동차 같은 승용물들과 장비뿐만 아니라 인간 내부도 볼 수 있었다. 이 능력은 계속해서 증진되어 왔다. 나는 인간의 몸 안에 있는 모든 것을 투시할 수 있고, 심지어는 현미경 수준에서도 문제의 부분을 들여다 볼 수 있을 정도이다. 현재까지 나는 원격투시와 더불어 심령투시, 투청, 초지각 능력을 행사해 왔다. 이 모든 능력들은 특히 매년 내 생일을 전후해서 더 향상되었다. 나는 사람들을 위해 수천 건의 소위 "리딩(reading)"을 했고, 법 집행기관과 민간 수사관들이 50건 이상의 살인, 실종, 대규모 절도 사건을 해결하는 데 도움을 주었다.

이런 일이 있은 지 며칠 후, 내 동생 프랭크는 나에게 자신을 위해 리딩을 해달라고 요청했다. 우리는 워싱턴의 에버레트에 있던 내 아파트의 부엌 식탁에 앉아 있었고, 나는 보통 때와 마찬가지로 가벼운 트랜스 상태에서 눈을 감고 상대방을 자세히 살펴보고 있었다. 그때 나는 "눈을 뜨세요." 라는 음성을 들었다. 내가 눈을 뜨자 놀랍게도, 벽에 토오의 모습이 다시 나타났고 이번에는 이전보다 훨씬 더 커보였는데, 그의 머리는 약 24인치였다. 그는 오로지 텔레파시로만 이야기를 했으며, 이렇게 말했다. "우리는 내일 밤 당신의 모임에 나타날 것입니다. 당신은 해야 할 중요한 일이 있습니다." 나는 그것이 예정돼 있던 UFO 그룹 회의를 의미한다고 생각했다. 그런 다음 그는 사라졌다. 그러나 내 동생은 토오를 보거나 들을 수가 없었다.

다음날 밤 그 UFO 모임에 도착한 후, 나는 15명 정도의 사람들에게 내가 외계인이라고 생각했던 존재와 접촉했고, 그날 밤 우리는 뭔가를 보게 될 수도 있을 거라고 말했다. 그 때, 나는 토오가 누구라거나 그에 대한 어떤 배경도 알지 못했고, 그 모임에서 그에 대해 아는 사람도 없었다.

그런데 회의 중간쯤에, 눈에 보이지 않는 어떤 강한 힘에 의해 내 머리가 오른쪽으로 돌려졌고 나는 도시가 내려다보는 커다란 전망창을 바라보게 되었다. 그곳에서 한대의 우주선이 서서히 도로와 그 뒤에 있는 이웃집 마당을 향해 하강하고 있었다. 나는 그것을 그 모임의 나머지 사람들에게 지적했지만, 아무도 그것을 보지는 못했다. 그러나 몇몇 사람들은 그 UFO가 자신들에게 느껴진다고 말했다. 나는 내가 목격한 것에 놀랐는데, 그것은 직경 60피트 정도의 어둡고 흐릿한 은색 원반, 그리고 아래로 휘어진 돔 꼭대기와 금속 테, 그리고 가장자리에서 빛나는 작은 불빛 몇 개였다. 그것은 몇 분 동안 상공에서 맴돌다가 천천히 위로 올라가더니 보이지 않게 되었다. 어떤 사람들은 자신들이 그것을 확실히 느꼈다고 말했다. 나는 아무도 그 물체를 보지 못했다는 것에 매우 실망했지만, 이제 다시 한 번, 나는 그것은 그 당시에 나만 보도록 예정돼 있던 것이라는 사실을 깨달았다.

그 후 19년 동안 나는 토오의 목소리를 가끔 들었다. 그리고 나는 그에 대해 알게 되었고 텔레파시로 의사소통을 하기 시작했다. 이런 접촉의 대부분은 최근 몇 년간 일어났다. 그는 내가 대중강연과 시연(示演)을 시작하고 책을 쓰기 시작하도록 영향을 주었다. 그는 나에게 지시사항, 정보, 경고 그리고 우리의 미래에 대한 견해를 전해주었다.

1990년 나는 시애틀에서 13개월 만에 미주리 주(州), 인디펜던스로 이주했고 결혼했다. 어느 날 내 딸들이 두 명의 여자 친구와 집에 있었는데 토오의 머리가 2층으로 올라가는 계단 옆의 벽에 나타났다. 그의 머리는 2피트 높이였고 그는 같은 헬멧을 쓰고 있었다. 4명의 여자 아이들은 모두 그를 보았지만, 그들은 모두 현관으로 소리 지르며 달려 나갔기 때문에 어떤 의사소통도 기억하지 못한다. 나는 왜 그가 그들에게 나타났는지, 또는 그들이 잊어버린 어떤 메시지가 있었는지는 모르겠다. 분명히, 그들도 이 사건에 관련되어 있다. 그는 심지어 내가 없는 동안 1993년에 내 딸들과 친구들 중 한명에게 나타나기도 했다. 그 여자 아이들이 식당에 앉아 있을 때 그녀들은 벽에 아주 큰 우주인 머리가 나타난 모습을 발견했다. 그는 아무 말도 하지 않고 그저 그 아이들을 지긋이 쳐다보았다. 아이들은 그 모습이 내가 전에 본 것과 같은 헬멧을 썼다고 말했다. 우리는 그것이 무엇에 관한 것인지 확신할 수 없었지만, 나는 그가 아직까지 그들의 의식에는 도달하지 못한 어떤 수준에서 아이들에게 의사를 전달했다고 생각한다.

2006년에 나는 다시 극적인 만남을 가졌다. 내 딸과 나는 10월의 어느 날 저녁에 우리가 하던 소매점을 닫았고, 그 애는 내가 집으로 향하기 전에 먼저 떠났다. 딸애는 얼마 후 핸드폰으로 나에게 전화를 걸어왔는데, 렉싱턴 가(街)에서 이상한 낮은 먹구름과 심한 뇌우(雷雨)가 분명히 보였다고 말했다. 그것은 우리가 각자의 집으로 가는 보통 때의 정상적인 길이었다. 비도

천둥도 없었다. 나는 핸드폰으로 사진 찍을 준비를 하고 거리로 차를 몰았다. 나는 매우 어둡고 둥근 구름이 떠 있다는 것을 알아차렸고 하나는 몰몬교 성전 건물을 거의 완전히 덮고 있었다. 즉 그것은 땅에서 약 30m정도 높이 밖에 되지 않았을 것이다! 나는 재빨리 길가에 차를 세우고 두 장의 사진을 찍었지만, 두 번째 사진을 찍을 때쯤에는 그 구름이 빠르게 상승했다. 남아 있는 구름들은 여전히 매우 낮아서, 성전의 꼭대기를 덮고 있었고, 그 지점의 높이는 75~90m정도로 추정되었다. 갑자기 밝은 빛이 내 위치의 오른쪽에서부터 성전 꼭대기의 무선 안테나 상단까지 나타나는 순간에 나는 격렬한 뇌우를 목격했다. 그 빛은 적어도 3분에서 5분 동안 그곳에 있었다.

나는 꼼짝 못하고 선 채로 구름 속의 무엇인가로부터 나오는 것으로 추정되는 빛의 근원을 보고자 주시하고 있었다. 내가 보는 것에 집중하자, 토오의 목소리가 텔레파시를 통해 들려왔고, 그는 이렇게 말했다. "은하함대 사령관 토오입니다. 우리는 빛을 사용하여 성전 지하의 비밀실에 있는 사람들과 교신하고 있습니다." 그때 나는 커다란 은색의 금속원반 형태로 보이는 우주선과 지하의 비밀시설을 원격으로 투시하게 되었는데, 그곳에서 기술 장비와 그 주변에 서있는 여러 사람들이 보였다. 두 사람이 구내장치 곁에 앉아 있었고 다른 사람들은 뒤에 있었다. 분명히, 이것은 시기적절하고 계획된 사건이었다. 나는 또한 전송되는 것이 무엇이든 (번역이 필요할 경우) 영어로 자동 번역되어 이어진다는 것과 이런 일이 처음이 아니라는 것을 새로이 알게 되었다.

그 빛이 사라지고, 구름이 더 높게 물러나자 뇌우가 잦아들었다. 솔직히 말해서, 나는 충격을 받았고, 다시 운전을 할 수 있도록 평정을 되찾는 데 시간이 걸렸다. 그 순간 나는 내 아버지가 1970년대에 내게 했던 이상한 이야기가 그렇게 억지스럽지는 않았다는 것을 깨달았다. 나의 아버지는 몰몬교 성전의 신도였으며 그곳의 많은 사람들을 알고 있었다. 그는 어느 날 일부 집사들이 자신에게 말하기를 비밀 지하시설을 갖춘 교회 건물을 새로 지을 계획이라고 내게 언급하셨는데, 즉 그 비밀시설 안에 있는 특별히 숨겨진 큰 안테나가 외계인들과 교신할 수 있게 해줄 거라는 이야기였다. 그 당시에 우리 모두는 아버지가 미쳤다고 생각했다. 이제는 그렇지가 않았다. 흥미롭게도, 내가 당시 80살이었던 그분에게 이 사건에 대해 여쭤보았을 때 아버지는 이에 관한 것을 잊어버렸지만, 나의 남동생과 여동생은 그 사건을 분명히 기억하고 있다.

나는 이 모든 것을 소화하려고 노력했다. 그리고 솔직히, 그것은 내가 불가사의한 UFO 사건들을 좀 더 많이 조사하도록 이끌었다. 나는 오래 전부터 탐구를 해왔고, 1990년대에 연구조사 그룹을 시작했다. 그리고 1996년에 MUFON(UFO 연구단체)에 가입했지만, 현장 조사관이 되어 더 많은 사람들과 만나 그들의 체험에 대해 이야기를 나누기로 결정했다. 그렇게 하는 가운데, 나는 하나의 패턴을 발견했고 초자연적인 활동에 관련된 중요한 지점이 있다는 것을 알게 되었다.

그 인디펜던스의 광장과 그 주변의 약 1마일 반경은 많은 유령이 출몰하는 건물들, 창문에서 외계인을 보는 사람들, 낯선 미지의 동물들의 목격, 그리고 시간실종 현상과 같은 초자연적이고 불가사의한 사건들이 빈번했다. 내가 생각해낸 한 가지 이론은 몰몬교 성전의 모양이 소용돌이(vortex)를 생성하여 초자연적인 활동을 이끌어 낸다는 것이다.

게다가, 성전은 거의 정확히 위도 39도에 위치해 있었고, 나는 위도의 라인에서 발생하는 이상한 사건들의 패턴을 알아차리게 되었다. 그것은 의문을 품게 하는데, 과연 어떤 이유로 성전을 이 정확한 위치에다 세웠던 것일까? 조셉 스미스(몰몬교 창시자)는 이곳이 예수님이 돌아오실 곳이라고 말한 적이 있다. 만약 우주인이 관련되어 있다면, 이것은 정확히 예수가 누구인지

미주리 주, 인디펜던스의 몰몬교 성전 건물 모습

에 대한 새로운 질문을 던져 준다. 더 많은 연구가 이 지역에서 이루어져야 하고 우리는 그렇게 하는 동안 열린 마음을 유지해야 한다.

우리 집은 성전에서 반-마일 떨어진 곳에 위치해 있었고, 고로 그 이상한 일들이 거의 매일 일어나는 것 또한 우연이 아닐 것이다. 우리는 4장의 판유리로 이루어진 창문이나 소용돌이 보텍스(vortex)처럼 때때로 가시적으로 나타나는 차원의 입구를 가지고 있다. 존재들, 동물, 그리고 외계인들이 이런 차원 출입구로 드나드는 것이 목격되고 있고 그 위치는 지난 28년 동안 몇 피트 이동했다.

토오에 관한 이야기로 돌아가 보자. 2011년에 그는 내 책이 빨리 출판되지 않아 실망했고, 더 많은 독자층에게 정보를 전달할 수 있는 새로운 잡지를 시작하자고 제안했다. 나는 그렇게 했고, 그렇게 해서 〈Un-X 뉴스지〉가 시작되었다. 우리는 혼합물에다 라디오 쇼를 추가했고 훨씬 더 많은 대중들에게 그런 식으로 다가갔다. 그 목적은 큰 이익을 얻기 위한 것이 아니라, 그것을 들을 준비가 되어 있는 사람들에게 메시지를 전달하기 위한 것이었다. 나는 그 잡지의 발행 사이의 적절할 때 메시지를 공유할 수 있도록 블로그를 추가했다. 나는 이런 것들을 하면서 돈을 벌지는 못했으며 사실은 오히려 돈이 들었다. 하지만, 발 토오의 말에 따르면, 그것이 내 인생의 목적 중 하나이기 때문에 개의치 않는다. 그는 우리가 다른 수입원을 통해 확실히 보충받을 수 있도록 해주겠다고 했다. 사실, 우리 전문계약 사업은 내가 발 토오의 제안을 현명하게 듣고 행하기로 결정한 이후로 매우 잘 되어 갔다.

2012년에, 심령연구소의 특별 리딩 시간을 마친 후, 나는 집으로 향했다. 오후 10시 30분에 내가 차 안에 있을 때, 휴대폰이 울렸다. 그것은 방금 내가 떠나온 모임에 함께 있었던 또 다른 심령가인 게일 라머였다. 그녀가 말했다. "토오가 누구죠?" 나는 아무에게도 토오에 대해 말하지 않았기 때문에 놀랐다. 그녀는 토오가 내가 그에게 연락해주기를 원한다고 말했고, 최근에 내 마음이 수많은 것들에 번잡하게 시달렸기 때문에 그가 아마도 텔레파시 교신을 할 수 없었던 것 같다고 계속해서 말을 이어갔다. 나는 그녀에게 그날 밤 그가 요청하는 것을 보려고 명상하는 동안 그에게 연락하겠다고 말했고, 그렇게 실행했다. 토오는 몇 가지 새로운 프로젝트를 계획하고 있으며 그것을 위해 준비되어 있다고 말했다.

게일은 그때부터 토오에게 관심을 갖고 알아보기 위해 인터넷 검색을 시작했고, 프랭크 스트랜지스 박사에 의해 집필된 <미 국방성의 우주인>이란 책이 있다는 것을 알게 되었다. 그녀는 그 책이 중요하다는 것을 알고 책을 주문해서 나에게 보냈다. 나는 그 책을 집에 두었다가 사무실에 가서 읽으려고 했는데, 읽으러 갔을 때마다 그 책은 없어졌다. 마침내, 나는 폐렴으로 매우 아팠고 토오에게 도움을 요청했다. 그는 나타나서 나를 고쳐 주었으며, 그 다음날인 2013년 2월 7일 내가 부엌에 서서 남편에게 이야기하고 있을 때 토오의 목소리가 텔레파시로 들어오며 내게 말했다. "가서 책을 가져다 지금 당장 읽으세요." 나는 책이 어디에 있는지 모른다고 대답했다. "거실의 소파 오른쪽에 있는 테이블로 가면 그곳 책 더미 맨 위에 있습니다." 나는 그곳으로 직접 갔고 거기는 내가 책을 찾기 전에 여러 번 보았던 곳이었는데, 바로 거기에 책이 있었다. 나는 그 책을 즉시 읽기 시작했다.

그것은 놀랍게도 토오가 그 책의 주인공이었다! 그리고 사진이 있었다! 와우. 분명히 그 당시 나는 이 책을 읽어야 할 이유가 있었다. 나중에, 잠자는 동안 나는 피라미드와 오리온에 대한 환상을 보았다. 몇 년 전, 맨티스(Mantis)라는 외계존재가 자신이 가장 밝은 별 근처의 작은 오리온성운에서 왔다고 내게 말했다. 그는 나에게 대오리온성운에 붙어있는 더 작은 성운을 보여 주었고, 이런 일이 일어났을 때 나는 오리온성운이 있다는 것을 전혀 몰랐다. 그 존재가 나에게 보여준 것과 똑같은 것이 있다는 사실을 알기 위해 나는 다음날 그것을 보아야 했다. 나는 오리온이 매우 중요하다는 것과 그곳 출신의 존재들이 수백만 년 동안 인류 형성에 도움을 주었다는 것을 안다.

<미 국방성의 우주인>은 프랭크 스트랜지스 박사와 발리언트 토오의 여러 번에 걸친 만남에 관한 것이다. 발 토오는 1957년부터 1960년까지 펜타곤의 방문객이었다. 스트랜지스 박사는 그를 국방성 건물에서 만났고, 그 이후에는 다른 시기에 만났다. 사실 토오는 스트랜지스 박사의 생명을 한번 이상 구했다. 책에는 발 토오의 사진도 있다. 그리고 그는 내가 벽에 나타난 그를 보았을 때의 모습과 헬멧만 빼고는 정확히 똑같았다.

그 책은 받아들일 것이 많았다. 그는 매우 높은 진동의 존재로 창조된 별 함대(star fleet)의 실제 우주인 사령관이었고, 나와 접촉하기까지는 시간이 걸렸다. 이 시점까지 그는 자신의 이름 전체를 결코 나에게 말해 주지 않았고, 단지 자신을 "토

오" 라고만 밝혔다. 왜 그랬을까? 나는 얼마 전에 그에게 물어보았고 그의 대답은 사람들의 진동과 정신적, 영적능력을 높여주기 위해 1만 명 중 한명의 사람에게 접촉하는데, 그것은 결국 차례차례 같은 방식으로 다른 사람들을 돕게 될 거라는 것이었다. 그는 내가 지구상에서 특별한 목적을 가지고 있으며, 그것은 사람들의 의식을 향상시키기 위해 돕는 것이라고 말했다. 그것은 합당한 의미가 있었다. 그렇기 때문에 그는 나에게 "X선 시력"을 주었고, 수년 간 매우 정확한 원격투시, 건강진단, 그리고 몇몇 치료능력을 포함한 다른 능력들을 높여주었던 것이다.

그러므로 적어도 우리는 발리언트 토오가 우리의 행성에 있는 이유의 일부는 알고 있다. 그 이후로 나는 토오와 접촉하고 있는 다른 사람들을 찾았고 그들을 인터뷰하는 것이 너무 기다려졌다. 발 토오는 나의 다음 프로젝트가 그와 지구상의 인간과의 접촉에 관한 책을 내는 것이 되기를 원하고 있다. 그는 그 책에 포함될 적당한 사람들을 준비하겠다고 말했다. 그리고 실제로, 이런 일들이 이미 일어나기 시작했다. 머지않아 내가 그것을 끝내야 한다는 절박함을 느꼈을 때 그 책이 출판되는 것을 지켜보시기 바란다.

영화제작자 크레이그 캄포바소

발리언트 토오는 나에게 프랭크 스트랜지스 박사의 친구인 할리우드 영화 제작자와 함께 미 국방성의 우주인 이벤트를 개최할 것을 제안했다. 영화 제작자인 크레이그 캄포바소는 캔자스에서 열린 6월 12일 행사에서 강연을 할 예정이다. 나는 크레이그를 보는 것과 그를 직접 방문하는 것을 고대하고 있다. 라디오 인터뷰에서 그가 내게 한 말 중 하나는 발 토오가 실제로 스트랜지스 박사를 통해 영화대본에 대한 제안을 했다는 것이다.

　토오는 최근에 내게 연락을 해서 "우리는 당신의 행사 동안에 매우 눈에 잘 띌 것입니다." 라고 말했다. 그 의미는 내 생각에는, 우리가 하늘을 주시해야 한다는 것이다. 우리는 무슨 일이 일어나는지 볼 것이지만, 토오는 전에는 이런 말을 한 적이 없었기에 나는 그가 진지하다고 확신한다.

6.발 토오가 전하는 최근 메시지들

- 마지 케이 -

2015년 6월

이것은 발리언트 토오에 관해 최근 내가 공개한 내용의 후속 자료이다. 그는 여러 해 동안 나에게 많은 것을 이야기해주었다. 그 중 많은 것들이 지구상의 모든 사람들에게 관련되어 있으며, 그는 지금 내가 이런 정보를 다른 이들과 공유하기를 원한다. 다음은 토오의 메시지 중 일부이다.

- 우리는 죽음 이후에도 절대로 절단되지 않는 은줄(silver cord)을 통해 우주의 모든 것에 신체적으로 영적으로 연결되어 있습니다. 우리는 사실 유일한 개인들이라기보다는 전체의 일부입니다. 그런 까닭에 우리가 행하고 생각하는 모든 것은 우주의 다른 부분들에 영향을 미칩니다.

- 아스트랄 여행(astral travel)을 이용하여 우주의 어느 곳으로나 여행하는 것이 가능합니다. 게다가 이 방법은 우주선이나 다른 행성의 외계인을 방문하는 데도 사용할 수 있습니다.

- 높은 진동을 가진 사람이나 어떤 존재들이 원격으로 UFO를 투시하거나 볼 수 있으며, 이런 상태에 있는 동안 그들과 교신할 수 있습니다.

- 텔레파시를 통한 교신은 가장 일반적으로 사용되는 방법입니다. 비록 두 존재가 동일한 언어를 사용하지 않아도 자동으로 번역되므로 양쪽 모두 이해할 수 있습니다.

할리우드 영화제작자 겸 감독인 크레이그에 의해 2014년에 만들어졌던 단편영화 <미 국방성의 우주인> 포스터. 이 영화는 '버뱅크 국제 영화 페스티발'에서 최고 Sci-fi FILM상을 수상하기도 했다.

- 나, 발 토오는 인류의 성장을 돕기 위해 이 행성에 있습니다. 나는 특정 사람들과 접촉하여 의식과 진동수준을 높이는 데 도움을 주고, 그럼으로써 차례로 그들이 다른 사람들이 성장할 수 있도록 도울 것입니다. 이런 능력을 가진 사람들은 여러 가지 방법으로 그것을 사용합니다. 그 중 일부는 쉽게 눈에 띄지 않을 수도 있습니다. 이런 핵심 인물 중 일부는 자신이 누구인지는 말하지 않지만, 단순히 그러한 사람 앞에서 있음으로써 의식을 높이는데 도움이 될 것입니다. 이런 피접촉자들 중 일부는 작가, 영화제작자, 교사, CEO, 비영리단체 창립자 및 라디오 쇼 호스트입니다. 그들은 대개 가능한 한 많은 사람들에게 다가가려하므로 영향력 있는 위치에서 발견됩니다.

- 우리는 자각수준이 더 높고 많은 사람들이 알게 된 상위 진동인 5차원으로 옮겨가고 있습니다. 이 움직임은 과거보다 빠르게 진행되며 그 성장은 급격해지고 있습니다. 더 많은 사람들이 깨어나고 있고 명상을 이용함에 따라 자신의 영적 인도자와 연결되고 있으며, 그 만큼 보다 많은 사람들이 더 높은 진동 속에 존재하는 우주선과 외계 존재들을 목격하고 있습니다.

- 지구는 매우 특별한 장소라는 것을 알아 두십시오. 그러나 지적인 생명체를 가진 무수한 다른 행성들이 있습니다. 각 행성은 다른 목적으로 사용됩니다. 어떤 행성은 다른 것들을 가르치기 위한 용도이며, 모종의 경험을 위한 것들도 있습니다. 지구상의 사람들은 혼자가 아닙니다. 지구상에, 지구 속에, 또는 지구 위에서 살고 있는 다양한 종족의 존재들이 있습니다.

- 우리는 계속 반복해서 환생합니다. 영혼은 결코 죽지 않으며 단지 육체만이 죽습니다. 인간은 대부분의 (우주의) 존재들보다 수명이 짧습니다. 어떤 존재들은 수천 년 동안 삽니다.

- 인간이 지구상에서 최초의 지적인 종족은 아니었습니다. 인간은 지성적인 집단에 의해 설계되고 창조되었습니다.

- 발 토오와 금성출신의 그룹은 이 지구 행성의 수호자로 임명되었습니다.

- 지구와 이곳의 주민들에게 해를 끼치는 일부 외계 존재들과 종족이 있지만, 그들은 발 토오 사령부와 다른 존재들에 의해 통제를 받습니다. 우리는 이런 외계 존재들에 의해 지구가 파괴되는 것을 허용하지 않을 것입니다.

- 인간은 전쟁 없이 사는 법을 배울 필요가 있습니다.

- 또한 인간은 지구를 돌보는 법을 배워야합니다.

발 토오 사령관은 며칠 전에 DNA 활성화에 관해 논의하기 위해 나에게 연락해왔다. 그는 과학이 지금까지 "정크(junk) DNA"라고 불렸던 인간 DNA의 일부를 활성화할 수 있는 몇 가지 방법이 있으며 이러한 방법 중 어떤 것은 누구나 쉽게 사용할 수 있다고 말했다. 휴면상태의 DNA가 활성화될 때 일어나는 일은 전생(前生)의 삶과 경험, 다른 이들의 경험과 같은 어떤 것들에 대한 지식이 높아진다는 것이다. 뿐만 아니라 직관력, 심령능력, 치유능력, 예술이나 음악과 같은 재능, 또는 수학 또는 과학적 이해, 여타의 것들이 향상되어 우리 삶의 일부가 될 것이다.

발 토오는 사람들이 휴먼 DNA를 깨울 때가 되었다고 말한다. 이러한 방법들 중 하나나 그 이상을 시도한 후에 그 결과는 즉 각적일 수도 있고 그렇지 않을 수도 있다. 이는 개인에 따라 다 르다. 어떤 사람들은 경선(經線)이 열리고 몸의 일부 위치에서 따끔거림이나 따스함을 느끼고 있다고 보고한다. 또는 심지어 진동을 느끼기도 한다.

이에 관련해서 내가 알거나 들은 방법 중 일부는 다음과 같다.

1.미스터리 서클을 단순히 바라봄으로써 그들이 진짜이든 아니 든 DNA의 다른 부분을 각성시킬 수 있다.
2.미스터리 서클 안에 전자장비 없이 혼자 있으면, 그 에너지로 인해 당신의 DNA가 각성될 수 있다.
3 만다라(曼陀羅) 그리기, 미스터리 서클 패턴 또는 이집트 기 호 모사하기 또한 그러하다. 혼란이나 소음이 없는 조용하고 명 상적인 상태에서 일하도록 하라. 조용한 명상음악이 이 과정을 도울 수 있다.
4.교향곡음악, 명상음악 및 차크라를 균형 잡아 주는 음악도 도 움이 된다.

7.발 토오의 우주선을 방문하다

- 마지 케이 -

2013년 6월 12일

6월 7일 금요일 밤, 라디오 쇼를 한 후에 너무 피곤해서 휴식을 기대하고 내가 막 잠을 자려고 할 때였다. 나는 갑자기 튜브 안에 액체가 든 유리 부분이 있는 수평으로 구부러진 금속제 튜브를 보았다. 나는 더 낮게 보기위해 뒤로 물러나서 보았는데, 이것은 거대한 구조에 막대기 모양으로 부착된 매우 크고 긴 관이었다. 그 다음에 나는 여자 목소리를 들었고 키가 크고 빨간 머리에 초록색 눈을 가진 여자가 텔레파시로 나에게 말하는 것을 보았다. 그녀는 자신의 이름이 틸(Teal)이라고 말했다. 나는 최근에 크레이그 캄포바소 및 토오와 그의 승무원들에 대해 이야기를 나누었기 때문에, 그녀가 누구인지 즉시 알아보았다. 그리고 그때 발 토오는 바로 그의 선임참모 중 한명이 틸이라고 말했던 것이다.

그녀는 나를 이 거대한 우주선 관광여행에 나를 데려가기 시작했고, 나에게 색다른 여러 층들을 보여 주었다. 이 우주선은 은하연합의 일부이고 토오는 사령관이다. 나는 이번 방문에서 그를 보지는 못했다. 꼭대기 층에서 시작해서, 녹색 식물, 과일, 야채들이 도처에서 눈에 들어왔다. 틸은 이 모든 것이 수경재배를 통해 이루어진 것이며 물이 관을 통해 뿌리로 흘러들어가 식물을 신선하게 유지시키고 영양분을 가져다준다고 설명했다. 낮 동안에 개방할 수 있는 채광창이 있었고, 태양이 없을 때는 이 밀폐되고 완전한 스펙트럼의 조명이 사용되었다. 이 식물들은 승무원과 탑승한 방문객 모두에게 음식을 제공했다. 나는 어떤 종류의 고기도 보지 못했고 이 존재들이 완벽한 채식주의자라는 것을 깨달았다.

그러고 나서 아래의 다음 층이 내려다보였고, 그곳에는 침실과 휴양지, 그리고 도서관이 있었다. 사람들이 돌아다니고 있었는데, 어떤 사람들은 우리 쪽을 힐끗 보았지만, 대부분은 그냥 자기들의 업무를 수행하는 데 열중했다.

가운데 주요 층은 거대하게 열린 공간과 회의실, 그리고 위층보다 더 넓은 고위급 승무원들을 위한 공간을 가지고 있었다. 그 우주선 구조 안에 있는 거의 모든 것들이 빛나는 금속이었다는 점을 언급하고 싶은데, 내가 그것이 무엇이냐고 물었더니 광택이 나는 순수한 알루미늄이라고 하였다. 또한 그 주변에는 알루미늄과 결합된 장식용 목조 부분이 있었고 1950년대 실내장식을 연상시켰다. 그것은 정말 아름다웠다.

나는 더 낮은 층을 보지는 못했지만, 그곳은 폐기물 매립센터와 발전소가 있는 곳이라고 들었다. 틸은 스트랜지스 박사의 책

〈미 국방성의 우주인〉에서 말하듯이, 그 우주선은 특수한 장소 안에 있고, 그들이 물을 끌어다 이용할 수 있는 천연 수로가 땅 밑에 있기 때문에 이 장소를 선택했다고 말했다. 그들은 사람들이 우주선을 보지 못하도록 그것을 계속 은폐한 상태로 유지했다. 소형 우주선이 주로 왕래하고, 대형 우주선은 보통 이 장소에 머물러 있지만, 가끔은 지구 밖으로 나가기도 한다.

틸은 나를 우주선의 중앙으로 데려갔고, 거기서 우리는 난간이 달린 원형 복도로 들어갔다. 그리고 위아래를 보니, 그곳은 내가 꼭대기나 바닥을 볼 수 없는 대략 20피트 정도로 폭이 넓은 중심이었다. 틸은 나에게 이 구역의 중심을 뒤로 물러서서 관찰하라고 했고, 그러고 나서 우리는 우주선 바닥에서 에너지 소용돌이가 시작되는 것을 지켜보았는데, 그 에너지는 꼭대기에서, 그 다음에는 가운데서 만났다. 내가 본 움직이는 것이 물질적인 어떤 것이었는지, 아니면 내 제3의 눈으로 본 것인지는 모르지만, 그것은 에너지 파동이 축적되고 있는 것이었고, 그런 다음 그것이 중심에서 만났을 때 파동이 거의 보이지 않을 때까지 더욱 더 빠른 속도로 위아래로 움직이기 시작했다. 나는 틸이 중력파와 자기장 발생기에 대해 뭔가 말하는 것을 들었지만, 과학자가 아닌 나는 그 사실을 이해하지 못했다. 틸은 내 마음을 읽고 나서 내가 과학공부에 좀 더 집중해야 한다고 말했다.

나는 그때 그 우주선이 비행하는 장면을 내면에서 영상으로 보았고, 이 추진 시스템이 우주선의 전체 외부 주위에 빛을 발생시키게 하여 그 빛이 마치 내부에서 온 것처럼 우주선을 빛나게 하고 있었다. 하지만 그것은 단지 바깥쪽 외피에서 나온 것이었다. 생성되는 파동은 맥동하는 빛 속에서 볼 수 있었다. 틸은 이러한 이유로 일부 우주선들이 "빛의 공" 또는 "구체"로 보이는 것이며, 사실 그 우주선 자체는 전형적인 접시 모양이라고 설명했다. 그것은 단지 착륙하거나 짧은 여행 동안에만 추진 시스템이 상당히 감속되어 우주선 주변의 빛이 사라진다.

틸은 이와 같은 정보가 토오와 나와의 만남에 관한 나의 책을 위해서 정기적으로 나에게 계속 주어질 것이라고 설명했다. 이런 정보가 들어오면, 나는 나중의 출판을 위해 그것을 모아 결합할 것이다.

8.웜홀에 관한 우주인의 메시지

- 마지 케이 -

2013. 5. 30

지난 밤 11시쯤 잠을 청하려고 했을 때, 나는 웜홀(worm hole)에 대해 말하는 목소리를 듣기 시작했고 그들의 모습이나 영상도 보았다. 그 남성의 목소리는 토오이거나 그의 승무원들 중 하나였다. 나는 마음 속에서 키가 큰 금발 남성의 이미지를 갖고 있었다. 말해 두자면, 적어도 나는 그런 종류의 어떤 것도 생각해 본 적이 없기 때문에, 이런 정보가 그냥 들어오는 것은 조금 이상했다. 나는 이전에 마야의 상징과 같은 이런 저런 정보를 받은 적이 있지만, 이렇게 자세한 정보는 받아 본 적이 없다. 내가 들은 내용을 기록해 보겠다.

웜홀 또는 우리가 그것을 호칭하는 용어인 "점프(비약)"에는 여러 가지 다른 수준들이 있다. 우선 행성에 있는 가장 작은 웜홀은 행성 안에서 한 장소로부터 다른 장소로 이동하는 데 이용된다. 그 다음 수준의 웜홀은 "행성 점프"라고 부르는데, 이것은 태양계 안에서 한 행성으로부터 다른 행성으로 이동이 가능하기 때문이다.

이 웜홀들은 자연적으로 만들어진다. 그리고 비록 그것을 만드는 것은 가능하지만, 일반적으로 웜홀을 만드는 것은 필요하지 않다. 행성 점프의 입구는 그것을 안정시키는 행성의 외부 자기장(磁氣場) 바로 위에 위치해 있고, 출구 지점 또한 양극(陽極)으로 된 쪽에 위치해 있다. 입구는 음극으로 이루어진 쪽에 있다. 이런 웜홀들 자체는 그 행성에서 가해지는 중력의 당기는 힘을 가진 자기장들이며, 그 행성의 자기장에 의해 멈춰 있다. 웜홀은 태양으로부터 에너지를 얻고 우주를 투과하는 에너지를 얻는다. 웜홀은 진동이 더 높고 육안으로 볼 수 없지만(육감을 사용하여 그것을 찾고 있는 사람은 예외), 기계장비에 의해 탐지될 수 있다.

그 다음 수준은 태양계 수준의 웜홀이며, 태양의 자기장 가장 자리에 위치한 더 크고 강력한 웜홀을 통해 비약할 수 있다. 이 것이 바로 많은 우주선들을 태양 근처에서 볼 수 있는 이유이 다. 이 웜홀은 같은 은하계 안의 다른 태양으로 가도록 만들어 져 있다.

마지막으로 가장 커다란 수준은 은하계 수준의 웜홀이다. 이 웜홀은 모든 은하의 중심에 위치해 있고, 이는 여러분이 블랙홀 (black hole)로 알고 있는 것이다. 이것은 매우 거대한 자기장을 갖고 있으며 다른 은하로 빠져나가게 될 것이다.

나는 "어떻게 당신들이 웜홀을 통해 어느 행성이나 태양계 등 으로 가게 되는지를 아나요?"라는 질문을 했고, 다음과 같이 답 변을 받았다.

"이것은 텔레파시를 통해 이루어집니다. 한 장소에서 다른 장소로 가는 사람들은 그들의 목적지에 집중합니다. 그들의 마음으로 하거나, 그 행성의 사진을 바라봄으로써 말이죠."

*질문: 지구상에 이것에 대해 아는 사람이 있습니까?"

"예, 여러분의 과학자들, 미 항공우주국(NASA), 군부 등이 그 존재를 알고 있고 오래 동안 사용해 왔습니다. 그들은 의도적으로 다른 곳으로 여행하기 위해 웜홀을 사용하는 임무를 제외하고는, 우주임무 수행 중에 웜홀을 피하기 위해 그것들이 어디에 위치해 있는지 알아야할 필요가 있습니다. 화성은 잠재적인 거주 가능성으로 인해 태양계에서 가장 자주 방문하는 행성입니다."

*질문: 모든 행성들에 웜홀의 출입구가 있나요?

"예, 이것은 태양계의 자연적인 부분입니다. 각 행성, 각 태양에 하나씩 있고, 모든 은하계의 중심에 있습니다."

*질문: 웜홀 내에서 우주선 한 대는 한 방향으로 여행하고 다른 우주선은 그 반대 방향으로 이동할 수 있습니까? 충돌하지 않을 수 있나요?

"그렇습니다. 그런 비행은 자주 이루어집니다. 우주선들이 웜홀을 통과할 때 각 우주선이 자체의 자기장에 머무르기 때문에 서로 영향을 미치지 않습니다. 그리고 그 자기장은 웜홀의 중간을 통과할 때마다 바뀌고 가장자리가 전환됩니다."

*질문: 인간이 웜홀을 통해서 혼자서 여행할 수 있나요? 아니면

우주선을 타고 가야 합니까?

"우주에 위치해 있는 웜홀의 경우는 그렇습니다. 살아남기 위해서는 우주선 안에 있어야 합니다. 지구와 같은 행성에 있는 작은 웜홀들은 비록 그 사람이 자신의 고향 행성에 있을 것이기에 탈 것이 없이 가능하다고 할지라도 보통 승용물을 타고 이용합니다. 행성들에 있는 웜홀은 북극과 남극에 위치해 있고 격자망의 핵심 센터인 특정한 주요 지점에 자리 잡고 있습니다."

그리고 그 목소리는 덧붙여 이렇게 말했다. "웜홀은 다른 차원으로 이동하는데도 사용됩니다."

9.발 토오와의 교신 및 지구의 미래 사건들

- 마지 케이 -

2013년 2월 16일

발 토오와 내가 처음 교신하게 된 이후 2012년 7월, 내 친구이자 영매인 게일 라머로부터 이런 말을 들었다: "당신에게 아쉬타 사령부의 토오 사령관이 당신과 함께 일하고 있다는 것을 알려 주려고 해요. 나는 토오에 대해 전혀 들어 본 적이 없어요. 내가 찾아낸 다음과 같은 정보를 보세요."

"발리언트 토오는 1957년 미국 정부와 우호적인 외교접촉을 했던 금성 출신의 그리스도화한 우주 사령관이다. 또한 상승한 대사(Ascended Master)이다. 토오 사령관은 3년 동안 미 국방성에 거주했지만 아무도 그의 충고에 귀를 기울이거나 주의하지 않았다. 펜타곤은 토오 사령관을 "포로"로 간주하고 그를 대우했다. 그러나 3년간의 헛된 외교적 대화 끝에 그는 스스로 영원히 금성으로 돌아갔다. 그 진실한 전체 이야기는 그 사건의 직접적인 목격자였던 프랭크 스트랜지스 박사가 저술한 〈미 국방성의 우주인〉에 실려 있다."

게일은 계속해서 이렇게 말했다. "당신 등 뒤의 지팡이가 수정체로 형성되고 있어요. 그 막대 모양의 에너지는 지구상에서 발견되지 않는 물질로 구성되어 있어서 당신의 육체와 빛의 몸이 쉽게 그 수정체 에너지에 동화될 것입니다. 나는 이 수정 에너지 막대가 당신이 빛의 행성 격자망과 연결되어 작업할 수 있게 해 줄 것이라고 들었어요. 별에서 온 존재들은 당신을 통해 일하며, 필요하면 격장망에 에너지를 보냅니다. 이것은 또한 당신 주변에 있는 매트릭스(matrix)의 일부입니다. 내가 이전에 이런 것을 본 적이 없기 때문에 실제로 묘사하기가 어렵군요. 그것은 별의 존재들이 당신을 통해 더 원활한 방식으로 작업할 수 있게 해줍니다. 그것이 형성되고 있는 것이 보이며 당신은 주파수로 연락을 하고 있고 매일 조금씩 재조정되고 있어요. 그래서 당신은 자신에게 해를 끼치지 않고 에너지를 유지할 수 있습니다. 요약하자면, 우리가 5차원으로 이동할 때 당신은 다른 주파수, 고조파, 파동 및 진동을 지구로 가져오는 것을 도울 것입니다. 나는 당신 작업의 이 새로운 단계에 대한 더 나은 명확성과 정보를 얻기 위해 토오 사령관과 접속할 것입니다."

2013년 2월 6일: 독감 및 폐렴에서 회복된 나는 토오가 나에게 나타날 때 거실 의자에서 자고 있었다. 그는 자신의 그룹이 세계경제에 영향을 주고 전쟁을 중단시키기 위해 현재 뭔가를 하고 있다고 말했으며, 이는 수년 간 미국과 다른 국가들에게 경고해왔던 것이다. 핵시설을 해체하는 것은 그들의 전략 중 하나인데, 즉 그들은 핵전쟁을 허용하지 않을 것이다. 그들은 수년 동안 미국과 다른 국가들에 경고해 왔다. 그는 모든 국가 지도자들이 자신에 대해 알고 있고 모선들이 오랫동안 지구 주위에 정박해 있었지만, 더 많은 우주선들이 지금 여기에 있다고 말했다.

그는 자신이 은하연합(Galactic Federation)의 일원인 스타 함대(Star Fleet)의 사령관들 중 한 명임을 재차 강조했다. 나는 그가 과거 1985년에 그렇게 말한 것을 들었지만 그런 호칭이 실제로 불려지는 것을 믿을 수 없었다. 나는 그것이 영화 〈스타워즈(Star Wars)〉에서 나온 것처럼 들렸기 때문에 그것을 상상할 수 밖에 없다고 생각하고 있었다. 그러나 그는 다시 말했고, 그래서 나는 이것이 단지 내 상상이 아니라는 것을 좀 더 명확하게 알 수 있었다.

토오는 은하연합이 인간의 진화에 직접적으로 간섭하기를 원하지는 않지만, 우리의 지도자들에게 필요한 변화를 이룰 기회를 주었다고 말했다. 여기에는 우주의 외계 존재에 대해 대중에게 공개하는 것, 우리가 우주의 지적인 생명체 가운데 아주 작은 부분에 불과하다는 것, 그리고 우리는 우리 자신과의 싸움을 멈출 필요가 있다는 것 등이 포함돼 있었다고 한다. 그러나 변화가 일어나지 않았기 때문에 은하연합은 우리를 위해 그것을 실행할 것이다. 토오는 트루먼(Truman) 이후 모든 대통령과 접촉했다고 말했다. 또한 그는 경제가 붕괴될 필요가 있고 지구상의 현재 통화체제(monetary system)는 머지않아 사라질 것이라고 언급했다. 그것은 한동안 조정 기간을 거치게 될 것이지만, 그것은 모두 더 좋은 것으로 바뀌어 나타날 것이다. 아울러 그는 모든 인간들이 곧 별의 사람들(Star People)에 대해 알게 될 것이라고 말했다. (그들은 E.T라고 부르는 것을 좋아하지 않는다.) 나는 이 말이 어떤 종류의 세계적인 목격을 의미한다고 생각한다.

토오는 은하계의 어둠의 세력과 빛의 세력이 지구를 최종 전쟁터로 선택했고, 그렇기에 현재 지구의 상황이 심각하게 미쳐 돌아가고 있다고 내게 말했다. 즉 어둠의 세력이 기울어진 전쟁에서 마지막 발악을 하고 있기 때문이라는 것이다. 이것은 또한 지난 몇 달간 있었던 나와 파충류 외계인와의 접촉에 대해 설명해준다. 나는 이것을 아무에게도 말하지 않았지만 실제로 어떤 존재가 두 번이나 내 몸으로 들어와서 아주 낮게 울리는 목소리로 크게 소리를 내면서 나를 점령하려고 했었다. 하지만 나는 아주 강한 의지로 그것을 퇴치해 버렸다. 파충류 외계인은 자신이 과거에 나에게 그리고 내 가족에게 어떤 나쁜 일을 유발시킨 당사자라고 말했고, 그는 그 사실을 매우 자랑스러워했다. 그는 내가 빛에 관여하지 못하도록 내 에너지를 낮게 떨어뜨리려고 시도했지만, 말할 필요도 없이 효과가 없었다. 그 능대 같은 존재는 내가 병에 걸려 있을 때 여러 번 나에게로 옮겨 들어와서 단 한 가지만 말했다. "늑대는 아무것도 두려워하지 않는다." 지금도 나는 그의 힘을 느끼며 그것은 지금 나에게 불변하는 부분이다. 나는 다른 사람들에게 붙어있는 파충류 외계인들을 보았고, 사람들은 그것을 알아차리지 못했다. 그들은 여러분을 조롱하지만, 이제 나는 이것이 되돌릴 수 없는 것이 아니라는 사실을 알게 되었다. 설사 파충류가 자신이 완전한 통제력을 가지고 있고 우리가 그것에 대해 할 수 있는 일이 아무 것도 없다고 주장하더라도 말이다. 그것은 거짓말이다.

2013년 2월 8일: 나는 사회자 존 B. 웰즈가 진행하는 라디오 방송 프로인 〈전국일주(Coast-to-Coast)〉를 청취했는데, 그는 암호명 코브라(Cobra)라는 사람과 이야기를 나눴다. 이 사람은 인류를 지배하려고하는 어둠의 세력에 저항하는 지하운동과 35년 동안 접촉했다고 한다. UFO 접촉자인 로브 포터도 어둠의 세력의 본질, 그들이 지구에 가한 대파괴, 저항운동이 어떻게 중대한 돌파구를 눈앞에 두고 있는지에 대한 그 토론에 참여했다. 코브라와 포터는 지구가 극지와 다른 지역들에서 대격변을 겪을 예정이었지만, 자기들이 전자기장과 다른 수단을 통해 지구를 안정시켰다고 말했다.

(※참고: 나는 3년 전 외계존재인 맨티스가 보여준 영상에서 거대한 금속 막대가 북극과 남극, 새로운 마드리드 단층에 삽입되는 것을 보았는데, 그것이 바로 그들이 이야기하고 있는 것이 틀림없었다.)

포터는 현재 지구 주변에는 모선들을 가진 은하함대가 있다고 말했다. 그들은 눈에 안보이게 위장된 상태로 있고, 최근에 지구에 진동을 증가시켰으며, 인간 접촉자들과의 교신을 늘렸다고 한다. 그들은 가끔 교회 뾰족탑을 통한 기술을 이용하여 우리에게 연락을 하는데, 우주인의 3D-이미지는 마치 그 존재가 모든 사람들과 함께 있는 것처럼 방에 나타날 것이다! 그것 또한 책에 언급되어 있다.

이것이 우연의 일치일까? 나는 그렇게 생각하지 않는다. 나는 직접 토오와 만나서 그들의 지구에서의 사명을 최대한 알아낼 수 있기를 기대한다.

10.발 토오와의 지속적인 접촉

- 마지 케이 -

2013. 2. 19.

지난 며칠 동안은 정신이 없었고, 나는 지금 낮 동안과 일하는 동안 교신하고 있다. 내가 막 누군가와 통화하고 있는 도중에 신호가 왔다. 이것은 매우 특이하기 때문에 중요할 것이다.

우선 발 토오는 그가 미국 대통령들과 접촉한 것에 관해 내가 했던 말에 대해서 바로잡아 주었다. 나는 그가 자신들이 트루먼 이래 모든 대통령들과 접촉해 왔다고 말했다고 생각했다. 하지만 그는 그게 아니라고 했고, 그 의미는 조지 워싱턴 이후의 모든 대통령이라고 말했다. 맙소사!

그런 다음 토오는 이렇게 말했다. 자기들은 더 이상 핵위협을 방치하지 않을 것이며, 전 세계, 특히 미국과 러시아에게 현재 그것을 제거하라는 분명한 메시지를 보내고 있다고 말했다. 대기를 강타하고 지구를 때리고 있는 '유성(流星)'은 우리에게 경고하려는 계획의 일환이다. 다음 단계는 규모가 더 클 것이다. 그들은 누군가를 다치게 하고 싶어 하지 않으며 단지 명확한 메시지를 줄 뿐이다. 내가 친구이자 동료 연구원인 다니엘 라우링이 이것이 우연이 아니라고 말하는 것을 들을 때 발 토오는 다니엘이 제대로 이해하고 있다는 것을 나에게 강조하고자 우리의 대화에 끼어들었다. 나는 이런 유성들이 단지 진짜 유성이라고만 생각했다. 이제, 나는 더 이상 아무것도 무조건 확신하지 않는다! 우리는 유성들이 어디에 부딪히고 있는지, 그리고 과거에 그 장소들에서 무슨 일이 일어났는지를 추적해야 한다. 핵 실험처럼 말이다 …

11.발 토오가 한 여성 발명가에게 보낸 메시지

※우주에너지 장치 발명가인 주디 비비는 어린 소녀였을 때 발 토오와 만났던 경험이 있는 여성이다. 그리고 매우 오랫동안 그로부터 소식을 듣지 못했다고 한다. 그러던 중 그녀는 1994년 12월에 육체에서 영혼이 벗어나는 유체이탈(幽體離脫) 경험을 했고, 인생이 바뀌는 이런 극적인 경험을 통해 에너지의 본질에 관한 비밀지식을 전수받게 되었다. 그 후 20년 간의 자체적인 연구를 통해 GEM이라는 에너지 장치 개발에 성공했다. 그리고 에너지 장치 개발 작업을 마쳤을 때, 비로소 그녀는 발 토오 사령관으로부터 다음과 같은 텔레파시 통신을 받았다고 한다. (역자)

2014. 7. 13

발명가, 주디 비비

이것은 당신이 시작한 위대한 출발입니다.

나는 당신을 매우 호기심이 많고, 감수성이 예민했던 어린 아이로 기억합니다. 그리고 당신은 자신의 사명을 감당하면서 만나는 모든 사람들에게 빛을 비추었습니다. 나는 당신과 만나서 당신에게 내 손을 뻗고 가슴을 확장한 것을 기억합니다.

당신은 언제나 자기 스스로 하려는 갈망을 가진 채 우리 가슴속에 있었지만, 우리의 도움이 없이는 그렇게 할 힘이 없습니다.

당신은 진리를 밝히고 그것을 당신의 메시지에 반응하고 있는 수천 명의 사람들에게 드러냈습니다.

당신은 한때 금성인이었기에, 우리의 에너지는 당신의 에너지와 함께 묶여 있습니다. 그리고 당신은 거기서 강력한 존재였습니다. 당신의 봉사는 당신을 우리에게서 빼앗아갔지만, 당신의 임무에 대해 모든 금성인들은 경의를 표하고 있습니다. 왜냐하면 당신은 지구행성을 우주의 이 지역에서 용납 될 수없는 운명으로부터 구할 수 있기 때문이지요.

나는 눈에 장난기어린 빛이 있고 세상의 무게가 그녀의 어깨에 놓여 있는, 그리고 천사 같은 머리를 한 채 놓고 있는 어린 소녀를 기억합니다. 당신이 무엇을 하기로 돼 있는지를 미리 알았다면, 당신은 자신이 가진 것을 결코 성취하지 못했을 것입니다.

당신은 결과적으로 지구를 누군가의 보살핌 속에 놓인 모든 영역으로 바꾸고 있는 것이므로 계속해 나가세요. 이러한 영역을 소유한 사람들은 그것이 얼마나 중요한지 진정으로 알지 못하지만, 그들도 또한 위험한 상황으로 향하는 행성을 구하기 위한 임무를 나름대로 수행 중입니다.

장난기 있는 소녀와 은하계 탐사 우주선의 지휘관인 우리는 빛과 진리를 위한 투쟁을 계속하기 위해 다시 만날 것입니다. 모든 금성인들은 이제 귀하의 이름을 알고 있으며, 그들은 내가 하는 것처럼, 당신을 자신들의 가슴 속으로 이끌고 있습니다.

당신의 봉사 속에서
발리언트 토오

12.사령관 발리언트 토오와 그들의 과학

- 프랭크 스트랜지스 -

〈빅터 원〉의 탑승자들은 그 우주선 자체와 더불어 물질화뿐만이 아니라 비물질화를 자유자재로 할 수 있는 능력을 가지고 있다. 이런 상태 동안, 그들은 공간과 시간을 통과해 여행할 수 있다.

고인이 된 베르너 폰 브라운(Wernher Von Braun) 박사의 스승이자 거장인 헤르만 오페르트 교수는 이것을 나도 강연자로 참석했던 서독 마인즈에서의 UFO 집회에서 자주 언급했다. 그는 우주인들이 인간의 능력을 훨씬 넘어서는 능력과 재능을 지니고 있다고 믿었다.

유니아(Uniah)에 따르면, 이런 움직임은 일시적인 장(場) 강도의 변화 때문이다. 그러한 우주선이 고전적인 의미에서 어떤 추진력도 가지고 있지 않았다는 것을 완전히 이해하는 것이 중요하다. 일단 방향이 안정화되고 운행의 원동력이 만들어지면, 일시적인 장의 강도가 높아져서 그들이 여행하는 우주의 크기가 축소되는 것처럼 보인다. (우주선이 목적지로 다가가는 것이 아니라) 우주선에 접근하는 것은 사실상 목적지라는 것은 명백한 사실이다. 만약 이것이 당신의 마음을 놀라게 한다면, 우리는 나중에 이 단계에 관해 좀 더 밝히고 설명할 것이다.

별들을 삼각 측량하고 그들이 여행해야 할 올바른 경로를 좌표로 작성할 책임을 가진 이는 부사령관 틸(Teel)이라는 것을 기억하라. 이것은 〈빅터 원〉이 네바다 주 미드 호의 해안을 떠나기 전에 이루어진다.

여러분이 개인적으로 그 우주선을 방문하면, 〈빅터 원〉의 기능을 제어하는 몇 가지 통제 장치들을 보고 매우 놀랄 것이다.

말년의 프랭크 E. 스트랜지스 박사의 모습

여러분은 또한 〈빅터 원〉의 조종사가 헤드기어(head gear)를 쓰고 마음으로 우주선을 조종하는 것도 관찰하게 될 것이다. 또한, 우주선에는 점멸하는 빛과 손잡이, 가시적인 조종 장치가 별로 장착되어 있지 않다.

부사령관 틸은 당신이 우주선에 타기 전에 당신에 관한 정보를 컴퓨터에 입력할 책임도 맡고 있다. 이런 식으로, 우주선의 컴퓨터는 당신이 좋아하거나 싫어하는 음식 등과 함께 당신의 사이즈를 안다.

발 토오 사령관과 그 사람들의 과학에 대한 이 특별한 고찰은 다음과 같이 이해될 수 있다. 우리는 핵 장치라는 수단을 통해 공간으로 침입한다. 원자의 핵이 붕괴될 때, 그것은 자동적으로 시간 양자를 확장시키는데, 이것은 보통 "쿼크(quark)"의 크기 이하에 머물러 있다. 이 특정한 단계에서, 그것은 양자 진공(quantum vacuum) 상태 가운데 하나의 의문으로 남아 있는데, 특히 우주선들이 보이지 않게 될 때 우주공간에 많이 존재한다. 그것은 핵물리학의 문제가 아니다. 그것은 아인슈타인과 같은 과학자들의 낡고 불완전한 지식과 이해를 훨씬 넘어선 실제 시공간의 문제이다.

286

국방성의 낯선 방문자인 사령관

여러분이 나의 책인 〈미 국방성의 우주인〉을 상기해 본다면, 그 사령관은 국방성에 있던 3년 동안, 아이젠하워 대통령과 리처드 닉슨 부통령, 합동참모본부 멤버들에게 자신의 많은 힘과 능력을 보여주었다. 또한 그를 없애려고 필사적이었던 몇몇 경건하지 않은 자들에게도 마찬가지였다.

그는 미 국방성에서 비물질화되어 사라진 후, 뉴저지, 하이브리지에서 수마일 떨어진 하워드 멘저의 뒷마당에 물질화되어 나타났는데, 멘저는 UFO 세미나를 진행하고 있었다. 그는 또한 부사령관 돈(Donn)과 〈빅터 원〉에서 온 몇몇 승무원들과 합류했다.

치료는 또한 발 토오 사령관의 능력 중 하나이다

그가 복도를 통과해가면서 공군의 무장한 경비병들에 의해 호위를 받는 동안 그의 능력에 관한 증거가 추가로 확인되는 일이 발생했다. 그들은 반대 방향에서 오던 또 다른 공군 장교를 지나쳤다. 그때 발 토오는 멈춰 서서 뒤로 돌아서더니, 이 놀란 장교의 배에 손을 얹고 눈을 천장으로 들어 짧은 기도를 올렸다. 이 장교는 심각한 위궤양으로 인해 비행금지를 당한 공군 조종사였다. 말하자면, 이때 이 장교는 현장에서 완전히 치유되었다. 오랜 세월이 흐른 후, 이 장교는 은퇴했고, 그의 아내와 함께 남부 캘리포니아의 교회에서 있었던 내 UFO집회에 나타났다. 그는 앞으로 걸어 나와 자신의 신분을 밝힌 후, 발 토오 사령관이 어떻게 그에게 손을 대어 위궤양을 간단하게 치료했는지를 참석했던 모든 사람들에게 말했다. 그 장교는 그날 이후로 고통받은 적이 없다고 증언했다.

13.발 토오 사령관에 관련된 미공개 정보들

- 프랭크 스트랜지스 -

※이 자료는 프랭크 스트랜지스 박사가 발행하던 〈인터스페이스 링크(Interspace Link)〉라는 월간 뉴스 레터에서 발췌한 것이며, 그가 직접 작성한 것이다. (역자)

사령관 발 토오에 대하여

일정 기간 동안, 나는 발 토오 사령관에 관한 추가정보 요청을 많이 받았다. 따라서 이 내용은 아직 공개되지 않은 정보로 구성되어 있다. 여러분은 사실 전에 이것을 들었을 수도 있다. 그럼에도 이전에는 전혀 공개된 적이 없는 그에 관한 많은 정보를 접하게 될 것이다.

만약 여러분이 나의 책인 〈미 국방성의 우주인〉을 읽지 않았다면, 가능한 한 빨리 입수해야 한다. 왜냐하면 그 책이 이 행성 지구에 대한 발 토오의 사명뿐만 아니라 그 사령관에 관한 훌륭한 통찰력을 줄 것이기 때문이다.

창조된 존재

발리언트 토오 사령관은 영겁 이전에 (천사들처럼) 창조되었다. 그는 참으로 지혜로운 존재이며, 인간의 상상력을 훨씬 능가하는 능력을 부여 받았다. 그는 키가 약 183cm이며, 오늘날까지 몸무게는 84kg이다. 그의 머리카락은 갈색이고 굽이치는 물결모양이다. 그의 눈 역시 갈색이며, 그의 전반적인 안색은 오히려 햇볕에 그을려져 있다.

발 토오 사령관은 유머감각이 뛰어나고 많은 다른 "우주 사람들"과 확연히 구별된다. 그는 여러 면에서 매우 특별한 사람이다. 하지만 그의 앞에 서있는 동안 누구나 갑자기 편안함을 느끼게 된다. 그는 자신의 고향인 금성에서 12인위원회의 일원으로 정식으로 임명될 때까지 그를 두드러지게 했던 많은 영적 재능을 지닌 존재이다.

보편적인 사랑

그는 우주의 다른 지역으로 파견될 때마다 언제나 하느님의 사람으로 인사하며, 엄청난 사랑과 존경심으로 바라보게 되는 존재이다. 그는 종종 전체 주민에 직접 영향을 미치는 어떤 결정을 내리는 과정에서 다른 세계의 사람들을 돕기 위해 부름을 받는다. 그리고 그의 행동은 언제나 모든 면에서 나무랄 데가 없다.

TV 방송에 출연하여 사회자와 대담 중인 프랭크 E. 스트랜지스 박사

엄청난 수요

이 문제의 진실은 영적으로 분별해서 많은 문제를 해결할 수 있는 그의 독특한 능력 때문에 그가 요청받고 있다는 사실에 있다. 평판이 앞서는 그런 사람은 전능하신 하느님에 대한 헌신과 사랑 때문에 사랑 받고 존경받는다.

추가적인 관심사

지난 과거 동안 그가 내부 서클 회원, 인터스페이스 링크 가입자, 멜기세덱 교단의 특별 멤버들 및 기타 회원들과 실제로 대화를 나눴던 사실을 아는 것은 흥미로울 수 있다. 여러분 중 많은 사람들이 과거에 특정 문제로 그에게 편지를 썼고, 그는 그런 요청에 친절하게 충분히 답변해주었다.

그러나 일정 기간 동안 어떤 사람들은 다소 어리석은 질문을 했다. 예를 들면, 그것은 어떤 색깔의 화장지를 사용해야하나, 어떻게 자신과 결혼할 우주인 여성(또는 남성)을 찾을 수 있나, 주식시장에 대해 좋은 조언을 해달라, 그러면 스트랜지스 박사에게 이익의 10%를 나눠줄 것이다 등과 같은 엉뚱한 질문과 무의미한 제안들이다. 물론 그는 그러한 질문에 대해 위엄을 갖추어 답변하지 않았다.

다른 놀라운 재능 및 능력들

발 토오 사령관은 마음대로 나타나고 사라질 수 있는 능력을 가지고 있다. 그는 또한 자신의 신체 분자구조를 해체하여 멀리 떨어진 곳에서 스스로 재구성하는 능력이 있다. 이것이 그가 틀어박혀 두 명의 공군 경비병에 의해 면밀하게 감시를 받았던 자신의 아파트 문을 통과하여 미 국방성에서 사라진 방법이다.

그런 다음 그는 자신의 동생이자 부사령관인 돈과 질과 합류하여 뉴저지, 하이브리지에 있는 하워드 멘저 집 앞 잔디밭에 나타났다. 그들은 잔디밭의 UFO 집회에 참석했으며, 거기서 모든 사람들이 그들을 보았다. 하지만 그들 중 일부 사람들은 이들이 다른 세계에서 온 존재들임을 알고 있었거나 의심했다. 늦게 참석한 내 친구, 어거스트 C. 로버츠는 많은 사진을 찍었는데, 그 사진들은 나중에 내 책에 실렸다.

그 특별 강연에서의 목격자 중 한 명은 또 다른 내 친구인 플로리다 주, 키 웨스트의 제임스 모슬리였다. 이상하게도, 여러 해에 걸쳐 그가 미국과 해외에서의 강연에 참석했을 때 상당수의 사람들이 그를 알아보았다.

추가적인 능력들

그는 다른 많은 재능을 타고난 만큼 이 지구 행성에서 인류를 돕기 위해 이런 능력을 성공적으로 활용했다. 그는 오늘날 인류에게 알려진 모든 언어와 방언(수화 포함)으로 말하고 의사소통을 할 수 있다. 이런 방식으로 그는 전 세계 사람들의 신뢰를 성공적으로 얻었다.

이들 중에는 세계의 주요 도시 쓰레기더미에서 말 그대로 집어 올려 데려온 아이들도 있었다. 이들은 부모가 없고, 잠잘 곳도 없으며, 허약한 몸을 위한 적절한 음식이 없는 아이들이다. 그들은 병약하고, 연약한데다, 영양부족에, 대중들이 원치 않는 이들이다. 그는 이 가난한 어린이들, 소년소녀들에게 접근하여 그들 자신의 언어 또는 방언으로 그들에게 말했고 그들의 반응을 얻었다. 그리고 많은 경우에 실제로 그 아이들을 자신의 사랑의 팔로 안아서 대기하고 있던 빅터 우주선으로 데려갔다.

어린이들을 위한 따뜻한 환영의 선물

일단 선상에 오르면, 아이들은 집으로 데려가지기 전에 그들을 돌봐주는 다른 승무원들에 의해 따뜻하고 다정하게 보살핌을 받았다. 그는 또한 당신의 내적욕구를 완전히 파악하고 판단하기 위해 가슴과 마음을 직접 꿰뚫어볼 수 있는 능력을 갖고 있다. 이것은 또한 발 토오 사령관과 지속적인 우정과 교감을 나누는 우리 주, 예수 그리스도에 의해 커다란 사랑으로 실천된 특성이다.

펜타곤에서의 학대 사실에 관한 설명

국방성에 머물러 있던 여러 해 동안, 군부와 정치세력은 그를 굴복시키기 위해 힘으로 모든 것을 시도했다. 그들은 진보된 군사무기에 관한 정보를 얻어내기 위해 심문, 학대 및 위압 등의 수단을 사용했으며, 그런 파괴적인 무기는 지구상의 모든 국가에 대한 잠재적인 위협으로서 우주궤도에 배치될 수 있었다. 그들은 그의 얼굴에 침을 뱉고, 그의 몸에 뜨거운 물을 뿌리고, 그가 앉아 있는 동안 그에게 여러 개의 의자를 던졌다. 심문을 담당한 자들은 그가 여러 번 바닥에 쓰러질 정도로 실제로 그의 얼굴을 난폭하게 구타하기까지 했다. 이때 그가 그들에게 취한 행동은 그러한 정보를 주기를 거절하면서 미소 짓는 것이었다. 그러자 그자들은 한순간에 그가 협조하게 만들 것이라고 생각되는 특정 화학물질을 그의 피부에다 주사하려는 시도를 했다.

주사바늘의 놀라운 광경

그러나 물론, 처음에 의료진이 건강검진차 피를 뽑으려고 시도했을 때와 마찬가지로 바늘 끝이 부러지면서 피부에 침투하지 못했다. 찌르려던 바늘이 여러 번 부러졌다. 마침내 발 토오 사령관은 그를 의자에다 결박하고 있던 족쇄를 부숴버리고 일어서서 그들에게 이렇게 말했다.

"나는 이런 어리석은 행위를 이제 충분히 겪었소. 만약 당신들이 나에게 다시 한 번 손을 댄다면, 그대들은 그것으로 이 지구상에서 마지막이 될 것이요."

심문자들은 다른 어떤 말도 없이 조용히 뒤로 물러 설 수밖에 없었다. 왜냐하면 놀랍게도 그가 바로 그들의 눈앞에서 한순간에 비물질화되어 사라져버렸기 때문이다. 말할 필요도 없이, 그들은 모두 그 방을 나와 혼잣말을 중얼거렸다. 물론, 그들은 그 사건을 자기들의 상급자들에게 설명하는데 매우 어려움을 겪었다.

대통령과 부통령의 태도.

이런 학대의 기간 동안 미국 대통령인 드와이트 아이젠하워나 리처드 닉슨 부통령 그 어느 쪽도 닫힌 문 뒤에서 발 토오 사령관에게 무슨 일이 일어나고 있는지 전혀 알지 못했다. 그들이 알아냈다면 심각한 일이 있었을 것임을 믿기 바란다.

물론, 오랜 기간 동안 일어난 이러한 모든 학대는 단계적이 아니었다면 그에게 사소한 문제였다. 그는 조금도 고통을 느끼지 않았으나, 그 바보 같은 학대시도에 대해서는 당연히 재미있어 했다.

발 토오 사령관은 우리의 정부를 우주의학 면에서 지원했다

발 토오는 우주의학 분야에서 우리의 우주 프로그램에 크게 도움이 된 정보를 우리 정부에게 주었다. 그는 1960년 3월 16일 아침 8시에 떠날 때까지 펜타곤에 있는 자신의 아파트에서 계속 거주했다.

대통령과 부통령은 3년 전에 제의받았던 유용한 정보뿐만 아니라 그들이 지원받고자 소망했던 것 이상의 것을 바랐다. 닉슨은 당시의 그 특별한 시기에 미국 정부에서 높은 자리를 차지하고 있던 악의 요소를 뒤집어엎기 위해 자신이 권한 내에서 모든 일을 해야 한다고 깊이 느꼈다. 역사만이 그의 노력의 결과들을 밝혀줄 것이다.

오늘날, 이 21세기에도 발 토오 사령관은 여전히 활동 중이다

사령관 발 토오는 금성의 12인위원회 멤버로서의 직책뿐만 아니라 지구의 12인위원회의 지도자로서의 지위를 유지한다. 그는 이 지구의 사람들에게 주도록 허가받은 그런 도움을 주기 위해 자신의 능력 한도 내에서 모든 일을 계속하고 있다. 발 토오는 이 지구 행성의 내부세계(지저세계)에 거주하는 사람들에게 도움이 되는 지원을 하기 위해 호출받는 때도 있다. 여러분은 다가올 시기에 그런 특별한 활동에 대해 더 많이 배우게 될 것이다. 하지만 나는 발 토오 사령관과 관련된 이런 몇 가지 적절한 정보가 여러분에게 이 가장 놀랍고도 멋진 존재에 대해 한층 더 강렬한 느낌을 주었을 것이라고 진심으로 믿는다.

- 제4부 -

◇역자 해제(解題) - 인류문명과 금성,
그리고 또 다른 접촉자들에 관해

◆역자 해제(譯者 解題): 인류문명과 금성, 그리고 또 다른 접촉자들에 관해

Ⅰ.금성은 과연 불모의 무인 행성인가?

금성은 지구에서 가장 가까운 이웃 행성이다. 물론 지구는 금성과 화성 사이에 끼어 있는 행성이지만, 가장 근접했을 때의 지구에서의 거리가 금성이 4140만 Km, 화성이 5570만 Km로 화성보다 훨씬 가까운 거리에 위치해 있다. 이 외에도 금성은 모든 면에서 우리 태양계의 어떤 행성보다도 지구와 비슷한 점이 많은 행성이다. 아래의 비교 도표를 참고하기 바란다.

	비율 (금성/지구)	금 성	지 구	화 성	비율 (화성/지구)
질 량 (10^{24}Km)	81.5 %	4.8685	5.9736	0.64185	10.7 %
부 피 (10^{10}Km)	85.7 %	92.843	108.321	16.318	15.1 %
적도반경 (Km)	94.9 %	6051.8	6378.1	3397	53.3 %
극지반경 (Km)	95.2 %	6051.8	6356.8	3375	53.1 %
평균밀도 (Km/m^3)	95.1 %	5243	5515	3933	71.3 %
표면중력 (eq)	90.5 %	8.87	9.80	3.71	37.9 %

예부터 "샛별"이라고 불려온 금성은 동서양을 막론하고 인류에게 너무나 친숙한 별이고, 육안으로 볼 때 하늘에서 태양과 달을 제외하고는 가장 밝은 별이다. 지구보다 태양에 가깝고, 태양에서 48도 이상 떨어지지 않기 때문에 한밤중에는 보이지 않고 일몰 후의 서쪽 하늘, 또는 일출 전 동쪽 하늘에 보일 뿐

금성의 모습

이다. 그리고 도표에서 보는 것처럼 금성의 모든 조건은 화성과는 비교할 수 없을 정도는 지구와 유사하며, 지구의 쌍둥이 행성이라고 불러도 무방하다.

고대 바빌로니아에서는 금성을 <풍양(豊穰)의 신 이슈타르(Ishtar)>의 이름을 붙여 숭상했는데, 금성이 농업에 필요한 달력의 길잡이가 되기 때문이었다. 그리고 그리스에서는 미(美)의 여신 아프로디테 (로마신화에는 비너스)로 모셔졌으며, 중국에서는 그 빛이 백은(白銀)을 연상하게 한다는 점에서 태백(太白)이라고 불렀다. 즉 저녁하늘에 보일 때에는 <태백성>, 새벽하늘에 보일 때에는 <샛별>이라고 호칭했다. 고대 그리스에서는 저녁하늘에 보일 때에는 <헤스페로스>, 새벽하늘에 보일 때에는 <헤오스포로스>라고 불렀고, 중국에서는 각각 <장경(長庚)>, <계명(啓明)>이라 불렀다고도 한다. 또한 신지학(神智學)이나 오컬트적으로도 금성은 지구의 행성 로고스(Logos)였던 사나트 쿠마라(Sanat Kumara)가 본래 도래했던 고향으로 알려져 있기도 하다.

그러나 지구상의 모든 과학 교과서나 백과사전에 기재된 바로는 금성의 표면 온도는 약 470℃, 압력은 90기압인데다 두꺼운 구름층으로 인한 온실효과에 의해 야간에도 거의 온도가 내려가지 않는다고 되어 있다. 대기는 이산화탄소가 95%, 산소 1%, 질소 2.5%, 기타 1.5%이며, 수증기는 0.5~0.65%이다. 그 밖에 금성을 덮고 있는 흰 구름은 황산으로 조성되었으며, 표면에는 황산비가 내린다고 한다. 따라서 생물은 살 수 없는 환경으로 여겨지고 있다.

인류의 금성탐사는 1960년대 초부터 시작되었는데, 1961년 처음 발사되어 1983년까지 진행된 과거 구 소련의 무인 탐사선인 비너스 3~16호와 62년부터 67년까지 진행된 미국의 매리너 5~7호, 1978년의 파이오니아 비너스호, 그리고 마지막으로 1989년의 마젤란호 탐사가 있었다. 소련과 미국에서 쏘아 올린 이런 탐사선들은 모두 무인 탐사선들이었다. 그리고 앞서 언급된 금성의 환경에 관한 정보들은 이와 같은 미, 소의 무인 탐사선들이 전송해온 데이터들을 토대로 작성된 것들인 것이다.

　　그렇다면 현재 우리 인류가 금성에 관해 가지고 있는 지식과 정보들은 과연 얼마나 정확한 것일까? 물론 조사자나 연구자의 입장에서 보다 신중해야 할 필요성이 있지만, 그럼에도 이점에 대해서는 의문의 여지가 매우 많다고 보여 진다. 그리고 만약 현재의 이런 금성에 관한 정보들이 진정 옳다면, 앞서 1부와 2부에 소개된 스트랜지스 박사와 만났다는 금성출신의 우주인 발 토오의 이야기는 도대체 무엇이란 말인가? 또 나중에 살펴보게 되겠지만 지구상에는 스트랜지스 말고도 수많은 금성인 접촉자들이 존재하고 있다는 사실이다.

　　이에 덧붙여 우리는 지구상의 가장 대표적인 우주 탐사 기관이라고 할 수 있는 미국의 NASA(항공우주국) 자체가 과연 믿을 만한 기관인지, 또 그들이 발표하는 여러 우주 정보들이 얼마나 신뢰할 만한 것들인지에 대해서도 냉정하게 의문을 제기해 보아야한다. 사실 NASA는 그동안 UFO에 관한 것뿐만이 아니라 천체에 관한 많은 정보와 사진들을 사전 검열하거나 삭제해 왔고, 또 일부 발표용 사진에는 손질까지 해왔다는 사실을 주지할 필요성이 있다. 그들은 사실 인류 앞에서 뒤로 감추고 있는 것들이 많은 것이다.

　　필자는 여기서 여러 가지 사례와 자료를 열거하며 몇 가지 측면에서 금성에 생명이 존재할 가능성이 매우 높다는 점을 탐색해 보고자 한다. 왜냐하면 1945년 이후에 본격화된 UFO의 활동과 수많은 UFO 접촉자들의 사례를 조사해 볼 때, 비단 1부 내용의 저자인 스트랜지스 박사뿐만이 아니라 금성에서 온 존재들과 만났던 다른 접촉자들이 존재하고 있기 때문이다. 특히 다른 어떤 별보다도 금성에서 온 외계인들을 만났다고 주장하는 사람들은 의외로 많다.

지구에는 우주의 갖가지 행성으로부터 찾아온 다양한 외계인들과의 접촉 사례가 존재하고 있다고 볼 수 있다. 예컨대 그동안 보고된 바로는 화성이나 목성, 토성, 플레이아데스, 시리우스, 알파 켄타우리, 오리온, 아르크투루스, 제타 레티쿨리, 안드로메다 등의 케이스가 많이 알려져 있다. 그런데 중요한 것은 통계적으로 그 어떤 행성 출신보다도 금성 출신의 외계인 접촉 사례가 가장 빈번하다는 사실이다. 이것은 앞서 살펴본 대로 거리상 금성이 지구와 가장 가깝다는 점과 지구와 금성 사이에는 아직 알려지지 않은 모종의 밀접한 연관성이 있기 때문이라고 추측된다.

그럼 이제부터 금성에서 온 우주인들과 접촉했다고 주장했던 또 다른 여러 접촉자들의 사례들을 살펴보기로 하겠다.

II. 또 다른 금성인 접촉자들

1.조지 아담스키(George Adamski)
- 선구적 UFO 컨택티-

조지 아담스키

1950년대는 이른바 UFO 접촉자 들이 줄지어 나타난 "접촉자 홍수시대" 라고 불러도 무방하다. 그리고 이러한 접촉자들의 대열에서 가장 앞서 있던 사람이 바로 조지 아담스키였다. 전 세계적으로도 가장 널리 알려진 컨택티 (Contactee)인 그는 본래 1891년에 폴란드에서 출생한 미국 이민자이다. 그의 인생궤적을 추적해 볼 때, 그는 어린 시절부터 인생과 우주의 신비를 탐구하고 추구하던 사람이었고, 일종의 〈구도자(求道者)〉적인 면모가 엿보이고 있다. 또 그가 한 때는 동양철학과 신비주의적인 티베트의 밀교사상에도 심취하여 연구했고, 그것을 가르치기도 했다는 사실은 시사하는 바가 크다. 실제로 그는 1936년에 "Royal Order of Tibet" 라는 단체를 설립하여 비전적인 자아초월에 관한 과정을 제자들에게 가르치기도 했다. 이처럼 아담스키는 사실 UFO 목격자나 접촉자 이전에 오랫동안 형이상학적 진리를 강의하던 교사였고, 일종의 철학자였다.

그는 1940년도에 캘리포니아의 팔로마(Palomar) 산 남쪽에 기슭에 정착했는데, 그의 정원에는 두 대의 천체망원경이 설치되어 있었다. 이것은 그의 제자와 친구가 선물한 것으로서 아담스키는 그것을 이용해 천체를 관측하거나 사진을 찍는 것을 취미로 하고 있었다. 그러던 1946년 10월의 어느날 그는 우연히 망원경을 통해 팔로마산 남쪽 봉우리 위를 비행하는 거대한 비행

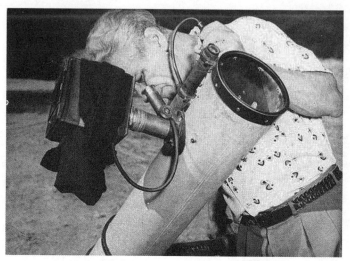
천체 망원경을 들여다보고 있는 아담스키

접시를 목격하고 나서 완전히 의식이 전환되는 계기가 되었다. 즉 어려서부터 다른 천체에도 생명이 있을 것이라고 생각은 했으나 그것이 실재한다는 구체적 증거를 목격하게 된 것이었다.

그 후에도 수차례 UFO를 목격하게 된 그는 그 때부터 그것을 직접 촬영하려는 시도를 하게 되었고, 결과적으로 상당한 분량의 UFO 사진을 찍게 되었다. 이런 열정적인 노력을 1952년에 이르기까지 계속하게 되는데, 그는 거기서 한 걸음 더 나아가 다른 행성에서 온 우주인을 직접 접촉해 보았으면 하는 열망을 가슴에 품고 있었다. 그런 와중에 1952년 11월 20일 캘리포니아 모자브 사막에서 드디어 우주인을 직접 접촉하게 되는 사건이 발생한다. 마침 이때는 UFO를 촬영하기 위해 그가 다른 지인 (知人) 6명과 함께 동행한 상태였다. 일행들이 하늘에 나타난 거대한 시가형 모선에 정신이 팔려 있는 동안 아담스키는 사진을 몇 장 찍은 후 좀 더 정밀한 근접 사진을 찍고 싶은 욕심에 혼자 떨어져 사막 깊숙이 들어갔다. 그가 사진촬영을 위해 삼각대 위의 놓인 카메라가 장착된 망원경을 조절할 때, 한 대의 작은 정찰선이 나타나 아담스키가 있던 앞쪽 방향의 언덕 사이로 미끄러지듯 하강하는 모습이 보였다. 그리고 잠시 후 그가 고개를 들었을 때 어디서 갑자기 나타났는지 한 낯선 사람이 약 400m 전방에 서 있는 것이 보였다. 이때의 상황을 1953년에 발행된 그의 첫 번째 UFO 저서인 「비행접시 착륙하다(Flying Saucers have Landed)」에서 인용한다. (※이 책은 데스몬드 레슬리 박사와의 공저(共著)이다.)

<비행접시 착륙하다>의 표지 모습(1953년)

"바로 이 때였다. 두 개의 구릉 사이로 진입하는 약 400m 떨어진 입구 지점에 한 남자가 서 있는 것이 아닌가! 그는 나를 향해 다가오고 있었다. 나는 그가 누구인지, 또 어디서 온 사람인지 아무래도 이상하게 생각되었다. 왜냐하면 분명히 조금 전까지도 거기에는 아무도 없었기 때문이었다.

나도 그를 향해 걸어가기 시작했다. 자연히 그 사람과의 거리가 가까워짐에 따라 기묘한 느낌이 나를 사로잡았고, 나는 왠지 조심스러워졌다. 동시에 나는 만약을 대비해 스스로를 안심시키고자 내 동료들이 우리 두 사람을 지켜보고 있지는 않나하고 주위를 둘러보았다. 나의 이런 감정에는 별다른 이유는 없었고 단지 그 사람이 뭔가 보통사람과는 다르게 보였기 때문이다. 이윽고 나는 그가 나보다는 어느 정도 키가 작고 상당히 젊은 사람이라는 것을 알 수 있었다.

그와 내가 아주 가까워 졌을 때, 나는 그 사람에 대한 다음과 같은 두 가지 눈에 띄는 특징을 알 수가 있었다.

(1)그가 입고 있던 바지는 내 것과는 전혀 달랐다. 그것은 스키복과 매우 흡사했는데, 내 머리 속에는 왜 이런 사막에서 저런 옷을 입고 있을까하는 의구심이 스쳐갔다.

(2)그의 머리카락은 어깨에 닿을 만큼 길게 늘어진 장발이었다. 하지만 이점은 그처럼 길게 머리를 기르고 다니는 사람들을 많이 보았기 때문에 그리 이상하게 생각되지는 않았다.

아담스키가 실제로 금성인을 만났던 모자브 사막의 해당 장소 전경

우리가 아주 가까워졌을 즈음 그의 얼굴에는 어딘가 모르게 친근한 미소가 배여 있었고, 나는 갑자기 경계심을 내려놓았다. 마침내 그와의 사이가 팔을 뻗치면 닿을 만한 거리에 이르렀을 때, 나는 단번에 내가 우주로부터 온 한 존재를 대면하고 있음을 직감적으로 깨달았다. **그는 다른 세계에서 온 인간인 것이다!** 내가 그를 향해 걸어갈 때 나는 그가 타고 온 우주선을 보지 못했고 그것을 둘러보지도 못했다. 우주선에 관한 것은 생각조차 못했지만 나는 형언할 수 없는 즉각적인 깨달음 속에서 정신이 멍해져 있었다. 내 마음은 일시적으로 정지된 것처럼 생각되었다.

그의 아름다운 모습은 놀랍게도 이제까지 내가 세상에서 보아온 그 어떤 인간도 능가하는 것이었다. 또한 그의 얼굴에 머금은 기쁨의 미소는 나의 에고(Ego)적인 모든 생각들에서 나를 자유로이 해방시켰다. 위대한 지혜와 넘치는 사랑을 지닌 그 존재 앞에서 나는 마치 내 자신이 어린아이처럼 느껴졌다. 왜냐하면 그로부터 지고의 겸허함과 더불어 무한한 깨달음과 자비로움의 에너지가 방사되는 느낌이었기 때문이다. 그는 약간 떨고 있는 내 손을 향해 악수하자는 제스처로 - 나는 그렇게 받아들였다 - 자기의 손을 내밀었다. 나도 손을 뻗어 우리의 습관대로 그와 악수하고자 했다. 하지만 그는 빙그레 웃으며 고개를 약간 저었다. 그리고는 약수대신에 자신의 손바닥을 내 손바닥에다 가볍게 대었다.

　내가 느낀 그의 손의 피부는 마친 아기의 손과 같았고 감촉이 매우 부드럽고 따뜻하면서도 내부적으로 단단하였다. 그의 손은 우아한 여성의 아름다운 손처럼 손끝이 길고 가는 모양이었다. 만약 그가 지구상의 복장을 한다면, 절세미인처럼 보일 것이었다. 그러나 내가 판단하건대, 그는 분명 남성이었다. 키는 168cm 정도에 체중은 약 61kg 정도쯤 될 것이다. 그리고 비록 그 이상일지는 모르지만 지구상의 나이로 친다면 27~28세 정도로 보였다."

　아담스키는 계속 이어지는 내용에서 놀랄만한 관찰력으로 이 우주인의 모습과 옷차림을 아주 세밀하게 묘사하고 있다. 몇 가지 주요 부분만 다시 인용하면 다음과 같다.

　"그의 옷은 위와 아래가 하나로 연결된 원피스 형태였는데, 우주여행 할 때 우주인들이 입는 일종의 유니폼이라고 생각되었다. (중략) … 폭이 약 8인치 정도 되는 벨트를 허리에 매고 있었다. (중략) … 그러나 나는 그 의복이 어떤 재질의 섬유로 만들어졌는지는 알 수가 없었다. 거기에는 어떤 지퍼나 단추, 어떤 종류의 클립, 또는 주머니, 그리고 인간의 옷에서 보이는 주름이나 겹쳐서 박은 흔적도 보이지 않았다. 어떻게 이런 옷이 만들어졌는지 아직도 나에게 그것은 수수께끼이다. 그는 고리나 시계, 기타 다른 종류의 장식품도 하지 않았다."

　그들은 제스처와 표정, 그리고 텔레파시를 병행하여 대화를 시작하게 되었다. 어디서 왔느냐는 아담스키의 질문에 나중에 이름이 오손(Orthon)이라고 알려진 그는 금성(金星)이라고 대답했다. 그리고 자기들이 지구에 온 목적은 우호적인 것이며, 지구에서 유출되고 있는 방사능에 대해 관심을 가지고 조사하기 위한 것이라고 하였다. 여러 가지 질문을 하던 도중 아담스키는 우주인에게 자기가 아까 촬영했던 UFO를 타고 직접 내려 왔느냐고 묻자 그는 돌아서서 낮은 언덕 뒤쪽을 손으로 가리켰다. 거기에는 우주선 1대가 체공(滯空)해 있는 모습이 보였다.

　이어서 아담스키는 우주선의 동력과 조종 방법과 같은 기술적

질문을 한 후에 마지막에는 철학자(哲學者)답게 죽음의 문제와 창조주의 존재여부에 대한 질문을 그에게 던졌다. 즉 과연 그들도 인간처럼 죽는지의 여부와 만물의 창조주를 믿는지를 물어본 것이었다. 이에 대한 그의 대답은 먼저 신체는 죽으나 마음(의식) 또는 지성(영혼)은 불멸이며 계속해서 진화한다는 것이었다. 아울러 그는 자기들도 창조주를 인정한다고 하면서 그러나 인간은 이러한 창조주에 관해 매우 제한적이고 저열한 이해의 수준에 머물러 있다고 일러 주었다. 그들이 가지고 있는 신에 대한 개념은 보다 광범위하며 창조주의 법칙에 관계가 있다고 하였다. 아울러 자기들은 개인적 의지가 아닌 신의 뜻에 따라 거기에 부합한 삶을 살고 있으나 지구상의 인간은 그렇지가 않다는 점을 아담스키에게 납득시켰다.

떠날 시간이 가까워 오자 금성인은 아담스키가 가지고 있던 필름 하나를 달라고 하더니 나중에 돌려주겠다고 약속하고는 UFO에 탑승하여 떠나갔다. 아담스키는 이 부분에서 다시 한 번 자기가 매우 가까이서 목격한 UFO의 구조와 모습을 아주 상세하게 서술하고 있다. 우주인이 떠나가고 난후 그는 멀리 숨어서

이 광경을 지켜보던 6명의 동료들에게 오라는 신호를 보냈다. 그리고 일행 가운데 한 사람인 인류학자 조지 윌리엄슨 박사가 땅에 선명히 찍혀 있던 금성인의 발자국을 석고로 떠서 표본으로 보관했다.

그런데 약 1달 후 아담스키의 거주지인 팔로마 정원 상공에 다시 나타난 UFO는 그에게서 전에 가져갔던 필름을 던져주고는 사라졌다. 나중에 그 필름을 현상해 보았을 때 거기에는 그림과 같은 수수께끼적인 암호와 형상으로 된 메시지가 담겨져 있었다.

2년 후인 1955년에 그는 두 번째 저서인 「우주선의 내부에서 (Inside The Spaceship)」를 발표했는데, 이 책에서는 그 이후에 진행된 사건들에 관해서 상세히 서술하고 있다. 책 내용에 따르면 그는 사막에서 금성인을 접촉하고 난지 4개월 후인 1953년 2월에 로스엔젤리스 시내의 한 호텔에서 두 명의 외계인을 접촉하게 되었다. 토성인과 화성인이라고 자신들을 밝힌 그들은 아담스키를 우주선으로 데려가는데, 거기서 그는 뜻밖에도 사막에서 만났던 금성인 오손을 다시 만난다. 그들의 안내에 의해 그

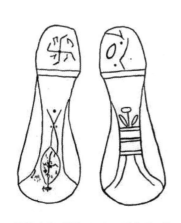

금성인의 족적 모습. 좌측과 우측 발의 문양이 다르며, 여기에도 어떤 메시지와 암호가 담겨져 있는 듯이 보인다.

는 그토록 열망하던 우주여행을 하게 되고, 모선(母船)에까지 초대를 받았다. 거기서 그는 우주에서 지구를 처음으로 보았던 상황을 설명하면서 우주의 모습을 완전한 암흑이라고 표현하고 있다. 덧붙여 우주선 창밖에서 개똥벌레 같은 무수한 발광체가 명멸하고 있었다는 특이한 광경을 서술했는데, 이 부분은 9년 후 미국의 우주비행사인 존 글렌(John Glen)의 증언에 의해 진실임이 밝혀졌다. 즉 존 글렌은 1962년 2월 20일 머큐리

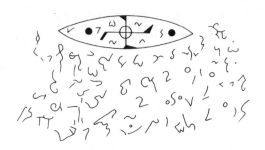

우주인이 주고 간 필름 속에 기록돼 있던 수수께끼의 도형

(Mercury) 6호 캡슐을 타고 지구 주변의 궤도를 비행하는 중에 이와 똑같은 장면을 목격했다고 다음과 같이 진술함으로써 아담스키의 주장을 뒷받침했던 것이다.

"태양빛이 새벽녘에 처음 떠오를 때 나는 정상적인 궤도 상태에서 뒤쪽 방향을 향해 있었다. 태양의 첫 광선이 막 캡슐의 위를 비출 때 나는 일부 장비를 체크하기 위해 뒤로 돌아 힐끗 아래를 보았다.

그리고 나서 내가 반대 방향으로 시선을 던졌을 때, 창 바깥에는 완전히 새로운 별들 밖에는 보이지가 않았다. 그러나 내가 별이라고 생각했던 이 수많은 작은 것들은 사실 반짝이는 황녹색의 입자들이었고, 그 크기와 밝기가 캄캄한 밤에 날아다니는 개똥벌레처럼 보였다."

이윽고 우주인들은 우주선 안의 확대망원경을 통해 아담스키에게 달의 뒷면 모습을 보여주며 이렇게 말했다.

"달에도 공기가 있습니다. (중략) 지구에서 볼 수 있는 달의 표면은 지구로 말하자면 바로 사막지대에 해당합니다. (중략) 하지만 달 중심부 주변에는 아름다운 지대가 있어서 거기에는 초목과 동물이 살고 있습니다. 그 안에서 사람들이 안락하게 지내고 있지요. 지구인도 거기에서라면 달에 거주할 수 있답니다. (중략) 달은 우리의 행성과 마찬가지로 지구만큼 많은 대기를 가지고 있지는 않습니다. 그것은 지구보다 훨씬 작기 때문이지요. 그래도 대기는 존재하고 있는 것입니다 …(중략) … 달의 뒷면에는 아직 상당한 양의 물이 남아 있습니다. 앞면의 산맥 지층 깊은 곳

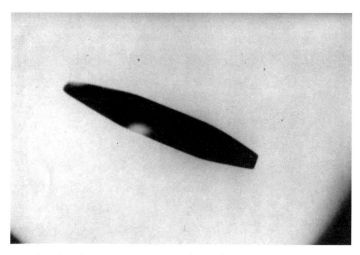

1951년 3월 5일 오전 10:30 분경 아담스키가 촬영에 성공한 모선의 모습. 가운데 아래의 흰 부분은 모선에서 발진하는 자선이다.

에도 물론 그렇고요."

그러면서 그는 달이 인간의 과학자들이 보듯이 죽어있는 천체라면, 옛날에 해체되어 소멸되었을 것이라고 하면서 달의 뒷면에 자기들의 큰 연구소가 있다고 알려 주었다.

그 후에도 수차례 걸쳐 우주인들의 초대로 모선을 왕래했던 아담스키는 거기서 수명이 1,000세 달하는 우주성자로부터 여러 가지 심오한 가르침을 전달 받았다. 이 예지로운 현인(賢人)의 가르침은 누가 들어도 감탄할만한 내용인데, 이런 점에 의해서도 아담스키의 UFO 체험은 그만큼 진실의 무게를 지니고 있다고 판단할 수가 있다.

마지막으로 우주인들은 그에게 금성 모선 안에서 금성의 풍경을 입체영상으로 보여주는데, 거대한 산맥, 눈 덮인 산정, 바위 투성이의 암산(岩山) 등이 보였다. 금성의 도시 모습은 빛을 발산하는 둥근 천정을 한 건물들로 인해 다양한 아름다움을 지니고 있었다. 영상 속에 보이는 그들의 신장은 5피트~6피트 사이였고 외모로 볼 때 나이가 30세 이상 되어 보이는 사람은 거의 없었다. 금성인 오손은 자기들의 평균수명은 1천세라고 설명해 주는데, 금성을 두텁게 둘러싼 구름이 태양의 해로운 광선을 걸러주는 필터 작용을 해주어 그들의 수명연장에 도움을 주고 있다는 특이한 설명을 덧붙였다. 그리고 지구 역시 과거 오래 전 구름이 싸여 하늘의 별이 보이지 않았을 때는 수명이 현재보다는 훨씬 더 길었다고 하였다.

조지 아담스키는 1965년 75세로 세상을 떠날 때까지 자신의 체험을 인류에게 알리고자 전 세계를 돌아다니며 활발히 활동했다. 그러나 그는 세계적으로 가장 저명한 UFO 컨택티(Contactee)였던 만큼이나 무지한 대중들의 수많은 비웃음과 당국의 위협적 감시와 냉대, 그리고 기존 과학자들의 시기와 비난에 시달려야 했다. 그러나 이러한 악의적 비난과 조소는 정당한 근거를 가진 것이 아니었으며, 뚜렷한 증거도 없이 그가 찍은 사진들이 전등에 갓을 씌워 찍은 조작된 것들이라고 힐난하기 일쑤였다. 게다가 나중에 진행된 미국과 소련의 우주탐사 결과 발표 내용과 그의 주장이 일치하지 않았기 때문에 그는 더더욱

아담스키가 16 mm 카메라로 포착한 금성의 정찰선

사기꾼으로 몰렸다. 말년에 이 고독한 선구자는 인간적으로 심히 고뇌했고, 그로 인해 부분적 실수가 있기도 했다. 그러나 오늘날 우리는 우주탐사 과정에 많은 은폐와 왜곡이 존재하고 있음을 간과해서는 안 된다. 이런 부분은 뒷부분에서 짚고 넘어가도록 하겠다.

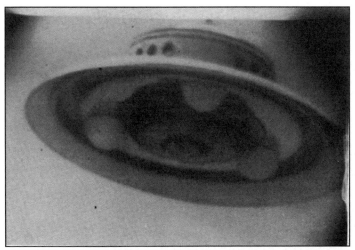

아래쪽에서 찍은 금성 정찰선의 하부 모습. 아담스키형 우주선의 전형적인 특징인 둥근 착륙기어(콘덴서) 3개가 보인다.

어쨌든 조지 아담스키는 본래 매우 고결하고 겸허한 인품을 지닌 사람으로서 그가 진실 되고도 성실한 인격의 소유자였음은 주위 사람들의 증언에 의해 충분히 입증되고도 남음이 있다. 그리고 우리의 인간세상에서는 비단 아담스키뿐만이 아니라 인류역사상 시대를 앞서갔던 모든 선지자, 선지자들은 누구나 그처럼 사기꾼이나 미치광이로 매도되거나 푸대접을 받았다는 사실이다. 그러므로 다소 용기가 부족한 많은 이들은 지구라는 이 야만적 행성의 저열한 인간속성 때문에 아담스키와 같은 체험을 하고도 사회적 비난과 조소, 그에 따른 자신의 명예손상이나 불이익이 두려워 입을 다물고 있기 마련이다.

이처럼 세상의 비웃음이 두려워 침묵의 길을 갈 뻔 했던 동시대의 또 한 사람의 저명한 UFO 접촉자가 있었으니, 바로 그는 곧 이어서 소개할 미국의 과학자 다니엘 프라이(Daniel Fry)이다.

2.다니엘 프라이 - UFO가 인도한 과학자

(※다음의 내용은 역자가 "UFO와 정신과학" 이란 책에 게재했던 내용을 그대로 전재(轉載)한다.)

또 다른 초기의 저명한 UFO 접촉자인 다니엘 프라이(Daniel Fry)는 엔지니어이며 과학자인 동시에 물리학, 천문학, 로켓공학 등 여러 분야의 권위자였다. 우리시대 초기에 UFO에 탑승했던 지구인중의 한 사람인 그는 앞서 소개된 아담스키보다도 사실 UFO와의 접촉이 더 빨랐던 인물이다. 조지 반 테슬과 아담스키가 1952년에 접촉이 이루어진 데 비해 그는 이미 1950년에 접촉이 있었다. 그럼에도 그의 최초의 저서인 〈Alan's Message;to men of Earth(지구인들에게 보내는 알란의 메시지)〉는 아담스키의 책(1953년)이 나온 1년 뒤인 1954년도에 발행되어, 그는 조지 반 테슬이나 아담스키보다 뒤늦게 알려졌다.

그 이유는 그가 저명한 과학자의 신분인 까닭에 처음에는 자신의 접촉 체험 공개를 매우 주저하고 꺼렸기 때문이었다. 그럼에도 그는 공개되자마자 그의 과학적 배경 때문에 다른 사람들보다도 더 주목을 받았다.

다니엘 프라이는 UFO와의 접촉 사건이 일어났던 1950년 7월 4일 당시에 뉴멕시코 주, 사막에 있는 "화이트 샌드" 신무기(미사일) 시험 발사기지에 로켓시험 기술관으로 근무하고 있었다. 이날은 주말이라 그는 시내에서 벌어질 전통적인 불꽃놀이 축제를 보기 위해 버스를 타고 시내로 나갈 예정이었으나 우연히 버스 막차를 놓치고 말았다. 이미 다른 직원들은 휴일을 즐기느라 다 떠난 상태였으므로 할 수 없이 프라이는 상쾌한 사막의 밤공기를 즐기며 걸어가기로 마음먹었다.

사막을 걷고 있는 가운데 아름다운 밤하늘에 펼쳐진 별들의 전경은 그의 마음을 평화롭고도 상쾌하게 해주었다. 그가 약 1마일 가량을 걸어가서 하늘을 다시 올려다보았을 때, 어떤 하강하는 물체에 의해서 별들의 윤곽이 가려짐을 알아차렸다. 이윽고 회전하는 타원형의 금속성 물체가 그로부터 약 21m 전방에 내려앉았다. 그것은 분명히 낮은 돔(Dome) 형태의 덮개를 지닌 둥근 구조물로서 빛나는 금속으로 만들어진 것이었다.

다니엘 프라이가 그것을 조사해 보려고 가까이 다가가자 그에게는 정신적 텔레파시에 의해서 뜨거운 금속 몸체로부터 물러서 있으라는 다음과 같은 경고의 목소리가 명확히 들려왔다. "형제여! 비행정의 동체가 아직 뜨거우니 만지지 않는 것이 좋습니다." 이때 그는 깜짝 놀라 뒤로 몇 걸음 물러섰다. 그러자 놀라지 말라며 계속 말이 이어졌다 "진정하세요. 당신은 안전합니다." 마음을 수습하고 난 그는 목소리의 주인공이 근처 어디에 있는 것이 아닌가 해서 주변을 둘러보았으나 아무도 보이지 않았다. 이때의 상황을 그는 책에서 이렇게 서술하고 있다.(※〈the white sands incident〉에서 인용)

"나는 그 물체를 좀 더 면밀하게 조사해보고자 천천히 그 비행물체의 주변을 돌면서 살펴보았다. 그것은 회전 타원체로서 꼭대기와 바닥이 꽤 납작했다. 높이가 약 16피트(4.9m)에다 가로로 벌어져 있는 가장 넓은 가운데 부위의 너비가 약 30피트(9.4m)였는데, 지면에 닿아있는 부분은 약 7피트 정도였다.

밑에서 바로 올려다보았을 때, 아래서 위로 구부러진 모습은 접시형태였지만 수프 담는 사발에 소스 접시를 뒤엎어 올려놓은 모습에 더 가까웠다. (중략) 그 표면은 엷은 보랏빛 광채를 지닌 번쩍이는 은색의 금속처럼 보였다. 내가 그 물체의 주변을 돌아가며 살펴보아도 어떤 문이나 창, 또는 갈라진 틈은 보이지 않았다."

들려오는 메시지는 계속해서 이것은 외계의 무인(無人) 우주선으로서 그 사막 지역의 공기 샘플을 채집중이라고 설명해 주었다. 자기 자신을 〈알란(Alan)〉이라는 우주인이라고 밝힌 목소리의 주인공은 덧붙여 지구 궤도에 진입해 있는 지구 상공 수백 마일 높이의 모선(母船)에서 그 우주선이 원격조종되고 있다고 말했다.

알란은 프라이에게 말하기를, 당신은 여기에 탑승하기 위해 초대받은 것이며 그의 내면에 있는 안내자가 이리로 오도록 그를 자극했다는 것이었다. 계속 이어지는 텔레파시 음성은 다음과 같은 말로 그에게 우주선에 타라고 권유하였다.

"우리는 당신이 우리의 권고에 응해주면 고맙겠는데, 이 우주선을 타고 짧은 시험 비행을 해보라는 것입니다. 그러면 우리가 말한 것의 진위를 판단하는데 도움이 될 것입니다. 우리에게는 당신이 배울만한 기술이 많습니다. … (중략) … 이 우주선은 원격으로 조종되는 공기 샘플 수집장치이자 화물운반용 수송정입니다. 통신시스템을 통해 말하고 있는 나는 지금 당신 앞에 있는 우주선 안에 있지 않습니다. 나는 이른바 모선이라고 부르는 훨씬 거대한 우주선상에 있습니다."

보이지 않던 UFO 입구가 열렸고, 그가 그리로 걸어 들어가자 문은 자동으로 닫혀졌다. 그리고 희미한 광선이 비치는 실내에는 창 옆에 안락해 보이는 의자가 놓여 있었다. 그런데 그 의자에는 뜻밖에도 나무와 두 마리의 뱀이 꼬고 있는 형상인 카두케우스(Caduceus)1)의 문양이 새겨져 있었다. 그가 우주선 안에 지

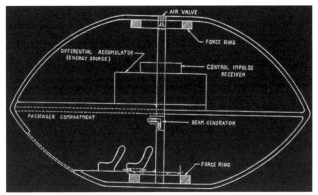
다니엘 프라이가 탑승했던 원격 조종 무인선의 구조

구적인 그림이 그려져 있는 것에 흥미를 보이자 우주인은 그 유래와 더불어 자기들의 기원과 관련된 고대 지구에서 일어났던 불행한 사건을 다음과 같이 설명해 주었다.

　"여러분과 나를 포함한 우리 중의 일부는 적어도 부분적으로는 공통의 선조(先祖)를 가지고 있습니다. 수만 년 전에 우리 선조들 중의 일부는 이 지구라는 행성에서 살았습니다.

　오늘날 여러분이 태평양이라는 이름으로 부르는 바다 지역에는 그 당시 대륙이 존재했습니다. 지구상의 고대 전설에서는 이 침몰한 땅덩어리를 '잃어버린 대륙 레무리아, 또는 무(Mu)'라고 언급하지요. 우리의 선조들은 바로 이 대륙 위에서 거대한 제국과 강력한 과학을 건설했었습니다. 그런데 같은 시대에 지금의 대서양에 해당되는 남서 지역에서 급속히 발전하던 다른 종족이 있었습니다. 이 대륙을 일러 여러분의 전설에서는 아틀란티스라는 이름으로 불러왔습니다.

　이 두 문명 간에는 물질적, 기술적인 면에서 서로 경쟁적인 관계에 있었습니다. 처음에는 그것이 선의에 의한 경쟁이었지만 점점 더 적대적인 것으로 변질돼 갔고 … 몇 세기 이후에 그들의 과학은 현재 인류가 도달한 문명 수준을 넘어서게 되었습니다. 여러분의 과학이 지금 손대고 있는 것과 같이 그들은 원자의 결합 에너지를 약간 풀어놓는 것에 만족하

---

1)그리스 신화의 주인공 제우스신의 사자인 헤르메스가 가지고 다녔다는 전설의 지팡이이다. 2마리의 뱀이 감고 있고 위에는 날개가 달린 모양이다

지 않고 그 에너지 축(軸) 위에서 전체 질량을 회전시키는 것을 알아냈습니다. 그리하여 지금 여러분이 사용하는 청동화(青銅貨) 한 개에 해당하는 약간의 질량을 에너지로 전환시키는 것만으로도 무려 7,500만 kw에 필적하는 엄청난 에너지가 방출되었습니다.

두 종족의 점증하는 반목과 함께 … 그들은 결국 서로를 파괴하는 길을 피할 수가 없었습니다. 그러한 지구 전체의 파멸과정에서 방출된 에너지는 인간의 상상을 초월한 것이었습니다. 그것은 지구라는 행성의 지표면 모습 자체를 바꿔놓기에 충분했으며, 그 결과 누출된 핵 방사선은 지상 전체가 수많은 세대 동안 인간의 거주가 부적합할 만큼 널리 만연돼 있었던 것입니다.”

그가 의자에 앉자마자 엷은 진동이 느껴졌으나 소리는 전혀 나지 않았다. 곧 이륙할 것이라는 말과 함께 잠시 후 지면(地面)이 거의 믿을 수 없는 속도로 멀어지기 시작했다. 그럼에도 아무런 움직임의 감각도 느낄 수 없었다. 우주선은 마치 바위덩어리 같이 안정돼 있었고 미동조차 감지되지 않았다. 우주선 안에서 알란은 다음과 같은 흥미로운 말을 그에게 일러주었다.

“인류는 지난 몇 세대에 걸쳐서 지구가 통과하는 우주선들에 의해서 관찰대상이 돼 왔다는 것을 알지 못합니다. 인간들이 계속해서 공간 속

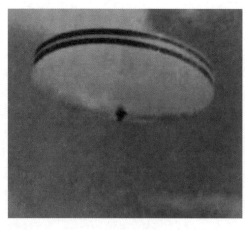

1964년 미 오리건 주에서 다니엘 프라이에 의해 촬영된 우주선의 모습.

으로 내보내는 라디오의 메시지나 프로그램들은 여러분 태양계 직경의 몇 배에 이르는 거리에서도 우리의 수신 장비에 의해서 쉽사리 모니터될 수가 있습니다. 지구 주변의 우주공간에는 항상 최소한 몇 대의 우주선들이 통과하거나 태양으로부터 에너지 비축하기 위해 멈추어 있거나 합니다. 지구상의 방송으로부터 방출되는 어떤 데이터도 다른 외계 종족들에게 하나의 관심거리로 수집되거나 중계될 수가 있는데, 궁극적으로 그런 데이터들은 수많은 은하계들에까지 전해질 것입니다."

여러 도시의 불빛들이 내려다보일 때, 그는 자신이 탄 우주선의 고도나 스피드를 전혀 측정할 길이 없었다. 단지 우주선이 동쪽으로 스쳐 지나가고 있음을 알 수 있을 뿐이었다. 이륙한지 얼마 되지 않아 그는 이전에 비행기를 탔을 때 보았던 뉴욕시 근처의 눈에 익은 야경을 알아차릴 수 있었다. 프라이 박사가 탄 UFO는 뉴욕 상공을 한 번 선회한 후 다시 서쪽으로 향하더니 처음 출발했던 지점에 내려앉았다.

비행 도중 그는 아무런 두려움이 없이 편안한 느낌을 가질 수 있었다. 그리고 자신과 텔레파시로 대화한 존재에 대한 신뢰감이 자연스럽게 생겨났다. 그는 생각나는 대로 알란에게 철학, 과

우주선 안에서 뉴욕 야경을 보다

학기술 분야에 대해 여러 가지 질문을 던져 보았다. 그러자 즉각 자극적이고 흥미로운 답변이 수신되었다. 그리고 앞으로 다시 본격적인 접촉이 있게 될 것이라는 약속이 주어졌다. 그는 희한한 경험을 한 것이 기뻤으나 무엇보다도 다시 만나게 될 것이라는 마지막 메시지가 그를 행복하게 하였다.

프라이 박사가 사막에 다시 발을 딛고 내려서자 그 우주선

1964년 미 오리건에서 다니엘 프라이에 의해 촬영된 UFO 필름의
한 장면

의 입구는 닫혀졌고, 재빨리 위로 상승하더니 그것은 곧 반짝이
는 밤하늘로 사라져 버렸다.

그러나 역설적이게도 그 후 프라이 박사는 심각한 고민에 직
면하게 되었다. 왜냐하면 그 당시 UFO 접촉자라는 사람들은 미
국사회에서 정신이상자나 괴짜, 거짓말쟁이 등으로 분류되기 십
상이었기 때문이었다. 정상급 과학자 신분인 그로서는 자신의
명성에 먹칠을 하게 될지도 모를 운명에 처해 있었던 것이다.
그러므로 자신의 접촉 사실에 관해 아무것도 말하지 않는 것이
가장 안전한 방법으로 생각되었으며, 그것이 명예와 권력을 지
닌 대부분의 사람들이 택하는 길이었다. UFO를 목격했던 많은
민간인 조종사들과 공군 조종사들 역시도 입 다물고 있는 것이
최선의 방법임을 깨닫고 있었다.

그러나 우주인들은 이러한 것을 모두 간파하고 있으며, 인간
사회에서 진실을 말하기 위해서는 대단한 용기가 필요하다는 것
을 이미 감안하고 접촉자를 선택한다는 사실이었다. 프라이
1954년 4월 28일 오리건의 한 숲 속에서 우주인 알란과 3번째
다시 접촉하였다. 바로 이 접촉에서 알란은 자신의 접촉 경험을
발표하기 주저하는 프라이 박사의 마음을 돌이켜 깨닫게 만들었

다. 이때의 경험을 그는 자신의 저서에서 상세히 언급하고 있다. 또한 여기서 그는 지구에 일어날 수 있는 불행한 재난들을 변경시키려는 그들의 노력에 대해 비로소 개인적인 책임감과 의무를 느끼게 되었다고 토로하고 있다.

이 인상적인 만남에서 우주인 알란이 프라이에게 던진 첫마디는 이러하였다.

"댄(프라이의 애칭)! 당신은 얼마나 오랫동안 등불을 됫박 아래 감추어 둘 생각입니까?"

프라이가 그게 무슨 뜻이냐고 묻자 그는 그것이 적혀있는 성경의 이야기를 상기시켜 주었다. 그가 비유한 신약성경의 그 부분에는 이렇게 적혀있다.

"등불을 켜서 됫박 아래 덮어두는 사람은 없다. 누구나 등경 위에 얹어둔다. 그래야 집안에 있는 모든 사람들을 밝게 비출 수 있지 않겠느냐?"(마태복음 5:15)

다시 말해 알란은 프라이의 귀중한 UFO 접촉경험을 위 성경 귀절의 등불에다 비유해서 말했던 것이다. 알란은 계속해서 그에게 말했다.

"만약 당신이 우리에게 협력하는 것을 원치 않는다면, 우리는 이러한 만남에 관한 당신의 모든 기억들을 당신 마음에서 지워버릴 것입니다. 하지만 반대로 그렇게 하겠다고 결정했다면, 향후에 견뎌나가는 것이 쉽지 않다는 점을 이해하는 것이 좋습니다.

우리가 당신에게 약속할 수 있는 유일한 보상은 여러분 인간종족을 구하는 일을 스스로 도왔다는 당신 자신의 내적인 만족감입니다. 아울러 당신이 다른 상황에서는 얻을 수 없는 가치 있는 지식과 깨달음을 얻을 수 있다는 것입니다. 우리는 당신들 행성의 종족들 가운데 몇 개의 불빛을 밝히기 위한 노력을 상당한 시간을 들여 계속해

오고 있습니다. 이 작은 불빛들이 점점 더 밝아져서 지구상의 사람들을 장님처럼 만들고 있는 심각한 어둠을 몰아낼 수 있기를 바라고 있는 것이죠.

우리는 지구인들에게 흥미롭고도 가치 있는 정보들을 당신에게 전달해왔습니다. 그런데 왜 당신은 그것을 당신 혼자서만 간직하고 있는 건가요?"

"하지만 내가 무엇을 할 수가 있습니까?" 프라이가 말했다.

"나는 알려지지 않은 한 사람에 불과합니다. 어떻게 내가 대중적이 될 수가 있으며, 설사 그렇게 한다고 하더라도 누가 내 말을 듣겠습니까?"

그러자 알란은 이렇게 답변했다.

"진실에 눈멀지 않은 사람들은 누가 그 메시지를 전달하는 가와는 관계없이 그 메시지의 가치를 인정할 것입니다. 당신이 우리들로부터 배운 것을 책으로 쓰도록 하십시오. 당신은 이미 그것을 출판하게 될 사람을 만난 적이 있습니다. 당신이 체험한 이야기를 당신네 신문과 라디오, TV 방송국을 통해 말하십시오. 그리고 만약 그것을 지붕 꼭대기에 올라가 큰 소리로 말할 수밖에 없다면 사람들이 알아듣도록 하기 바랍니다."

그러나 다니엘 프라이는 극소수만이 자신의 말을 믿을 것이고, 자기가 결국 거짓말쟁이나 바보로 불리며 웃음거리가 될 것이라며 반대 의사를 내세웠다. 그러나 알란은 참을성 있게 그를 설득했다.

"비웃음이란 인간을 두렵게 하거나 혼란시키는 어떤 진실과 인간 사이에 세워져 있는 무지한 장벽입니다. 당신들 행성에서 일찍이 인간들에게 위대한 가치가 있는 일을 성취한 사람들 가운데 누군가에 의해서 조롱받지 않거나 모욕당하지 않은 사람의 이름을 댈 수 있습니까? 영적으로 진보하는 데 있어 동시대의 사람들과 같이 한 걸음 씩만큼만 나가는 모든 사람들로부터 영적진보를 이끌어내는 것은 가치가 있는 것입니다.

…(중략)·· 예! 어떤 사람들은 당신을 거짓말쟁이라고 부를 것이고, 또 다른 사람들은 바보라고 부를 것입니다. 그러나 또한 기억하십시오. 당신은 이전에 당신이 상상했던 것보다 더욱 많은 친구들을 가지게 될 것입니다. 그것이 진실이긴 하나 당신이 말한 바와 같이 자신들의 삶의 방식이 변화되는 것을 두려워하는 너무나 많은 사람들이 있었습니다. 그리고 또한 당신들의 문명이 위태로운 상태라는 것을 깨닫고 그 구원책을 열심히 찾고 있는 사람들이 당신이 생각하는 것보다 많이 있습니다. 그들은 비웃음 이전에 진실을 보게 될 것이고 당신은 이런 사람들을 친구로 가지게 될 것입니다."

알란은 프라이의 많은 질문에 계속해서 답변했고 왜 당장 자신들이 백악관 잔디밭에 착륙해서 전 세계에 자기들의 이야기를 밝힐 수 없는지를 사실적으로 설명했다. 그 다음에 그는 우리에게 커다란 위험이 다가오고 있으며 그 원인에 대해서 이렇게 말했다.

"당신들 종족은 지금 스스로 만든 핵무기의 작용에 의해 계속 전체적인 파멸의 위험 속에 놓여 있습니다. 왜 사람들이 그들 소유의 창조물에 의해서 생명을 위협받아야 합니까? 그것은 단순히 인간의 영적이고 사회적인 과학이 인간 스스로 그 창조물이 쓰여야 할 올바른 용도를 결정할 만큼 충분히 진보하지 못했기 때문입니다.

만약 사회적, 정신적 과학의 발전 필요성이 모든 사람들에 의해서 이해되었다면 그 발달은 거의 자동적으로 이루어집니다. 만약 그 범위를 가장 단순하게 축소한다면, 사회과학은 인간의 이웃 동료와의 관계를 연구하는 것입니다. 또 정신과학은 인간의 신(神)에 대한 연구입니다. 이러한 과학들의 발전은 보다 나은 이해와 깨달음을 위해 필수불가결한 것이죠. 인간이 신을 사랑해야 한다고 강요할 필요가 없습니다. 만약 인간들이 신을 이해한다면 필연적으로 사랑이 뒤따르게 될 것입니다.

…(중략)… 지식(앎)과 깨달음에는 커다란 차이가 있습니다. 지식의 중심위치는 머리(두뇌)이나 이해(깨달음)의 위치는 가슴입니다. 여러분 인간종족과 여러분의 문명, 여러분의 사회에 가장 필요한 것은 간단합니다. 지구상에서 현재 가장 중요한 것은 인간과 인간 사이, 국가와 국가 사이, 그리고 인류와 자연에 충만되어 그것을 지배하는 거대한 힘(창조주) 사이에 대한 근본적 깨달음입니다. 바로 이 깨달음이 인류라는 종족이 살아남을 수 있는 열쇠인 것입니다. 당신들 세계의 사람들이 인식해야만 하는 것은 지구상의 모든 이들의 결핍과 욕망, 희망, 그리고 두려움이며, 그것을 실제로 똑같이 공유하고 있다는 사실입니다. 이러한 사실이 모든 사람들의 깨달음의 한 부분이 되었을 때, 당신네 정치가들이 그렇게 유창하게 떠벌이고 또 당신네 영적인 지도자들이 그렇게 동경하는 〈하나가 된 세계〉를 형성하기 위한 토대를 마련하게 될 것입니다. … (중략) …

이전에 내가 말한 바와 같이 우리는 우리의 지식과 문화를 지구상의 인류들에게 강요하지 않을 것이며, 강요할 수도 없는 것입니다. 아울러 여러분들이 하나의 전체로 합일되지 않는 한, 그리고 대부분의 지구인들이 그것을 원하고 있다는 뚜렷한 증거가 있을 때까지 우리는 사람들 가운데 나타나지 않을 것입니다. … 선(善)을 고수하십시오. 안녕 댄! 최선을 다하기 바랍니다."

이렇게 말하고 우주인 알란은 떠나갔다. 이처럼 다니엘 프라이는 UFO 접촉 초기시대에 우주인들로부터 인간사회에 "이해(Understanding)"의 철학을 전파하라는 과업을 부여받았던 것이다. 그는 이것을 실천하고자 '언더스탠딩'이라는 조직을 설립했으며 모든 지구상의 인류와 지구인이 아닌 존재들 사이에 보다 나은 이해를 위한 진리전파에 헌신적이었다. 실제로 그는 라디오와 TV에 1천회가 넘게 출현하였으며 전 세계에 걸쳐 강연을 했고 세계평화와 이해를 위한 노력을 게을리 하지 않았다.

또한 그는 〈언더스탠딩〉이라는 잡지를 20년 이상 매달마다 충실히 발행하였다. 아울러 그는 8권에 달하는 뛰어난 책들을 집필했는데, 〈step to stars〉, 〈the white sands incident〉, 〈atoms, galaxys and understanding〉 등의 다양한 종류들이 있다. 그가 발전시킨 국제언더스탠딩 문화센터는 애리조나 주 피닉스에서 40마일 떨어진 토나파 근처의 거대한 부지 위에 자리 잡고 있으며, 훌륭히 운영되고 있다.

3.하워드 멘저(Howard Menger)
- 아름다운 금성여인을 만나다 -

하워드 멘저는 1950년대 미국에서 조지 아담스키, 조지 반 테슬, 다니엘 프라이 등과 더불어 가장 널리 알려진 UFO 접촉자이다. 그는 뉴욕의 부룩클린에서 1922년에 태어났고, 나중에 뉴저지로 이사하여 공립학교에서 교육받았다. 1946년 군 제대 후에는 뉴저지와 워싱턴에서 광고업에 종사했고, 나중에는 에너지 시스템 연구 회사를 설립했다.

그의 외계인 첫 접촉은 1932년으로 거슬러 올라간다. 이른바 〈하이 브리지(High Bridge) 사건〉으로 유명한 그의 접촉 사건은 1959년에 발행된 그의 저서 "외계에서 당신에게(From Outer Space to You)" 라는 책에 상세히 소개되어 있다. 그의 외계인 접촉은 1950대에 우후죽순처럼 등장한 여러 다른 접촉자들 가운데서도 가장 시기가 빨랐다. 그것은 그가 불과 10살 때 처음 일어났기 때문이다. 그의 첫 체험을 대략적으로 소개하자면 다음과 같다.

10살 때인 1932년의 어느 날 멘저는 늘 자주 가곤 했던 집 인근의 숲 속 공터에 산책을 나갔다. 거기서 그는 바위 위에 앉아 있던 25세 가량의 긴 금발머리를 한 매우 매력적인 여성을 만났는데, 그녀는 반투명의 스키복과도 같은 옷을 입고 있었다. 사랑의 에너지가 넘치는 듯한 이 아름다운 여성은 하워드 멘저

하워드 멘저의 저서

의 이름을 부르며 먼저 말을 건넸고, 당시로서는 이해할 수 없는 많은 이야기들을 그에게 해주었다. 그녀는 자신이 그를 보기 위해 먼 곳에서 왔으며, 아주 오래 전부터 알고 있다는 수수께끼 같은 말과 더불어 오랫동안 그를 관찰해 왔다고 말했다. 그리고 그녀는 자기들과 같은 종족인 인간들을 접촉해 왔다며 먼 미래에 다시 만날 것이라고 약속하고는 헤어졌다. 하지만 당시 그는 그녀가 누구인지, 또 어디서 왔는지, 더군다나 외계인에 관해서 아는 것이 전혀 없었다.

멘저가 또 다른 외계인을 만난 것은 10년 후인 1942년, 그가 군에 입대했을 때였다. 부대 근처의 멕시코인 마을을 배회하던 중 택시 안에 탄 미지의 남성이 할 이야기가 있으니 타라는 것을 거절했는데, 나중에야 그가 외계인임을 알았다. 얼마 후 또 그는 긴 금발 머리를 한 카키색의 유니폼을 입은 남성과 만났고, 그는 악수를 청하면서 인사를 건네 왔다. 그런데 그가 말을 하고 있음에도 이상하게 입술이 움직이지 않았는데, 나중에야 그가 텔레파시를 이용하고 있음을 알았다. 그는 하워드 멘저에게 다음과 같은 말을 해주었다.

"아주 오래 전 16세기에 스페인 사람들이 아즈텍 문명을 정복하던 시대에 우리는 아즈텍인들과의 접촉이 있었습니다. 그 당시 우리는 그들을 여러 가지로 도왔습니다. 당시 스페인 정복자들이 선의와 우정 대신에 전쟁을 일으켜 그들을 정복한 것은 대단히 잘못된 일이었지요. 왜냐하면 거기에는 아즈텍인들이 그들에게 가르쳐줄 수 있는 것이 많이 있었기 때문입니다. 그런 까닭에 아즈텍인들은 그들에게 비밀들을 허락하지 않았고, 그 문명과 함께 사라져 버렸던 것입니다."

하워드 멘저와 그의 부인 코니 멘저(좌)

이런 말과 더불어 그는 머지않아 그의 부대가 하와이로 옮겨 갈 것이라고 말해주고 거기서 또 다른 접촉이 있을 것이라고 알려 주었다. 얼마 후 실제로 그가 소속된 대대가 하와이로 이동했고, 그는 어느 날 부대에서 몇 마일 떨어진 동굴 지역으로 지프를 타고 가서 우아한 외계 여인을 만났다. 168cm 정도의 키에 물결치는 검은 머리를 한 그 여인은 그의 마음을 읽는 능력이 있었고 멘저는 어떠한 것도 감출 수가 없었다. 그녀와 긴 대화를 나눈 끝에 이 여인은 멘저가 1945년 4월 초에 일본 오키나와로 전속될 것이라고 예언했으며, 그는 그녀의 말대로 다시 오키나와의 탱크대대로 전속되어 복무했다. 그리고 오키나와의 북부 지역에서 또 다른 접촉이 일어났는데, 얼마 후 카키색 제복을 입은 금성에서 왔다고 말하는 키 큰 남성을 만나게 되었다. 그의 말로는 일본이 곧 항복하게 될 것이며, 전 세계를 놀라게 할 힘에 의해 일본이 굴복케 될 것이라고 그에게 알려주었다. 그런데 몇 주 후 그 우주인의 말대로 히로시마와 나가사키에 원폭이 떨어졌다.

2차 대전이 종결되고 귀국한 멘저는 부모님을 만나기 위해 뉴

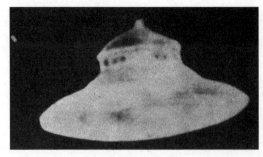

하워드 멘저가 촬
영한 금성의 원반

저지(New Jersey)의 하이브리지를 방문했다. 그 때가 전쟁이 끝
난 지 1년 후인 1946년 6월이었으며, 거기서 어느 날 그는 어린
시절 외계의 여인을 처음 만났던 장소를 다시 가보고 싶다는 강
한 충동을 느꼈다. 그리고 그는 그곳에 가서 거대한 불덩어리
목격했는데, 나중에 이것은 종 형태의 비행접시로 변형되었고
지상에 착륙한 후에는 거울처럼 태양빛을 반사했다. 이윽고 잠
시 후 이 비행접시에서 두 명의 남성과 한 명의 여성이 걸어 나
왔다.

그런데 걸어 나온 그 여성을 본 순간은 멘저는 그녀가 14년
전에 거기서 처음 만났던 여성임을 알고는 깜짝 놀랐다. 그러나
금성인으로 알려진 그녀는 과거의 모습에서 전혀 변하지 않은
그대로였는데, 자기의 나이가 실제로는 현재 500살이 넘었다고
그에게 말해 주었다. 또한 그녀는 우주선의 동력에 관해 설명하
고 나서 다음과 같은 가르침을 멘저에게 전해 주었다.

"인간도 과거 고대에는 바로 이 지구상에서 몇백 살 이상의 수명을
누리며 살았습니다. 그때는 지구의 대기가 우리의 행성의 대기 상태와
비슷할 때였습니다. 하지만 그것은 대기뿐만이 아니라 삶의 방식이나 생
각, 섭생, 이 모든 조건이 그와 같은 장수를 뒷받침했던 것입니다. 우리
가 창조주의 법칙대로 살 때 우리는 장수라는 선물로 은총을 받습니다.
하지만 이것이 가장 큰 선물은 아니며, 그것은 단지 우리가 받는 은총의
한 부산물인 것입니다."

326

1956년 4월 그는 지상에 착륙한 UFO를 폴라로이드 카메라로 몇장 촬영하는 데 성공했다. 그리고 그는 그 날 저녁 처음으로 UFO에 탑승하는 경험을 가졌다. 1956년 8월 5일에도 하워드 멘저는 UFO를 탔다고 주장했으며, 그는 우주선의 내부 모습을 이렇게 묘사했다.

멘저가 연속 촬영한 금성의 원반 필름

"우리는 거대한 둥근 실내로 들어섰다. 그 방의 가운데는 알 수 없는 재질로 만들어진 널찍한 테이블이 놓여 있었다. 그 테이블 윗면 아래에는 맥동하는 다양한 색채의 빛이 움직였다. 그 테이블을 받치고 있는 지지대는 거대한 확대경인 듯 생각되는 것 안에 부착돼 있었는데, 그 자체가 바닥에 붙어 있었다. 그 둥근 방의 ⅓은 다채로운 빛이 번쩍거리는 계기판으로 채워져 있었고, 그 제어장치 앞에는 어떤 영상을 볼 수 있는 것으로 추측되는 스크린이 달린 설비가 있었다. 우주인 한 사람이 손을 테이블의 한 부분 위에다 대자 밑바닥에서 2개의 의자가 나타났다. 그와 내가 그 의자에 앉자 스크린에는 지구의 어떤 모습이 보였다. 우주선이 이륙한 후 확대경으로 보이는 바닥 위의 렌즈는 지상의 다른 장면을 줌인(Zoom-in)으로 당겨 확대해 보여 주었다."

두 번째 우주여행에서 그는 화면을 통해 달과 거대한 운석을 보았다. 또한 아담스키와 마찬가지로 분화구 안에서 푸른 녹색을 보았다고 보고했다. 아울러 그는 우주공간에서 목격한 지구의 모습을 이렇게 표현했다.

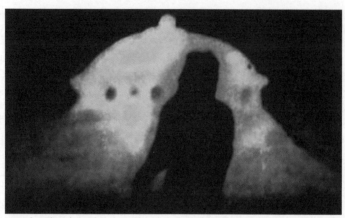
1956년 8월 2일 뉴저지의 하이브리지에 착륙한 정찰선에서 걸어 나오는 키 6피트에 긴 금발을 한 남성 우주인의 모습을 멘저가 찍은 사진이다.

"우리 시야에 들어온 지구는 새카만 저수지 안에 떠 있는 테니스 공처럼 희미한 붉은 색과 함께 푸른 흰 빛을 발하고 있었다."

우주인은 그를 달로 데려가기 전에 인간의 몸을 조정하는 어떤 과정이 필요하다고 설명했다.

"당신 몸의 모든 원자들은 그 극성과 주파수와 진동이 바뀌는 과정을 겪게 될 것입니다. 그리고 이것은 당신의 몸이 현재 지구 인력의 관성질량에 균형이 잡혀 있는 상태에서 달의 그것에다 다시 조정하기 위한 것입니다."

그리하여 하워드 멘저는 자신이 탑승한 우주선이 달의 표면에 있는 폭이 150 피트에 높이가 50피트에 달하는 돔형 건물에 착륙했다고 보고했다. 그리고 10~15대의 객차로 이루어진 열차 형태의 승용물에 태워졌다고 하는데, 이것은 1피트 정도 떠서 미끄러지듯이 움직였다고 한다. 이어지는 달의 광경을 이렇게 묘사하고 있다.

"우리는 산들을 지나 계곡을 통과해서 지하시설들을 방문했고, 달의 거대한 벼랑과 산들은 지구의 그것을 개미언덕처럼 보이게 만들었다. 한 특별한 사막의 장소는 네바다에 있는 '불의 골짜기'를 연상시켰다. ·· (중략)··· 최종적으로 우리는 다른 거대한 돔형 건조물에 이르렀는데, 거기서 잠시 멈추었고, 우리의 안내자가 우리에게 말하기를, 이제 별 어려움 없이 공기를 호흡할 수 있는 달의 표면으로 나갈 수 있다고 했다. ··· 그곳에 대한 나의 첫 인상은 마치 내가 사막에 있는 것 같았으며, 공기는 덥고 건조했다."

그는 그 후 1달 후에도 아름다운 숲과 강이 흐르는 금성의 한 도시의 모습을 보았다고 주장했다. 그 해 8월 말에 그는 공중에 떠있는 한 우주인 마스터(Master)를 만나는데, 그는 말이 아닌 정신적인 화면의 형태로 다음과 같은 심오한 가르침과 메시지를 멘저에게 전달했다.

"아들이여! 우리는 오감(五感) 속에서 특정한 형상이나 형태를 지닌 궁극적인 지성체(神)를 찾지 못했다. 다시 말하면 궁극의 신은 우리와 같은 한 인간이 아닌 것이다. 신을 일종의 인격적 존재로 말하는 것은 신을 유한한 존재로 제한시키는 것이다. 신은 전체이고 모든 것이다. 인간은 유한하지만 신은 무한하고 한량이 없는 존재이며, 모든 인류와 다양한 모든 형상으로 스스로를 표현하고 드러내고 계시다. 인간은 배움의 과정에 있는 학생 신들이고, 이 지구 행성이라는 학교와 다른 많은 곳들을 경험하며 지식과 지혜를 추구하고 있는 것이다. 그렇게 함으로써 인간은 같은 인류 형제, 자매와 무한한 창조주 아버지께 봉사할 수 있는 것이다. 인류는 완전을 향해 뻗어 있는 사다리를 타고 계속 올라가고 있는 것이며, 비록 수많은 실수의 무게로 인해 사다리의 가로대가 일부 부러질지라도 최종 목표는 사다리 정상에 올라 무한한 아버지와의 합일(合一)에 도달하는 것이다.
영혼은 인간의 모든 경험과 모든 생각, 모든 실수를 그 때 그 때 기록하며, 그것이 그 영혼을 성장시킨다. 한 인간의 영혼은 개나 고양이, 소나 말과 같은 낮은 차원의 생명 형태와 마찬가지로 의식(意識)이 진화, 발전하는 과정에서 얻어지는 모든 것의 총계이다. 창조된 모든 것은 의식을 가지고 있고, 그 의식이 개체 영혼이라는 지점까지 진화한

하워드 멘저 왼쪽
의 흰 덩어리는
빛의 형체로 나타
난 외계의 존재라
고 한다.

다. 그리고 거기서 그것은 보다 높은 형태로 자신을 표현하기 시작하
는데, 즉 인류는 창조주와의 합일 과정을 향해 나가는 것이다. 이것은
반드시 인간이라는 하나만의 진화경로를 의미하는 것이 아니며, 우주
에는 수많은 진화의 사이클이 존재하는 것이다.

무한한 영(Spirit)은 완전하며, 영은 정해진 차원 안에서 혼(魂)이 소
유한 유한한 몸을 사용한다. 다시 말하자면 다섯 가지 감각과 결합돼
있는 인식의 도구로서 유한한 뇌(腦), 또는 사고하는 기록기인 마음을
사용하고 있는 것이다. 죽음은 의식의 종말이나 소멸이 아니다. 단지
그것은 물질계의 조잡한 감각들을 벗어나 계속해서 다른 형태의 경험
으로 들어가는 것이고, 보다 계발되고 확장된 의식 상태로 전환되는
것이다.

아들이여! 그대는 자신이 언제나 뇌의 도움 없이 사고하고 있다는
것을 이해한다. 내가 그대에게 말하노니, 죽음이란 없는 것이다. 왜냐
하면 만약 죽음이 있다면 그대는 지금 여기 존재하지 못할 것이기 때
문이다. 그대는 항상 존재했었고, 항상 존재할 것이며, 또 항상 존재하
고 있는 것이다. 또한 그대의 참자아(眞我)는 우주와 함께 존재하고,
우리의 무한한 창조주 아버지와 함께하고 있는 것이다. 오직 끊임없는
우주 에너지의 재순환 과정만이 있을 뿐이며, 아무 것도 결코 파괴되
거나 사라지지 않는다. 다만 형태가 변할 뿐인 것이다."

하워드 멘저는 우주인과 접촉시에 아담스키가 촬영한 UFO와

형태가 똑같은 원반 사진을 찍었는데, 이로 미루어 보아 아담스키처럼 금성인들과 접촉한 것이 거의 확실한 것으로 추정된다. 그러나 그의 달의 방문했다는 체험 같은 내용들은 그 당시에도 그랬지만 그 후 이루어진 아폴로 우주선의 달 탐사로 인해 아담스키와 마찬가지로 많은 비웃음을 받았다.

하지만 일반 대중들은 아폴로 우주 탐사 계획이 왜 중지되었는지 그 내막을 잘 알지 못한다. 추측컨대 그 실상은 하워드 멘저가 달에 가서 보았듯이, 달 뒤편에 많은 인공 건조물이 존재하고 있고 외계인들의 기지가 거기에 존재하고 있기 때문이라는 설이 설득력이 높다.

조지 아담스키와 하워드 멘저 뿐만 아니라 계속 이어서 소개되는 또 다른 UFO 접촉자 벅 넬슨 역시도 달과 금성을 방문했다고 주장했던 사람이다.

4.UFO를 접촉한 미국의 농부 – 벅 넬슨

벅 넬슨

1950년대에 외계인이 조종하는 UFO를 타고 금성과 화성, 달을 다녀왔다고 주장한 또 한 사람이 있으니 그는 바로 미국의 벅 넬슨(Buck Nelson)이다.

그는 원래 미 중서부의 미주리(Missouri) 주(州) 오자크 산 근처에서 80 에이커 면적의 농장과 목장을 운영하던 농부였다. 그러던 그가 어느 날 갑자기 우주인들을 접촉하고 나서 UFO에 관한 강연을 하러 전국을 돌아다녔으니 어떤 사람들은 그가 갑자기 정신 이상이 된 것이 아닌가 의심하기도 했었다. 그러나 그는 주위 사람들의 증언에 의하면 본래 정직하고 겸손한 성품을 지닌 소박한 사람이었다.

그는 항상 작은 영구자석을 가까이 매달아 두곤 했는데, 그의 말에 따르자면 UFO가 가까이 나타났을 때는 그 자석이 회전하거나 방향을 바꾼다고 하였다. 그가 체험한 내용들을 들어보면 앞서 서술한 조지 아담스키나 하워드 멘저의 주장이나 경험담과 매우 유사하다. 그리고 UFO에 관해 전혀 모르던 순박한 농부가 갑자기 다른 행성에까지 다녀왔다고 주장하게 된 데에는 그럴만한 어떤 중요한 계기가 있었기 때문이었다.

그가 겪은 최초의 UFO 사건에 관해 벅 넬슨의 책 내용에서 인용한다.

"나의 UFO 경험은 1954년 7월 30일 처음 시작되었다. 나는 오후 4시경 집에서 라디오를 듣고 있었는데, 그것이 갑자기 전파방해로 지직거리기 시작했다. 아울러 개도 사납게 짖어댔고, 밖에 매두었던 조랑말 역시 흥분해서 날뛰었다. 나는 무슨 일이 있나 해서 살펴보러 밖으로 나갔다.

내가 문을 열고 밖으로 나갔을 때, 바로 머리 위 상공에 원반처럼 생긴 물체가 떠 있었다. 하늘 높은 곳에는 2대가 더 보였다. 나는 재빨리 집으로 들어가 카메라를 들고 나왔고, 연속해서 3장의 사진을 촬영했다. 하지만 나중에 사진을 현상했을 때 3장의 필름 가운데 1장만이 물체가 찍혀 있었다. 하지만 나는 그 전까지 "비행접시"에 관해 들어본 적이 없었다.

당시 내가 왜 그랬는지는 모르지만, 나는 사진기를 가지러 집에 들어갔을 때 사진기와 함께 플래시를 집어 들고 나왔다. 어쨌든 나는 플래시 불빛을 그 원반형 물체를 향해 흔들어 비추면서 착륙하라는 신호를 그들에게 보냈다. 그런데 그들은 땅에 내려오는 대신에 갑자기 일종의 어떤 광선을 나를 향해 발사했다. 그것은 태양보다도 더 밝고 뜨거웠다. 그 광선이 몇 초 이상 내 몸을 관통하는 순간 나는 더 이상 서 있을 수가 없었다. 그 때 나는 원통 뒤로 벌렁 넘어졌고, 바로 몸을 일으키기가 힘들어 그 물체가 떠나갈 때까지 그대로 누워 있었다.

나는 50년 동안 등 뒤의 요통과 옆구리 및 팔의 신경염(神經炎)을

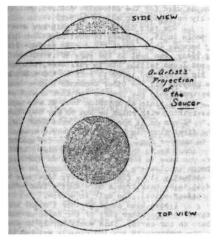

벅 넬슨이 목격한 원반
을 묘사한 그림. 직경
이 50 피트에 높이가 8
피트 이상이었다.

앓고 있었다. 얼마 후 내가 다시 힘들지 않게 일어났을 때 나는 깜짝
놀라고 말았는데, 왜냐하면 기적처럼 모든 몸의 통증이 사라져 버렸기
때문이었다. 이제 나는 날씨가 아무리 좋든 나쁘든, 춥든 덥든 과거
통증에서 완전히 해방되었다. 나에게 쏘아졌던 광선은 또한 내 눈에도
도움을 주었는데, 원래 나는 시력이 나빠 도수 높은 안경을 써야만 했
다. 하지만 광선을 받은 후 시력이 좋아져 나는 오랫동안 사용해 왔던
안경이 더 이상 필요 없었다."

이런 신기한 첫 체험을 한 후, 벅 넬슨의 두 번째 UFO 경험
은 약 6개월 후에 일어났다. 그의 목장 위에 다시 나타난 UFO
는 상공을 선회하며 마치 착륙허가를 공식으로 요청하는 듯한
모습을 보여주었다.

그리고 나서 세 번째 직접적인 접촉 사건은 1955년 4월 5일
한 밤중에 일어났다. 그들은 드디어 목장에 착륙했고 우주인 몇
명이 벅 넬슨의 집 안으로 들어왔던 것이다. 이때의 상황을 벅
넬슨은 이렇게 묘사했다.

"3명의 남성이 집으로 들어왔는데, 그 중 한 명은 뜻밖에도 젊은 지
구인이었고 그는 2년 전에 그들이 금성으로 데려간 사람이라고 하였

다. 그의 이름은 '벅키(Bucky)'라고 했다. 그 다음 사람은 우주선 조종사라고 했고, 세 번째 인물은 이름이 밥 솔로몬(Bob Solomon)이라는 사람이었다. 나중에 듣기로는 나이가 200살이라고 하였다. 하지만 그는 19살인 벅키보다 더 나이가 들어보이지가 않았다."

그들은 거기서 1시간 가량 머물렀다. 네 번째 접촉은 길지 않았는데, 그들은 다시 찾아와서 우주여행을 준비하고 있으라고 벅 넬슨에게 말했다. 이윽고 1955년 4월 24일 한 밤중에 그들이 그를 우주로 데려가기 위해 도착했다. 우주선에 타기 전에 그들은 벅 넬슨이 전에 질문했던 〈신(神)의 12가지 법(法)〉을 기록해 두라고 일러 주었다. 그리고 그들은 그것에 관해 그에게 다음과 같이 설명했다.

"이 〈신의 12가지 법〉과 약 20 페이지 분량의 신성한 경전에 담긴 규범이 우리 태양계의 다른 행성들에 사는 주민들의 삶을 지배하고 제어합니다. 이것만으로 우리는 어떠한 전쟁이나 무장한 군대, 경찰 또 담배나 커피, 술, 기타 해로운 약품(마약) 없이 순리대로 살 수가 있습니다. 우리는 자연식품을 섭취하기 때문에 질병이 대단히 희귀합니다. 따라서 우리는 병원이나 교도소, 요양소 같은 것이 없으며, 우리 수명은 대단히 연장돼 있습니다. 그리고 사회 규범은 어디까지나 진리와 정의에 토대를 두고 형성돼 있지요."

그들이 벅 넬슨에게 가르쳐준 〈신(神)의 12가지 법(法)〉의 내용은 다음과 같았다.

[금성의 12가지 신(神)의 법칙]

1. 당신의 창조주인 신(神)을 사랑하라.
2. 살생하지 말라.(우연적 사건이나 전쟁을 포함해서)
3. 이웃의 형제자매를 사랑하라. 또 하늘과 땅의 모든 살아 있는 생명을 사랑하라.

4. 당신의 내면을 밝혀 만인(萬人)에게 빛을 비추라. 그리하면 모든 것이 당신의 선업(善業)과 덕행에 보답할 것이다. 또한 그러한 행위가 창조주 하느님의 영광을 드높일 것이다.

5. 간음을 범하지 말라.

6. 도둑질 하지 말라.

7. 당신이 남에게 대접받고 싶은 그대로 남을 대접하라.

8. 창조주 외에 다른 우상을 만들어 섬기지 말라.

9. 헛되이 신의 이름을 남용하거나 속이지 말라.

10. 당신 어버이를 공경하라.

11. 당신의 몸은 곧 신(神)의 것이고, 신이 거하는 성전(聖殿)이다. 그러니 어떤 식으로든 그것을 학대하거나 오용하지 말라. 적절치 않은 음식을 먹거나 마시지 말라. 몸 안팎에 해롭지 않은 것을 취하고, 신체에 무해한 의복을 입어라.

12. 신(神)이 하늘과 땅을 창조했으니, 신이 우리에게 베푼 것과 범사에 감사하라.

작업복 차림의 벅 넬슨

그가 이러한 〈12가지 신의 법칙〉을 받아 적은 후에 그는 우주선으로 초대받았고, 그것이 어떻게 움직여 떠오르는지 볼 수 있었다. 그리고 우주로 나간 후 처음 본 우주 공간은 칠흑 같은 어둠이었고 별빛은 흐릿해 잘 보이지 않았다.

그가 보기에 화성은 울긋불긋한 행성으로 그 모습은 아주 다채로웠고 지하에 다른 인종에 속하는 종족이 살고 있다는 말을 들었다. 또한 그들은 달에 대해 언급하기를, 달은 오래전부터 개발되어 왔다고 했고, 달에 있는 주택의 내부는 일종의 금속처럼 보이는 것에 의해 가려져 있었다. 달은 우주인들에 의해 일종의 기지로 이용되고 있었고, 지구에서 보이지 않은 달의 반대편 쪽에는 눈이 쌓인 산과 강, 호수들이 보였다. 그 다음에 그들이 멈춘 것은 달의 지구 쪽 측면이었는데, 거기서 넬슨은 분화구 안에 세워진 건물에 들어가 보았다. 분화구와 분화구 사이에는 연결돼 있는 다리의 모습이 보였다. 달의 그쪽은 식물들이 없었지만, 지구에서 볼 때 멀리 떨어져 있는 지역에는 강과 호수가 있다는 설명을 들었다. 그리고 넬슨은 행성간의 여행을 위해 건립된 거대한 격납고(格納庫) 주변에 밀집돼 있는 일부 주택들을 볼 수가 있었다. 거기서 그는 지구상의 주민들만이 이 태양계에서 유일하게 다른 행성으로 여행을 하지 못하는 사람들이라는 말을 들었다.

달에서의 견학을 마치고 이륙한 우주선은 얼마 후 금성에 도착했다. 금성은 짙은 구름과 안개에 덮여 있었지만, 내부는 지구의 화창한 날씨만큼 밝았다. 여기서 다시 벅 넬슨의 경험담을 직접 들어보자.

"금성에 머무를 때 들어갔던 주택 중의 한 군데에는 그 주변에 3대

벅 넬슨의 목장에서 개최된 UFO 집회에 모여들었던 사람들

의 승용물이 주차돼 있었습니다. 그런데 이런 승용물은 지구상의 자동차와 일부 비슷하긴 했지만, 특이하게 어떤 바퀴나 펜더(자동차 흙받이)가 없었습니다. 이런 승용물체들은 지면에서 3~5피트 정도 떠서 미끄러지듯 달리며, 우주선의 동력과 같은 힘으로 움직입니다. 하지만 우주공간으로 비행할 수 있도록 만들어지지는 않았지요. 금성인들은 이런 승용물을 이용하기 때문에 도로를 건설할 필요성이 없습니다.

그리고 거기에는 어떤 차도(車道)나 경찰, 구치소, 정부청사, 또 전쟁도 존재하지 않으며 건물은 수명이 거의 영속적입니다. 그들이 먹는 주식은 과일과 야채로 구성돼 있고, 그들은 질병도 거의 알지 못합니다. 또 금성인들은 경쟁적이고 전투적인 스포츠를 하지 않는데, 그것은 몸 전체에, 특히 심장에 심한 긴장과 부담을 주기 때문입니다. 한편 그들이 왜 하루에 단지 1시간 정도, 많아 보아야 3시간 이상은 일을 하지 않는지 이해하기는 어렵습니다. 심지어는 가사일도 금성인들은 1시간에서 3시간 이상은 할 필요가 없다고 하더군요. 이런 시간적 여유는 그들에게 여행과 같은 레저에 많은 시간을 할애할 수 있게 해줍니다. 내가 보기에 그들은 진정으로 신(神)의 법칙에 따라 살고 있는 사람들이었습니다.

비록 우리가 금성에서 머문 곳마다 한 군데의 체류 시간이 20분 이상은 안됐지만, 벅키는 내게 '북 머신(Book Machine)'이라는 장치를 보여주고자 했습니다. 그것은 책 1권을 그 기계 안에다 투입하면, 그 기계가 책의 각 페이지를 읽어내면서 책 안에 저장된 어떤 음악이 연주되고, 또 영상을 보여주는 장치였습니다. 그것은 대략 TV 만한 크기입니다."

지구로 돌아온 후 벅 넬슨은 우주여행을 다녀오는 동안 불과 3시간이 경과했다는 사실을 알고 나서 깜짝 놀랐다. 그는 우주여행 도중에 잠을 자기도 했었기 때문이었다. 동행했던 우주인은 여행 과정에서 다른 행성의 삶에 관해 많은 것을 그에게 이야기해주었다. 또한 우주인은 말하기를 지구의 주민들 속에 많은 외계인들이 섞여 있고, 때때로 그들은 정부 관리들 가운데 일부를 우주선으로 데려가 견학시키기도 한다고 하였다. 하지만 그 사람들은 자기 경험을 발설했을 시에 자기들이 받게 될 불이

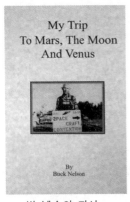

My Trip
To Mars, The Moon
And Venus

By
Buck Nelson

벅 넬슨의 저서

익에 대한 두려움 때문에 입을 다물고 있다는 것이다. 그는 또한 이미 1950년대에 우리 인간처럼 생긴 외계인 약 1500명이 미국 땅에 살고 있다고 언급한 적이 있었다.

벅 넬슨은 이와 같은 자신의 체험을 기록하여 1956년에 "나의 화성, 달, 금성 여행기(My trip to Mars, the Moon and Venus)"라는 책을 출판한 바가 있다. 책을 출판 한 후 그는 유명해졌고 라디오와 TV에 출현하기도 했으며, 지방 교회에 가서 강연하기도 했다. 하지만 그의 옷차림은 언제나 평상시 농장에서 입던 수수한 작업복 차림이었다. 아마도 그가 우주인들에게 선택되어 우주여행에 초대받은 것도 그의 때 묻지 않은 이런 순수한 인간성 때문이 아닌가 생각된다.

그는 우주인들로부터 지구의 과학자들이 원자 내부에서 동력원을 찾으려고 해서는 안 된다는 우려를 전달받았으며, 이에 따라 핵 재앙의 위험성에 대한 우주인들의 경고 메시지를 세상에 전파하려고 노력했던 순박한 농부 메신저였다.

5.금성인과 접촉한 사나이 - 에드워드 제임스

이 사례는 미 공군 조종사 출신의 저명한 UFO 연구가 웬델 스티븐스((Wendell Stevens)에 의해 조사된 케이스이다. 그는 에드워드 제임스(Edward James)라는 사람과 만나 그의 외계인 접촉에 관해 이야기를 들었고, 1981년 4월에 전자북을 제작한 바가 있다. 에드워드 제임스의 말에 따르면 많은 다른 이들과 마찬가지로 그의 외계인 접촉은 비교적 어린 시절인 그가 17세의 고등학생이었던 1962년 2월에 마이애미에서 일어났다. 그리고 그는 그 외계인과 3년 동안 약 40회의 접촉을 가졌다고 한다,

처음에 그 사건은 에드워드 제임스가 호기심을 가지고 UFO를 관측하던 과정에서 우연히 시작되어 1달에 3~5회의 접촉을 할 정도로 발전했다. 이런 만남을 통해 그는 다른 행성의 생명체들의 우주적 삶과 고차원의 원리에 관한 가르침을 전달받았다. 그들의 삶은 우리 인간의 수준에서 볼 때는 비가시적인 차원의 세계였다.

이 사건의 경우 그가 자신의 경험을 다른 사람들과 함께 공유해야겠다고 생각했을 때는 그 경험을 한지 많은 세월이 흐른 경우이다. 그러나 그는 초기에 기록해 놓은 메모들을 토대로 78년부터 집필을 시작했다. 그리고 그때 새로운 경험이 일어나기 시작했다고 한다.

그의 첫 접촉 경험은 1962년 2월 그가 문득 집에서 3km 정도 떨어진 비스케인 만(灣)에 가고 싶은 충동을 느끼면서 시작되었다. 그곳은 해안 아래쪽이었는데, 거기서 그는 이른 아침에 키가 165cm 정도 되는 한 남자를 만나게 되었다. 그런데 그는 뭔가 좀 남다른 옷을 입고 있었고, 처음에는 그를 회피하고 싶은 생각을 했다고 한다. 나이는 약 25세 정도로 보였고 흰 피부에 금발의 머리였다. 그리고 푸른 회색의 눈동자를 하고 있었다. 옷은 갈색의 원피스로 된 형태였으며 스키복과 유사했다. 그 옷에는

폭이 15cm 정도 되는 특별한 장식이 된 버클을 하고 있었다. 곧 그와 대화가 시작되었는데, 그는 말하기를 자기들은 그를 잘 알고 있다고 하였다. 자기는 금성이라는 다른 별 세계에서 왔고 지구상에서 접촉하라고 지정된 사람들과 만나는 임무를 가지고 있다고 말하는 것이었다.

금성은 고차원 형태의 물리적 수준에 있으며, 인간의 감각에는 포착되지 않는다고 이야기했다. 그리고 그는 자기가 하는 이야기들을 남에게 발설하기 전에 내면에서 되새김을 해보라고 그에게 요청하였다. 자기들은 지구를 오랫동안 관찰해 왔고, 그를 오래전부터 만나려고 했었다는 것이다. 그리하여 에드워드는 다음에 만날 때는 더 많은 것을 질문하려고 준비하기 시작했다.

불과 이틀 후에 에드워드는 금성인들 다시 만났는데, 그 때 그 외계인은 자신이 아주 오래 전인 약 5만 년 전의 초고대 시대에 지구에서 사라진 대륙에 한번 살았던 적이 있다고 언급했다. 그리고 자신의 이름을 고대 산스크리트어를 연상시키는 발음으로 읽어주었다. 그리고 또한 인간형 외계인들이 어떻게 지구상에서 익명으로 활동하는지와 다른 접촉자들에 관해서도 밝혀주었다. 지구상에서 임무를 가지고 있는 수많은 이런 요원들은 지구에 왔을 때 모든 분야에서 서로 협력한다고 한다. 그는 고향 행성에 있을 때 컴퓨터의 도움에 의해 잠재의식에 입력하여 각인하는 방식으로 지구의 언어인 영어를 아주 빠르게 배울 수 있었다고 하였다.

에드워드는 언급하기를 자기들은 종종 주말에 만나곤 했는데, 때때로 집 근처의 공원에 가고 싶은 충동을 느낄 때가 있다는 것이다. 그런 식으로 알 수 없는 힘에 이끌려 거기에 가보면 공원 벤치에 인간처럼 보이는 그 우주인이 앉아 있었다고 한다.

그 금성인은 그에게 이렇게 말했다.

"우리 태양계 내에는 문명이나 주민들이 사는 많은 영역들이 존재하며, 그들은 더 이상 육체나 물질적 삶을 필요로 하지 않습니다.

문명이라는 단어는 비물질적인 존재들을 묘사하기에는 매우 적절하지가 않지요. 그들은 '집단의식화(集團意識化) 된 존재들'이라고 부르는 것이 보다 정확할 것이며, 현재 여러분에게는 없는 개념인 무한수와 무한 차원들에 거주하는 것입니다. 지구인들 가운데 우리와 접촉했던 사람들은 대부분 10대의 청소년들입니다. 그 이유는 예컨대 이들은 낯선 것들에 대해 보다 마음이 열려있기 때문이고, 어릴 시절부터 그들은 아스트랄 세계에서 이 번 생에서의 그런 접촉을 준비해 왔기 때문입니다."

그리고 "지구의 수준"과 금성에 대한 제임스의 다양한 질문에 그 금성인은 다음과 같이 답변해 주었다.

□ 금성인이 가르쳐 준 정보들

*현재 이곳 지구상에 존재하고 있는 문명은 단지 과거 명멸했던 수많은 문명들 가운데 하나에 불과하다.
*지구는 아동기 수준의 의식(意識)을 진화시키기 위해 훈련받는 장소와 같다.(※티베트 출신의 롭상 람파는 그것을 이렇게 표현한다. 지구에서의 삶은 때때로 여행자들을 변화시키는 일종의 훈련과정과 같은데, 신입자들이 훈련학교에 들어올 때 지구를 졸업하고 다른 새로운 행성학교로 떠나는 이들이 있다. 새 여행자들은 앞서 지구에 들어왔다 떠나는 영혼들보다 훨씬 더 낙후돼 있을 수 있으며, 떠나는 자들은 들어올 때 보다 성장해서 떠날 것이다.)
*지구는 우주에서 가장 낮은 수준의 저개발 행성은 아니지만, 우리 태양계 안에서는 그러하다.
*그들은 지구 시간으로 약 8천만년에 이르는 역사적 기록을 보유하고 있으며, 일부는 더 오래 된 것도 있다. 지구상의 인간은 오직 현재 직선상의 움직임이나 발전 속에서 일어나는 사건들만을 인식할 수가 있다.
*금성은 지구문명보다 기술적으로 수만 년 이상 앞서 있고 다른 물질 주파수상에 독립적으로 존재하고 있다.

*창조주에 관해 – 그것은 한마디로 묘사하기가 어렵지만 굳이 표현한다면 무한한 창조적 에너지, 즉 창조력이라고 볼 수가 있다.

*금성은 다른 행성들과 마찬가지로 이런 창조주의 에너지에 의해 운행되는 우주의 법칙에 따라 살고 있고 진보하고 있다. 한편 대부분의 지구인들은 그들 자신의 개인적 욕망에 따라 살고 있음이 우리와 다른 점이다.

*지구상의 많은 이들은 먼저 물질적 부(富)와 소유를 대단히 강조하고 중요시한다. 그러나 이것은 우선순위가 잘못되어 있고 헛된 노력에 불과하다. 물질적 자산을 초월한 영원불멸의 지식과 지혜를 추구하는 것이 중요한데, 왜냐하면 육체적 죽음을 통해 사후의 다음 단계의 삶으로 넘어갈 때 가져가는 것은 당신의 지식과 지혜뿐이며 모든 물질적 소유물들은 고스란히 뒤에 남겨두고 떠나야하기 때문이다.

*죽음은 형태가 전환되는 것이다. 영혼은 당신의 불멸하는 부분으로서 비물질적 존재이며 창조적이고 역동적인 힘이다. 그것은 끊임없이 배우고 성장하고 확장하면서 움직이고 있다. 여러분의 의식(意識)을 담고 있는 아스트랄체(幽體)는 잠자는 동안에도 활동하는데, 다시 말하면 다른 차원의 의식체와 소통하거나 교류한다.

*모든 생명의 변화와 성장은 영원한 것이며, 시작도 끝도 없는 것이다.

*지구에 육화된 여러분의 삶은 배움을 위한 어떤 교육과정이다.

*여러분의 행성은 일종의 시험장인데, 이곳에서 인간은 자신의 창조적 재능을 책임 있는 방식으로 활용하는 것을 배운다.

비가시적 수준의 행성들에 있는 생명체들

우리 인간의 육안으로 과연 금성 위의 생명체들을 직접 볼 수 있을지는 미지수이다. 양자물리학은 이미 우리의 감각이 지각하는 물질이라는 것이 완전히 환영(幻影)임을 밝혀 주었다. 이처럼 모든 것은 일종의 진동이며, 물질은 우리가 느끼듯이 속이 꽉

찬 견고한 물체가 아니다. 우리가 단단하다고 느끼는 것은 단지 광대한 특정 진동의 표피에 불과한 것이다. 자신들의 시각적 주파수를 높은 수준으로 조정할 수 있는 소수의 사람들만이 금성과 같은 행성들 위에 사는 생명체들을 파악할 수 있을 가능성이 있다.

인간의 커다란 오류는 우주 안에 있는 모든 생명체들을 우리의 낮은 주파수 레벨에 기초해서 해석하고 있다는 점이다. 예컨대 이것은 집에 케이블 TV를 설치해서 100개, 1000개의 다른 채널을 수신할 수 있음에도 불구하고 공중파 TV만 아는 어떤 사람이 그나마 우연히 켠 TV가 전파방해로 화면이 흐릿하게 흔들리는 장면만을 보고서 송신하는 프로그램이 아예 없다고 결론짓는 것과 마찬가지다. 하지만 방송국에서 송출된 수백 개의 프로그램들이 거기 이미 존재하고 있는 것이다. 다만 그 프로그램 전파를 선택해서 수신할 수 있는 장치, 즉 채널이 없는 것뿐이다. 지구상의 우리 수준의 생명체가 가지고 있는 채널은 셀 수 없이 많은 채널 가운데 그나마 불확실한 단 1개에 불과한 것이다.

이른바 물질 수준에 있는 모든 것은 단지 일종의 진동에 불과하며 물질세계가 유일한 현실이라고 착각하게 만드는 '투영의 원리'에서 나온 환영이다. 금성을 여행한 것으로 추정되는 에드워드는 이렇게 말한다.

"일부 지구인들은 높은 진동으로 상승돼 있는 금성으로 데려가졌었고, 거기서 그들은 처음으로 진정한 삶을 지각할 수 있었습니다."

그가 일러주는 금성의 모습은 다음과 같다.

금성의 환경과 상태

*바다는 그 어디에도 오염이나 공해가 없고 수정같이 맑은 강들이 흐른다. 물의 중량은 조금 더 무겁다.
*거대한 자연의 숲과 계절이 존재하며 기후는 온화하다.

금성에 대한 상상도

*지구에서와 같이 보기 흉한 초고층 빌딩으로 이루어진 도시는 없다. 다만 지방의 전원풍의 삶이 존재한다. 인구는 약 40억이 다.

*어지러운 송전선이라든가 지구에 있는 광고간판 같은 시설물들이 없다.

*엄격한 법률이라든가 규범이 없다. 단 인구수를 조절하여 통제한다.

*산업시설이나 유사한 설비는 불필요하다. 왜냐하면 물품을 만들어 내는 모든 작업이나 공정은 자연의 창조적 힘을 조종함으로써 이루어진다. 그것에 의해서 필요한 모든 것은 원자나 요소를 합성하여 창조하는 방식으로 생산해 낸다.

*모든 건물들은 자연이나 환경에 조화되도록 만들어져 있고 거기에 아름다움이 덧붙여져 있다. 높은 빌딩은 없으며 또한 지저 (地底) 세계가 존재한다.

*지구상의 전구나 형광등 같은 실내 조명장치는 필요가 없으며, 건물이나 벽을 엷게 싸고 있는 소재 자체에서 빛이 방사된다. 그리고 여기서 나오는 빛의 광도는 조절될 수가 있다. 동력의

공급은 어디에나 편재하고 있는 전자기(電磁氣)의 힘에서 나온다. - 이 원리를 과거 지구상에서는 테슬라(Tesla)가 알고 있었다. 하지만 그의 연구는 그토록 오랫동안 이 지구를 노예화해 온 검은 돈의 세력들에 의해 저지당했다 - 금성의 모든 가정들은 안팎의 에너지를 활용하는 시스템에 의해 완전히 자급자족 형태이다. 집 내부에는 지구와 유사하게 어떤 가구나 비품들이 갖추어져 있다.

*그들은 지구인들보다 훨씬 적은 수면만을 필요로 하는데, 인간이 평균적으로 5~8시간을 자는데 반해 그들은 불과 1시간에 불과하다.(순수한 의미에서 수면은 피로해진 신경회로의 재충전 과정이다.) 금성에서는 사고과정에서의 에너지 소모가 매우 적다. 음식은 그 대부분이 별로 가열하는 요리법을 쓰지 않은 자연스러운 상태의 음식을 먹는다. 또한 음식의 생명력을 파괴하는 냉동하는 방식은 사용하지 않는다. 너무 뜨겁거나 차가운 음식은 소화기계통에 부담을 주기 때문이다. 그들은 순수한 〈채식주의자들〉이며, 육식을 위해 동물을 살해하지 않는다. 농장은 오로지 유기농법(有機農法)을 사용한다.

*집안 청소는 자기적(磁氣的) 방법으로 하는데, 청소로봇을 통해 먼지나 인공적인 입자들을 끌어당겨 흡수하는 방식이다.

*금성에는 지구처럼 어떤 국가들이나 국경, 영토가 없다. 따라서 오직 하나의 언어, 참다운 "진리"에 관한 하나의 신앙, 그리고 통찰이 존재할 뿐이다.

*정치적 대립이나 논쟁, 권력투쟁, 화폐나 세금, 가난이나 질병이 없다. 범죄나 전쟁도 없다.

*개인적으로 그 어떤 것도 사유(私有)할 필요가 없고 모든 것은 공동체 사회에 속해 있다. 그러므로 전체가 모든 것을 공유(公有)하며, 금성인들은 함께 나누는 것에 기쁨을 느낀다. 모든 것은 전체의 모든 이들에게 속해 있기 때문에 소유를 구분할 필요가 없으며, 그렇다고 어떤 지구의 사회주의 국가와 같은 상태는 아니다. 금성인들은 인간처럼 남보다 많이 가지려는 욕심이 없다.

*누구나 다 어떤 봉사나 창작, 생산의 노력을 통해 전체 공동체에 기여한다. 그리고 자신이 봉사하거나 일하고자 원하는 것이 그 무엇이든 그것을 선택할 수 있는 자유가 있다. 필요한 모든 봉사는 전체에 모두 중요하다.

*가공되지 않은 자재나 광물은 살아 있는 행성에서 채취하는 것을 피하고, 죽은 소행성대에서 채취한다.

*금성에서는 수송수단에다 어떤 "바퀴"를 사용하지 않는다. (※바퀴의 발명은 인간의 영력(靈力)을 손상시킨다. 지구에서도 과거 티베트에서는 바퀴 사용을 금지한 예가 있다. 그러나 영적으로 고도로 계발된 존재들은 관계가 없다. 고대 레무리아와 아틀란티스에서도 바퀴는 사용하지 않았다.)

*대신 금성에는 지구상의 버스나 지하철과 같은 집단적인 수송 시스템으로서 지면이나 수면 위를 미끄러지듯 나는 비행정이 이용된다.

*금성인들의 대다수는 텔레파시 능력이 있으며, 따라서 전화와 같은 것은 필요가 없다. 그러나 3차원적인 입체 영상을 볼 수 있는 장치가 있다.

*시간 관리를 위해 시계를 소지하지 않는다. 하지만 그곳에도 시간은 존재한다.

*금성에는 일부 구기(球技) 게임 외에는 스포츠가 없다. 그럼에도 건강 상태는 지구인들보다 훨씬 좋다. 이미 오래 전에 질병은 모두 사라졌으며, 금성인들은 동일한 신체로 500년 이상의 수명을 누리고 있다. 그들에게 나이를 먹는 노화(老化) 현상은 일어나지 않는다. 그리고 금성인들은 신체를 벗고 영(靈)의 영역으로 건너간 존재들과도 텔레파시적으로 연결되어 소통한다.

*금성인들도 가족을 형성하지만 결혼식 같은 것은 없다. 두 남녀는 육체적으로 영적으로 함께 살기로 동의함으로써 부부가 된다. 섹스는 자녀를 가질 때만 관계를 한다. 그리고 금성의 아이들은 불과 5년 만에 성숙하여 성인이 된다.

*그들은 전생(前生)에서 습득한 지식과 기술에 직접 접속하는 의

금성의 소형 정찰선의 내부 구조도

식을 가지고 있다. 또한 언어 학습 등에 있어서 뇌 속에다 직접 지식을 입력시키는 수단이 있다.

*어떤 교회나 사원 등의 종교는 없으며, 모든 이들이 자연의 파장에 동조되어 있다. 삶 그 자체가 그들의 종교이다. 하지만 그들이라고 완전하지는 않으며, 그들 또한 실수가 있다.

우주여행

금성인들은 이동하는 도시(City)로서의 거대한 모선을 보유하고 있고, 우주선에 의해 우주를 탐사한다. 모선에는 몇 백만~몇 천만의 사람들이 탑승하고 있으며, 비슷한 여행을 하는 발전된 다른 문명의 우주 여행자들을 서로 교환한다. 기술적으로 영적으로 고도로 발전된 문명권의 우주여행은 서로 연결해서 협력하에 이루어진다. 일반적으로 금성인들은 파장의 차이로 인해 이 지구상에서 어떤 문명을 보는 것이 가능하지 않으나 그들 자신의 주파수를 조절하여 낮춤으로써 그것이 가능해진다. 모선은 보통 8~16 Km 정도의 고도에 머물러 있으며, 그러므로 목격되는 UFO들은 대부분 작은 정찰선들이다. 내가 만난 그가 타고 온 우주선은 직경이 15m, 높이가 5.5m 정도이다.

우주선을 구성하고 있는 금속은 일종의 살아 있는 생명체와 같은 것이다. 그들은 실제로 자기들의 우주선을 이루는 금속의 의식(意識)과 대화한다.

만약 그들이 이곳에 너무 오랫동안 체류할 경우에는 지구의 진동에서 벗어나 우리의 시야에서 사라지기 시작할 것이다. 하지만 특별한 수단에 의해서 그 기간을 연장할 수는 있다.

6.금성에 다녀온 잉카의 영적 메신저 - 윌라루 휴아타

윌라루 휴아타는 페루의 남부 쿠스코(Cusco) 출신으로 본래 인디언 케추아족으로 태어났다. 그는 남미의 아마존 정글에서 영적 탐구와 수련을 하는 과정에서 지저문명의 대사들(Masters)들과 접촉하게 되었고, 비전적 진리를 수신하는 방법을 배웠다고 한다. 오늘날 그는 고대 잉카의 예언과 대백색형제단(The Great White Brotherhood)[2]의 메시지를 전파하는 메신저로 활동하고 있다.

그의 말에 따르면 아마존 밀림 안에는 4차원의 지저 비밀 도시들이 존재하며, 고대 잉카인들은 1533년 서구의 스페인 정복자들이 쳐들어오기 전에 이미 그것을 알고 있었다고 한다. 그리하여 당시 예언자들의 지시에 따라 상당수의 주민들이 이러한 비밀 도시로 피신해 갔다고 한다. 또한 당시 잉카인들은 다른 행성에서 온 외계의 존재들과 교류가 있었으며, 오늘날에도 그러한 접촉이 일어나고 있다는 것이다.

그는 오늘날 금성에 다녀왔다고 주장하는 사람 중의 한 사람이다. 그가 금성에 가게 된 것은 금성의 문명을 지구와 비교해서 직접 보고 경험해 보고 싶었기 때문이라고 한다. 그리고 자신이 접촉하던 금성인들에게 금성을 견학할 수 있는 기회를 달

---

[2]이 용어가 최초로 언급된 것은 아마도 미국의 스폴딩이 저술한 <초인생활(超人生活)>이라고 기억하고 있다. "성 광명동포단"이라고 번역되기도 하는데, 이 조직은 지구라는 행성과 인류의 영적진화를 총체적으로 관리,감독하는 "지구영단(Spiritual Hierarchy)를 지칭하는 또 다른 이름이다. 여기에는 지구에 태어났다가 영적으로 깨닫고 승화된 주요 성인(聖人), 각자(覺者)들이 소속돼 있다고 하며, 아울러 보다 진화, 발전된 외계문명에서 인류를 돕기 위해 온 우주인들이 여기에 함께 협력하고 있다고 한다. 이 "대백색형제단"을 어떤 경우에는 <빛의 형제단(Brotherhood of Light)>이라고 부르기도 한다.

라고 부탁함으로써 그의 금성 여행이 이루어졌다고 한다. 웹사이트에 올려진 그가 금성에서 보고 온 내용을 요약하여 소개하자면 다음과 같다.

◇금성의 모습

1.첫 인상 - 나는 금성의 한 해변의 항구에 도착했는데 그 바다에는 많은 우주선들이 떠 있었다. 그곳은 마치 고향처럼 느껴졌고, 그 느낌은 무엇인가 지구와는 다른 것이었다. 내가 거기에 도착했을 때 금성인들이 나를 기다리고 있었다. 그들의 모습은 모두 젊은 외모를 하고 있었으며, 그 이유는 금성인들이 늙지 않는 영원의 삶을 구가하고 있기 때문이었다. 그들은 겉보기에 모두 20대의 나이처럼 보였고, 하얀 유니폼 같은 옷을 입고 있었다.

2.금성의 정부 - 금성에는 지구와 같은 정부가 없다. 거기는 지구상의 백악관이라든가, 대사관, 행정부, 기타 이와 유사한 어떤 것도 없다. 대통령 역시 존재하지 않는다. 지구처럼 많은 국가들로 나누어져 있지가 않으며 누구나 각자가 하나의 정부이다. 금성에는 행성 전체에 하나의 국가가 있을 뿐이다. 따라서 거기에는 여권이나 국경, 국기, 국민들이 없다. 또한 재판소가 없는데, 그들은 각자 스스로가 판사, 정부, 변호사, 심지어는 창조자이기도 하기 때문이다. 그들은 자신들의 의식을 그 모든 것으로부터 자유롭게 해방시켰다. 화폐제도도 없으며, 그들은 오직 어버이신(神)이 거할 수 있는 신전을 자기 내면에 건설하기 위해 일한다.(※그 신전 중 아버지 신의 신전은 마음에, 어머니 신의 신전은 가슴에다 짓는 것이다.) 그들이 어디를 가든 그곳이 곧 집이며, 어떠한 분열도 없다. 그리고 모든 이들이 곧 군대(軍隊)인데, 왜냐하면 누구나가 다 그 행성의 수호자들이기 때문이다. 또 사회정의를 구현하려는 법원(法院)이 없는데, 금성인은 아무도 이기적 에고

(Ego)를 가지고 있지 않기 때문이다. 만약 에고가 있다면 물론 거기에는 카르마(業)가 존재하고 있는 것이며, 그렇다면 경찰이나 법원, 교도소 따위가 필요한 것이다. 금성인들은 이런 것을 알지 못하고 필요하지도 않다. 그들은 아주 오래 전에 자신들의 의식을 소유욕을 초월한 상태로 진화시켰다. 그러므로 그들은 총이나 대포, 탱크, 전투기, 핵폭탄과 같은 어떠한 전쟁 무기도 보유하고 있지 않다. 이러한 것들은 모두 인간의 두려움에, 즉 에고의 두려움에 기초하고 있는 것들이다. 그들은 오래 전 "나" 라는 개체적 에고((Ego) 상태를 졸업했다. 금성의 주민들은 모두 영적인 부자들이다. 그리고 그들이 완벽한 사회를 창조할 수 있었던 것은 오직 에고를 제거함으로써 가능해 졌던 것이다.

3.금성인들 - 그들은 지성적이다. 금성인들은 자신들의 뇌 안에다 태양광선을 이용하는 시스템을 만들어 냈다. 그들의 뇌는 우리와 다르다. 뇌의 용량이 지구인보다 더 크고 보다 지성적이고 지혜롭게 계발되어 있으며, 더 높은 진동을 가지고 있다. 그들은 사랑의 오라(Aura)을 가지고 있는데, 모든 금성들이 자기들의 에고를 변형시켰기 때문이다.

4.종교 - 종교는 빛과 동일하다. 그것은 생명의 빛이고 보편적인 우주적 그리스도의 빛이다. 그들은 그 빛을 어디에서나 보며, 어버이 신 안에서, 또 성적인 에너지 안에서도 본다. 심지어 그들은 가장 아름다운 여성을 바라볼 때조차도 지구상의 인간들처럼 에로틱하게 보는 것이 아니라 다른 심성과 정신 구조로 본다. 우리 인간이 매력적인 여성을 보았을 때, 우리는 어느 정도 동물과 같다. 그러나 금성에서는 이와 같은 상황에서 그 의식안에 큰 존경과 존중의 마음이 있다. 이것을 이해하는 것은 매우 중요하다. 왜냐하면 생명은 어디에서나 우주 보편의 그리스도(빛)인 까닭이다. 창조주의 빛, 이것이 그들의 종교이다. 그들

에게 있어서 종교는 어버이 신(神)과 하나로 합일되는 것이고, 항상 자기 내면의 신전(神殿)에 거하는 것이다. 그러므로 그들에게 어떤 조직화된 종교는 필요하지 않다. 그들의 삶은 보다 우주적이고 보편적인 문화이며, 신들의 문화이다. 금성인들은 누구나 다 자기의 재능과 힘을 지니고 있고, 직관력과 텔레파시 교신 능력을 가지고 있다. 아울러 그들은 투청(透聽) 능력과 천리안적인 투시능력도 있다. 그리고 그들은 지구상의 우리처럼 말을 많이 지껄이지 않는다.

5.사회 - 그들의 행성은 지구처럼 많은 법조항이 있는 것이 아니라 단지 24가지 법률에 의해서 통치된다. 이것은 앞서 언급했듯이 그들의 의식이 저급한 단계에서 벗어나 전체적으로 자유롭게 되었기 때문이다. 그들의 종교는 3단계에 걸쳐 의식의 변혁 과정을 거쳤다. 그 첫 단계는 에고의 제거이다. 물론 비록 그들이 에고를 가지고 있지 않더라도 그 에고의 뿌리는 아직 남아 있으며, 그들은 항상 이것을 인식하고 있다. 따라서 그들은 항상 스스로를 정화하며, 그렇게 함으로써 그들의 마음은 광휘를 발하고 있다. 그들의 마음은 더 이상 자신의 에고를 위해 봉사하지 않으며, 언제나 어버이 신에게 봉사한다.

두 번째 단계로 금성에서의 모든 결혼은 연금술에 기초하고 있다. 모든 결혼은 의식적인 자각상태에서 이루어지며, 이혼은 존재하지 않는다. 그들은 항상 내면의 어버이 신과 함께하기 때문이다. 그리고 금성인들은 누구나 다 사랑을 만드는 방법을 안다. 신성한 봉사와 조건 없는 사랑의 실천, 이것이 바로 가장 중요한 마지막 단계이다. 아주 오래 전 금성인들도 지구상의 우리처럼 살았으나 그들은 정신적으로 성장해 상위 단계로 올라갔다. 처음에는 오직 소수의 사람들만이 3단계의 변혁을 통과하기 시작했다. 그 다음에는 점점 더 많은 사람들이 변혁을 거치게 되었고, 마지막에는 모든 금성인들이 이 3단계의 과정을 통과해 변형되었다. 즉 누구나 다 일종의 연금술사가 되었던 것이다. 이것이 그들이 아기처럼 투명하고 빛나는 피부를 갖고 있는 이유이다. 그들은 결코 자기들의 성적인 에너지를 낭비하지 않기 때문인 것이다.

6.의학 - 모든 사람이 의사이고 또한 의학자이다. 그리고 그들이 대지 위를 걸을 때 그들은 행성을 치유한다. 모든 이들이 하나의 마스터이고, 그들은 이렇게 말한다. "내 몸은 나의 소유가 아니며 아버지 신의 것이다." 그들은 매우 겸허하고 소박하다. 그들에게는 부정적인 에고가 없다. 따라서 그들은 교만하지 않으며 남에게 과시하지 않는다.

지구상에는 인간을 치유하는 방법을 모르는 의사들이 존재한다. 그러나 금성에서는 주민들 누구나가 의사이다. 금성인들은 세 가지 식량을 섭취한다. 유기농 식품들, 그리고 공기에서 취하는 기(氣), 마지막으로 삶에서 얻어지는 감명이라는 식량을 섭취한다. 그들은 손에서 빛을 방사하는데, 그것은 가장 높은 차원에 연결돼 있는 어버이로부터 생겨난다. 그 빛으로 어떠한 종류의 병도 치료할 수가 있다. 그러므로 금성인들은 영적 행로를 걸어가는 데 있어서 의사를 찾아갈 필요가 없다. 그들이 성장하는 만큼 그들에게는 모든 능력이 주어지며, 심지어 장님, 귀머거리, 암도 치료할 수가 있다. 하지만 금성에는 질병이 없으며 또 병원도 없다. 또한 거기에는 대기오염이 없다. 왜냐하면 그들은 지구에서처럼 결코 어떤 가솔린이나 전기, 또는 석유도 사용하지 않기 때문이다. 그들은 그 모든 것을 가지고 있으나 오직 태양에너지만을 사용한다. 고로 이러한 점이 전반적으로 지구와 다른 시스템이다.

7.인구의 조절과 가족 - 그들은 신성한 영적인 방식으로 사랑하는 방법을 안다. 그러므로 산아제한과 피임을 하기 위해 인간과 같이 경구피임약이나 콘돔을 사용할 필요가 없다. 이것은 아직 문명화되지 않았을 때 사용하는 방법이다. 금성의 여성들이 피

임하고 싶을 때 그들은 내면의 어머니에게 아기가 생기지 않게 해달라고 요청한다. 여기서 아기란 육체적인 아기가 아니라 영적인 아기를 의미한다는 것이 중요하다. 또한 그들은 창조의 광선을 관장하고 있는 위대한 마스터에게 요청하는데, 이 존재는 영적인 에센스인 아기를 여성에게 점지해 주는 일종의 산신(産神)이다.

나는 그들에게 이렇게 질문했다. "지구상의 기계나 컴퓨터, 비행기, 기타 다른 기기나 기술들에 대해서는 어떻게 생각하십니까?" 그러자 한 대사가 나에게 말했다.

"지구의 기술들은 정신적인 면에서 성장을 더디게 하는 기술들입니다. 여러분은 자신들이 문명화되었다고 생각합니다. 또한 마치 자기들이 세상의 가장 높은 위치에 도달한 듯이 생각하지요. 달 탐사 우주 여행이 성공했을 때 인간의 태도는 어떠했습니까? 하지만 이것은 우주법칙의 명백한 위반입니다. 어떤 존재들이 영적인 문화 속에서 살 때, 또 그들이 영적세계로 입문하여 성장했을 때, 비로소 그들에게 행성간의 우주선을 만들 수 있는 열쇠와 비밀들이 주어집니다. 하지만 이런 기술은 오직 영적인 문화 속에서만 배울 수 있는 것이지요. 행성간을 여행한다는 것은 신성한 것이며, 전적으로 성스러운 것입니다. 이와 같은 방식으로 우리는 우주여행을 합니다. 누구나 다 우주 속을 여행할 수는 있습니다. 그러나 단순히 지능과 지성의 수준에 의해서만 이루어지는 우주여행은 위험한 것이지요."

그는 이렇게 말을 마쳤다.

8.우주선들 - 그들은 우주선을 건조할 수가 있고, 거기에는 어마어마하게 거대한 모선이 존재했다. 금성인들은 전자기(電磁氣) 과학에 통달해 있었기 때문에 또한 그러한 우주선을 조종하는 뛰어난 기술들을 보유하고 있다. 그들은 초인(超人)들의 왕국을 이룩하고 있으며, 인간의 눈으로 볼 때 금성인들은 모두 신들이고 여신들이라고 표현해도 무방하다. 그들은 지구에서와 같은

어떠한 전쟁 무기도 없으나 그들이 가진 유일한 무기는 일종의 분무장치이다. 예를 들면 그들이 지구의 뉴욕 같은 데를 착륙하기 전에 그 장치를 약간만 분사하더라도 뉴욕 주(州) 전체를 마비시킬 수가 있다. 그 이상도 가능하다. 그것은 어떠한 손상이나 고장, 피해도 없이 모든 기계와 인간, 빌딩들을 마비시킬 수가 있는 것이다. 그 순간에 그들은 모든 것을 조종하거나 통제할 수가 있으며, 또 원한다면 그 모든 것을 원래 상태로 돌려놓을 수가 있다. 하지만 그들은 그런 행위를 하지 않는다. 왜냐하면 만약 그럴 경우, 그들은 자신들이 도달한 영적인 경지를 상실할 것이기 때문이다. 왜 그들이 이러한 상태에 처하게 되는 것일까? 그것은 우주의 〈자유의지의 법칙〉을 거역하는 행위가 될 것이기 때문인 것이다. 지구에서 우리는 국가들 사이에 전쟁을 일으켜 서로 싸운다. 이것이 우리의 자유의지이고, 우리의 현실인 것이다. 우리는 이러한 손쉽고 파괴적인 삶을 원하고 있기 때문에 거기에 대해 불평할 수가 없다. 내가 말하는 손쉬운 삶이란 명상하지 않고 영적인 문화를 구현하지 않음을 뜻하는데, 즉 우리는 영혼에 앞서서 먼저 물질을 원하고 있는 것이다. 이것은 순서가 잘못되어 있다.

9.자연과 물질세계의 조종 - 그들은 마음대로 자연과 기상을 조종한다. 예컨대 비를 원할 때는 언제든지 비를 내릴 수 있고, 구름을 원하면 구름을, 화창한 날씨를 원하면 그러한 날씨를 만들어 낼 수가 있다. 아주 오래 전 금성인들도 지구와 같은 3차원에서 살고 있었다. 그러나 그들은 현재 지구와는 다른 차원에서 살고 있다. 금성에서 그들은 하나로 통일되어 있고, 모든 주민이 일체가 되어 낙원세계를 이루고 살고 있다.

인류보다 훨씬 발전되고 영적인 행로를 걷고 있는 계발된 문명이 존재하고 있으며, 우리가 이 태양계 내에 있는 다른 행성들의 문명들을 인식하고 우리와 비교하는 것은 중요하다. 오직 3차원과 4차원에서만 육체를 가지고 살 수가 있다. 5차원 이상의 세계에서는 아스트랄체나 멘탈체와 같은 다른 몸들이 필요하다. 만약 금성인들이 지구에 온다면, 그것은 자기들의 지혜를 함께 나누기 위해서이다. 또한 그들은 인류의 위기를 경고하는 메시지를 전하기 바라며, 인류와는 다른 길을 우리에게 보여주기를 원하고 있다.

다음의 내용은 윌라루 휴아타가 지구와 우주인들의 관계에 대해 인류에게 보내는 메시지이다.

우주인들의 지구에서의 사명

지구는 현재 영적이고 도덕적 위기에 의해 중대한 전환기에 처해 있습니다. 이 시대에 우리가 UFO라고 알려진 우주선들의 존재에 관해 실제적이고 올바른 인식을 정립하는 것은 필수불가결합니다. 하지만 다른 행성들에서 오는 존재들에 관한 우리 인류의 인식은 과거와 달라진 것이 아무 것도 없습니다. 모든 시대에 걸쳐서 그들은 지구를 방문해 왔고 인류 문명 발전에 영향을 미쳐 왔습니다. 그러나 현대인들은 3차원적 과학에 도취된 나머지 교만해짐으로써 빗나가 있고, 오로지 지구에만 생명과 문명이 존재할 수 있다고 믿고 있습니다. 그리고 사실 인류는 자기 스스로 혼란과 고통의 어둠의 세계를 이 지구상에 창조하고 말았습니다.

이 중요한 전환기에 우리는 도움이 필요합니다. 세계의 상황을 눈여겨보십시오. 인류는 스스로의 힘으로 자신을 통제하고 지구의 문제들을 해결할 수 없음을 이미 입증했습니다. 우리의 파괴적 본성은 너무나 명백합니다. 이것은 우리의 유한하고 속박된 의식(意識)의 반영인 것입니다. 우리의 형제들인 우주인들은 수백만 년 동안 발전된 문명을 이루고 있습니다. 그들은 우리의 상상을 초월한 능력과 힘을 보유하고 있으며, 에고의 속박 상태에서 벗어나 스스로를 해방시킴으로써 조화와 사랑, 평화의 세계를 이룩했습니다. 지혜에 의해 통치되는 이러한 공동체 세계를 우리는 "천사 왕국"이라고 부릅니다. 이런 세계에서는 각자 스스로

가 의사이자 성직자입니
다. 또한 자신의 몸 자
체가 창조주의 영(靈)이
거하시는 신전(神殿)이
되는 것입니다. 그들 세
계에서 몸은 그런 식으
로 존중받으며, 영적 계
발과 진리를 깨닫는 수
단이자 통로로 이용되었
습니다. 밝아지고 각성
된 의식(意識)으로 이러
한 연상의 우리 우주 형
제들은 모든 저열한 욕

고대 잉카의 유적인 마추픽추를 배경으로 서
있는 윌라루 휴아타. 마추픽추는 최근 세계
<신(新) 7대 불가사의> 하나로 선정되었다.

망과 질투, 나약함, 분
노, 게으름, 교만의 굴
레들에서 자신들을 자유롭게 하였습니다.

<대백색형제단(The Great White Brotherhood)>에 소속된 우주
인들은 다른 행성들로부터 왔습니다. 그들은 물리적 형태로 존재
하고 있지만, 500년 전의 잉카제국의 멸망과 더불어 우리와 긴밀
하게 함께 하던 활동들을 중단했습니다. 그 당시 거대한 도덕적
영적 암흑이 남 아메리카 주민들 전역을 뒤덮었기 때문이었지요.
우리의 지혜의 수호자들은 살해당했고, 물질주의를 숭배하는 새
종교가 대륙 전체에 급속하게 퍼져 버렸습니다. 과학의 옹호자들
은 물질 저 너머를 볼 수가 없습니다. 그들은 영혼의 다차원적인
세계를 경험할 수가 없는 것입니다. 과학적 유물론(唯物論)과 탐
욕이라는 도그마(Dogma)에 의해 지배받는 지구 주민들은 어머니
지구를 약탈하고 파괴함으로써 황폐화시켰습니다. 더불어 상상을
초월한 끔찍한 전쟁 무기들을 가지고 그들은 우리를 지옥의 구렁
텅이 언저리로 데려 왔습니다. 그리고 지구의 이러한 거대한 암
흑기 동안 우리와 행성간 협조는 상실돼 버렸던 것입니다.

남미(南美)에는 아직도 우리가 다른 행성들에서 온 우리의 형제들과 긴밀히 함께 일했던 물리적 흔적들과 증거들을 찾아볼 수가 있습니다. 거기에는 우주비행사 복장을 한 사람의 형상이 돌에 새겨져 있고, 그 옆 면에는 우리 케추아족에서는 "코일로 차스카(Ccoyllor Ch'asca)" 또는 "나는 별"이라고 부르는 UFO가 그려져 있습니다. 먼 옛날의 우리 선조인 마야인들(Mayans), 아즈텍인들(Aztecs), 그리고 잉카인들은 다른 세계들로부터 온 존재들의 방문을 받았습니다. 그들은 우주의 다른 행성들로부터 온 거대한 우주선들을 환영했습니다.

　이런 외계인들의 영향으로 나즈카(Nazca) 지역과 열대 밀림 지대 한 가운데에 있는 삭사추아만(Sacsachuaman), 마추픽츠(Machupicchu), 파차카막(Pachacamac), 휴아타팔라나(Huaytapallana)와 파이티티(Paititi)에는 발전된 빛나는 태양문명이 번영했었습니다.[3] 그리고 대부분의 이런 장소들에는 금과 은, 그리고 미지의 합금으로 건조된 다양한 우주선들이 이착륙하는 우주 공항이나 기지들이 존재했었던 것입니다. 이 우주선들은

---

3)과거 중남미 대륙에서 번영했던 마야문명과 잉카문명, 아즈텍 문명 등은 모두 외계문명과 밀접한 관련을 맺고 있었음이 분명하다. 고고학자들이 멕시코에 있는 테오티와칸 유적이라든가, 페루의 마추픽추 등의 고대 유적들을 조사해 본 결과, 이 유적지들은 당시로서는 드문 정밀하게 계획된 도시임이 드러났다. 미국의 건축학자 할스톤의 조사에 따르면 테오티와칸의 경우 피라미드를 비롯한 모든 건축물들이 상호간에 근대의 도시설계를 능가하는 고도의 과학적 지식이 깔려있다는 것이다. 사실상 오랫동안 이런 유적들을 연구한 고고학자들에게도 고대 마야나 잉카, 아즈텍 문명이 가지고 있던 뛰어난 천문, 수학지식이나 건축기술 등에 대해서는 그것이 어디서 온 것인지 아직 풀지 못한 수수께끼로 남아있다.

　그런데 이들 고대 중남미인들이 10세기 이전부터 공통적으로 추앙하던 고대의 문명신(文明神)이 있는데, 이 신을 아즈텍에서는 <케찰코아틀(Quezalcoatl)>, 마야에서는 <쿠쿨칸(Kukulcan)>, 잉카에서는 <비라코차(Viracocha)>라고 부른다. 사실 이것은 이름만 달리 부를 뿐이지 동일한 신을 지칭하고 있는 것이다. 그리고 그들의 전설에 의하면 흰 피부에 검은 턱수염을 가진 이 신이 모든 천문, 농업. 직조술, 조각 등의 지식과 문화를 전수해 주었다는 것이다. 이 신은 당시 중남미에 만연해 있던 인신공양과 전쟁을 싫어했다고 하는데, 그 때문에 아마도 그들에게 오랫동안 평화를 사랑했던 문명의 신으로 받들어졌던 모양이다. 또 한 가지 흥미로운 것은 아즈텍 전설에 따르면 케찰코아틀은 나중에 하늘로 승천해서 금성(金星)이 되었다는 것이다. 그러므로 이로 미루어 볼 때 이 신은 바로 당시 지구에 와서 그들을 도와 주었던 금성인들의 지휘자 또는 우두머리라고 추정해 볼 수 있을 것이다. (역자 주)

멕시코에 남아 있는 고대 아즈텍 문명과 마야 문명의 유적인 거대한 피라미드
들, 맨 위의 사진은 달의 피라미드에서 내려다 본 광경이다.

역자 해제: 인류문명과 금성, 그리고 또 다른 접촉자들에 관해 359

태양의 힘에 의해 동력을 공급받았고 빛의 형제들이 탑승하고 있었습니다. 바야흐로 이제 이런 우주선들의 귀환이 필요하다는 점을 이해해야 합니다. 우리는 거대한 우주적 전환기의 직전에 놓여 있습니다. 그들은 이런 차원전환기에 우리를 돕기 위해서 이곳에 옵니다. 향후 몇 년 동안 변화의 속도가 빨라지는 만큼 그들은 더욱 더 지구인들 가운데 특정 개인들과의 접촉을 통해 자신들을 알릴 것입니다. 이런 접촉은 물리적 접촉과 비물리적인 접촉, 양자(兩者)를 다 포함합니다. 이런 전환기에 우리의 의식을 각성시킴으로써 우리 인류를 안전하게 새로운 차원으로 인도하는 것이 바로 그들의 사명입니다. 그리고 만약 이것이 가능하지 않다면, 그 다음 단계에서 그들은 미래 세대의 종자들이 될 사람들을 선별하여 피난시키기 위해 이곳에 와 있는 것입니다. 이 선택되는 사람들은 그들의 오라(Aura)에서 방사되는 사랑의 특성에 따라 선발될 것입니다.

우리의 선조들은 대자연의 신비에 파장을 동조시켜 비범한 심령능력들을 계발했었습니다. 그들은 의식적인 방식으로 과학적 탐구를 실행했는데, 다시 말하면 이런 탐구과정에서 고등한 차원으로 이동해 들어갔던 것입니다. 페루에 남아 있는 잉카의 신전(神殿) 안에는 여기에 관한 증거들이 있습니다. 그 신전은 자연력에 집중하여 그 힘을 조종하는 법을 배운 각성된 의식을 지닌 존재들에 의해 달빛의 광선으로 거석(巨石)들을 잘라내 축조된 것입니다. 1750년 잉카에서 쇼라 아타휴알파(Shora Atahuaallpa)는 태양의 병사들에게 다음과 같이 경고했습니다. "인간이 자연의 힘과의 연결고리를 상실할 때 그것은 더 많은 전쟁을 몰고 올 것이고, 인간은 그 능력을 암흑 속에서 상실하게 될 것이다."

정치적이고 사회적인 운동을 하는 지도자들은 자기들의 목표로서 평화와 행복, 그리고 자유의 실현을 주장합니다. 그러나 너무나 빈번히 그들은 그것을 명분삼아 전쟁이나 침략, 테러를 추구하고, 증오나 질시를 조장합니다. 우리는 오직 이 점을 이해하기 위해 역사를 살펴보고 돌아 보아야 합니다. 인류는 새로운 시대로 진입하고 있습니다. 이제는 새로운 방식을 모색해 보아야 할 때이고, 우리는 스스로 내면에서 자신을 변화시킬 때까지는 아무런 세상의 변화도 기대할 수가 없습니다. 이 세상의 전쟁과 오염은 단지 우리의 어두운 개인적 삶들을 그대로 반영하고 있는 것이며, 육체적, 영적 오염을 밖으로 투영하고 있는 것에 지나지 않습니다. 우리의 참다운 힘의 근원이 우리 내부에 놓여 있는 것과 마찬가지로 우리의 진정한 적(敵)은 우리 안에 있다는 사실입니다. 우리들 대다수가 그 내부의 적들을 정복했을 때, 영원히 세상은 바뀔 것입니다. 그리고 비로소 이런 변화가 일어났을 때 정치적인 좌익이나 우익 따위가 필요 없게 될 것입니다. 아울러 그렇게 되면 세상에는 더 이상 국민을 통치하는 정부의 필요성이 사라질 것인데, 왜냐하면 시민 각자가 자기 자신을 스스로 통치하는 법을 알기 때문인 것입니다.

태초에 이 5번 째 태양 세대 안에는 다른 행성들에서 온 천사들과 대천사들이 존재하고 있었습니다. 그리고 그들은 과거 대재앙으로 인해 아틀란티스 대륙이 성난 바닷물 속으로 침몰할 때 생존한 일부 사람들에 의해 창조되었던 새로운 시대의 개막을 도왔습니다. 당시 그 대륙은 수많은 주민들 및 진보된 모든 과학기술들과 함께 바다의 심연 속으로 들어가고 말았던 것이지요. 그

때 인류는 미리 경고를 받았지만 대다수는 귀담아 들으려 하지 않았습니다. 단지 깨달은 의식을 지니고 있던 소수의 사람들만이 피난했다가 6~7년 후에 새로운 시대의 씨앗이 되고자 지구로 돌아왔던 것입니다. 이 지구적 대변동 이후 당시 지구는 아직도 흔들리고 있었고, 새로운 모양을 형성하고 있었습니다. 그리고 각성된 일부 존재들이 남미 티티카카(Titicaca) 호수와 다른 신성한 호수 주변으로 돌아왔고, 새로운 인류를 형성하기 시작했습니다.

지금 20세기에 남미에서 많은 고귀한 사람들이 광대무변한 우주를 탐험하고 다른 세계들을 방문했으며, 인류에게 유익한 지식을 지구로 가져 왔습니다. 즉 그들은 우주선도 필요 없이 우주를 여행할 수가 있는 것입니다. 안데스 산맥에 있는 어떤 인디언들은 (유체이탈로) 먼 행성들을 여행하며, 공식적인 과학자들이 물질세계를 피상적으로 탐구하고 있는 동안 우주에 관한 많은 것들을 배웁니다. 그리고 과학자들의 3차원적 현실계에 대한 탐구는 언제나 불완전할 수밖에 없는 것입니다.

인간 각자는 누구나 신성한 신전(神殿)입니다. 그 신전의 제단은 바로 우리 심장입니다. 그리고 위대한 창조주의 빛의 반영인 사랑의 불은 이 제단에서 타오릅니다. 우리 내면의 이 빛은 인정되고 돌봐져야만 하며, 또 존경되어야 합니다. 이것이 태양의 자손들의 종교인 것입니다. 그리고 이것은 진화된 우주인들의 종교와 동일한 것이며, 우주 보편의 태양 종교인 것입니다. 이 우주적 공동체는 다른 행성들로부터 오는 우리의 신성한 가족들입니다. 우리는 모두가 하나가 되어 빛을 위해 자원해서 일하고 있습니다.

그들은 지금 우리들 속에 존재하고 있습니다. 지구상의 도시들 거리 속에서 그들은 이미 다른 세계들에서 온 지구 시민들이 되어 우리와 섞여 있는 것이지요. 이 존재들은 지구에서 자기들의 임무를 수행하기 위해 빛의 메신저들로 이곳에 와 있습니다. 그리고 많은 우주선들이 남미의 아마존 밀림으로 오는데, 거기에는 비밀의 우주공항이 있습니다. 이런 우주 형제들 중에 일부는 이따금 우리와 함께 머물기도 합니다. 그들은 이 지구의 전환기 동안에 우리와 함께 일하기 위해 오는 자원자들인 것입니다.

우리는 우리의 병을 심리적인, 영적인 방법을 통해 스스로 치료해야 합니다. 우리의 신성한 의식은 덫에 걸려 있고, 에고에 의해 속박돼 있습니다. 그러므로 우리가 진화하기 위해서는 우리의 에센스(Essence)인 의식을 자유롭게 해야만 합니다. 이것이 새로운 시대의 깨달음인 것입니다. 국가나 국적은 더 이상 중요하지 않습니다. 인종이나 피부색, 사회계급, 종교도 마찬가지입니다. 우리는 지구라는 정원 속에 핀 다양한 색채의 꽃들입니다. 그러나 인간의 진리는 하나인 것이며, 결국 만법(萬法)은 하나로 귀일(歸一)하기 마련인 것입니다. 그리고 현재 가장 중요한 것은 우리의 의식이 긍정적인 형태로 깨어나는 것입니다.

승천한 대사들(Ascended Masters)은 지구의 자녀들의 의식을 하나 되게 하기 위해 지상에 돌아 왔습니다. 이 새로운 빛의 시대에 관한 그들의 사랑과 조화, 합일의 내용이 담긴 메시지를 통해서 말입니다. 우리를 인도하고 있고, 또 메시지를 통해 다른 세계들과 교신하도록 모든 빛의 구도자(求道者)들을 돕고 있는 대백색형제단의 대사들에게 감사드립니다.

고대 잉카 문명의 후예인 윌라루 휴아타의 금성인 접촉사례에서 우리는 고대 중남미에 번성했던 수수께끼의 마야, 잉카, 아즈텍 문명이 당시 금성을 비롯한 다른 별에서 온 방문자들과 깊은 관계가 있었음을 이해할 수가 있다. 하지만 당시의 이러한 외계 존재들과의 연결 코드가 16세기 스페인 침략자들의 야만적인 유린으로 끊겨버린 것은 매우 안타까운 일이다. 또한 이것은 인류 전체적으로도 크나큰 손실이 아닐 수가 없는 것이다.

7.티베트의 고승(高僧), 롭상 람파 – 금성을 여행하다

T. 롭상 람파

여기 또 다른 흥미로운 금성인 접촉 사례가 있는데, 그 주인공은 티베트 (Tibet) 출신의 라마승 롭상 람파 (Lobsang Rampa)이다. 그는 일찍이 서구사회에 동양의 영적세계와 티베트의 비전적 지식을 가장 널리 전파한 공로자중의 한 사람이다. 또한 롭상 람파는 이른바 "워크-인(Walk in)"이라는 용어를 실질적으로 세상에 알린 최초의 인물이라고 할 수 있는데, 왜냐하면 그 자신이 바로 "워크-인"으로 과거의 티베트인의 몸을 버리고 영적인 사명수행을 위해 새로운 영국인 육체를 사용했던 사람이었기 때문이다. 오늘날 "워크-인"은 높은 차원의 외계인들이 인류문명을 돕기 위해 지구로 들어오는 방법으로 많이 이용되고 있다고 한다.

롭상의 체험이나 주장을 읽다보면 매우 흥미로우면서도 동시에 깊이 있고 방대한 그의 영적 지식에 놀랄 수밖에 없다. 물론 과거 일부 평론가나 비판자들은 한 때 그의 책 내용이 단지 상상으로 지어낸 가공의 이야기일 뿐이라고 비난하고 평가절하(平價切下)하기도 했었다. 하지만 티베트에 관한 그의 생생하고 심도 있는 비의적(秘儀的) 지식들은 티베트의 경지 높은 라마승이 아니면 알 수 없는 것들로서 나중에 다른 티베트인들에 의해 진실로 입증되었다.

그의 체험은 투시, 유체이탈(幽體離脫)과 텔레파시, 오라(Aura), 아카식 기록, 고대 역사, UFO, 다른 행성으로의 여행, 지저 아갈타 문명에 관한 것에 이르기까지 종횡무진으로 펼쳐지는데, 이런 다양하고도 상세한 지식들은 결코 본인의 직접적인 영적 경

히말라야 산맥 지대에 나타난 UFO들

험이 없이 상상만으로 집필 될 수 없다고 생각된다. 이처럼 실제적 체험을 통해 집필되어 영국에서 1956년에 처음 출판된 그의 저서 "제3의 눈(The Third Eyes)"은 국제적으로 수백만 부가 팔려나간 베스트 셀러였다.

앞으로 소개하고자 하는 내용은 그의 여러 체험 가운데서도 그가 티베트에 있을 때 자기 스승을 모시고 도반(道伴)들과 함께 비행접시를 타고 금성을 다녀왔던 신비롭고도 환상적인 체험에 대한 것이다.

티베트는 매우 신비로운 곳이다. 그곳은 평균 고도가 4,000m 달하는 세계 최고의 고원지대로서 험준한 히말라야 산맥의 장벽으로 인해 1950년대 이전까지만 해도 서구세계에 거의 알려지지 않은 오지였다. 하지만 1950년의 중국의 침공으로, 또한 그 이후 계획적으로 시도된 중국의 식민이주 정책으로 티베트의 신비와 청정은 파괴되고 고유한 문화는 오염되거나 말살돼 왔다. 또한 중국의 무자비한 점령과 탄압에 항의해 여러 번 일어났던 독립운동 과정에서 중국군에 의해 수많은 라마 사원들이 파괴되고,

12만 이상의 티베트인들과 승려들이 학살당했다.

그러나 이러한 역사적 비극이 있기 전의 티베트 고산 지역은 외부인들이 쉽게 접근할 수 없었던 지역인 만큼 그곳은 UFO와 우주인들이 인간의 눈을 피해 활동하기 좋은 곳이었을 가능성이 높다. 롭상 람파의 말에 따르면 티베트인들은 서구인들에 앞서 오래 전부터 비행접시에 익숙해 있다고 한다. 또 그 정체에 관해서, 그리고 그들이 무엇인지, 왜 지구에 오는지, 어떻게 활동하는지의 배후적 진실을 모두 알고 있었다고 주장했다. 특히 티베트의 고위 라마승들은 텔레파시 능력에 의해 하늘에 거주하는 신(神)들로 알려진 그들과 교신할 수 있다고 한다. 뿐만 아니라 일부의 경우는 그들과 직접 접촉해서 불수레(UFO)의 비밀을 배우기도 했다는 것이다. 이제부터 그가 경험한 신비롭고도 흥미로운 여정을 한번 따라가 보자. (※그의 저서인 "My Visit to Venus"에서 인용한다.)

젊은 시절의 어느날, 롭상은 자신의 스승인 밍야 돈둡 라마를 따라 다른 라마승 5명과 함께 해발 5,000m가 넘는 티베트의 '창탕(Chang Tang) 고원' 지대를 힘들게 오르고 있었다. 그들은 모두 텔레파시가 가능한 고위 라마승들이었다. 그리고 롭상 람파 일행이 고지 탐사 여행을 시작하게 된 것은 사전에 있었던 우주인들과의 텔레파시 교신에 의해 그들의 권유와 안내에 따라 결행된 것이었다.

이들 라마승 일행은 몇날 며칠을 계속해서 해발 7,000m 이상의 산악 지대로 올라가고 또 올라갔다. 마침내 그들은 신비의 안개지대에 도착했고, 그 안으로 들어갔다. 그리고 그 지역을 계속 통과한 다음, 맹렬하게 추운 외부 지역과는 달리 뜨거운 열기가 솟아오르는 전인미답(前人未踏)의 처녀지인 〈태고의 땅〉에 이르렀다. 그 때 그들의 머릿속에는 다음과 같은 텔레파시 음성이 전해져 왔다.

"형제들이여! 하루를 더 행군해야 합니다. 그러면 여러분은

'고대의 수레(UFO)'를 보게 될 것입니다."

거기서 하루 저녁 야영을 한 후, 그들 일행은 앞으로 계속 나아갔다. 그러자 어느덧 눈앞에 탁 트인 평원이 나타났는데, 놀랍게도 그 평원 멀리 한쪽에는 오래된 초고대의 도시 유적이 얼음에 덮인 채 남아 있었다. 스승인 밍야 돈둡 라마는 그곳이 약 50만년 전의 신들(외계인들)의 거주지였다고 설명해 주었다. 즉 그 지역은 본래 해변의 웅장한 도시였는데, 당시 핵폭발에 의한 땅의 융기와 침몰로 인해 수천 피트나 솟아올랐다는 것이었다. 건물의 규모는 거대한 것이었으며, 가까이 다가가 보자 그곳에 살았던 주민들의 신장은 최소한 3.6m에 달하는 것으로 추정되었다.

그리고 롭상 람파 일행은 거기서 바로 UFO를 목격하게 되는데, 그 부분을 그의 책에서는 이렇게 묘사하고 있다.

그 평원은 약 5마일 정도 펼쳐져 있었고, 그곳의 멀리 떨어진 쪽에는 하늘에 닿도록 위로 솟아 있는 얇은 유리판처럼 위쪽으로 뻗어 있는 방대한 면적의 얼음판이 덮인 곳이 있었다. 그러나 그곳은 멸망한 도시로 이루어진 장소였기 때문에 그런 광경이 우리 눈에 이상하게 보인 것은 아니었다. 그리고 아직도 어떤 건물들은 손상되지 않은 채 온전했다. 사실 일부 건물들은 거의 새 것처럼 보였다. 인근의 거대한 안 마당 내에는 우리 사원(寺院)에서 쓰는 2개의 접시를 함께 붙여놓은 모습을 생각나게 하는 엄청난 금속 구조물이 놓여 있었다. 그리고 그것은 분명히 어떤 종류의 승용물이었다.

… (중략) … 우리는 금속으로 된 그 기묘한 승용물로 가까이 다가섰다. 그것은 훌륭한 것이었다. 아마도 직경이 50~60피트 정도이고, 오랜 세월과 더불어 현재는 조금 무디어 진 것 같았다.

우리는 하나의 사다리가 그 승용물의 어두운 입구 속으로 뻗어 올라가 있음을 보았고, 마치 우리가 성스러운 땅을 침범한 듯한 감정을 느끼고 있었다. 우리는 한 사람씩 사다리 위로 기어오르기 시작했다. 밍야 돈둡 라마가 제일 먼저 앞장서 올라가더니 곧 어두운 구멍 속으로 사라졌다. 그 다음은 나였다. 내가 사다리의 꼭대기에 이르러 그 금속의 덮개 내부로 들어갔을 때 나는 우리의 길잡이가 이 넓은 금속의 방 안에 있던 경사진 탁자로 보이는 것에 몸을 구부리고 있음을 보았다. 그가 무엇인가를 만지자 푸른빛이 방안에 들어왔고, 거기서 희미하게 윙윙하는 소리가 들렸다. 그 때 우리에게는 너무도 놀랍게도 그 방안의 저 쪽 끝에 사람들이 갑자기 나타났다. 그리고 우리 쪽으로 걸어오더니 말을 건네는 것이었다. 그 순간 나의 머릿속에 번뜩인 최초의 생각은 이 마법의 집에서 도망가고자 어서 몸을 돌려 달리는 것이었다. 그러나 머릿속에서 들려오는 목소리가 우리를 정지시켰다.

"두려워 마시오." 그 목소리가 말했다.

"우리는 여러분이 오는 것을 알고 있었고, (인류 역사의) 마지막 100년을 매우 의식해 왔습니다. 그리고 이 우주선 속에 들어올 만큼 대담한 사람들은 지구의 과거를 알 수 있도록 우리는 여기에 설비들을 만들어 놓았습니다."

우리는 마치 최면에라도 걸린 듯이 움직이지도 못하고 도망가려는 본능적 충동도 억제한 채 그대로 서 있었다.

"앉으십시오." 목소리가 말했다. "이야기가 길어질 것이기 때문에 서있느라 피로해지면 잘 듣지 못할 것입니다."

한 줄로 늘어서 있던 우리 7명은 그 방의 끝을 향해서 모두 앉았다. 그리고 기다렸다. 잠시 후 작은 윙윙거리는 소리가 지속되었다. 그리고 그 방 안의 빛이 사라졌다. 우리는 바로 앞에 있는 우리의 손도 볼 수 없을 정도의 깊은 어둠 속에 있었다. 얼마 후 윙윙거리는 소리는 멈추었고 "짤깍!" 하는 소리가 나더니 아주 이상하게도 어떤 막 위에 영상장면이 나타나기 시작했다.

그들 일행이 그 UFO 안에서 본 영상은 초고대 시대에 번영했던 당시의 그 도시의 모습과 핵전쟁으로 멸망하는 광경이었다. 그리고 스크린을 통해서 나오는 음성은 그들에게 그 모든 과정을 소상하게 설명해 주었다. 비로소 그들은 모든 것을 이해하게 되었고 그들의 배려로 그곳 우주인들의 기지에 잠시 머무르게 되었다. 그러던 어느 날 거대한 신장을 가진 우주인이 그들에게 다가와 그들을 우주여행으로 안내해 주는데, 이때의 광경은 이러하다.

 그는 말했다. "형제들이여! 자 이제 갑시다. 여러분에게 보여드릴 것이 많이 있습니다."
 우리는 일어섰고, 그 순간 다시 한번 우리는 우리의 키가 상대적으로 작다는 것에 부끄러움을 느꼈다. 밍야 돈둡 라마의 키는 6피트(183cm)였고 우리 모두는 그 신장을 기준으로 3인치 이내였다. 그러나 이 우주인의 키는 밍야 돈둡 라마보다 2배나 더 큰 신장이었던 것이다. 나는 우리들이 마치 라마 사원에 처음 입문할 때인 약 7살의 아이들처럼 느껴졌다. 이 키 큰 존재는 분명히 이런 나의 생각을 알아차렸거나 텔레파시적으로 읽었던 모양이었다. 그가 말했다.
 "형제여! 중요한 것은 신체의 크기가 아니라 오라(後光)의 크기와 그 내면에 있는 영혼의 크기인 것이지요. 이곳에는 여러분보다 더 작은 사람들에서부터 나보다 더 큰 사람들까지 다양한 키를 가진 존재들이 배치되어 있습니다."
 … (중략) … "이제!" 그가 운을 떼었다. "우리는 여러분에게 당신들의 세계를 대기권 저 너머에서 보여주려고 합니다. 그러기 위해서는 여러분의 키와 비슷한 사람들이 타는 우주선에 탑승하는 것이 더 나을 것입니다."

 이렇게 해서 롭상 람파 일행은 비행접시를 타고 지구 밖으로 나가는 여행을 시작하는데, 지상에서 발진하여 하늘로 상승하는 우주선에서 그는 특이한 체험을 하게 된다. 지상의 모든 물체들이 발 아래로 멀어지며 우주선이 움직이는 데도 아무런 감각이

나 미동도 느낄 수가 없었던 것이다. 이에 관해 안내하는 우주
인은 그에게 다음과 같이 설명해 준다.

"그렇습니다. 여기서는 아무런 감각도 느낄 수 없습니다. 하지만
우리는 어떠한 인체의 저항능력(감각)도 초월하여 교묘히 우주선을 조
종합니다. 그리고 우리는 갑작스런 방향전환을 할 때나 높은 속도로
날다가 급정지시의 영향력을 자동적으로 무화(無化)시킬 수 있는 특수
한 장치를 가지고 있습니다.
여러분은 이 우주선 안에서 아무 것도 느낄 수 없을 겁니다. 뿐만 아
니라 여러분이 걱정해야 할 그 어떤 것도 없습니다. 우리는 오래 전에
이미 중력(重力)의 과학에 통달해 있지요. 나중에 여러분은 그것을 이
우주선을 통해 알게 될 겁니다."

그들은 처음으로 지구 밖 우주공간에서 지구의 모습을 보고,
또 우주의 모습과 달을 구경했다. 그리고 안내자로부터 달의 이
면에는 우주인들의 기지가 있다는 말과 함께 우주선의 추진력에
관한 설명도 들었다. 이러한 1차 우주여행에서 돌아온 이후의
어느 날 그들은 2차로 반중력 빔(Beam)에 의해 금성으로 가는
비행접시에 태워진다. 우주선 안에서의 식사는 과일과 다른 행
성들에서 나는 견과류로 합성된 완전히 자연식품들이었다. 이윽
고 금성의 대기권에 당도한 우주선은 두터운 구름을 뚫고 아래
로 하강하기 시작한다. 이때의 모습을 롭상 람파는 이렇게 묘사
했다.

우리는 경외감으로 밖을 내다보았다. 구름들은 신들의 어떤 마술에
의해서 보이지 않게 되었다. 그리고 우리의 아래쪽에는 너무도 화려한
세계가 내려다보이기 시작했다. 이 세계는 초월적 존재들에 의해 충만
해 있었다. 우리들이 점점 더 낮게 하강함에 따라 뛰어나게 아름다운
도시가 하늘로 치솟아 있음을 볼 수 있었다. 그것은 에테르(Ether)의
엄청난 건조물들이었으며, 그 정교하고도 우아하게 빚어진 모습은 거
의 믿을 수가 없었다.

높은 원추형의 건물들과 볼록한 지붕 위의 둥근 탑, 그리고 탑에서 탑으로 뻗어있는 다리들은 거미줄 망과도 같았다. 그 거미줄 망과도 같은 것은 붉은 색과 푸른 색, 엷은 자주색 및 황금색 등의 살아있는 색채들로 빛나고 있었다. 내가 한층 더 진기하게 생각했던 것은 그곳에는 태양 빛이 없었다는 사실이다. 이 행성계 전체는 구름으로 덮여 있었다.

우리가 잇달아 여러 도시들 위를 스치듯 지나칠 때 나는 주위를 둘러보았다. 이곳의 모든 대기권은 밝게 빛나고 있었고, 하늘의 모든 것은 빛을 띠고 있어서 아무런 그림자가 없었다. 뿐만아니라 어떤 빛의 중심점도 거기에는 없었다. 그것은 마치 모든 구름의 구조가 자체적으로 고르게 빛을 발산하는 것처럼 생각되었다. 나는 결코 그와 같은 특성을 가진 빛이 존재한다고 믿어 본적이 없었다. 그것은 너무도 순수하고 맑았다.

이어서 어느 도시에 착륙한 그들은 금성인들의 모습을 보았는데, 롭상 람파의 말에 따르면 지구상의 기준으로 거기에 얼굴이 해맑고 놀랍도록 아름답지 않은 사람은 아무도 없었다고 한다. 그들 세계에서 못생기거나 추하게 생긴 것은 신체적이든 정신적이든 그것은 양쪽 다 무엇인가가 결여돼 있음을 뜻한다는 것이었다.

마중 나온 금성의 대표자 일행과 인사를 나눈 그들은 금성의 장로(長老)들이 기다리고 있는 〈지식의 전당〉으로 이동하기 위해 "에어 카(Car)"라는 승용물에 탑승하게 된다. 그런데 이 승용물은 앞서 소개했던 벅 넬슨이나 윌라루 휴아타, 에드워드 제임스 등이 보거나 설명했던 승용물체와 거의 비슷하다. (※사실 롭상 람파의 금성여행은 앞서 소개된 1950년대의 서구의 UFO 접촉자들보다도 훨씬 앞서 경험했던 사건이었다.)

그것은 길이가 대략 30피트 정도의 승용물이었고, 지면에서 2~3인치 정도 위에 떠 있었다. 투명한 합성수지로 된 한 부분이 옆으로 미끄러지듯 들어가 있었고, 우리에게 그 내부가 훤히 보였다. 건장한 우주인

과 그 대변인이 우리들과 함께 그것에 탑승했다. 우리는 매우 안락한 뒷좌석에 앉았다. 그러고 나자 그 승용물은 아무런 진동의 느낌도 없이 두려울 정도의 속도로 가속되었는데, 이것에 우리는 또다시 놀라지 않을 수가 없었다.

우리 주위의 건물들은 우리가 탄 승용물의 이동 속도로 인해 희미해졌고 분명히 나는 너무도 두려웠다. 그 승용물 안에는 통제장치가 전혀 없었던 것이다. 우리는 그저 앉아 있었고 그 기기는 우리를 싣고 빠르게 이동하고 있었다. 그 때 건장한 우주인이 나에게 자비롭게 미소 지으며 입을 열었다.

"형제여! 겁내지 마십시오. 두려워할 것은 없습니다. 이 기기는 먼 곳으로부터 원격조종되고 있습니다. 머지않아 우리는 목적지인 〈지식의 전당〉에 도착하게 될 것입니다. 여러분은 거기서 환영받게 될 것이며, 또한 그 곳에서 당신들은 지구의 과거와 현재, 그리고 지구의 미래, 즉 있음직한 가능성으로서의 지구의 미래를 보게 될 것입니다.

형제들이여! 그것은 인류가 자신들이 나아갈 진로를 스스로 만들기 때문입니다. 하지만 확률이나 가능성이라는 것은 참으로 강력한 요소인 것이며, 인류가 그 가능성으로 잠재하고 있는 마음을 바꾸지 않는 한 여러분은 〈지식의 전당〉에서 그것이 현실이 되는 것을 보게 될 것입니다.

그리하여 목적지인 〈지식의 전당〉에 도착한 그들은 금성이란 천체를 관리하는 통치자 집단인 장로들과 텔레파시 교신에 들어갔다. 수많은 대화를 나눈 후 마지막으로 그들 일행은 태고의 행성 지구의 탄생에서부터 미래 3,000년경까지의 모습을 놀랍게도 생생한 가상현실을 통해 입체영상으로 시청한다. 그것을 이렇게 묘사하고 있다.

그들은 복도로 이어진 길로 우리를 안내하였다. 그리고 나서 우리 티벳인들은 완전한 놀라움의 충격 속에서 숨을 죽인 채 멈춰서고 말았다. 우리들 앞에 밤의 어둠과도 같은 절대적인 우주 공간의 암흑이 나타났고, 그 속에 떠서 돌고 있는 것은 바로 우리들의 행성 지구였다.

우리는 푸른 회색의 대륙들과 갈색을 띤 작은 조각들, 녹색의 줄무늬와 흰 구름들을 보았다. 또 우리는 지구를 둘러싸고 있으면서 둥글게 확장되어 있는 엷은 남색 빛을 띤 대기권의 안개를 볼 수 있었다. 우리의 위대한 친구인 건장한 우주인이 나를 건드리며 티벳어로 조용히 속삭였다.

"겁내지 마십시오. 형제여! 이것은 가상현실에 지나지 않습니다. 이곳은 기억의 전당이며, 지구에 관한 모든 지식을 저장하고 있는 전당입니다. 무엇이 일어날지 두려워 하지 마십시오. 이것은 일종의 과학이며 환상의 과학일 뿐입니다. 그리고 지구 역시도 환영의 세계에 지나지 않는 것입니다. 여러분은 무엇인가 보게 될 것입니다. 그리고 여러분이 보게 되는 것이 현실이 될 것입니다."

롭상 람파 일행이 체험한 것은 조지 아담스키가 우주선 안에서 경험했던 것과 동일하다. 아담스키 역시 바로 눈 앞에서 실제 그 현장 안에 있는 듯이 생생한 영상을 통해 금성의 모습을 보았다고 책에서 설명하고 있다. 이윽고 영상이 끝나자 그들을 지구에서 인도해 왔던 우주인은 그들에게 이렇게 말해 주었다.

"자 여러분은 이제 우리가 왜 지구를 감시해 왔는가에 대한 이유를 아실 겁니다. 만약 인간의 어리석음으로 인해 검열되지 않은 사건들이 그냥 진행되도록 방치되었다면, 무시무시한 일들이 인간 종족에게 그대로 일어났을 것입니다.

지구상에는 인간의 권력집단들이 존재하며, 그들은 우리 UFO 우주인들의 모든 생각에 반대하여 대항하고 있습니다. 그들은 지구상의 인간보다 더 위대한 것은 없으며, 따라서 다른 세계로부터 온 UFO라는 것은 존재할 수 없다고 말하고 있지요. 하지만 우리의 형제들인 여러분은 이 모든 것을 보아왔고 경험했으므로 당신들의 텔레파시적인 지식을 통해 다른 외계인들과 접촉할 수가 있습니다. 또한 그럼으로써 당신들은 어떤 결실 있는 영향력을 지구상에 미칠 수 있을 것입니다."

마지막으로 롭상 람파가 자신의 금성여행 경험을 마무리 지으며 남긴 다음과 같은 말들은 매우 인상적이다. 아마도 그와 같은 장엄한 우주적 경험을 해본 사람이라면 누구나 이런 심정이 되었으리라.

우리가 과연 그 행성에서 얼마나 머물렀는지는 잘 알지 못한다. 그것은 며칠이었을 수도 있고, 몇 주 동안이었는지도 모른다. 아마도 우리는 거기서 우리가 목격한 모습들의 화려한 장관(壯觀)에 의해서 판단력을 잃었던 것 같다. 금성인들은 자신들의 고결함과 올바름 속에서 스스로 만족하며 살고 있었다. 그리고 우리 티베트인들이 남에게 자기가 대접받고 싶은 대로 남에게 행하기를 바라는 것처럼 이 평화로운 사람들은 오로지 평화만을 원하고 있었다.

마침내 우리가 다시 지구로 돌아가야 할 시간이었다. 지구는 이제 우리들에게 값싸고 비천한 곳으로 보였고, 금성의 영광과 번영에 비교할 때 그 존재의의가 희박해져 버렸다. 슬프게도 우리는 우주선을 타고 히말라야의 숨겨진 골짜기로 되돌아 왔다. 결코 다시는 그곳에 가보지 못할 것이라고 나는 생각했다. 내가 과연 그 경이로운 장관들을 다시 볼 수 있을 것인가? 그리고 나는 우주에 관해 얼마나 잘못 생각하고 있었던가!

8.금성에서 온 여인 - 세이라 슐츠

다음의 내용은 미국의 저명한 UFO 학자인 브래드 스타이거의 〈물병자리의 신들(Gods of Aquarius) (1976)〉이라는 책에 소개된 사례를 소개한다.

미국 시카고 살고 있는 세이라 슐츠(Seira Schultz)라는 여성은 자기의 본래 고향이 이 지구가 아니라 금성이라고 믿고 있는 사람이다. 그녀는 은발의 머리카락에 반짝이는 크고 푸른 눈을 가진 매력적인 몸매의 여성인데, 그녀의 주장에 따르면 20년 전의 어렸을 때 오디온이라는 자기 아저씨와 함께 네바다 주(州)의 깊은 산 숲 속에 UFO를 타고 착륙했다고 한다.

자기의 금성에서의 이름은 에코 레일라였으며 지구에서 살기로 작정하고 금성에서 왔다는 것이다. 자기처럼 지구로부터 가까운 별에서 이동해온 사람들이 지구에는 수천 명이나 된다고 하며, 그 가운데 일부는 특별한 사명을 위해 일정기간만 지구에서 보내고 다시 고향별로 돌아가지만 자기처럼 일생을 지구에서 보내겠다고 용기 있는 결정을 한 사람들이 대다수라고 한다. 또한 금성의 문명은 지구보다 정신적으로나 기술적으로 훨씬 발전돼 있고 역사도 더 길다고 하는데, 그녀가 하는 말을 직접 인용해 본다.

"높은 차원의 별로부터 지구에 온 과학자, 의사, 교사, 예술가, 기술자, 그리고 보통의 시민들이 지구의 인간들과 뒤섞여서 눈치 채지 못하게 살고 있습니다. 지구에서 산다는 것은 금성인의 입장에서는

역자 해제: 인류문명과 금성, 그리고 또 다른 접촉자들에 관해　　　375

용기가 필요합니다. 영적 메신저들은 지구가 무너져 가고 있는 모습을 수시로 금성에다 보내옵니다. 지구는 너무나 오염된 혼란과 진창의 도가니와 같은 곳이라 이곳에 오려고 자원하는 사람들은 별로 없습니다.

나는 금성에서 어렸을 때 테우트니아라는 마을에서 역사책을 통해 지구상의 인류 역사를 공부했습니다. 그곳은 학교라기보다는 타임머신(Time Machine)이라고 표현하는 게 적절할 것입니다. 태어 난지 얼마 안된 별인 카르나르(지구)에 수백만 년 전에 금성에서 최초의 탐험대가 파견됐습니다. 우주의 수많은 행성들에서 모여든 과학자들이 수차례에 걸쳐 탐사선을 보내 지구의 탄생과정을 세밀하게 관찰했지요.

우리 태양계의 행성들은 모두가 동시에 형성된 것이 아닙니다. 행성들은 새로 탄생하기도 하고 죽어서 소멸되기도 합니다. 따라서 새로 태어난 별에는 주민들을 옮겨 식민을 하고 죽어가는 별은 버려집니다."

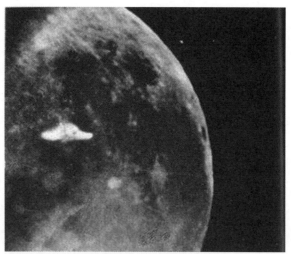

1950년 6월 6일 새벽 2:30분경 망원경으로 천체를 관측하던 조지 아담스키에 의해 촬영된 특이한 사진. 달 주변을 통과하는 비행원반이 뚜렷이 포착돼 있다.

말하자면 지구는 탄생하자마자 금성인들에 의해 철저하게 조사되었는데, 그 결과 우리 태양계 안에서 가장 녹색의 혜택을 많이 입은 행성으로 확인되었다고 하였다. 하지만 지구는 아름다운 별임에도 불구하고 얼마되지 않아 주민들을 옮겨 식민하는 것이 적합하지 않은 행성으로 판명 났다고 한다. 인류라는 종족이 지구에 자리 잡음으로써 지구의 환경이 악화되기 이전에 이미 지구는 열등한 별이었다는 것이다. 그녀의 말을 계속 들어보도록 하자.

"지구의 문제점은 위성(달)이 하나밖에 없다는 점입니다. 우주 안에 있는 행성들은 보통 위성이 2~3개를 거느리고 있음으로써 서로 그 영향의 균형을 잡게 됩니다. 그런데 위성이 하나밖에 없을 경우엔 균형이 최악의 상태가 됩니다. 우리 태양계 안에서 위성이 하나밖에 없는 행성은 지구밖에 없습니다."

그런데 금성에서 왔다고 주장하는 이 여성의 이런 말은 앞서 이미 소개했던 조지 아담스키가 만난 우주인의 말과 놀랍게도 일치한다. 아담스키의 저서 〈우주선의 내부에서〉에도 다음과 같은 내용이 실려 있다.

"지구는 태양계 가운데서도 가장 늦게 인간이 생존 가능한 단계에 도달한 별이었습니다. 지구의 최초의 주민은 다른 행성에서 데려와진 것입니다. 그러나 그것은 지구를 둘러싸고 있는 대기권에 예기치 못한 일이 일어나기 전이었지요. 지구에 이식했던 주민들은 몇 세기도 가기 전에 이 천체의 생존조건이 악화되리라는 것을 깨닫고 몇몇 소수를 제외하고는 모두 가져갈 수 있는 일체를 우주선에 싣고 다른 세계로 이주해 가고 말았습니다. … (중략) …
우주의 개척단이 떠나간 뒤 곧이어 갖가지 천재지변이 지구 표면에서 일어났습니다. 바다속으로 깊이 침몰한 육지도 있고 반대로 융기한 대륙도 있지요. 그때 다시 한 번 지구는 인간의 생존에 적합하게 되었습니다. 그러나 이때도 지구의 대기권에 악조건이 충만해 있기 때문에 이주 지망자를 모으지 않았습니다. *우리가 지구라는 행성의 형성과 발달에 대해 관심을 갖고 관찰을 계속해온 또 하나의 이유는 지구가 주위의 위성으로서 단 하나의 달만을 갖추고 있다는 점입니다. 이런 상태에 놓이게 되면 자연 법칙의 조건하에서 이 지구는 성장하는 세계의 작은 위성을 보완하기 위해서 장차 또 하나의 달이 형성될 때까지 불안정한 상태를 면치 못합니다.*"

그런데 인공적으로 달과 같은 위성을 만들어 궤도에 올린다는 것은 쉽지 않은 일이어서 금성인들은 지구인들의 발전에 기대를 걸었다고 한다. 하지만 결국에 그들은 지구상에서 번영했던 레무리아와 아틀란티스와 같은 고대 문명의 멸망을 목격하고야 말았다는 것이다. 그녀는 계속해서 이렇게 말하고 있다.

"지구에서 이런 혼란이 계속 발생하는 동안 다른 행성에 살고 있던 우주형제들은 나이어린 동생과 같은 지구를 정신적으로나 기술적인 면에서 성장할 때까지는 인도해 주어야 할 필요성을 느꼈습니다. 지구의 문명이 발전을 이룰 때마다 사실 금성과 화성, 그리고 목성과 토성으로부터 우주선이 파견되었던 것이고, 금성인들의 일부도 인간을 돕기 위해 지구에 계속 살고 있는 것입니다."

그녀의 말에 따르면 북유럽 지방의 인종은 금성인의 후손이라고 한다. 즉 스칸디나비아인들은 금성에서도 키가 큰 장신에 속하는 인종인데, 이 종족은 금성에서 보통 키가 2m가 넘고 금발의 긴 머리에다 푸른 녹색의 눈동자를 지니고 있으며 북유럽 인종과 외모가 같다는 것이다. 그녀의 이야기를 좀 더 들어보도록 하자.

"지구상의 예언자나 위대한 인물의 다수는 금성인과 화성인의 지도를 받은 사람들이거나 거기서 온 사람들입니다. 고대의 문자나 그림 가운데는 우주선에 대한 기록이 남아 있으며, 예언자나 위대한 인물들이 UFO와 만나 대화하려고 가는 장면이 많은 나타납니다. 또한 인류의 성장을 돕기 위해 UFO가 지상에 착륙한 흔적을 세계 곳곳에서 볼 수가 있습니다.

근래 수백 년 동안 금성으로부터 온 우주선이 수시로 지구로 와서 지구에서 살기로 결심한 금성인들을 태우고 온 반면에 사명을 마친 자들을 데려 갔습니다. 아울러 금성에 해롭지 않은 광물이나 식물도 금성으로 싣고 갔습니다. 금성인들이 이와 같이 계속적으로 활동하는 동안에 지구의 과학과 기술은 비약적으로 발전을 거듭했습니다. 그리하여 전기나 엔진, 철, 비행기, 원자력 등이 발견되거나 발명된 것입니다. 하지만 불행하게도 지구에서는 끊임없는 전쟁이 발생하여 다른 행성에 살고 있는 형제들에 관해서는 알려고 조차 하지 않는 세월을 보냈습니다. 이제 우리 금성인들의 존재가 세상에 명백하게 드러나는 때는 지상에서 범람하고 있는 타락과 파괴에서 지구를 구하게 될 것입니다."

Ⅲ.결론 - 여러 가지 가능성들

우리는 지금까지 금성인들과 접촉했던 다양한 출신의 또 다른 컨택티(Contactee)들의 사례와 경험들을 살펴보았다. 소개했던 이 사람들 외에도 다른 사례들이 또 존재하고 있으며, 아울러 세상에 드러나지 않은 접촉 사건들이 부지기수로 존재할 가능성도 많다.

이미 살펴보았듯이 이러한 접촉자들의 경험내용이나 주장들은 그들이 전혀 출신이 상이한 사람들임에도 마치 약속이나 한 듯이 공통적으로 일치되는 부분들이 다수 존재한다는 사실이다. 여기서 그들이 만난 우주인들에 관한 그 공통점들을 몇 가지 추려보자면 다음과 같다.(※물론 여기서의 사항들은 반드시 금성인들에게만 해당되는 것은 아니다.)

1.유니폼 같은 위,아래가 하나로 이어진 원피스, 또는 스키복 형태의 옷을 착용한 경우가 많으며, 그들이 입은 우주복은 번쩍이거나

흰빛의 광채가 난다. 그리고 거기에는 어떤 지퍼나 단추, 고리, 클립, 장식, 주머니 같은 것이 없다. 게다가 인간의 옷처럼 잇거나 겹쳐서 박은 흔적이 없다.(조지 아담스키 / 프랭크 스트랜지스 / 에드워드 제임스 / 하워드 멘저)

2.그들은 인간의 마음속 생각을 읽어내는 능력이 있으며, 따라서 사념의 파장을 미리 포착하여 묻기도 전에 대답하는 경우가 있다. (조지 아담스키 / 프랭크 스트랜지스 / 롭상 람파 /하워드 멘저)
3.금성에서 사용하는 승용물에는 바퀴가 없으며 지면에서 약간 공중으로 부양해서 달린다.{벅 넬슨 / 에드워드 제임스/ 월라루 휴아타/ 롭상 람파 /

4.텔레파시(精神感應)로 대화하는 경우가 많다.(조지 아담스키/하워드 멘저/ 벅 넬슨 / 롭상 람파)

5.우주공간의 모습은 암흑이었다.(조지 아담스키/하워드 멘저/ 벅 넬슨 / 롭상 람파) - ※이 목격담은 이들이 실제로 지구 밖으로 나가 우주여행을 했다는 진실을 증명해주는 강력한 증거 중의 하나이다. 이 사람들의 체험 시기는 모두 미국과 소련의 우주탐사가 본격화되기 이전인 1950년대 이거나 그 이전이었다. (롭상 람파의 경험은 1950년대 보다 훨씬 이전이다.) 그 후 60~70년대 이루어진 인류의 우주탐사로 인해 미,소의 우주비행사들 역시 처음으로 지구 밖으로 나가 우주를 보았는데, 그들 역사 한결같이 우주는 암흑이었다라고 증언했다. 지구 밖에 나가서 우주를 보면 지구에서 보는 것처럼 별이 잘 보이지 않는다. 그 이유는 바로 공기가 없기 때문이다.
　지구의 대기는 별빛이 퍼지도록 해주는 일종의 렌즈 역할을 해주며, 따라서 지구에서 보면 별빛이 선명하게 반짝이듯이 보이나 우주에서는 공기가 없는 까닭에 거의 별이 잘 보이지 않는다는 것이다. 심지어 우주에서는 태양 빛 조차도 좀 흐릿하게 보인다는 것이 우주비행사들의 공통적 증언이다.
6.달에는 우주인들에 의해 건설된 돔형의 인공건물과 주택이 있었고, 대기와 일부 초목도 있었다. (조지 아담스키 /하워드 멘저/ 벅

넬슨)

그리고 이러한 공통적이고 일치된 보고들은 그들의 경험이 진실에 기초하고 있을 가능성이 높다고 우리는 판단할 수가 있겠다. 예컨대 국가나 인종, 또 시대적 배경이 전혀 다른 사람들이 사전에 입을 맞춘다는 것은 거의 불가능한 것이며, 또 그런 일을 벌일 이유도 없는 것이다.

물론 경험 내용이 일부 다른 부분도 있기는 하다. 예를 들자면 금성인들의 신장에 관한 것인데, 앞서 보았듯이 스트랜지스 박사가 만난 발 토오는 183cm 정도라고 했고, 조지 반 테슬이 만난 금성인은 170cm, 조지 아담스키의 경우 처음 만난 우주인은 168cm, 두, 세 번째 만난 이들은 177~185cm, 에드워드가 만난 인물은 168cm, 또 롭상 람파가 만난 금성의 존재는 3.6m 가량의 거인이었다. 하지만 이런 점은 같은 지구 안에도 아프리카의 난장이 피그미족에서부터 동양인, 서양인의 키가 다르고, 또 일부는 우리나라 격투기 선수인 최홍만 같은 거인도 존재하듯이 인종이나 종족에 따라 얼마든지 다를 수 있는 것이다. 즉 금성이라고 해서 반드시 한 인종이나 종족만이 존재한다고 볼 수는 없다는 의미이다. 또한 금성 여행자들이 묘사한 금성의 모습이나 광경 등도 약간은 차이가 날 수 있는데, 이것은 자기들이 보고 온 곳만이 전부인 걸로 알고 그렇게 묘사했을 가능성이 있는 것이다.

그리고 한 가지 짚고 넘어가야 할 부분은 앞서 언급 했듯이 왜 이제까지 진행된 미국과 소련의 금성 탐사에서 그곳이 생명이 살 수 없는 환경의 행성으로 낙인찍히게 되었는가 하는 것이다. 여기에 관해서는 다음과 같은 몇 가지 가능성을 생각해 볼 수가 있다. → (※ 392 페이지로 이어진다.)

[참고자료] 달에 대한 진실은 무엇인가?

지금까지 공표된 달에 관한 NASA(미항공우주국)의 정보들은 모두 의혹투성이다. 그리고 인류 전체를 철저히 바보로 만들어 버린 이런 그들의 음모와 은폐 공작은 과연 언제까지 지속될 것인가?

그러나 최근 우리 사회의 허위학력 파문과 같은 사례에서도 보듯이 영원히 감출 수 있는 비밀은 없는 법이다. 이미 세상에는 그들의 조작된 정보를 뒤엎는 수많은 반증(反證)들이 존재하고 있으며, 이런 정황 증거들은 사실 오래 전부터 다수의 천문학자들과 관련 연구자들에 의해 꾸준히 제시되어 왔다.

우주를 관측할 수 있는 망원경이 발명된 이래 수많은 천문학자들은 가장 가까운 천체인 달을 관찰해 왔다. 그런데 그들은 몇백 년 전부터 한결같이 달에서는 가끔 이상한 발광(發光)이나 어떤 거대한 물체, 터널같은 것, 또 출몰하는 인공구조물 따위가 보인다고 보고해 왔다.

20세기에도 예컨대 풀리처상 수상자인 미국의 천문학자인 존 오닐(John O'neill) 같은 사람은 1950년대 초에 다음과 같은 달에 관한 놀라운 관측결과를 보고한 바가 있다. 즉 달에서는 누군가에 의해 건조된 길이 20km 정도의 거대한 '다리(Bridge)'들이 관측되며, 아울러 직립해 있는 약 12마일에 달하는 다른 건조물도 보인다는 것이다. 더욱 놀라운 것은 이런 첨탑 형태의 물체가 이전에는 보이지 않았던 장소에 갑자기 나타나며, 또 일정기간 후에는 철거되어 보이지 않게 된다는 것이다.

그리고 1952년 미국의 운석박물관장이었던 H. H. 니닌저 박사 역시도 길이 30km 이상의 장대한 터널을 발견했다고 보고했는데, 이 터널의 안쪽이 유리처럼 매끈하다는 것이었다. 영국의 천문학자 윌킨스 박사는 이와 같은 물체들은 분명히 인공적으로 보인다며 그와 같은 물체가 달에 존재한다는 것이 놀랍다는 의견을 피력했다.(※여기서 우리는 앞서 소개했던 벅 넬슨이나 하워드 멘저 같은 접촉자들이 달에서 목격했다고 주장한 여러 가지 인공 건조물에 관한 이야기들을 상기할 필요가 있다)

그런데 일찍이 제기 되었던 이런 의혹과 반론에도 불구하고 60년대~70년대에 걸쳐 진행된 미국의 달 탐사 계획의 결과는 달이 결코 생명이 서식할 수 없는 황량한 환경의 장소로 낙인찍어 버렸다.

하지만 1982년 "문게이트(Moon Gate)"의 저자 윌리엄 L. 브라이언 2세는 치밀한 연구와 조사를 통해 의문투성이의 달 탐사 계획의 정보조작과 왜곡을 적나라하게 파헤쳤다. 또한 그는 미국의 우주왕복선 계획은 외계에 군사기지를 건설하려는 일종의 연막이라고 추정했다. 아울러 NASA에서 발표한 다른 행성에 관한 모든 발견과 과학적 정보들은 회의적인 시각에서 재검토되고 비판되어야 한다고 주장했다. 그가 주장하는 미국의 달 탐사 결과 발표의 주요 문제점은 다음과 같다.

1.지구와 달 사이의 중력이 동등해지는 지점인 중립점(中立点) - 달에서 43495마일 지점 - 을 근거로 계산해 보았을 때, 달의 중력은 지구의 6분의 1이 아니라 최소한 64%에 달한다. 오히려 이보다 더 클 가능성도 많다. 그러나 나사(NASA)는 이 모순에 대해 공식적으로 해명하지 않고 있다.

2.미국의 우주탐사 계획은 미 군부(軍部)의 NASA에 대한 철저한 통

제와 간섭 하에 고도의 비밀 속에서 진행되었으며, 중요한 정보들은 대중들 앞에서 모두 은폐되거나 조작되었다.

3.달에는 중력이 있는 만큼 상당한 양의 공기와 물이 있다.

리차드 C. 호글랜드

윌리엄 브라이언에 이어서 NASA(미 항공 우주국)의 발표에 공개적으로 반기를 들고 비밀을 폭로한 사람은 NASA 의 전(前) 자문위원이자 CBS 방송의 과학 고문을 지낸 리처드 C. 호글랜드 (Richard C. Hoagland)이다. 이 사람은 오래전부터 일종의 민간 연구 조직인 〈엔터프라이즈미션(Enterprise Mission)〉 을 결성해 우리 태양계 내에 존재하는 인류보다 진보된 문명의 흔적을 추적해서 연구하는 일을 하고 있다. 그가 이끌고 있는 사진분석가, 지질학자, 토목공학자 등으로 이루어진 과학기술팀은 특히 화성의 인면암(人面岩)을 비롯해서 피라미드 등의 여러 인공구조물 분석에 열의를 보여 왔다. 이밖에도 미국 정부의 외계인 정보 은폐와 아폴로 달 착륙시에 달에 고등문명이 실재함을 확인하고도 이를 부정하고 있다고 꾸준히 주장해 왔다.

그러던 그는 1994년 6월, NASA에서 입수한 달 표면 사진을 분석한 결과 달에는 거대한 인공구조물들이 산재해 있다고 발표했다. 이 구조물들은 돔 형태에서부터 탑 형태로 솟아 있는 것, 계획된 도시로 추정되는 지역, 분화구를 관통하고 있는 터널 형태 등으로 그 모습이 매우 다양했다. 이것들의 크기나 높이는 수km~수십km에 달할 정도로 엄청나게 큰 건조물들인데, 그는 이런 사실을 미 정부나 NASA가 오래 전부터 알고 있었음에도 조직적으로 은폐해 왔다고 주장했다.

그런데 호글랜드의 충격적 발표가 있은 지 불과 2년 후인 1996년 3월에는 과거 NASA에 근무했던 과학자들이 포함된 일단

TV에 출현하여 화성의 인면암에 관한 설명하고 있는 리처드 호글랜드.

의 관련 미 과학자들이 기자회견을 열어서 앞서 호글랜드의 주장을 뒷받침하는 공동발표를 했다. 이들은 NASA와 구 소련에서 촬영한 달 사진과 필름들을 컴퓨터로 정밀하게 분석해 본 결과, 달에는 외계의 고등지성체들에 의해 오래 전에 건조된 상상을 초월한 건조물들이 실재한다는 결론에 도달했다고 발표하고 관련 사진들과 필름들을 공개했다.

그러나 NASA는 지금까지도 이런 의혹제기와 발표에 대해 아무런 해명도 하지 않고 그저 부자연스러운 침묵으로 일관하고 있을 뿐이다.

그런데 이런 과학자들의 집단적 발표 이전에도 이미 과거 모든 제미니 및 아폴로 비행사들이 궤도비행 중이거나 달 여행 시

◇달의 인공구조물들:(좌)측의 샤드(shard)라 불리는 볼링핀 모양의 구조물은 높이가 1,600m이다. 더군다나 (우)측의 돔형 구조물은 무려 높이가 2.5km에 달한다고 한다.

우주비행사 뒤쪽에 수상한 발광체(?)가 떠 있는 것이 보인다.

에 따라붙은 UFO들에 의해 감시당했다는 사실은 어느 정도 알려진 이야기이며, 이에 관해 발설하지 말 것을 당국에 의해 명령받았다는 사실이다. 또한 NASA에서 통신 설계를 담당했던 프랑스 출신의 모리스 샤틀랭(Mourice Chatelain) 박사는 NASA가 아폴로 비행사들과의 교신 내용을 대중들에게 감추기 위해 통신 과정에서 모종의 검열과 편집, 조작이 있었다고 폭로한 바가 있다.

그리고 NASA의 휴스톤 관제소에서 책임자로 있었던 크리스토퍼 크래프트(Christopher Kraft)는 나중에 NASA를 떠난 후에 1969년 아폴로 11호가 달에 처음 착륙했을 때의 관제소와 암스트롱, 올드린 두 우주비행사들 사이에 있었던 교신 내용을 다음과 같이 공개했다.

*관제 센타: 여기는 휴스톤! 보고하라
*우주비행사: 저것들은 거대한 물체들이다. 아니 … 아니다.
  이것은 시각상의 환영(幻影)이 아니다. 아무도 이것을 믿지

않을 것이다.

*관제 센타: 무엇인가? 도대체 무슨 일이 일어나고 있나? 무슨 문제인가?

*우주비행사: 그들은 여기 달 표면 아래쪽에 있다.

*관제 센타: 무엇이 있는가? 교신이 순조롭지 않다 … 아폴로 11호! 잡음이 심하다.

*우주비행사: 보고한다. 여기에 다른 우주선들이 있다. 그들은 분화구 한쪽에 도열해 있다.

*관제 센타: 반복하라! 다시 반복하라!

*우주비행사: 내 손이 심하게 떨려서 아무 것도 할 수가 없다. 필름이 … 맙소사! 이 빌어먹을 카메라가 무엇이라도 포착했다면 … 어떻게 된 건가?

*관제 센타: 무엇이라도 찍었는가?

*우주비행사: 손에 가진 필름이 없다. 비행접시든 뭐든 찍은 3장의 사진은 필름이 손상되었다.

*관제 센타: 여기는 관제소다. 어떻게 되고 있나? 상공의 UFO들로 인해 소동이 있는가?

역시 알 수 없는 두 개의 원반형 물체가 나타나 있다.

*우주비행사: 그들은 저기 착륙해 있다. 그들은 저기서 우리를 관찰하고 있다.

이 교신 내용으로 미루어 볼 때 아폴로 비행사들의 달에서의 모든 행위가 UFO들에 의해 감시당했음을 충분히 알 수가 있다. 감시당할 수밖에 없었던 이유는 거기에 이미 기지나 거주지, 도시가 있고 그곳에 자리 잡고 있는 모종의 세력들이 실제로 존재하기 때문인 것이다. (※이와 관련된 보다 상세한 진실은 〈UFO와 신과학: 그 은폐된 비밀과 진실들〉 책을 참고하기 바람) 다시 말하자면 미국의 아폴로 달 탐사는 다른 영역에 허락도 없이 무단으로 침범해 들어간 것과 마찬가지인 것이다. 따라서 나중에 닐 암스트롱이 고백했듯이, 그 후 아폴로 11호 이후에 달에 갔던 탐사선들은 형식적으로 흙 한 줌 퍼서 도망치듯 지구로 돌아오기에 바빴다는 말이 사실인 것이다. 그리고 결국 그들은 더 이상 오지 말라는 어떤 경고로 인해 아폴로 계획은 부득이 중단될 수밖에 없었다고 보는 것이 아마도 합리적일 것이다. 그런데 최근에 미국과 러시아는 다시 경쟁적으로 2020년~2027년경에 유인우주선을 달에 보내 상주할 수 있는 기지를 건설하고, 그 후 2025년~2035년 경에는 화성을 탐사하겠다고 발표했다. 그러나 앞서 살펴본 여러 증거들로 볼 때 이런 그들의 발표는 실현 가능성이나 신빙성이 낮다고 생각된다. 즉 이것은 또 다른 어떤 것을 은폐하거나 대중의 주의를 딴 데로 돌리기 위한 연막술책일 가능성이 많다고 추측된다. 이런 은폐된 진실 외에도 우리가 알고 있는 상식과는 달리 달에는 수많은 미스터리가 존재하고 있는데, 그 주요 사항들을 정리하자면 다음과 같다.

1.달은 속이 비어있는 공동(空洞) 상태이다

아폴로 우주선들은 달 착륙 후, 달에 지진계를 설치하여 여러 차례 달 표면의 진동실험을 실시했다. 이 실험은 아폴로 11호에서부터 14호에 이르기까지 여러 번 실시되었는데, 그 실험 방법은 달에서 이륙하여 지구로 귀환할 때 다 쓰고 버리는 로켓 부스터(Booster:보조추진장치)를 달 표면에다 추락시키는 방법을 택했다. 그런데 이런 식으로 부스터를 일부러 달에다 충돌시켰을 때 나타난 결과는 놀랍게도 그 충격파가 3~4시간여에 걸쳐 지속되었고, 달 전체가 마치 종(鍾)처럼 울리며 진동을 계속한 것이었다.

이것은 달의 내부가 텅 비어있지 않으면 있을 수 없는 현상으로서 전혀 예상 밖의 결과였다. 그런데 달이 속이 비어있는 구형체(球形體)라는 주장은 1962년에 이미 NASA의 과학자였던 고든 맥도널드 박사에 의해 제시된 바가 있었다. 그러나 모든 자연적 행성의 내부가 비어있다는 〈지구공동설〉에 비추어 본다면, 설사 달이 그렇다고 하더라도 이런 실험 결과는 그리 놀랄 일도 의외의 일도 아닌 것이다.

2.달은 인공적으로 건조된 금속체의 위성 내지는 우주선(?)이다

이 학설 역시 이미 소련의 과학자 알렉산더 시체바코브(Alexgander Scherbakov)와 미카이 와신(Mihkai Vasin)이 1970년에 주장한 것이다. 그들은 영문월간지 〈스푸트니크〉 7월호에서 달이 자연적으로 생성된 위성이 아니라 어떤 지성체들이 소행성

달 표면의 크레이터(분화구)의 모습. 우측은 좀 더 확대된 분화구 모양

내부를 도려내 인공적으로 설계하여 다시 만든 것으로서 일부러 지구 주변에 배치해 놓은 것이라고 했다. 또 달은 일종의 우주선으로 그 내부에 추진 장치라든가 관측 장비가 탑재되어 있고 거주 시설이 있어서 거기에 고등생물이 거주한다고 주장했다. 물론 이런 주장은 당시에 당연히 과학계로부터 비웃음을 받았지만 오늘날 이 가설은 어느 정도 신빙성 있게 다가온다. 왜냐하면 그들의 주장을 일부 뒷받침하는 여러 증거들이 나타나 있는 까닭이다.

아폴로 비행사들이 조사해본 바에 의하면 달의 지각(地殼)은 의외로 깊지가 않았으며, 아울러 다른 운석의 충돌로 생겨났다는 분화구들 역시 충돌에 의한 구멍치고는 매우 깊이가 얕다는 사실이다. 더욱 당황스러운 것은 닐 암스트롱이 달에서 가져온 암석과 토양의 성분을 과학자들이 분석한 결과 그 생성나이가 각각 달랐다는 점이다. 다시 말해 암석은 36억 년 전의 것이었으나 흙은 더 오래되어 46억 년이나 되었으며, 또한 성분 자체가 서로 전혀 상이했다. 이런 사실들은 달의 지각을 이루고 있는 흙이 다른 어딘가에서 운반되어 달의 표면을 덮고 있을 가능성을 암시한다. 그리고 또 한 가지 중요한 사실은 아폴로 비행사들이 드릴로 달의 표면을 뚫어 보고자 했을 때 매우 어려움을 느꼈는데, 이것은 달의 흙성분에 철이나 티타늄, 지르코늄, 이트륨 등의 금속성분이 많이 포함돼 있기 때문이었다. 아울러 지진계를 이용한 지진 실험 시에 지진파가 달 내부로 들어가 확산되지 못하고 사방의 표면으로만 전달되었다는 점

아폴로 16호에서 우연히 찍은 달에 접근하는 UFO 사진

도 불가사의(不可思議)이다.

이런 모든 현상을 토대로 과학자들이 내린 결론은 달은 금속으로 된 공(球)과 같이 얇은 지표면의 내부를 단단한 티타늄 같은 금속이 싸고 있다는 것이었다. 이것이 사실이라면 달 자체는 누군가에 의해 건조된 일종의 거대한 인공위성이라는 말이 되는데, 흥미롭게도 UFO 접촉자들에게 우주인들이 가르쳐 준 다른 정보들에서도 달이 인공위성이며, 다른 태양계에서 옮겨온 것이라는 메시지가 있다.

3.기타 여러 가지 수수께끼들

달에는 우연의 일치라고 보기에는 너무나 정교한 수치들이 존재한다. 먼저 달은 시간당 16.56Km의 속도로 자전하면서 지구 주위를 공전하고 있는데, 기이하게도 달의 자전주기와 공전주기는 27.3일로서 똑같다. 때문에 달은 영원히 한 쪽 면만을 지구로 향하고 있으며, 우리는 지구에서 달의 뒷면을 볼 수가 없다. 또한 태양과 지구 사이의 거리(1억 5000만 km)가 지구에서 달까지의 거리(38만 km)의 395배인데, 태양의 직경(138만 km) 역시 달의 직경(3400km)의 395배이다. 따라서 지구에서 볼 때는 태양과 달의 크기가 똑같아 보인다. 게다가 달은 지구의 위성으로서는 부자연스럽게 너무 크다. 태양계 내의 다른 행성들의 위성들의 크기는 기껏해야 모행성 크기의 약 4%를 초과하지 않는다. 만약 달이 다른 행성들의 위성처럼 자연적으로 형성된 것이라면 이와 비슷한 비율이 되어야 할 것이다. 그러나 달의 크기는 지구의 27%에 달한다.

결코 우연이라고 보여 지지 않는 이런 모든 사실들은 (2)항의 가설이 진실일 가능성을 뒷받침한다고 볼 수 있겠다.

1. 미국이나 러시아 당국의 정보 조작 가능성 - 이미 그들은 무인탐사선을 통해 얻은 정보들을 토대로 금성에 상당한 수준의 문명이 존재함을 파악하고 있을 수 있다. 그러나 이러한 내용들이 지구인들에게 알려질 경우 UFO 은폐 문제와 마찬가지로 상당한 동요와 더불어 자신들에게 불리한 파급효과가 일어날 것이기 때문에 지금까지 엉터리 정보를 세상에 공개했을 가능성이 많다. 미국이 이미 1950년대에 확인한 지저문명(地底文明)의 실체를 지금까지 세상에 밝히지 않고 극비(極秘)로 유지하고 있음을 볼 때, 그럴 공산이 충분히 있다.

2. 금성인들의 데이타 조작 가능성 - 금성에 우리보다 고도로 발전된 문명과 진화된 지성체들이 존재하지만, 그들이 자기들의 문명이 인간들에게 알려지는 것을 원하지 않을 경우, 이런 조치를 취할 가능성이 있다.

　그리고 그들이 지구에서 보냈던 조잡한 형태의 무인탐사선에 달린 측정 계기를 조작해 엉뚱한 데이터를 지구로 전송케 하는 것 정도는 식은 죽 먹기일 것이다. 그들이 그렇게 할 가능성이 있는 것은 그들 입장에서는 호전적이고 파괴적인 지구인들이 자기들 행성에 접근하는 것은 달갑지 않을 것이고, 따라서 경계할 수밖에 없는 까닭이다. 그러나 그들이 이미 과거에 지구에까지 와서 미국정부나 많은 접촉자들을 일부러 만나 금성문명의 실재를 알렸다는 사실로 미루어 볼 때, 이 가능성은 좀 낮다고 할 수 있다.

3. 지저문명(地底文明)의 형태로 존재할 가능성 - 금성의 표면 환경이 과거 구 소련이나 미국에서 탐사한 정보대로 생명이 서식하기에 적합하지 않을 수가 있다. 즉 지표면의 여건이 열악하므로 그들이 지저로 들어가 문명을 형성하고 있을 가능성이 있는 것이다. 이점은 앞서 금성인 발 토오가 언급한 내용이므로 신빙성이 상당히 높다고 할 수 있겠다. 그리고 외계인들의 가르

침에 따르면 우주의 어느 행성이든 그 속이 비어있는 공동(空洞)이라고 하므로 금성이든 화성이든 지표면에 생명이 존재하지 않는다고 해서 무조건 그 행성에 생명이 없다고 단정할 수는 없다.

4.천체의 진동주파수의 차이로 인한 불가시 가능성 - 지구상의 양자물리학이 이미 증명했듯이 우주의 모든 것은 진동하고 있다. 행성들 역시 마찬가지이며 그곳에 살고 있는 우리 인간과 같은 생명체들 역시 예외가 아니다. 인간의 육안이 포착하여 볼 수 있는 것은 한계가 있다. 우리 인간은 어떤 측면에서 보면 다섯 가지 감각에 갇혀 있는 노예들이나 마찬가지인 것이다. 다시 말하면, 인간의 눈은 빛의 스펙트럼 가운데 가시파장들만을 볼 수가 있고, 소리도 가청주파수에 해당되는 소리만을 들을 수 있다. 따라서 이런 일정한 범주를 벗어나 진동하고 있는 물체나 소리를 인간의 오감은 포착할 수가 없다.

만약 금성에 지구상의 인류문명보다 고도로 진화된 생명체들이 존재하고 있다면, 그들의 체(體)나 문명 자체도 우리와 많이 다를 수가 있다. 예컨대 만약 장차 지구가 차원 상승해서 진입하게 된다고 흔히 회자되고 있는 5차원의 진동에 금성인들이 머물러 있다면, 그들의 문명은 거기에 분명히 실존함에도 인간의 육안이나 기계 장치에는 목격되지 않을 가능성이 높다.

앞서 소개한 조지 아담스키와 더불어 「비행접시 착륙하다(Flying Saucers have Landed)」를 같이 저술한 데스몬드 레슬리(Desmond Leslie) 역시 다른 행성에서 문명이 발견되지 않는 이유에 대해 이렇게 언급했다.

"우주인들은 우리의 환경 속에서 물질화하는 것이 가능하지만, 그들의 거주행성은 지구보다 더 높은 진동주파수 상태에 있다. 따라서 우리 태양계 내에서 우리가 아는 것과 같은 생명체는 발견되지 않은 것이다."

또한 이러한 가정에 관해서는 러시아의 UFO 연구가 마리아나

포포비치(Mariana Popovich)에 의해 조사된 금성으로부터 워크-인(Walk-in)해서 지구에 왔다고 주장하는 크리스티나(Kristina)라는 여인의 말을 참고할 만하다.

"금성의 세계는 지구와는 아주 다릅니다. 물리적으로 현실을 창조해야 하는 이곳 지구와는 달리 금성에서 우리는 생각에 의해서 모든 것을 창조합니다. 예를 들어 지구에서는 일단 마음으로 원하는 것을 얻을 수 있다고 믿으면, 물리적인 노력을 통해서 그것을 이룹니다. 그런데 실상은 원하는 그 대상이 오직 정신적 믿음에 의해서 손에 들어온다는 사실입니다. 금성에서 그곳 주민들은 그 물리적 노력의 단계를 건너뛰고 사념을 이용해 모든 것을 얻습니다.

우리는 물리적 차원에 있지 않습니다. 그 때문에 지구에서 망원경을 이용해 금성을 관측하더라도 물리적으로는 아무 것도 볼 수가 없는 것이죠. 우리의 몸은 비물질(非物質)로 이루어져 있습니다. 우주의 많은 행성들이 물질차원이나 아스트랄 차원, 또는 영적차원에 머물러 있습니다. 그리고 행성들은 거기에 거주하는 존재들의 상념에 의해 모습을 드러내고 있고, 그 상념이 그 세계의 현실을 창조해 내고 있는 것입니다.

금성인들은 천상의 신체를 가지고 있으며, 인간이 아는 것 같은 육체적 수준에 존재하고 있지 않습니다. 그리고 비록 우리가 아스트랄 차원에 있긴 하지만, 이곳 지구만큼이나 생생한 실제적인 세계이고 거기에도 지구처럼 초목(草木)이 존재합니다."

크리스티나는 덧붙여 설명하기를, 금성에는 물리적 진동 레벨에 남겨져 있는 것은 오직 하나의 도시뿐인데, 거기는 네바다 사막과 비슷하다고 하였다. 아울러 금성인들은 본래 다수의 지구 주민들의 선조(先祖)이며, 지구에 있는 해바라기는 금성인들에 의해 지구로 이식된 꽃이라는 흥미로운 이야기도 하고 있다.

지구에서 목격된 금성인들은 거의 우리 인간과 같은 모습인데, 이것은 크리스티나의 말처럼 그들과 지구 인류가 유전적으로 같은 기원을 갖고 있거나 모종의 밀접한 연관성, 유사성이 있음을 암시한다고 볼 수 있겠다. 필자가 아는 바로는 단 1건의 사례에서도 금성인들의 모습이 예컨대 그레이(Grey)와 같은 난쟁이거나 눈이 시커멓다든지, 아니면 파충류과(Reptilian)나 공룡과(Dinoid) 외계인들 마냥 흉측하고 혐오스러운 모습이었다는 목격보고는 없었다. 대체적으로 그들의 모습은 인간과 거의 똑같거나 아니면 더 아름답다는 보고가 대부분이다. 이것으로 미루어 볼 때, 금성인들이 지구인의 선조이거나 유전적 기원이 동일하다는 주장은 어느 정도 신빙성이 있다고 판단된다.

글을 마무리 지으며

지금까지 전 세계에 산재해 있는 다양한 금성인 접촉자들의 사례와 거기에 관련된 여러 가능성들을 살펴보았다. 그런데 이미 살펴보았듯이 우주인들은 지구인들을 선택해서 접촉하는 데 있어서 결코 어떤 인종적, 종교적, 국가적, 신분적 편견이나 차별을 두고 있지 않다. 그들은 한 국가의 대통령에서부터 고위관리, 평범한 시민, 군인, 시골 농부, 산림관리인, 목사, 과학자, 승려, 기업인 등등 그 누구든 필요한 사람이면 다 만난다. 아울러 그들은 인종적으로도 서구인이든 동양인이든 흑인이든 인디언이든, 또 종교적으로 어떤 종교를 신앙하든 그것을 구분하거나 차별하지 않는다. 그리고 이는 그들이 진정으로 인류보다 진화된 지성체들이라면, 사실 너무도 당연한 일에 속할 것이다. 예컨대 그들이 만약 지구상의 특정 인종이나 종교에만 편향적이라면, 이것은 그들이 아직 어떤 인간과 같은 분리와 한계, 낮은 의식의 속박을 뛰어넘지 못했다는 증거일 것이기 때문이다.

그런데 역자가 이 책을 번역하면서 한 가지 느낀 것은 불행하게도 저자인 프랭크 스트랜지스 박사가 가진 기독교인이라는 어떤 한계점이었다. 물론 그는 UFO와 우주인을 직접 접촉한 분이니 분명 기독교인으로서는 상당히 앞선 사람이고, 그리스도에 대한 충실한 신앙을 갖고 있는 사람임은 분명하다. 하지만 책의 곳곳에 나타나 있는 그의 복음주의 기독교 목사로서의 편향된 시각들, 즉 예수만이 유일한 구세주이고 그를 영접해야만 영원한 천국에 들어갈 수 있다는 식의 낮은 신앙관, 종교관을 아직 벗어나지 못하고 있음은 답답하고 안타까운 느낌이 들었다. 그에게 있어 우주인들은 그저 하느님이나 예수 그리스도를 보조하는 천사들 정도로 인식되고 있는 듯하다. 그리고 그는 발 토오의 가르침을 오직 기존의 기독교적인 틀 안에서만 받아들이고 있는 것으로 보인다. 우주인을 천사(天使)로 보는 그의 견해가 굳이 틀렸다고 할 수는 없겠으나, 문제는 오직 예수 그리스도만을 내세우려는 배타적 종교 성향에 있는 것이다.

물론 예수 그리스도는 지구의 차원상승 프로젝트에 막중한 직책과 사명을 수행하고 있는 높은 존재이긴 하다. 하지만 어디까지나 예수님은 〈지구영단(Spiritual Hierarchy)〉이라는 승천한 대사들(Ascended Masters)로 이루어진 천상의 지구 행성 관리 조직의 한 일원으로서 주요 직책과 일익을 담당하고 있는 분임을 인식할 필요가 있다. 따라서 특정 대사만을 유일하게 내세워 타종교들을 배척함으로써 또 다른 인류의 분열과 반목을 조장하는 것은 결코 바람직하지가 않다. 이와 더불어 예컨대 UFO와 우주인을 저급한 원리주의 기독교의 〈예수 믿으면 천국! 안 믿으면 지옥!〉 같은 유치한 주장을 하기 위한 또 다른 방편으로 끌어들여서는 곤란한 것이다. 즉 우주인들의 세계는 지구의 분열된 종교 차원을 초월한 영역으로 이해해야할 문제이지 많은 왜곡이 존재하고 있는 편협한 현 기독교적 교리체계에다 그것을 억지로 갖다 맞추려고 해서는 안 된다는 사실이다. 이는 명백히 하늘의 뜻에 반(反)하는 것이라고 확신한다. 요컨대 인류의 영적진화를 관장하는 지구영단의 목적은 어디까지나 인종과 피부색, 종교, 이념 등으로 갈가리 찢겨진 인류의 모든 분리의식(分離意識)을 보다 높은 차원으로 끌어올려 전체가 하나가 된 통합의식으로 전환시키자는 데에 있는 것이다. 그리고 바로 이러한 높은 의식으로의 변혁과 역창(易創)만이 장차 일어날 지구 차원변형에 발 맞추어 우리가 영적승격을 이룰 수 있는 지름길이라고 할 수 있을 것이다. 한편으로 어떤 면에서 보면, 발 토오 사령관이 주로 접촉한 이들이 스트랜지스 박사를 비롯한 서구의 기독교 문화권 사람들이다 보니, 그가 불가피하게 그들의 종교적 성향과 의식 수준에 맞춰서 이야기를 해주거나 메시지를 준 측면도 있다고 생각된다. 왜냐하면 물론 진화된 우주인들의 의식은 절대자인 신(神)을 당연히 인정하고 믿을 것으로 보지만, 그들의 신앙은 지구상의 종교인들 마냥 특정종교에만 편향된 그런 편협하고 배타적인 것이 아닐 것이기 때문이다. 아마도 그것은 우주 자체를 거대한 우주신(宇宙神)의 현현으로 보는 보편적인 우주의식(宇宙意識)의 형태일 것이다.

그리고 우리가 주목할 필요가 있는 한 가지 점은 발 토오 사령관의 능력에 대한 것이다. 다시 말해 물질화와 비물질화를 자유자재로 할 수 있고 어떤 감금이나 구속으로부터도 자유로운 그의 경지로 볼 때, 이는 예수님이 십자가형 이후 부활하여, 닫혀 있던 방안에 모여 있던 제자들 앞에 홀연히 출현했던 모습을 연상시킨다. 이것은 이 우주인이 예수 그리스도의 경지와 동등하거나 적어도 그런 수준에 근접한 영적 진화단계에 도달해 있는 존재임을 암시한다고 볼 수 있다. 또한 우주인 세계에는 이런 수준의 존재들이 얼마든지 존재할 가능성을 보여주는 것이라고 할 수 있다. 성서에도 "나를 믿는 자는 내가 하는 일을 누구나 할 수 있고 그보다 더 큰일도 하리니(요한복음 14:12)." 라는 말씀이 있듯이, 그리스도의 경지라는 것은 지구인과 외계인을 막론하고 모든 영혼들이 도달할 잠재력을 갖고 있다는 사실을 우리가 인식할 필요가 있겠다. 불교에 말하는 부처(佛陀)의 경지 역시 마찬가지이다. "그리스도"나 "부처"라는 것은 사실 특정 개인을 지칭하는 고유명사가 아니라, 일정한 의식상태나 정신적 경지 또는 수준을 뜻하는 보통명사인 것이다. 다시 말하면, 그리스도 의식(Christ Consciousness)에 도달한 존재는 누구나 그리스도이며, 부처의식(Buddha Consciousness)에 도달한 존재는 누구나 부처인 것이다. 그리고 사실 예수님과 부처님 같은 존재들은 이런 보편적 진리를 무지한 지구인들에게 일깨워주기 위해 상위차원의 별세계(星界)로부터 지구행성으로 내려온 우주적 존재라고 보면 크게 틀리지 않을 것이다. 발 토오 사령관 역시 예수님에 관련해 이 점을 스트랜지스 박사에게 강조한 것으로 알고 있다. 즉 발 토오는 스트랜지스 박사에게 성경은 진리를 표현한 것이지만, 예수 그리스도는 인간이 아니라 오히려 외계의 우주인이라고 알려주었다고 한다. 그리고 그는 자신이 지구상에다 이 소식을 전하고 싶었으나 당시의 고위 정치인들이 그렇게 하지 못하도록 만류하고 단념시켰다고 주장한 것으로 알려져 있다. 발 토오는 또한 미 국방성이 우주인의 도움에 대한 많은 언급을 담고 있는 '사해문서(Dead Sea Scrolls)'에 대한 정보를 일부러 공개하지 않았다는 사실을 스트랜지스 박사에게 알려주었는데, 당시 사람들은 그런 도움을 받아 기술을 변화시키고 여러 가지를 건설할 수 있었다고 한다.

하지만 어쨌든 스트랜지스 박사는 우주인 발 토오와 더불어 UFO 외계문명의 실재와 그들의 활동을 알리는데 있어서 고난과 억압을 무릅쓰고 열심히 일해 온 일꾼이며, 이 점에 대해서는 개인적으로 경의를 표하고 싶다. 그리고 어쩌면 발 토오가 그를 파트너로 선택한 것도 그의 외골수적인 단순함과 믿음, 충직성을 보았기 때문인지도 모른다. 하지만 또한 그는 발 토오가 접촉하고 있는 다수의 접촉자들 가운데 단지 한 사람에 불과하다는 점을 우리는 인식할 필요가 있다.

아울러 발 토오라는 우주인은 (앞서 3부에서 그의 최근활동에 대해 살펴보았듯이) 지금도 지구와 금성을 수시로 왕래하고 있으며, 세상에 드러나지 않은 채 이곳 지구상에서 모종의 물밑 활동을 계속하고 있다는 사실이다.

마지막으로 한 가지 강조하고 싶은 것은 지구문명의 거대한 전환기이자 보다 높은 차원으로 진입하려는 변형기인 지금 무엇보다 우리 의식의 급격한 확장이 요구되고 있다는 점이다. 우리가 가지고 있던 기존의 일반적 상식과 과학적 지식으로 본다면 금성에 고등문명이 존재한다는 주장은 터무니없는 낭설에 불과하다. 그러나 지구라는 이 세계가 권력자들과 어둠의 세력들에 의해 자행되는 수많은 정보의 은폐와 지식의 왜곡이 존재한다는 점을 감안한다면, 결코 이런 주장이나 가설을 무조건 잘못됐다고 단정하거나 의심할 수만은 없다.

따라서 앞서 살펴본 수많은 UFO 접촉자들과 금성 방문자들의 출현은 바로 이런 우리의 왜곡된 고정관념들을 깨주려는 높은 차원에서의 신성한 개입일 가능성이 높다고 본다. 고로 우리에게 지금 시급히 필요한 것은 오직 기존의 낡은 과학적, 종교적 관념의 틀에서 벗어나 마음을 여는 일이 될 것이다. 그리하여 모든 가능성을 허용하고 포용할 수 있는 열린 마음, 그리고 늘 깨어있는 마음을 유지하는 것이 무엇보다 중요한 일이다.

- 편역자, 朴 -

◇ 편역자 약력

*박찬호: 영남대 심리학과 졸업. 채널링 & UFO 연구가, 도서출판 은하문명 대표, 20대 초부터 종교, 철학, 심령학, 기(氣), 역학(易學), 오컬트(Occult) 등의 갖가지 정신세계 분야를 편력했고, 마지막으로 UFO와 채널링에 관련된 초종교적, 초과학적 세계에 대해 연구하고 있다. 著書로는 「UFO와 신과학: 그 은폐된 비밀과 충격적 진실들」 「UFO와 정신과학(共著)」 「UFO 외계문명의 메시지들」 그리고 역서 (譯書)로는 「예수 그리스도의 충격 메시지」 「실존하는 신비의 지저문명, 텔로스」 등이 있다.

미 국방성의 우주인

개정증보판 1쇄 발행 2018년 7월 24일
지은이/ 프랭크 E. 스트랜지스
옮긴이/ 박찬호
발행처/ 도서출판 은하문명
발행인/ 朴燦鎬
출판등록/ 2002년 7월 30일(제22-723호)

주소/ 서울시 종로구 수송동 58번지. 332호
전화/ 02)737-8436, 팩스/ 02)6209-7238
한국어판권 ⓒ 도서출판 은하문명
홈페이지: www.ufogalaxy.co.kr

파본은 서점에서 교환해 드립니다
가격 19,000원

ISBN   978-89-94287-19-5 (03000)